Beiträge zur Reform der Grundschule – Band 154
Herausgeber: Der Vorstand des Grundschulverbandes e.V.
Verantwortlich für diesen Band: Gabriele Klenk

Herausgegeben von Marion Gutzmann und Ursula Carle

Anfangsunterricht – Willkommen in der Schule!

Grundschulverband e.V.
Frankfurt am Main

© 2022 Grundschulverband
Frankfurt am Main

Satz und Gestaltung: novuprint · Agentur für Mediendesign,
Werbung, Publikationen GmbH, 30175 Hannover

Bildnachweis: Die Rechte für die Abbildungen liegen bei den jeweiligen
Autorinnen und Autoren, falls nicht anders vermerkt;
Arbeiten aus dem Kunstunterricht der Grundschule Glienick
(Brandenburg) (Umschlag vorn und hinten sowie Zwischentitel)

Bibliografische Information der Deutschen Nationalbibliothek:
Die Deutsche Nationalbibliothek verzeichnet diese Publikation
in der Deutschen Nationalbibliografie; detaillierte bibliografische
Daten sind im Internet über http://dnb.d-nb.de abrufbar.

Druck und Bindung: WKS Print Partner GmbH, 34587 Felsberg

ISBN 978-3-941649-33-0 / Best. -Nr. 1118
(Beiträge zur Reform der Grundschule, Band 154)

Bestelladresse: info@grundschulverband.de bzw. direkt online unter
www.grundschulverband.de → Shop → Buchreihe

Inhalt

Herausforderung Schulanfang und Anfangsunterricht

Anfangsunterricht Deutsch – Fokus Schriftspracherwerb

Anfangsunterricht Mathematik

Anfangsunterricht Sachunterricht

Ursula Carle & Marion Gutzmann

Anfangsunterricht für alle Kinder – Willkommen in der Schule!

Einleitung

Der Band Anfangsunterricht soll Pädagog:innen mit Wertschätzung in ihrem Tun und Können bestärken, den täglichen und den neuen Herausforderungen der Arbeit in der Schulanfangsphase gerecht zu werden. Dafür stellt er einen großen Fundus an pädagogischen, fachdidaktischen und diagnostisch relevanten Anregungen zur Verfügung. Gleichzeitig setzt der Band Maßstäbe für lebendigen und anspruchsvollen Anfangsunterricht, der allen Kindern gerecht wird.

Anfangsunterricht hat die Aufgabe, die Motivation der Kinder zu erhalten und Interessensbildung zu unterstützen. Denn die meisten Kinder kommen mit einem positiven Selbstkonzept von sich als Lernerinnen und Lerner in die Schule. Sie wollen Lesen, Schreiben und Rechnen lernen und sind optimistisch, dass sie es schaffen werden. Untersuchungen zeigen, dass sich gegenüber dieser optimistischen Lernhaltung im Laufe der zweijährigen Schuleingangsphase die Erfahrung mit dem schulischen Lernen durchsetzt (Renner, Martschinke u. a. 2011). In diesem Prozess der Annäherung an die Anforderungen der schulischen Realität wird ein wichtiger Grundstein für die Bildungslaufbahn des Kindes gelegt. Es kommt also wesentlich darauf an, gerade den Anfangsunterricht so zu gestalten, dass jedes Kind positive Lernerfahrungen machen und zuversichtlich bleiben kann, dass es den Anforderungen gerecht wird. Wie gelingt das? Zum einen kommt bei der Unterrichtsgestaltung der „Orientierung an den psychologischen Grundbedürfnissen nach Autonomie, sozialer Eingebundenheit und Kompetenzerleben" (ebd., 256) eine besondere Bedeutung zu. Zum anderen spielt der Umgang mit der Leistungsrückmeldung in Bezug auf jedes dieser Grundbedürfnisse eine bedeutende Rolle.

Es geht also um das einzelne Kind und sein Lernen, um die gelingende Förderung all seiner Potenziale und zugleich um die Entwicklung der Kindergruppe zu einer Lerngemeinschaft. Die Akzeptanz von Entwicklungsunterschieden zwischen den Kindern, auch in Bezug auf die Kompetenzen, die ein Kind in verschiedenen Lernbereichen zeigt, ist eine Voraussetzung dafür. Darüber hinaus darf jedoch nicht übersehen werden, dass nachhaltig bedürfnisorientierter anspruchsvoller Anfangsunterricht einer konzeptionell und pädagogisch begründeten Einbettung in ein schulisches Gesamtkunstwerk bedarf (vgl. Carle, Kauder, Osterhues-Bruns 2021), welches geeignet ist, die allseitige Bildung aller Kinder zu gewährleisten. Das erfordert für die Kinder einsichtige, möglichst mit ihnen gemeinsam strukturierte Lernzeiten, die Anspannung und Entspannung, Eindruck und Ausdruck ermöglichen, Verhaltensregeln für das Zusammensein und die Kooperation miteinander, explorative, reflexive und festigende Lernmethoden für vertieftes Verstehen. Nicht geeignet ist die einseitige Fokussierung auf einübendes Lesen, Schreiben und Rechnen lernen ohne sinnerfüllten Bezug des Kindes dazu. Vielmehr geht es um allseitige Bildung. Dafür ist eine Rhythmisierung des Tages von großer Bedeutung, die den körperlichen und geistigen Bedürfnissen der unterschiedlichen Kinder entgegenkommt. Das bedeutet auch, dass die Unterscheidung von Betreuungszeit und Lernzeit überwunden werden muss, denn der ganze Schultag ist Bildungszeit, in der kognitive Herausforderungen der Schulfächer, Persönlichkeitsbildung und Soziales Lernen gleichermaßen bedeutsam sind (Grundschulverband e. V. 2019).

Anfangsunterricht legt die Grundlagen für das Verständnis der Kinder von Schule. Was Kinder vom Unterricht erwarten, wie sie sich auf das Lernen einstellen, hängt maßgeblich davon ab, wie sie Schule im ersten und zweiten Schuljahr kennenlernen. Beginnt mit dem Schuleintritt der sogenannte „Ernst des Lebens" und endet das lustbetonte Spielen mit dem Betreten des Schulgeländes, so wird sich diese Erfahrung als Erwartung für die Zukunft niederschlagen. Die Erfahrung, dass man im Unterricht selber denken darf und somit eigene Ideen und Lernwege einbringen soll, dass Experimentieren gefragt ist und ästhetisches Gestalten ganz neue Sichtweisen erschließen kann, ist grundlegend für die Entwicklung der Vorstellung, was es heißt, Schüler:in zu sein.

Der vorliegende Band geht auf diese vielfältigen Anforderungen an den Anfangsunterricht pädagogisch und fachdidaktisch ein. Das erste Kapitel des Bandes wendet sich allgemeinen Fragen zu, u. a.: Wie lernen Kinder am Schulanfang? Wo im Lernprozess steht das Kind? Welche Unterstützung benötigt es für seine allseitige Bildung? Es gilt als Lehrer:in zunächst die individuellen Sinnzugänge zu den schulischen Anforderungen und die Lernstände aller Schülerinnen und Schüler kennenzulernen, um ihnen angemessene Lernangebote unterbreiten zu können. Dabei steht auch im Fokus, dass sich die Kinder beim Lernen als Könnerinnen und Könner wahrnehmen, welche Möglichkeiten sie haben, miteinander in Beziehung zu treten und ob sie sich in der Schule als Lernende willkommen fühlen.

Zentrale Ergebnisse der Lese- und Schreibforschung, zum mathematischen oder forschend-entdeckenden Lernen im Sachunterricht zeigen auf, dass Schriftsprache, Mathematik und Weltwissen im handelnden Tun, auf dem Weg des entdeckenden Lernens von jedem Kind eigenaktiv angeeignet werden – dies zu ganz unterschiedlichen Zeitpunkten und in unterschiedlichen Geschwindigkeiten.

Unterricht in der Schulanfangsphase muss sich an das einzelne Kind mit seinen individuellen Lernmöglichkeiten und -bedürfnissen richten – im zweiten, dritten und vierten Kapitel wird Anfangsunterricht bezugnehmend auf die jeweilige Lernausgangslage der Lernenden aus der Perspektive der Fächer Deutsch, Mathematik und Sachunterricht betrachtet. Es werden Beispiele für einen anregungsreichen, gut strukturierten Unterricht mit gezielten Lernangeboten vorgestellt, die das individuelle Lernen anregen und in gemeinsame Lernvorhaben der Klasse einbetten, die ein Miteinanderlernen ermöglichen. Kinder brauchen Lernumgebungen, die sie anregen, miteinander zu sprechen und die sie ermutigen, einander zuzuhören – ob in Mathekonferenzen, Rechtschreibgesprächen oder Forschungsdialogen.

Die Beiträge der einzelnen Kapitel werden im Folgenden kurz vorgestellt. Deutlich wird, dass alle das Kind in den Mittelpunkt des Anfangsunterrichts stellen. Die Beiträge stärken das Vorhaben, sich in das Kind in seinem Lernprozess hineinzuversetzen.

Herausforderung Schulanfang und Anfangsunterricht

Im ersten Kapitel des Bandes werden vier ganz unterschiedliche Zugänge zur pädagogischen Perspektive des Anfangsunterrichts gewählt. Ausgehend von der Idee eines anschlussfähigen Bildungssystems und eines abgestimmten Übergangs zwischen Kindergarten und Grundschule wird gezeigt, dass die Heterogenität am Schulanfang nicht nur individuell bedingt ist. Es folgen drei beispielhafte Lösungsansätze, die von unterschiedlichen Grundannahmen über Lehr-Lern-Prozesse ausgehen: die diagnostische Grundlegung eines adaptiven Grundschulunterrichts, ein ästhetischer Zugang über Musik und schließlich eine fundamental reformpädagogische Möglichkeit des Erfahrungslernens draußen in der Natur.

Maresi Lassek, Schulleiterin i. R. aus Bremen, beleuchtet eingangs Institutionen auf dem Weg des Kindes vor dem Schulanfang aus Sicht der Grundschule. Ihr Beitrag ist eine Art fokussierte Bestandsaufnahme der aktuellen Anschlussfähigkeit zwischen Kindergarten und Schule. Die Autorin weist darauf hin, dass jedes Kind nicht nur seine eigene, ganz persönliche Geschichte, sondern auch seine eigene Kindergartengeschichte mitbringt. Es lohnt sich also, die institutionelle Brille aufzusetzen. Da es viel mehr Kindergärten gibt als Grundschulen, bekommt jede Schule Kinder aus unterschiedlichen Einrichtungen mit mehr oder weniger unterschiedlichen Konzepten. Zwar existieren für den Kindergarten seit etwa 20 Jahren in allen Bundesländern Bildungspläne, teils in mehrfacher Überarbeitung, die durch alle Kindergartenträger in Konzepte für die Einrichtungen umgesetzt werden. Doch auch hier, so das Fazit der Analyse von Maresi Lassek, ist die Anschlussfähigkeit zwischen den Bildungsplänen für den Kindergarten und die Grundschule noch bearbeitungsbedürftig, die Kooperation zwischen Elementar- und Primarbereich noch ausbaubar. Trotz vielfacher guter Beispiele seien, so Lassek kritisch, die Voraussetzungen für deren Umsetzung in der Breite institutionell bisher nicht gegeben und verfestigt.

Dr. Katrin Liebers, Professorin für Schulpädagogik des Primarbereichs an der Universität Leipzig, nimmt die Schuleingangsdiagnostik in den Blick. Sie sei Grundlage für einen adaptiven Anfangsunterricht. Nach einer Darstellung der historischen Wurzeln der heutigen Schuleingangsdiagnostik stellt die Autorin Verfahren für das Kennenlernen der Kinder vor Schuleintritt, für Lernstandsanalysen am Schulanfang und eine prozessbegleitende Diagnostik während der gesamten Schuleingangsphase vor. Im adaptiven Anfangsunterricht stellen nach Liebers horizontal oder vertikal differenzierte Aufgaben das Kernstück des Lehr-Lern-Prozesses dar. Jedoch ohne kontinuierliche lernprozessbegleitende Diagnose sei adaptives Unterrichten nicht möglich, wobei offenbleibt, ob diese auch ohne vorgegebene Instrumente gelingen kann (vgl. Gaidoschik in diesem Band).

Unterricht wäre viel zu wenig pädagogisch, würde er nicht die Bedürfnisse der Kinder in den Mittelpunkt stellen. Dr. Daniel Mark Eberhard, Professor für Musikpädagogik und Musikdidaktik und Carolin Schmidmeier von der Katholischen Universität Eichstätt-Ingolstadt zeigen, welches sozialemotionale Potenzial Musik mitbringt. Die Motivation, sich mit Musik zu befassen, das anthropologisch begründete, künstlerisch-kreative Ausdrucksbedürfnis im Umgang mit Musik verbinde alle Kinder. Musik eröffne eine Vielfalt an Zugangs-, Ausdrucks-, Gestaltungs- und Erfahrungsweisen und somit ein großes Potenzial für heterogenitätsbewussten inklusiven Unterricht. Dafür bietet der Beitrag reichhaltige – auch fachdidaktisch fundierte – Anregungen.

Dr. Angela Bolland, Lektorin an der Universität Bremen und Freinet-Pädagogin, nimmt in ihrem reformpädagogisch und erfahrungstheoretisch fundierten Beitrag Voraussetzungen und Gelingensbedingungen für Draußenlernen in den Blick und will pädagogische Fachkräfte (insbesondere Grundschullehrer:innen) durch praktische Beispiele aus der Freinet- und der Wildnispädagogik inspirieren. Gleichzeitig gibt die Autorin Einblick in ihren Beitrag zur Lehrer:innenausbildung an der Universität Bremen. Sie ist davon überzeugt, dass ein solcher Draußenunterricht auch der eigenen Erfahrung der Lehrkräfte mit Draußenlernen bedarf.

Anfangsunterricht Deutsch – Fokus Schriftspracherwerb

„Aufgabe des Deutschunterrichts in der Grundschule ist es, den Schüler:innen eine grundlegende sprachliche Bildung zu vermitteln, damit sie in gegenwärtigen und zukünftigen Lebenssituationen handlungsfähig sind. … Die Beherrschung der deutschen Sprache ist für alle Kinder eine wichtige Grundlage für ihren Schulerfolg, denn Sprache ist in allen Fächern Medium des Lernens" (KMK 2004, 6).

Deutschunterricht ist jedoch auch am Schulanfang mehr als Schriftspracherwerb. So kommt der Mündlichkeit eine ebenso hohe Bedeutung zu, auch wenn sie in diesem Band nicht explizit thematisiert wird.

Kinder bringen vielfältige, unterschiedliche sprachliche Kompetenzen in die Schule mit. Das betrifft alle Bereiche des Deutschunterrichts, insbesondere auch den Schriftspracherwerb. Auf Basis der Forschung ist es möglich, eine sorgfältige lernwegbegleitende Prozessanalyse des Schriftspracherwerbs durchzuführen und daraus Anhaltspunkte für eine gezielte Förderung kritischer Teilprozesse beim Lesen und Schreiben zu gewinnen. Schwierigkeiten in der Schriftsprachentwicklung können frühzeitig erkannt und Kindern geeignete Angebote unterbreitet werden.

Im zweiten Kapitel des Bandes erwartet die Leser:innen einführend ein grundlegender Beitrag zum Schriftspracherwerb der Kinder von Dr. Sven Nickel, Professor für Schriftspracherwerb und Literalität an der Freien Universität Bozen. Als bedeutend erweist sich demnach die frühe Teilhabe an einer elementaren Schriftkultur zu Hause und im Kindergarten. Auf dieser Grundlage lernen Kinder nicht nur Lesen und Schreiben, sondern durchdringen auch die Schriftstruktur. Sie lernen Schrift zu gebrauchen und zu verstehen. Der Beitrag erklärt diesen Entwicklungsprozess und liefert Beispiele, wie er unterstützt werden kann.

Prof. Dr. i. R. Erika Brinkmann und Prof. Dr. i. R. Hans Brügelmann legen in ihrem Beitrag den Fokus auf didaktische Strukturen und methodische Formate für einen offenen Anfangsunterricht. Es geht darum, welche Unterrichtsstrukturen für individuelles Lernen im gemeinsamen Unterricht grundgelegt werden sollten, um lebendigen und selbstbestimmten Schriftspracherwerb zu ermöglichen. Der Beitrag zeigt, wie Kinder lernen, selbstständig eigene Texte zu verfassen und dabei eine persönliche Handschrift zu entwickeln.

Dr. Ulrich von Knebel, Dr. Claudia Osburg und Dr. André F. Zimpel, Professor:innen an der Universität Hamburg, untersuchen Schriftspracherwerb bei Trisomie 21 in ihrem Beitrag mit dem Titel „Mündlichkeit – Schriftlichkeit – Neurodiversität". Das Konzept der Neurodiversität versteht Trisomie als eine natürliche Form der menschlichen Diversität und wendet sich damit gegen eine pathologische Konnotation. Das Ziel ihrer Untersuchung ist, den besonderen Zugang von Lernenden mit Trisomie 21 zur Schrift besser zu verstehen. Einige Personen im Neurodiversitätsspektrum, wie z. B. Menschen mit Trisomie 21, galten lange als gering bildungsfähig und unterlagen deshalb erst in den 1980er-Jahren der allgemeinen Schulpflicht. Bezugnehmend auf die Geschichte der Schriftspracherwerbsmethoden werden erste Ergebnisse zu Schriftlichkeit, Mündlichkeit und Neurodiversität und didaktische Schlussfolgerungen vorgestellt.

Irene Hoppe, Referentin für den Schriftspracherwerb am Landesinstitut Berlin-Brandenburg, und Regina Pols stellen Lese- und Schreibideen für zu Hause über eine bebilderte und beschriebene Ideensammlung vor. Mit der Aussage „Wer also Kinder fördern möchte, muss Eltern stärken" unterstreichen sie das Ziel, Eltern für die Unterstützung der Lernenden und Teilhabe an einer elementaren Schriftkultur zu Hause zu gewinnen und Familienaktivitäten gemeinsam zu planen. Die Stärkung der Kooperation von Elternhaus und Schule bedeutet auch Gewinn für eine gezieltere genauere individuelle Förderung des Kindes.

Albrecht Bohnenkamp und Dr. Heike Hegemann-Fonger, Lektor:innen an der Universität Bremen, stellen in ihrem Beitrag die Frage: Lesen und Schreiben lernen auch außerhalb der Schule? Ausgehend von der Klärung des Begriffs „Draußenschule" formulieren sie eingangs: „Es mag zunächst etwas abwegig erscheinen für das Lesen und Schreiben, im Anfangsunterricht, also für den Schriftspracherwerb, die Schule zu verlassen und (Lern-)Orte aufzusuchen, die unter Umständen kaum eine hilfreiche Infrastruktur bieten, eine Infrastruktur mit Tischen, Sitzgelegenheiten, Schreibgeräten, geeigneter Beleuchtung und einer angemessenen Temperatur, die auch längere ‚Sitzungen' ermöglicht." Anhand von Beispielen im Anfangsunterricht Deutsch aus der Praxis Bremer Grundschulen zeigen sie, wie es dennoch geht.

Marion Gutzmann, Referentin für Deutsch/Grundschule am Landesinstitut Berlin-Brandenburg und Viola Petersson, Lehrerin an einer Potsdamer Grundschule, betrachten in ihrem Beitrag Heterogenität im jahrgangsübergreifenden Unterricht als einen Gewinn beim Mit- und Voneinander-Lernen und als erfolgreichen Weg, den unterschiedlichen Voraussetzungen der Kinder gerecht zu werden. Anhand von Beispielen mit vielfältigen Zugängen zum Schriftspracherwerb werden differenzierende Lernzugänge sowie Auswertungs- und Reflexionsphasen, die wichtig für das Lernen sind, vorgestellt. Könnenserfahrungen zu ermöglichen und eine Feedback- und Anerkennungskultur zu leben, bilden die Basis für den Aufbau eines positiven Selbstkonzepts bezüglich der Lese- und Schreibfähigkeiten und stehen im Mittelpunkt der dargestellten Themen und Projekte.

Viele Beiträge des Kapitels durchzieht der Umgang mit Rückmeldungen, über die sich gleichfalls intensive Möglichkeiten des sprachlichen Weiterlernens auftun, den Lernenden Wertschätzung entgegengebracht wird und ihnen dafür ein Podium eröffnet wird.

Anfangsunterricht Mathematik

Auch Mathematiklernen beginnt schon lange vor dem Schuleintritt. Bereits im Kindergarten ist es fester Bestandteil und wird spielerisch gefördert.

In fast allen Bildungsplänen für den Kindergarten ist ein Bildungsbereich Mathematik ausgewiesen. So sollen die Kinder von Beginn an lt. Niedersächsischem Orientierungsplan für Bildung und Erziehung (Gesamtausgabe 2018) ein mathematisches Grundverständnis erwerben, sich mit Mengen und Größen beschäftigen, verschiedene Formen wahrnehmen und Zahlen kennenlernen. Die pädagogischen Fachkräfte greifen spielerische „Anlässe zum Ordnen, Vergleichen und Messen" auf. „Tätigkeiten wie das Hinzufügen oder Hinwegnehmen, das Aufteilen oder Verteilen sind fundamentale Handlungserfahrungen", die der Kindergarten gezielt anbahnt. Die Kinder erhalten Gelegenheiten zum „Sortieren, Klassifizieren und Quantifizieren". Sie reflektieren ihre Erfahrungen im Rahmen von Gesprächskreisen und von Projekten. Die Kinder lernen „Raum-Lage-Beziehungen zu erkennen und zu bezeichnen". Begriffe wie mehr – weniger, oben – unten, groß – klein, hoch, höchster Punkt, Ecke – Mitte" werden im Kindergarten bereits eingeführt und gefestigt. „Dabei wird mit zunehmendem Alter der Kinder auch das Zählen angebahnt und durch Spiele oder Abzählreime eingeübt" (ebd., 24). Genutzt werden verschiedenste Materialien, z. B. „Geldstücke, Holzwürfel, Perlen, Bausteine. Hilfsmittel wie Zahlenbretter, Maßbänder, Messbecher, Waagen, Thermometer, Uhren, Tabellen, Kalender und Ähnliches" (ebd., 53). Mathematisches Denken wird aber nicht erst im Kindergarten grundgelegt, sondern bereits im Säuglingsalter. Allmählich erkennt das Kind Strukturen und Gesetzmäßigkeiten und setzt Dinge miteinander in Beziehung. Das Verständnis für die Kardinalzahlen von 1 bis 4 entwickeln Kinder schon in den ersten drei Lebensjahren (ebd., 30).

So ähnlich steht es auch in den frühkindlichen Bildungsplänen in den meisten anderen Bundesländern Deutschlands und europaweit.

Dem Schulanfang geht also auch hinsichtlich des Mathematiklernens ein enormer Entwicklungsprozess voraus. Es verwundert nicht, dass die Spannweite der Vorerfahrungen beim Schuleintritt enorm groß ist. Ist doch das, was die Kinder in die Schule mitbringen, insbesondere von der Qualität der Förderung im Elternhaus, in der frühen Kindertagesbetreuung und im Kindergarten abhängig. Ein wesentliches Qualitätsmerkmal ist der Anregungsgehalt und Aufforderungscharakter der Spiel- und Lernumgebung, ein anderes eine Kultur des Reflektierens mit den Kindern über ihre Erfahrungen, die Förderung ihrer Lernfreude und die Würdigung ihrer Erkenntnisleistungen. Schließlich entwickeln Kinder unterschiedliche Interessen und multiple Begabungen, nicht alle vornehmlich im Bereich der frühen Mathematik.

Die Beiträge im dritten Kapitel des vorliegenden Bandes zeigen, wie Anfangsunterricht auf die vielfältigen Voraussetzungen der Kinder eingehen kann. Sie schließen mathematikdidaktisch an frühere Veröffentlichungen des Grundschulverbands zum Mathematikunterricht an. Die Beiträge bieten insbesondere auch Anregungen, darüber nachzudenken, wie Kinder herausgefordert werden können.

So greift Dr. Marcus Nührenbörger, Professor am Institut für grundlegende und inklusive mathematische Bildung (GIMB) der Westfälischen Wilhelms-Universität Münster, in seinem einführenden und grundlegenden Beitrag auf, dass sich bedeutungstragende Vorstellungen, z. B. von Subtraktion, stets auf konkrete Grundvorstellungen zurückführen lassen, etwa auf die Vorstellung, dass Subtrahieren etwas wegnehmen bedeutet. Gleichzeitig macht er klar, dass es mehrere unterschiedliche Vorstellungen davon gibt, was Subtraktion bedeuten kann, und zeigt, dass Kinder diese unterschiedlichen Vorstellungen schon in die Schule mitbringen. Er plädiert dafür, diese Mehrdeutigkeit zu fördern und nicht zu verringern, auch um ihr Potenzial didaktisch zu nutzen. Lassen sich im Vergleich verschiedener Lösungen doch Reflexionsprozesse besonders geschickt anstoßen. Dazu bietet er zwei Leitprinzipien an: das mathematische Erzählen und das mathematische Miteinander. Er benennt zudem zwei Meilensteine des mathematischen Lernens im Anfangsunterricht. Dabei geht es nicht nur um das Verständnis verschiedener Beziehungen von Zahlen zueinander, sondern auch um das Entdecken von Beziehungen zwischen verschiedenen Aufgaben.

Franziska Tilke und Prof. Dr. Karina Höveler, ebenfalls vom GIMB, schließen genau hier an, wenn sie zeigen, wie Kinder vom Entdecken solcher Beziehungen zur Kommunikation mathematischer Muster und schließlich zum Nutzen mathematischer Strukturen als Rechenstrategie kommen. Damit das gelingt, braucht es nicht nur eine Auswahl geeigneter Aufgaben, die an die Vorkenntnisse der Kinder anknüpfen, sondern genauso die gemeinsame Reflexion und das Herausarbeiten der erkannten Muster und ihres Nutzens für die Lösung von Aufgaben.

Anfangsunterricht Mathematik hat nicht nur mit Zahlen und Operationen, Mustern und Strukturen, sondern auch mit Raum und Form zu tun. Prof. Dr. Uta Häsel-Weide, Melina Wallner (beide Universität Paderborn) und Mathias Hattermann (Technische Universität Braunschweig) greifen in ihrem Beitrag das Problem auf, dass Kinder zwar am Schulanfang zumeist ein intuitives Verständnis für Symmetrie mitbringen, dass jedoch nicht alle Kinder dieses bis zum Ende der Grundschule im geforderten Maße weiterentwickeln. Die Entwicklungsschritte vom intuitiven über ein inhaltliches zu einem integrierten Begriffsverständnis erfordern die angemessene Variation der bearbeiteten Aufgaben. Die Autor:innen zeigen an Beispielen aus dem Unterricht, wie Kinder im praktischen Handeln experimentierend zu neuen Erkenntnissen kommen können.

Wenn Kinder mit unterschiedlichen Vorerfahrungen in Bezug auf das Mathematiklernen in die Schule kommen und der Unterricht allen ein vertieftes Verständnis ermöglichen soll, dann erfordert das von der Lehrperson einen diagnostischen Blick darauf, was das Kind schon gelernt und was es verstanden hat, eine vertrauensvolle Beziehung zu den Kindern und vor allem fachdidaktische Kreativität, die mathematikbezogene Diskussionen anregt.

Dr. Michael Gaidoschik, Professor für Mathematikdidaktik an der Freien Universität Bozen (Italien), schaut auf die ersten Schulwochen. Im arithmetischen Anfangsunterricht gehe es zunächst ums Zählen, das Vergleichen und das nichtzählende Erfassen kleiner Anzahlen. Mit Beispielen zeigt er an vermeintlichen Fehlern einige typische Missverständnisse, die auftreten, wenn Kinder anders denken, als von den Erwachsenen erwartet. Er präsentiert eine Vielzahl von Möglichkeiten, in einem lebendigen Unterricht dem Lernen der Kinder auf die Spur zu kommen, ohne diagnostische Verfahren einsetzen zu müssen.

Prof. Dr. Oliver Thiel und Anne Hj. Nakken lehren und forschen an der Dronning Mauds Minne Hochschule für Kindergartenlehrerausbildung (DMMH) in Trondheim (Norwegen). Sie berichten aus „ViduKids", einem Kindergarten-Projekt, dessen Ergebnisse sich auf den Schulanfang übertragen lassen. Bei diesem Projekt handelt es sich um ein Folgeprojekt zu „vidumath" mit Kindern ab der vierten Klasse, über das Oliver Thiel im Band 143 der Beiträge zur Reform der Grundschule berichtet hat. Die Kinder im Kindergarten produzieren mit Unterstützung Stop-Motion-Videos über das Teilen, vertonen den Film und diskutieren über die Geschichte. In diesem Beitrag wird besonders deutlich, wie Kinder im Vorschulalter mit mathematischen Herausforderungen umgehen und woran Unterricht am Schulanfang anschließt.

Anfangsunterricht Sachunterricht

Grundschule setzt die in der Kita begonnenen Bildungsprozesse fort. In den KMK-Empfehlungen zur Arbeit in der Grundschule (2015, 14) heißt es zum Sachunterricht: „Ausgehend von der Lebenswelt der Kinder nimmt er die Fragen der Kinder auf und klärt sie exemplarisch zunehmend mit Hilfe fachlicher Konzepte, Methoden und Theorien. Er kultiviert das kritisch-prüfende Nachdenken und den Austausch der Argumente. Dadurch erschließen sich für die Kinder neue Welt- und Denkhorizonte, die ihnen helfen, ihre eigene Welt besser zu verstehen und mitzugestalten." Von Beginn an soll den Kindern ermöglicht werden, sich mit der Komplexität der Welt vielperspektivisch und perspektivenübergreifend auseinanderzusetzen, sich darin zu orientieren und sich aktiv an Veränderungen zu beteiligen. Voraussetzung ist das Interesse der Lehrkräfte für Denkprozesse der Kinder, für ihre Fragen, Beobachtungen und Entdeckungen. Allen Lernenden sind basale Lernerfahrungen zu bieten mit vielfältigen Zugängen und Aufgaben, die kognitiv herausfordern.

Marie Fischer, Christian Kunz, Mark Liebig, Anke Weber und Prof. Dr. Markus Peschel (Universität des Saarlandes) sehen die (Lebens-)Welt als Ausgangspunkt und Zieldimension des Sachunterrichts und des Anfangsunterrichts. Sie sprechen das Problem an, dass in den beiden ersten Schuljahren Sachunterricht nicht die gleiche Bedeutung zugewiesen wird wie den Fächern Deutsch und Mathematik. Dafür machen sie Vorurteile das Sachlernen betreffend verantwortlich und zeigen, dass diese Vorurteile wissenschaftlich keinen Bestand haben. Das unterstreichen sie, indem sie sachunterrichtliche Themen aus einem Bildungsplan für den Kindergarten und einem der Grundschule gegenüberstellen. Methodisch plädieren sie dafür, dass die Kinder im Übergang von der eher erfahrungsbasierten Arbeit in der KiTa in die Grundschule ihre explorativen Herangehensweisen weiterverfolgen dürfen, und zeigen dazu Beispiele.

Dr. Claudia Schomaker, Professorin für Sachunterricht und Inklusive Didaktik an der Leibniz Universität Hannover, hat Kinder am Übergang vom Kindergarten in die Grundschule befragt. Auch aus deren Sicht unterscheiden sich der Kindergarten und die Grundschule dadurch, dass im Kindergarten noch nicht („Mathe und sowas") gelernt werde. Die Autorin führt zahlreiche Studien an, aus denen hervorgeht, dass sich gerade der Sachunterricht besonders gut eignet, um an die Erfahrungen und die Interessen der Kinder fachlich und methodisch anzuschließen.

Eva-Maria Osterhues-Bruns arbeitet in einer Grundschule unweit des Niedersächsischen Wattenmeers. In den Aktivitäten der Schule und der Kindergärten in der Gemeinde hat das Thema Watt eine große Bedeutung. Die Autorin stellt vor, wie der Themenbereich gemeinsam von der Krippe bis zum Ende der Grundschule ausgearbeitet wurde.

Im Sachunterricht hat das Lernen außerhalb des Klassenzimmers eine lange Tradition, darauf weist Dr. Beate Blaseio, Professorin für die Didaktik des Sachunterrichts an der Europa-Universität Flensburg, hin. Der Einbezug außerschulischer Lernorte wie das Wattenmeer ist traditionell Gegenstand des Sachunterrichts und in den Rahmenplänen verankert. Dabei ginge es nicht, so die Autorin, um traditionellen Heimatkundeunterricht, sondern darum, am Regionalen zu lernen. Gefahren sieht sie darin, dass die Anzahl der Sachunterrichtsstunden im Anfangsunterricht trotz vielfältiger Sachunterrichtsinhalte in den Rahmenplänen zugunsten der Fächer Mathematik und Deutsch unterschritten wird und die Einführung spezifischer sachunterrichtlicher Arbeitsmethoden zu kurz kommt. Beispiele zeigen, dass Sachunterricht draußen die Kinder in unterschiedlichen Lernbereichen anspricht.

Literatur

Carle, U.; Kauder, S.; Osterhues-Bruns, E.-M. (Hrsg.) (2021): Schulkulturen in Entwicklung. Frankfurt am Main: Grundschulverband e.V. (Beiträge zur Reform der Grundschule, 152).

Grundschulverband e.V. (2019): Für die Grundschule und ihre Kinder! Forderungen an Politik, Pädagogik und Gesellschaft. Erschienen zum Bundesgrundschulkongress am 13./14.09. 2019 in Frankfurt a. M. Online: https://grundschulverband.de/wp-content/uploads/2020/08/GSV-Forderungen-an-Politik-Pa%CC%88dagogik-Gesellschaft.pdf (download 14.05.2022).

Kultusministerkonferenz (2004): Bildungsstandards im Fach Deutsch für den Primarbereich (Jahrgangsstufe 4), (Beschluss der KMK vom 15.10.2004).

Kultusministerkonferenz (2015): Empfehlungen zur Arbeit in der Grundschule (Beschluss der Kultusministerkonferenz vom 02.07.1970 i. d. F. vom 11.06.2015).

Niedersächsisches Kultusministerium (2018): Orientierungsplan für Bildung und Erziehung – Gesamtausgabe. Hannover. Online abrufbar: www.mk.niedersachsen.de/download/4491/Orientierungsplan_fuer_Bildung_und_Erziehung_im_Elementarbereich_niedersaechsischer_Tageseinrichtungen_fuer_Kinder_mit_den_Handlungsempfehlungen_fuer_Kinder_unter_3_Jahren_und_den_Handlungsempfehlungen_Sprachbildung_und_Sprachfoerderung.pdf

Renner, G., Martschinke, S., Munser-Kiefer, M. & Grimmer, S. (2011): Diagnose und Förderung des Selbstkonzepts im Anfangsunterricht. In Günther, F. & Hellmich, F. (Hrsg.), Selbstkonzepte im Grundschulalter: Modelle, empirische Ergebnisse, pädagogische Konsequenzen. Stuttgart: Kohlhammer, 247–263.

Herausforderung Schulanfang und Anfangsunterricht

Maresi Lassek

Der Weg bis zum Schulanfang

Jedes Kind bringt eine persönliche Geschichte und eine Kindergartengeschichte mit

Die ersten sechs Lebensjahre in Elternhaus, Krippe und Kindertageseinrichtung sind für Kinder voller Erfahrungen und prägen Haltungen, Selbstwirksamkeit, Kommunikationsmöglichkeiten und vieles mehr. All das haben sie in ihrem persönlichen Gepäck, wenn sie eingeschult werden. Die Kinder sollten am Schulanfang Gelegenheit bekommen, ihr Mitgebrachtes auszupacken, damit ihr bisheriger Entwicklungsweg als Basis für ihren weiteren Lernweg erkennbar wird und aufzeigt, wie es weitergehen kann. Das Willkommen in der Schule steht im Rahmen inklusiver Schulentwicklung deutlicher denn je in Verbindung mit der Verantwortung und auch Herausforderung, jedes einzelne Kind in seiner Besonderheit aufzunehmen.

Wie unterschiedlich und vielfältig die individuellen Entwicklungswege bis zum Schulanfang verlaufen, hat die Wissenschaft hinlänglich bewiesen und die pädagogische Praxis immer wieder bestätigt. Ob Konsequenzen daraus die Lernbedingungen in der Schule schon hinreichend verändern konnten, sei dahingestellt. Ob die individuellen Voraussetzungen der Kinder im sprachlichen, kulturellen, motorischen, sozialen und emotionalen Bereich angemessene Beachtung finden und die gesellschaftlichen Ansprüche an schulische Lerninhalte der Bandbreite genügen können, ist zu hinterfragen. Der Grundschulverband trägt mit dem Band 150 *Kinder lernen Zukunft. Anforderungen und tragfähige Grundlagen* zu dieser Diskussion bei (Hecker/Lassek/Ramseger 2020).

Kindertageseinrichtungen und Grundschulen: Grundlagen der pädagogischen Arbeit – Konzepte Anschlussfähigkeit – Stoff für die Geschichten der Kinder

Bekannt ist, dass Kindertageseinrichtungen und Grundschulen in Deutschland auf unterschiedlichen gesetzlichen Grundlagen basieren und unter verschiedenen organisatorischen, pädagogischen und personellen Bedingungen arbeiten, aber was bedeuten diese Unterschiede für den Übergang Schulanfang und gegebenenfalls für das einzelne Kind? Dieser Beitrag konzentriert sich auf den Schulanfang mit Blick auf die Bedeutung der Elementarbildung in Kindertageseinrichtungen. Herausgearbeitet werden strukturelle Unterschiede zwischen Grundschule und Kindergarten, Unterschiede im pädagogischen Auftrag sowie verbindende Ansätze, die gestärkt werden können. Nicht selbstverständlich liegen den Pädagoginnen und Pädagogen für die Nahtstelle Schulanfang ausreichende und grundsätzliche Informationen darüber vor, was bedenkenswert und hilfreich für den institutionellen und damit auch für den individuellen Übergang der Kinder wäre.

Träger und Konzepte im Elementarbereich

Im September 2021 besuchten laut Statistischem Bundesamt 91,9 Prozent der 3- bis 6-Jährigen eine Kindertageseinrichtung (Statistisches Bundesamt, 2021). Die Quote im Jahr vor dem Schuleintritt dürfte noch etwas höher sein. Alle Kindertageseinrichtungen sind gemäß Kinder- und Jugendhilfegesetz (SGB VIII, § 22) grundsätzlich für Erziehung, Bildung und Betreuung verantwortlich. Jedoch unterscheiden sich Kindertageseinrichtungen in ihren Konzepten deutlicher voneinander als Grundschulen dies tun. Die Erfahrungen, die Kinder in die Schule mitbringen, sind folglich nicht nur aufgrund ihrer familiären Situation unterschiedlich, sie können es auch aufgrund unterschiedlicher Konzepte in den Kitas sein.

Im Grundschulbereich sind Konzepte und pädagogische Schwerpunkte vorrangig von der sozialen Lage im Einzugsgebiet geprägt. Privatschulen und pädagogische oder konfessionelle Ausrichtungen ergänzen die Bandbreite. Allerdings sorgen Lehrpläne und vorgegebene Abschlusskriterien für einen verbindlichen Orientierungsrahmen in allen Schulen.

Einrichtungen des Elementarbereichs richten ihre pädagogischen Konzepte in Abstimmung mit dem jeweiligen Träger aus. Die Einrichtungen in öffentlicher Hand bieten zusammen mit den Einrichtungen in freier Trägerschaft in jeder größeren Kommune eine Angebotspalette, aus der Eltern wählen können (Informations-Portal zur Kinderbetreuung).

Trägerorganisationen im Elementarbereich

- Kirchen und Religionsgemeinschaften
- Diakonie
- Caritas
- Deutscher Paritätischer Wohlfahrtsverband als Dachverband vieler kleiner Träger
- Deutsches Rotes Kreuz
- Arbeiterwohlfahrt
- pro Familia
- SOS-Kinderdörfer
- Zentralwohlfahrtsstelle der Juden in Deutschland e. V.
- Internationaler Bund Freier Träger der Bildungs-, Jugend- und Sozialarbeit e. V.
- Elterninitiativen
- privatwirtschaftliche Träger

Die Ausrichtung nach pädagogischen Konzepten wie Montessori-, Freinet-, Reggio-und Waldorf-Pädagogik sowie nach pädagogischen Grundorientierungen wie Integrationskindergarten, spielzeugfreie Kita, Waldkindergarten erhöhen die Vielfalt. Eine Reihe von Elementareinrichtungen orientiert sich darüber hinaus an spezifischen pädagogischen Handlungskonzepten, die meist im Zusammenhang mit dem dahinterliegenden Menschenbild, mit Zielen, Inhalten, Verfahren und Methoden, auch Techniken der Intervention stehen und eine verbindliche Grundlage für die pädagogische Arbeit schaffen. Pädagogische Handlungskonzepte umfassen pädagogische Prinzipien und Richtlinien für den alltäglichen Umgang mit den Kindern wie interkulturelle Erziehung, bewegungsbetontes Angebot oder die Ausrichtung auf Hochbegabung (Informations-Portal zur Kinderbetreuung).

Soziale Beziehungen in Abhängigkeit von Gruppenstrukturen

Klassenstufensystem in der Schule versus Familiengruppen in der Kita

Das deutsche Stufen-Schulsystem bildet traditionell eine Organisation mit Jahrgangsklassen, festen Gruppen und Altershomogenität ab. In der überwiegenden Anzahl der Grundschulen werden die Kinder in eine 1. (Jahrgangs-) Klasse eingeschult. Fakt ist jedoch, dass die ersten Klassen aufgrund zeitlich unterschiedlicher Einschulungsentscheidungen (Rückstellungen/vorzeitige Einschulung/Wiederholung) meist zwei bis drei Altersjahrgänge umfassen. Individuelle Entwicklungsunterschiede der Kinder tragen zu weiterer Heterogenität bei.

Zwar gibt es in fast allen Bundesländern auch Grundschulen mit jahrgangsübergreifender Organisation, deren Lerngruppen altersgemischt aus zwei, drei oder vier Jahrgängen zusammengesetzt sind, allerdings ist dieses Angebot überschaubar.

Die Familiengruppe in der Kita umschreibt eine Gruppenstruktur, bei der drei- bis sechsjährige Kinder in einer Gruppe zusammengefasst sind und das Miteinander von Jüngeren und Älteren als selbstverständlich erleben. Dabei durchläuft jedes Kind die Rolle des jüngeren, des gleichaltrigen und des älteren Gruppenmitglieds.

Für den überwiegenden Teil der Kinder bringt der Schulanfang die Umstellung von der Familiengruppe im Elementarbereich auf die Jahrgangsklasse in der Schule mit sich. Die Veränderungen sind weitreichender als allgemein angenommen (Grundschulverband 2018). Die Kinder müssen sich unter anderem auf eine scheinbar deutlichere Vergleichbarkeit ihrer Leistungen innerhalb der Jahrgangsklasse einstellen, was sie sowohl im schulischen wie auch im häuslichen Umfeld vermittelt bekommen.

Drei Organisationskonzepte für Gruppenarbeit in Kindertageseinrichtungen

Im Elementarbereich hängt die Bildung von festen Gruppen grundsätzlich auch davon ab, ob ein **Geschlossenes Konzept**, ein **Offenes Konzept** oder ein **Teiloffenes Konzept** in der jeweiligen Einrichtung umgesetzt wird. Alle drei Konzepte kommen trägerunabhängig zum Einsatz.

Vorrangig ist Lehrkräften das seit den Anfängen der institutionellen Kinderbetreuung praktizierte **geschlossene Konzept** mit festen Gruppen bekannt. In diesen als Familiengruppen altersgemischt zusammengesetzten Verbänden bleiben die Kinder bis zum Schuleintritt zusammen. Jede Gruppe hat ihren eigenen Raum, der unter Beachtung der vielfältigen Kinderinteressen mit verschiedenen Spielzonen ausgestattet ist. In diesen Stammgruppen halten sich die Kinder überwiegend auf, spielen und essen gemeinsam. Im Rahmen des Kindergartenalltags bestehen darüber hinaus Kontaktmöglichkeiten zu Kindern aus anderen Gruppen.

Den Gruppen verbindlich zugeordnet sind die pädagogischen Fachkräfte. Sie tragen Verantwortung für die Planung der Lerngestaltung ihrer Gruppe. Die Lernziele werden an den Fähigkeiten der Kinder und den erwartbaren und entwicklungsangemessenen Leistungen ausgerichtet. Die Erzieherinnen und Erzieher verstehen sich als impulsgebende und anleitende Lenkerinnen und Lenker der kindlichen Entwicklung.

Dem Menschbild der geschlossenen Gruppenarbeit liegt die Annahme zugrunde, dass Kinder voneinander lernen und das Zusammengehörigkeitsgefühl der Gruppe ideale Voraussetzungen für eine positive Entwicklung schafft. Geborgenheit und Sicherheit werden als kindliche Grundbedürfnisse angesehen. Der Rolle von Bezugspersonen wird in der geschlossenen Gruppenarbeit hohe Bedeutung zugemessen.

Offene Gruppenarbeit bedeutet, dass auf Stammgruppenzugehörigkeit verzichtet wird. Dieses Konzept ist seit Ende der 1970er-Jahre ein alternativer Weg. Aufgrund der generellen gesellschaftlichen Veränderung des Bilds vom Kind wird die offene Arbeit im Kindergarten inzwischen vielerorts umgesetzt.

Das offene Konzept kennt keine speziellen Stammgruppenräume. Es ist ausschließlich durch Funktionsräume charakterisiert, für die sich die Kinder von ihrer Ankunft bis zu ihrem Abholen entscheiden können. Dem Ansatz entsprechend werden im offenen Gruppensystem themenorientierte Aktivitäten in den einzelnen Funktionsräumen angeboten.

Dem Kind wird eine selbstbestimmte Orientierung und damit die selbstbestimmte Gestaltung seiner individuellen Stärken und Interessen zugetraut. Es wird im Rahmen des Konzepts der offenen Arbeit als mündig und von sich aus interessiert an der Erkundung der eigenen Umwelt angesehen. Das Konzept beruht auf der Annahme, dass innere Motivation von Natur aus besteht und nicht gefördert werden muss.

Den Erzieherinnen und Erziehern kommt die Aufgabe des Begleitens zu, die Kinder werden als relativ eigenverantwortlich in ihrer Entwicklung betrachtet.

Die Kinder müssen sich täglich mit Fragen auseinandersetzen wie:

- Wie möchte ich heute meine Zeit verbringen?
- Mit welchen Kindern will ich spielen?
- Welcher Raum interessiert mich heute besonders?

Keiner der Erwachsenen soll ihnen in dieser Phase etwas vorgeben, um die Individualität nicht zu beeinflussen.

Als Vor- und Nachteile der offenen Gruppenarbeit werden benannt:

- Individuelle Entfaltung wird unterstützt.
- Es bestehen mehr Möglichkeiten als in einem geschlossenen System.
- Kinder lernen früh, mit verschiedenen Kindern in unterschiedlichen Gruppen zusammenzuarbeiten.
- Selbstständigkeit wird gefördert.
- Für die pädagogischen Fachkräfte ist es schwierig, den Überblick über die Aktivitäten eines einzelnen Kindes zu behalten.
- Beobachtet werden aufgrund der fehlenden Regeln Anpassungsschwierigkeiten.
- Eine klare Bezugsperson fehlt.

In der Frage, wie genau die Öffnung stattfindet, gibt es zwischen den einzelnen Kitas große Unterschiede. Folglich existieren neben geschlossenen und offenen Konzepten auch teiloffene Modelle, die eine komplette Öffnung für zu weitgehend erachten.

Eine teilweise Öffnung wird dem komplett offenen Kindergarten oftmals vorgezogen.

Auf dem Weg der Ablösung von starren Strukturen hin zur Entwicklung von mehr Individualität hat sich die **teiloffene Gruppenarbeit** sozusagen als Kompromiss zwischen den offenen und geschlossenen Arbeitssystemen als alternative Betreuungsform entwickelt. Im teiloffenen Konzept versucht man die Vorzüge der geschlossenen Gruppenarbeit mit denen der offenen Gruppen zu vereinen. Es wird davon ausgegangen, dass feste Bezugspersonen und Raumzugehörigkeiten für Kinder wichtig sind. Folglich sind in diesem Modell Stammgruppen und Funktionsräume zu finden.

Gleichzeitig wird jedoch auch der Freiheit und der kindlichen Selbstbestimmung ein wichtiger Platz eingeräumt. Teiloffen bedeutet auch, dass die Bedürfnisse, die Interessen und die Neigungen der Kinder in die Planung der pädagogischen Arbeit einfließen.

Die Kinder erleben den Tagesbeginn in ihrer jeweiligen Stammgruppe. Nach einem gemeinsamen Start werden die Gruppenräume, die zugleich als Funktionsräume konzipiert sind, geöffnet und sind dann für alle Kinder frei zugänglich. Sie können je nach Funktion darin spielen, toben, basteln, frühstücken oder an gruppenübergreifenden Angeboten teilnehmen. Trotz Auflösung des Gruppengefüges besteht für das einzelne Kind gleichzeitig die Möglichkeit, in der Stammgruppe beziehungsweise in der Nähe der Bezugsperson zu bleiben. Zum Tagesabschluss finden sich die Kinder wieder in ihren Stammgruppen ein.

Merkmale der teiloffenen Gruppenarbeit sind:

- feste Bezugspersonen
- bessere Integrationsmöglichkeiten für schüchterne und zurückhaltende Kinder
- langsame Gewöhnung an das Prinzip der Funktionsräume
- spielerische Entfaltung in den Funktionsräumen
- Erhalt des Zusammengehörigkeitsgefühls der Gruppe
- Förderung von Sozialkontakten außerhalb der Gruppenräume

Den drei Gruppenkonzepten liegt ihre je eigene Auffassung von der kindlichen Entwicklung zugrunde. Sie haben unterschiedliche fördernde und nachteilige Aspekte, da es letztendlich von der individuellen Entwicklung eines Kindes abhängig ist, wie viel persönliche Zuwendung es benötigt, welche Unterstützung es braucht, wie es sich selbst organisieren kann, welches Selbstbild es mitbringt und wie es Selbstwirksamkeit erleben kann. Entscheidend und vorrangig sollte sein, ob dem Kind im Rahmen des jeweiligen Konzepts vor allem die Erfahrungen ermöglicht werden, die es in seinem familiären Umfeld nicht haben kann. Um Benachteiligungen zu reduzieren, besteht als Verpflichtung für alle Bildungseinrichtungen, Kindern solche ergänzenden Erfahrungsräume zu bieten.

Zum Bildungsauftrag von Kindertageseinrichtungen und Grundschulen: Bildungspläne – Lehrpläne – Curricula

Bildungspläne – rechtliche und inhaltliche Grundlagen von Kindertageseinrichtungen

„In Kindertageseinrichtungen soll die Entwicklung des Kindes zu einer eigenverantwortlichen und gemeinschaftsfähigen Persönlichkeit gefördert werden. Dies umfasst laut Kinder- und Jugendhilfegesetz die Erziehung, Bildung und Betreuung des Kindes. Die Förderung soll sich am Alter und Entwicklungsstand, den sprachlichen und sonstigen Fähigkeiten, der Lebenssituation sowie den Interessen und Bedürfnissen des einzelnen Kindes orientieren und seine ethnische Herkunft berücksichtigen" (Deutscher Bildungsserver Bildungspläne der Bundesländer).

In allen Bundesländern wurde seit 2004 von den zuständigen Ministerien in unterschiedlich betitelten Publikationen („Orientierungsplan", „Bildungsprogramm", „Rahmenplan" oder „Bildungs- und Erziehungsplan") beschrieben, wie die Bildung, Erziehung und Betreuung von Kindern im Elementarbereich gestaltet werden sollte. Das mit diesen Veröffentlichungen verfolgte politische Ziel war die Verbesserung der pädagogischen Qualität im Elementarbereich des Bildungswesens. „Bildungspläne sind keine Lehrpläne bzw. Curricula oder gar Rechtsverordnungen – sie beschreiben vielmehr, wie die rechtlichen Vorgaben in der Praxis umgesetzt werden sollen. Sie haben also eher den Charakter von Empfehlungen, die der Orientierung der Fachkräfte und Tagespflegepersonen dienen sollen" (DIPF Leibniz-Institut für Bildungsforschung und Bildungsinformation).

Die Inhalte der Bildungspläne der Bundesländer gleichen einander. Eingegangen wird auf den gesellschaftlichen Rahmen, auf Leitgedanken wie: Bildungsverständnis und Bedeutung von Spielen und Lernen, das zugrunde liegende Bild vom Kind sowie die Bildungs- und Erziehungsziele. Die Bildungspläne präsentieren verschiedene Bildungs- und Erziehungsbereiche bzw. Lern- und Erfahrungsfelder, es wird auf Themen wie demokratische Teilhabe und Partizipation sowie auf die Integration von Kindern mit Migrationshintergrund und behinderter Kinder hingewiesen.

Hervorgehoben werden:

- die Unterstützung von Kindern mit Entwicklungsrisiken und Verhaltensauffälligkeiten
- die Bedeutung von Beobachtung und Dokumentation
- die Zusammenarbeit mit Eltern
- die Übergänge insbesondere von der Familie in die Kindertagesbetreuung und vom Kindergarten in die Schule

In den meisten Bundesländern werden ergänzend zu den Bildungsplänen Handreichungen herausgegeben, die Teilbereiche vertiefend darstellen, z. B. zur Sprachförderung, zur mathematisch-naturwissenschaftlichen Bildung oder zur Entwicklungsdokumentation. Veröffentlichungen dazu sind auf den Webseiten der zuständigen Länderministerien zu finden (Bundeszentrale für politische Bildung).

Die Bildungspläne und Handreichungen benennen Kompetenzen, die Kinder erwerben sollten. Im Mittelpunkt steht das Kind mit seinen Möglichkeiten, sich weiterzuentwickeln und am sozialen und gesellschaftlichen Leben selbstaktiv und selbstbestimmt teilzuhaben.

Die Vorgaben des jeweiligen Bildungsplans schaffen Grundlagen für pädagogische Konzepte und deren Ziele. Der jeweilige Träger legt fest, wie sie in der pädagogischen Arbeit umgesetzt werden sollen.

Wichtige Unterstützung im Elementarbereich bieten **Frühförderprogramme**. Der Frühförderung liegt immer ein ganzheitlicher Hilfeansatz zugrunde. Sie bezieht das Kind und seine nächste Umgebung ein und umfasst aufeinander abgestimmte medizinische, psychologische, soziale und pädagogische Maßnahmen (Bundeszentrale für gesundheitliche Aufklärung).

Der Bildungsauftrag der Grundschulen

Mit den *Empfehlungen zur Arbeit in der Grundschule* (Beschluss der KMK vom 02.07.1970 i. d. F. vom 11.06.2015) geben die Kultusministerien der Bundesländer einen Überblick über den Auftrag der Grundschulen (Kultusministerkonferenz 2015).

Einige Aspekte daraus:

- *Grundschule als Lern- und Lebensort für alle Kinder* (ebd., 5–7)
  „Die Grundschule ist Ort gemeinsamen Lernens und gleichzeitig Lebenswelt für Schülerinnen und Schüler mit unterschiedlichen biografischen und kulturellen Erfahrungen. Als erste gemeinsame Schule für alle Kinder spiegelt sich in der Grundschule die Vielfalt der Gesellschaft wider." Weitere Beschreibungen beziehen sich auf Anforderungen zum Umgang mit Heterogenität, Inklusion und zur ganztägigen Bildung mit dem erweiterten Auftrag zur Betreuung.

- *Grundschule als ein Ort grundlegender Bildung* (ebd., 8–15)
  Der Auftrag der Grundschule besteht darin, Kindern eine grundlegende schulische Bildung zu ermöglichen. Schlüsselkompetenzen des Lesens und Schreibens sowie der Mathematik werden als Basis für alle anderen Bildungsbereiche der Grundschule und für die weiterführende Bildung benannt. In diesem Sinne werden die Zielhorizonte der Grundschulbil-

dung als Erwerb und Erweiterung grundlegender und anschlussfähiger Kompetenzen beschrieben mit Hinweisen
- zum Lernen und Leisten,
- zum Fördern und Fordern,
- zur Individualisierung und Differenzierung,
- zur Bedeutung des Anfangsunterrichts und
- zu den Fächern: Deutsch, Mathematik, Sachunterricht, Fremdsprache, Kunst, Werken/Textiles Gestalten, Musik, Sport, Religion/Ethik,
- zu den übergreifenden Bildungsbereichen.

- Als *übergreifende Bildungsbereiche* (ebd., 15) werden Sprachbildung, Interkulturelle Bildung, MINT-Bildung, Medienbildung, Gesundheitliche Bildung, Musisch-ästhetische Bildung, Nachhaltige Bildung und Wertebildung aufgeführt.

- Bei der Definition von *Grundschule als Teil eines durchgängigen Bildungssystems* heißt es unter anderem:

„Die Grundschule schließt an den vorausgehenden Lern- und Entwicklungsprozess im Elternhaus und der frühkindlichen Bildung und Erziehung in Kindertageseinrichtungen oder in der Kindertagespflege an (ebd., 3 Vorwort).

„Die verbindliche, regelmäßige und wertschätzende Kooperation ist Voraussetzung für eine anschlussfähige Gestaltung des Übergangs von der Kindertageseinrichtung zur Grundschule. Dazu gehören der fachliche Austausch, die Nutzung der Erkenntnisse der Einschulungsuntersuchung, wechselseitige Hospitationen der pädagogischen Fachkräfte und der Lehrkräfte sowie gemeinsame Fortbildungen mit dem Ziel, ein gemeinsames Bildungsverständnis zu entwickeln (…). Ein gemeinsam verantwortetes Kooperationskonzept mit Projekten, Angeboten für die zukünftigen Schulkinder, Veranstaltungen für Eltern und Kinder vorwiegend im letzten Kindergartenjahr, spätestens im Zeitraum zwischen Schulanmeldung und Schulbeginn kennzeichnen Kooperationsstandards" (ebd., 25).

Lehrplan und Curriculum in der Grundschule

Bildung liegt im föderalistisch gegliederten Deutschland in der Verantwortung der einzelnen Bundesländer. Jedes Bundesland formuliert Lehrpläne, Rahmenlehrpläne oder Kerncurricula.

Rahmenlehrpläne beschreiben die Kompetenzen, die Schülerinnen und Schüler während ihrer Schulzeit erwerben sollen, um den gesellschaftlichen Anforderungen gewachsen zu sein. Für die Schule und ihre Lehrkräfte definieren die Pläne Standards für eine individuelle Gestaltung der Unterrichtsinhalte.

Ein *Curriculum* umfasst das Konzept der Lehr- und Erziehungsmethoden sowie die Zielsetzungen einer Bildungseinrichtung. Es enthält Aussagen zu den Rahmenbedingungen des Lernens.

Der *Lehrplan* stellt Lerninhalte und Lernziele nach Schultyp und Schuljahr systematisch zusammen und ist in der Regel auf die Aufzählung der Unterrichtsinhalte beschränkt (Deutscher Bildungsserver, Lehrpläne für die Grundschule).

Zur Anschlussfähigkeit der Institutionen und zum Gepäck der Schulanfängerkinder

In unterschiedlichen wissenschaftlichen Beiträgen werden Überlegungen zur Anschlussfähigkeit am Schulanfang auf drei Ebenen beschrieben:
- *Anschlussfähigkeit der Institutionen,*
- *Anschlussfähigkeit der Bildungskonzepte* und
- *Anschluss in der Bildungsbiografie des Kindes.*

Eine Forderung ist übereinstimmend herauszulesen: Mehr Kontinuität schaffen, indem mehr Bezüge hergestellt werden. Dabei wird die Verantwortung für das Erreichen einer anschlussfähigen Bildungsbiografie den Pädagoginnen und Pädagogen des Elementarbereichs und der Grundschulen im Zusammenwirken mit den Eltern zugeschrieben. Jedoch schaffen die strukturellen Bedingungen der Bildungseinrichtungen hinsichtlich der Anschlussfähigkeit der Institutionen und der Bildungskonzepte dafür nicht die entsprechenden Voraussetzungen. Weder sind die gesetzlichen Regelungen angemessen darauf ausgerichtet noch lässt die Aufgabenfülle des pädagogischen Personals der beiden Bildungsstufen Zeit dafür. Vielfach benannte Beispiele für eine hinderliche gesetzliche Regelung sind die bestehenden Datenschutzbestimmungen, für die Zusammenarbeit vor Ort die fehlenden Kooperationszeiten.

Institutionelle Erfahrungen der Kinder

Die konzeptionellen Merkmale und Unterschiede zwischen den Lebens- und Lernräumen von Kindertageseinrichtungen und Grundschulen zeigen den Umfang der Herausforderungen für die Kooperation zwischen Elementar- und Primarbereich, wenn ein individuell gelingender Übergang, bei dem die Grundschule an den vorausgehenden Lern- und Entwicklungsprozess anschließen kann, Ziel ist.

Es braucht Wissen über die bisherige Entwicklung des einzelnen Kindes, seine Lerngeschichte und dazu Informationen über seine Kindergartenzeit wie Konzepte und Arbeitsweisen. Zum Beispiel lassen sich individuelle und gruppenbezogene Verhaltensweisen und Reaktionen der Kinder besser einordnen, wenn das pädagogische Konzept der besuchten Kita bekannt ist. Hat ein Kind im offenen Konzept gelernt selbst zu entscheiden, welchen Raum es wählt und mit welchen Kindern es spielen möchte, dann ist es wahrscheinlich nicht selbstverständlich, dass es sich mit einem zugewiesenen Sitzplatz in einem festen Klassenraum sofort zurechtfindet. Die Regelungen in der Schule und in der Anfangsklasse spielen in dem Prozess ebenso eine Rolle wie die individuellen Möglichkeiten des Kindes, sich darauf einzulassen. Mit entsprechenden Informationen hat die Lehrkraft mehr Übersicht und Handlungsraum, auf individuelle Verhaltensweisen zu reagieren.

Kinder treffen am Schulanfang auf ein Umfeld, dessen Regelungen ihnen mehr oder weniger vertraut sind, sich aber nicht unbedingt im klassischen „Schule spielen" abbilden. Die Abläufe in Kindertageseinrichtungen und Grundschulen unterscheiden sich durch institutionell vorgegebene Merkmale tiefgreifender.

Einige Beispiele:
- Die Vielfalt der Trägerschaft und der Konzepte im Elementarbereich führt zu deutlichen Unterschieden zwischen den Kindertageseinrichtungen. Die Eltern haben daher die Wahlmöglichkeit, sich nach individueller Einstellung und Haltung für eine Einrichtung zu entscheiden. Dem gegenüber steht die Verbindlichkeit der Grundschulzuweisung durch eine in den meisten Bundesländern bestehende Standortvorgabe innerhalb des Wohngebiets.
- Nach der Freiwilligkeit des Kindergartenbesuchs folgt die Schulbesuchspflicht. Familien- und Urlaubszeiten müssen sich den Vorgaben anpassen.
- Die Bildungsaufträge des Elementarbereichs und der Grundschulen sollen aufeinander aufbauen. Die Persönlichkeits- und die soziale Entwicklung sind sowohl in den Bildungs- als auch in den Lehrplänen definiert und als übergreifende Ansätze erkennbar. Die Lehrpläne beschreiben darüber hinaus mit den fachlichen Inhalten und den Kompetenzbeschreibungen zum Abschluss der Grundschule einen inhalts- und fachbezogenen Lehrauftrag, der den Lernraum Schule maßgeblich systematisiert. Ein Bezug auf die eher allgemein gehaltenen Formulierungen in den Bildungsplänen ist nicht per se abzulesen. Eine deutlichere Anknüpfung steht unter dem Vorbehalt, dass es nicht darum gehen soll, „mehr Schule" in die Kindertageseinrichtung zu bringen.
- Steht vor der Einschulung die ganzheitliche Entwicklung des Kindes und deren Dokumentation im Fokus, setzt in der Schule eine Form der Lern- und Leistungsdokumentation ein, bei der die individuelle Würdigung der Leistung des Kindes mit einer vergleichenden Bewertung der Kinder der Klassenstufe verbunden ist. Am Ende der Grundschulzeit ergibt sich darüber hinaus der Widerspruch, eine individuelle Lernfortschrittsdokumentation mit einer Übergangsempfehlung in die Sekundarstufe, also einer Platzierungsentscheidung, zu verbinden.

Strukturelle und organisatorische Veränderungen

Schulanfang ist ein Gemeinschaftserlebnis. Die Kinder kommen gemeinsam mit anderen aus ihrer Kindergartengruppe in die Schule und vielleicht auch in eine Schulklasse. Wie unterschiedlich die Erfahrungen sein können, die sie aus der Kindergartenzeit mitbringen, beschreiben die bisherigen Darstellungen.

Auf alle Fälle ändern sich die Gruppenzusammensetzung und die Bezugspersonen sowie das Lebens- und Lernumfeld. Vom eher überschaubaren Kindergarten geht es in das größere Schulgebäude, mit anderen Menschen, anderen Regeln und anderen Verpflichtungen. Für die Erwachsenen selbstverständliche Gegebenheiten sind für die Kinder aufregende und herausfordernde Veränderungen, die sie meistern müssen.

Bewussteres aufeinander Anknüpfen der Institutionen im systemischen Bereich und die Analyse der trennenden und verbindenden Faktoren können zum Gelingen wesentlich beitragen.

Welche Entwicklungen könnten Kitas und Grundschulen aufgreifen?

- In den Grundschulen haben in der Entwicklungsphase des offenen Unterrichts Anregungen zur Raumaufteilung, die sich in den Kindertageseinrichtungen bewährt haben, Einzug gehalten wie die Aufgliederung von festen Zonen für bestimmte Materialien und Beschäftigungen, Kennzeichnungs- und Ordnungssysteme, Eigentumsfächer, Leseecke, aber auch Angebote zum Bauen, Konstruieren und für Spiele. Umgekehrt haben Funktionsräume in Kindertageseinrichtungen an Bedeutung gewonnen. Inhaltsbezogene Verbindungen – vielleicht auch räumliche – lassen sich herstellen mit Blick auf den Bedeutungsgewinn von naturwissenschaftlichen Projekten (MINT) im Elementarbereich. Zugleich zeigt die Entwicklung, dass die klassischen Funktionsräume in den Grundschulen wie Werkraum, Textilraum, Kunstraum und Musikraum aufgrund des Mangels an Fachlehrkräften und wegen fehlender Stundenausstattung weniger genutzt werden können.
- Die zeitliche Strukturierung der Schulvormittage mit der teilweisen Aufhebung des 45-Minuten-Takts und strukturierenden Elementen wie Morgenkreis und Abschlusskreis sind in Grundschulen selbstverständlich(er) geworden. Das Überdenken der zeitlichen Strukturen in Richtung auf ritualisierte Abläufe, aber auch auf Projektvorhaben bietet sich an.
- Das Bewusstsein über mehr Selbstständigkeit und Selbstverantwortung der Kinder hat in der pädagogischen Arbeit der Schule an Bedeutung gewonnen. Merkmale des offenen Unterrichts wie individuelle Arbeitsphasen, Gruppenarbeit, Projektarbeit, Gesprächskreise, Präsentationen kennzeichnen die Unterrichtsentwicklung. Diese Entwicklung ist jedoch keine Folge des Konzepts der offenen Arbeit in Kindertageseinrichtungen. Ein Aus-

tausch über die unterschiedlichen Ansätze von pädagogischer Begleitung und Anleitung könnte klärend und für die Schulanfängerkinder förderlich sein, weil Irritationen vermieden werden.

Im Übergangsprozess besonders verbindend wirkt, wenn die Lernverbände in der Schule – zumindest in der Schuleingangsphase mit den Klassenstufen 1 und 2 – jahrgangsübergreifend organisiert sind. Der Grundschulverband hat sich dazu im Standpunkt „Den Schulanfang kindgerecht gestalten" (Grundschulverband: Standpunkte) positioniert und mit einem Faktencheck das Vorurteil: „Jahrgangsgemischte Lerngruppen funktionieren nicht und überfordern alle" (Grundschulverband 2018: Faktencheck) überprüft. Kinder finden in der jahrgangsübergreifenden Lerngruppe der Schule vertraute Gruppenstrukturen und soziale Rollen wieder. Sie erleben beim Schuleintritt, dass sie in der ihnen bekannten Rolle der Jüngeren sind und wissen um die Möglichkeit, bei den Erfahrenen um Hilfe zu bitten oder sich einfach an deren Vorbild zu orientieren. Selbstverständlich ist für sie, dass die Kinder an Unterschiedlichem arbeiten und unterschiedlich schnell oder weit vorankommen.

Die Jahrgangsklasse hingegen suggeriert eine scheinbare Gleichheit und Vergleichbarkeit, denen sich weder Kinder noch Lehrkräfte und Eltern entziehen können. Zumindest für die Kinder ist das eine neue Situation, die vor der Schulzeit keine Bedeutung hatte, zumal es dabei nicht um die Orientierung am Erreichen von Fachkompetenzen ging. Enttäuschungen und nachlassende Motivation können die Folge sein.

Gleichschrittiges Arbeiten entwickelt sich in der Jahrgangsklasse selbstverständlicher, die Beachtung der individuellen Möglichkeiten sowohl bei schnellen Lernerinnen und Lernern als auch bei Kindern, die mehr Unterstützung brauchen, erweist sich als aufwändiger und gegebenenfalls trennender im Arbeitsprozess. Eine im Elementarbereich selbstverständlich angelegte inklusive Entwicklung hat es unter klassischen schulorganisatorischen Bedingungen deutlich schwerer.

Regelungen nehmen zu, Spontaneität erfährt mehr Grenzen – einige Aspekte

Der Übergang in die Schule bedeutet auch Übergang und Veränderung in der Lernkultur von informellen zu formalen Lernformen (Hildebrandt/Pesch 2018). Die Passung der Lernangebote, der Lernumgebung und der Lerndokumentation geht einher mit schulischen Lernkonzepten. Fachliches Lernen in Verbindung mit Erklär- und Lehrphasen löst das Lernen über Probieren, Entdecken, Erfahren je nach Unterrichtskonzept ab, Handlungsorientierung und die Priorität des Spiels treten in den Hintergrund.

Haben mit der Sicht auf das Kind als aktivem Gestalter seines Tuns interessengeleitete Tätigkeiten in den Kindertageseinrichtungen hohe Bedeutung, wird am Schulanfang gerade in diesem Bereich eine hohe Anpassungsleistung erwartet. Die inhaltliche Arbeit wird von den Vorgaben des Lehrplans geleitet und orientiert sich an zu erreichenden Standards.

Die zeitlichen Freiräume und damit der Grad an Selbstbestimmung sind in der Schule durch den Stundenplan mit festen Pausenzeiten und Fachunterricht eingeschränkt. Ausnahmen bilden Schulen mit entsprechenden pädagogischen Konzepten. Trotz des Bemühens um mehr Ganzheitlichkeit im Lernen, Projektarbeit und offene Unterrichtsformen sind der Flexibilität engere Grenzen gesetzt. Jeder Wechsel der Lehrerin oder des Lehrers setzt innerhalb der Schule das Organisationsrad in Bewegung und ist mit festen zeitlichen Abläufen verbunden.

Leitend für die Arbeit in Kindertageseinrichtungen sind insbesondere zwei Handlungsansätze, der Situationsansatz und der Situationsorientierte Ansatz.
- *Situationsansatz* bedeutet, die Kinder dabei zu unterstützen, ihre Lebenswelt zu verstehen und selbstbestimmt, kompetent und verantwortungsvoll zu gestalten. Es gilt, Kinder unterschiedlicher sozialer und kultureller Herkunft mit Blick auf ihre Zukunft zu stärken.
- Der *Situationsorientierte Ansatz* beinhaltet, dass konkret erlebte Gegenwartssituationen sowohl im sozialen Erleben als auch bezogen auf Ereignisse und Beobachtungen nachbearbeitet werden.

Die Reformbemühungen in der Grundschulpädagogik legen genau betrachtet diese beiden Handlungsansätze gleichermaßen zugrunde. Sie sind aus den vorangehend zitierten *Empfehlungen zur Arbeit in der Grundschule* der Kultusministerkonferenz abzuleiten.

Anschluss der Bildungsbiografien – institutionenübergreifender Austausch beim Übergang

Zur Entwicklung des Kindes in Familie und Kindergarten lässt sich über Gespräche mit den Eltern und den Pädagoginnen und Pädagogen der Kindertageseinrichtung vieles erfragen und erfahren. Dieser Austausch braucht Zeit, Vertrauen sowie Einverständnis und Mittun der Eltern.

Der Anspruch, die Entwicklung und Lernausgangslage der Kinder zur Grundlage für die Planung des Anfangsunterrichts zu machen, erfordert ein vielseitiges Bild von den Schulanfängerinnen und Schulanfängern. Dabei ist das Erkennen der Voraussetzungen für das Erlernen der Kulturtechniken eine Komponente, das Wissen um die soziale und emotionale Entwicklung und das Selbstkonzept des Kindes eine weitere.

In diversen Verfahren zum Kennenlernen am Schulanfang werden folgende Basiskompetenzen zur Beobachtung empfohlen:

- Grobmotorik
- Feinmotorik
- Wahrnehmung
- Pränumerische Kompetenz
- Phonologische Kompetenz
- Sprachkompetenz

- Artikulation
- Merkfähigkeit
- Lateralität
- Arbeitsverhalten
- Sozial-emotionales Verhalten

Der Blick auf die Ausgangslage sollte immer auch gerichtet sein auf die vielfältigen Möglichkeiten des Kindes, d. h. Stärken, Vorlieben, soziale Erfahrungen, die Bedürfnisse, die es mitbringt, womit es gut zurechtkommt und worin es weniger Erfahrung, vielleicht auch Schwierigkeiten hat. Der Beitrag von Frau Prof. Liebers in diesem Buch wird darauf eingehen (Seite 37 ff.).

Entscheidungen, Handlungsmöglichkeiten und Handlungsweisen von Kindern werden von ihrer soziokulturellen Herkunft hergeleitet. Ist in ihrem familiären Umfeld ihr Erfahrungs- und Erlebnisraum aus unterschiedlichen Gründen eingeschränkt, wirkt dies auf ihre Handlungsmöglichkeiten. Einerseits wird dadurch deutlich, wie elementar und unverzichtbar die Erweiterung des familiären Erfahrungsraums durch Kindertageseinrichtung und Schule ist, andererseits, dass Pädagoginnen und Pädagogen die Entwicklungsbedingungen der Kinder kennen müssen, um bei aller Heterogenität innerhalb einer Anfangsklasse dem einzelnen Kind das ihm Angemessene zu ermöglichen. Die Unterschiedlichkeit der Voraussetzungen schlüsselt die Herausforderungen für den Anfangsunterricht und das pädagogische Handeln der Lehrerinnen und Lehrer auf.

Die Beiträge zu den Lernbereichen Deutsch/Sprache, Mathematik und Sachunterricht in diesem Buch veranschaulichen und beschreiben dazu eine große Bandbreite von Gestaltungsmöglichkeiten.

Baustelle Anschlussfähigkeit und Kooperation

Die Anschlussfähigkeit der Systeme zu intensivieren und auf das einzelne Kind zu schauen ist eine herausfordernde Verpflichtung, die verlangt, die Geschichte des Schulanfängerkindes zu kennen und seine Ausgangslage zu verstehen, um seine nächsten Schritte zu planen. Werden darüber hinaus die Entwicklungsunterschiede zwischen den Kindern bei der Unterrichtsgestaltung berücksichtigt, um möglichst viele Potenziale zu fördern, ist ein entscheidender und anspruchsvoller Schritt für eine inklusive Schulentwicklung vollzogen.

Doch die Baustelle ist groß, denn Kindertageseinrichtungen und Schulen haben nicht genug Erfahrungen im Miteinander und nach wie vor zu wenig Zeit, sich über Kooperation näherzukommen. Die Verbesserung der Anschlussfähigkeit bleibt eine wichtige Forderung für den Schulanfang, denn der Übergang stellt für eine Reihe von Kindern immer noch eine Hürde dar und verschärft Chancenungleichheit. Nachteilig wirkt, dass bei einigen Eltern zu wenig Vertrauen in die Zusammenarbeit von Kindergarten und Grundschule besteht. Die Gründe dafür mögen vielfältig sein, die Beobachtung aus der Praxis zeigt Vorbehalte vermehrt bei Eltern, deren Kind durch sein Verhalten oder besondere Entwicklungsverläufe bereits Anlass für beratende Gespräche mit Erzieherinnen und Erziehern in der Kindertageseinrichtung geboten hat. Das kann die Sorge auslösen, dass dem Kind am Schulanfang mit Vorbehalten begegnet und sein schulischer Werdegang davon belastet wird. Schutzbedürfnis und Misserfolgsängste der Eltern verhindern in dem Fall die Schaffung von mehr Kontinuität für den Bildungsweg und mehr Anschlussfähigkeit in der pädagogischen Arbeit. Ohne Einverständnis der Eltern kann jedoch kein Austausch über das Kind stattfinden.

Die größte Baustelle ist, dass Möglichkeiten und Ideen für gelingende Kooperation zwischen Kindertageseinrichtung und Grundschule vielfach erprobt und in vielen Veröffentlichungen beschrieben sind, die Voraussetzungen für deren Umsetzung aber institutionell bisher nicht gegeben und verfestigt sind.

Literatur

Bundeszentrale für politische Bildung. Online verfügbar unter: www.bpb.de/gesellschaft/bildung/zukunft-bildung/292283/bildungsplaene [Aufruf am 26.02.2022].

Deutscher Bildungsserver. Bildungspläne der Bundesländer für die frühe Bildung in KindertageseinrichtungenOnline abrufbar unter: www.bildungsserver.de/seite_de.php?seite=2027&mstn=1 [Aufruf am 01.03.2022].

Deutscher Bildungsserver. Lehrpläne für die Grundschule: Online verfügbar unter www.bildungsserver.de/lehrplaene-fuer-die-grundschule-1660-de.html [Aufruf am 27.02.2022].

DIPF Leibniz-Institut für Bildungsforschung und Bildungsinformation: Online verfügbar unter: www.bildungsserver.de/Bildungsplaene-fuer-Kitas-2027-de.html [Aufruf am 01.03.2022].

Grundschulverband e. V. (Hrsg.): Standpunkte: Online verfügbar unter: https://grundschulverband.de/unsere-themen/standpunkte-2/ [Aufruf am 28.02.2022].

Grundschulverband e. V. (2018): Faktencheck. Online verfügbar unter: https://grundschulverband.de/wp-content/uploads/2018/04/Jahrgangsmischung_Faktencheck.pdf [Aufruf am 26.02.2022].

Hecker, U./Lassek, M./Ramseger, J. (Hrsg.) (2020): Kinder Lernen Zukunft – Anforderungen und tragfähige Grundlagen. Beiträge zur Reform der Grundschule Bd. 150. Frankfurt: Grundschulverband e. V.

Hildebrandt, F./Pesch, L.(2018): in Gutzmann, M/Lassek, M. (Hrsg.) Kinder beim Übergang begleiten, Band 145 Beiträge zur Reform der Grundschule, 68 ff.

Informations-Portal zur Kinderbetreuung. Online verfügbar unter: www.Kita.de [Aufruf am 26.02.2022].

Informations-Portal zur Kinderbetreuung. Online verfügbar unter: www.kita.de/wissen/kinderbetreuung/paedagogische-konzepte/ [Aufruf am 26.02.2022].

Kultusministerkonferenz KMK (2015): Empfehlungen zur Arbeit in der Grundschule (Beschluss der KMK vom 02.07.1970 i. d. F. vom 11.06.2015).

Statistisches Bundesamt (September 2021). Online abrufbar unter: www.destatis.de/DE/Themen/Gesellschaft-Umwelt/Soziales/Kindertagesbetreuung/Tabellen/betreuungs-quote.html [Aufruf am 28.02.2022].

Katrin Liebers

Schuleingangsdiagnostik im adaptiven Anfangsunterricht

Lernen in der Zone der nächsten Entwicklung ermöglichen

Welche Voraussetzungen ein Kind beim Schuleintritt benötigt und wie diese Voraussetzungen ermittelt werden können, wird seit Jahrhunderten diskutiert. In neueren Diskursen werden den traditionellen Vorstellungen einer Schulfähigkeit von Kindern zunehmend Forderungen nach einer Kindfähigkeit von Grundschule gegenübergestellt. Ein so verstandener Schuleintritt erfordert dennoch spezifische diagnostische und didaktische Praktiken, um Kindern individuell anschlussfähiges Lernen im Anfangsunterricht zu ermöglichen. Im Beitrag wird zunächst die Genese des traditionellen Konstrukts von Schulfähigkeit und seiner prognostischen Feststellung skizziert, bevor diagnostische Ansätze für einen entstandardisierten Schulanfang umrissen werden. Abschließend wird deren Wechselspiel mit dem didaktischen Konzept des adaptiven Angangsunterrichts aufgezeigt.

Schuleingangsdiagnostik soll in diesem Beitrag – in Abgrenzung von allen Formen einer Schuleintrittsdiagnostik, mit der über den Zugang zur oder die Rückstellung von der Grundschule entschieden wird – verstanden werden als eine Diagnostik, die im Übergangsjahr bis zum Ende der Schuleingangsphase erfolgt, um die individuelle Anschlussfähigkeit von Lernen im Anfangsunterricht zu sichern.

Historische Schuleintrittsdiagnostik – Feststellung der Passung von Kindern zur Schule

Über viele Jahrhundert war Schuleintrittsdiagnostik damit befasst, diagnostische Kriterien für den richtigen Zeitpunkt zum Schuleintritt zu beschreiben. Frühe diagnostische Umschreibungen für Schuleintrittskriterien lassen sich seit dem 16. Jahrhundert in verschiedenen regionalen Schulordnungen in deutschen Fürstentümern finden. Diese waren zu dieser Zeit noch ohne konkrete Altersangaben für den Schuleintritt versehen. So bestimmte die Magdeburger Schulordnung von 1658 als Kriterium, dass die Kinder *„sobald sichs Alters und der Sprache halber recht fügen will"* in die Schule gesendet werden sollen (hier zitiert nach Penning 1926, 31). Mit der nach und nach einsetzenden Schulpflicht in den Fürstentümern traten zunehmend Festlegungen zum Schuleintrittsalter auf. Darauf bezogen zeichneten sich drei

Argumentationslinien ab. So wurde in etlichen Schulordnungen das vollendete 5. Lebensjahr als Schuleintrittsalter festgesetzt, wenngleich Berichte darauf hindeuten, dass Kinder oftmals schon ab dem dritten oder vierten Lebensjahr in Schulen in den regulären Lehrstoffen unterrichtet wurden, so z. B. in den pietistisch geprägten Franckeschen Stiftungen in Halle (Penning 1926). Eine zweite, kleinere Strömung versuchte einem verfrühten Schuleintritt entgegenzuwirken und das Schuleintrittsalter später zu terminieren (a. a. O.). Als dritte Strömung können Schulordnungen wie die Güstrowsche (1602) betrachtet werden, die eine individuelle Differenzierung des Schuleintrittsalters forderten, weil die große Mannigfaltigkeit der unterschiedlichen Entwicklungsstände berücksichtigt werden sollte (Penning 1926). Auch J. A. Comenius (1592–1670) beschreibt im *Informatorium der Mutterschul* altersflexible, aber entwicklungskonkrete Voraussetzungen für den Eintritt in die Schule und empfiehlt für Kinder, die *„mittelmäßigen Verstandes sindt (derer am meisten sind)"* (Comenius 1633, hier zitiert nach Hillebrand 1955, 7), das vollendete sechste Lebensjahr. Für ein *„klugeres oder alberes Kind"* schlägt er eine Beratung bei den *Praeceptoren* (d. h. den Lehrern, a. a. O.) vor und gibt drei konkrete Kriterien vor. Das erste Kriterium kann als eine frühe Form von Schuleingangsstandards verstanden werden, da es das Beherrschen der Anforderungen der Mutterschul beinhaltet, die in seiner Schrift aufgelistet waren. Das zweite und das dritte Kriterium beziehen sich auf kognitive, sprachliche und motivationale Voraussetzungen.

Die gemeinsame Idee der frühen Schulordnungen bestand darin, Kriterien zu bestimmen, anhand derer die Passung des Kindes zur Schule beim Schuleintritt sichergestellt werden sollte. Neben dem Alter wurden auch bestimmte Eigenschaften von Kindern als Voraussetzung für den Schuleintritt benannt. Damit erfolgte eine zunehmende Normierung der Schuleintrittsvoraussetzungen des Kindes, die als grundlegende Praktik bis weit in die zweite Hälfte des 20. Jahrhunderts Bestand hatte. In der Folge führte diese zu einer kaum noch zu überschauenden Vielzahl an Schulreife- bzw. Schulfähigkeitstests, mit denen Millionen von Kindern in Westdeutschland vor dem Schuleintritt untersucht worden sind.[1] Kinder mit fehlenden Voraussetzungen wurden vom Schulbesuch zurückgestellt. (Unter anderem Burgener Woeffrey 1996; Götz 2014; Kammermeyer 2000; Kastner-Koller & Deimann 2018; Liebers & Götz 2019.)

---

[1] In Ostdeutschland erfolgte die Einschulung gemäß der Stellungnahme der Kindergärten. Schulfähigkeitstests waren eher die Ausnahme. Eine ausführliche Darstellung findet sich in Liebers & Götz 2019.

Schuleintrittsdiagnostik im Umbruch –
Schule, die zu Kindern passt

Seit den späten 1970er-Jahren regte sich zunehmender Widerstand gegen prognostische Schuleintrittstests; Schulreife bzw. Schulfähigkeit wurden in ihnen statisch und vielfach als endogen bedingte Eigenschaft des Kindes konzeptualisiert. Die Prognosemodelle wurden als eindimensional kritisiert und wiesen psychometrische Mängel auf. So belegten mehrjährige Erhebungen an eingeschulten Kindern eine geringe Zuverlässigkeit der Tests: Bei einem Fünftel der Kinder stimmten die Testprognosen des (Nicht)Schulerfolgs nicht mit dem tatsächlichen Schulerfolg bzw. Schulversagen im ersten Schuljahr überein (Krapp & Mandl 1977). Kritik wurde auch dahingehend laut, dass Schuleintrittstests die Entwicklungsmöglichkeiten von Kindern überwiegend verkannten, sozio-emotionale Aspekte zu wenig berücksichtigten und mit Blick auf frühzeitige pädagogische Förderung folgenlos blieben (Burgener Woeffray 1996).

Ab den 1990er-Jahren wurde gemäß dem ökologisch-systemischen Schulfähigkeitsmodell von Nickel (1981) nicht mehr das Kind allein mit seinen individuellen Lernvoraussetzungen als Komponente für Schulfähigkeit gesehen, sondern ebenso seine vorschulische und häusliche Lebensumwelt, die Schule mit ihren Strukturen sowie gesamtgesellschaftliche Rahmenbedingungen. Im Kontext der Grundschulreform, die seit den 1970er-Jahren von Debatten zu sozialer Bildungsgerechtigkeit, veränderter Kindheit, veränderter Schuleingangsphase, Integration von damals sogenannten *Gastarbeiterkindern* oder den ersten Schulversuchen zum gemeinsamen Unterricht geprägt wurde, zeigte sich immer deutlicher, dass die Grundschule pädagogische Antworten auf die Heterogenität von Kindern finden muss. Der Grundschulverband (1996) mahnte in seiner Denkschrift *Die Zukunft beginnt in der Grundschule* weitgehende Reformen an. Seine Forderungen nach der Abschaffung des Schulfähigkeitsbegriffs, dem Verzicht auf jegliche Formen einer Schuleingangsdiagnostik sowie einer Erarbeitung von Schulfähigkeit durch die Schule bedeuteten nicht weniger als einen paradigmatischen Wechsel zu einem entstandardisierten Schuleintritt für alle Kinder: „*Da der Entwicklungsstand, den jede Einschulungsuntersuchung zu berücksichtigen versucht, sich der präzisen Bestimmung entzieht, muß er als Kriterium aufgegeben werden. Jedes Kind, das ein bestimmtes Alter erreicht hat, ist ohne eine Überprüfung in der Schule aufzunehmen. Das fragwürdige Konstrukt ‚Schulfähigkeit‘, das als Hürde Kinder von der Schule fernhält, wird dadurch hinfällig. Die Grundschule hat die Aufgabe, die ‚Schulfähigkeit‘ ihrer Schüler mit den Kindern selbst zu erarbeiten*" (Arbeitskreis Grundschule 1996, 2).

Diese radikal anmutende Position traf auch infolge des traditionellen Schulfähigkeitsverständnisses auf Widerspruch (Kammermeyer 2000), denn

Schulfähigkeit wurde seit den 1990er-Jahren als ein Produkt der sozialen Interaktion zwischen Kindern und einer Vielzahl von Umweltbedingungen und kulturellen Erfahrungen gesehen. Zudem wurde Schulfähigkeit international als eine wichtige gemeinsame Aufgabe aller Beteiligten konzeptualisiert, die das Ziel hat, eine möglichst optimale Passung zwischen dem Kind und herausfordernden Anforderungen zu finden, mit der die Entwicklung des Kindes unterstützt wird (Unicef 2012, 6). Dementsprechend formulierte die KMK in ihren Empfehlungen zur Neugestaltung des Schulanfangs: *„Schulfähigkeit steht im Schnittpunkt der Lernvoraussetzungen des Kindes, des sachlichen Inhalts und des pädagogischen Konzepts der Schule. Eine einseitig auf das Kind ausgerichtete Feststellung der Schulfähigkeit wird diesem Verständnis nicht gerecht"* (KMK 1997, 1). Hinsichtlich einer Abschaffung einer selegierenden Schuleintrittsdiagnostik wurde der Position des Grundschulverbandes weitgehend gefolgt: *„Die in vielen Schulen eingesetzten Verfahren zur Feststellung der Schulfähigkeit erfassen den Entwicklungs- und Kenntnisstand des Kindes nur punktuell, nicht aber seine Entwicklungsmöglichkeiten. Sie geben kaum Hinweise auf die Lern- und Entwicklungshilfen, durch die das einzelne Kind angemessen gefördert werden kann. Deshalb sind Ergebnisse rein kognitiv ausgerichteter Schulfähigkeitstests als alleinige Grundlage der Entscheidung über die Aufnahme eines Kindes in die Schule nicht hinreichend"* (KMK 1997, 1).

Im Kontext der Ratifizierung der UN-Behindertenrechtskonvention (Beauftragter 2009) wurde der Grundschule zu Beginn des neuen Jahrtausends von der KMK der Auftrag zugewiesen, dass *„jedes Kind ungeachtet seiner Herkunft und Leistungsfähigkeit gemeinsam mit anderen Kindern leben und lernen"* können soll (KMK 2015, 6). Die traditionelle prognostische Schuleintrittsdiagnostik, mit der über die Aufnahme in die Grundschule entschieden wird, ist damit endgültig obsolet. Ebenfalls zu Beginn des neuen Jahrtausends erfolgte mit der Einführung von Bildungsstandards sowie den damit verbundenen Vergleichsarbeiten und Lernstandsanalysen eine neue Standardisierung bezogen auf die erwarteten Lernergebnisse am Ende der Schuleingangsphase bzw. Grundschulzeit; insofern könnte eine *„standardisierte Entstandardisierung"* des Schulanfangs konstatiert werden.[2]

Facetten einer Schuleingangsdiagnostik in einer Grundschule für alle Kinder

In einer gemeinsamen Grundschule, die alle Kinder aufnimmt, stellen sich ganz neue Fragen an die Schuleingangsdiagnostik. Für einen erfolgreichen Unterricht in heterogenen Anfangsklassen werden individuell passfähige

---

2) Dieser Gedanke ist einer Anmerkung von Brigitte Latzko zu verdanken.

Lernangebote benötigt, die das einzelne Kind beim Lernen weder über- noch unterfordern, sondern es angemessen herausfordern und damit bestmöglich fördern. Dazu bedarf es – zeitlich gestaffelt – verschiedener diagnostischer Zugänge auf unterschiedlichen Ebenen pädagogischen, diagnostischen und didaktischen Handelns, die sich über die gesamte Zeit der Schuleingangsphase erstrecken. Ein solches Vorgehen, das unterschiedliche diagnostische Zugriffsweisen vereint, um ein umfängliches Bild von Kindern und ihren Lernpotenzialen zu gewinnen, um den Unterricht daran anzupassen, wird unter dem Oberbegriff des formativen Assessment subsumiert (Schmidt & Liebers 2015, 137 f.).

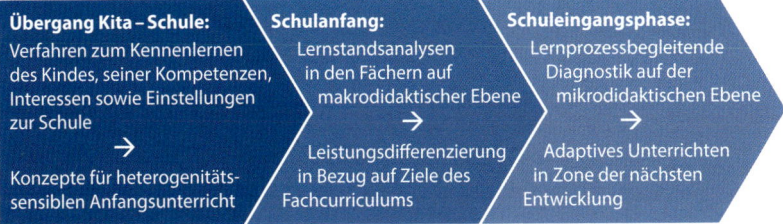

Abb. 1: Verlaufsmodell einer Schuleingangsdiagnostik

Diagnostik zum Kennenlernen des Kindes im Übergang Kita – Schule

Bereits in der Transitionsphase von der Kita in die Schule helfen unterrichtsrelevante Informationen über die zukünftigen Schulanfängerinnen und Schulanfänger, geeignete Konzepte für einen heterogenitätssensiblen Anfangsunterricht zu entwickeln. In diesem Zeitabschnitt können Kinder mit ihren individuellen Kompetenzen und Interessen sowie weitere Lernvoraussetzungen, wie die Einstellung zur Schule, die Motivation oder die Aufmerksamkeit, vorab genauer erkundet werden. Dafür eignen sich systematische Beobachtungen in gemeinsamen Spiel- und Lernangeboten von Kita und Schule, Lernwerkstätten und Stationenspiele an Besuchstagen in der Schule (Pohlmann-Rother, Lange & Franz 2020). Ebenso können Schuleingangsdiagnostika, die auf die Breite der kindlichen Lernvoraussetzungen gerichtet sind, zum Einsatz kommen, wie z. B. das Beobachtungsspiel *MIROLA*.[3] Kindertagesstätten setzen ebenso diagnostische Verfahren ein, die auf den allgemeinen Entwicklungsstand oder einzelne Entwicklungsbereiche gerichtet sind, z. B. *BLG, Grenzsteine, ARS, ILEA T* sowie verschiedene Verfahren zur Sprachstandserfassung (Kammermeyer & King 2018). Der gemeinsame Austausch von Lehrkräften und pädagogischen Fachkräften über die bislang erhobenen Beobachtungen in den Entwicklungsdokumentationen – unter Berücksich-

3) Aus platzökonomischen Gründen kann nur eine exemplarische Auswahl erfolgen, alle Verfahren sind im Anhang aufgeführt.

tigung der Datenschutzvorgaben – leistet einen empirisch bestätigten wirksamen Beitrag zur optimalen Förderung im Anfangsunterricht (Faust 2012). In dieser Phase können somit vielfältige Daten über die Kinder einer Klasse erhoben werden, um als Lehrkraft einen heterogenitätssensiblen Schulstart und die ersten Schulwochen vorzubereiten. Dabei geht es um Fragen nach angemessenen Unterrichtskonzeptionen, Lernumgebungen und Lehrmaterialien, mit denen das Lernen aller Kinder angemessen unterstützt werden kann.

Lernstandsanalysen zur Ermittlung der Lernvoraussetzungen in den Fächern auf der makrodidaktischen Ebene

Weil ein heterogenitätssensibler Anfangsunterricht eine Balance zwischen den Anforderungen der Lehrpläne und den variierenden Leistungspotenzialen von Kindern erfordert, sind für die ersten Wochen nach dem Schulanfang in den meisten Grundschulverordnungen Zeiten ausgewiesen, die einer intensiven Beobachtung und Erhebung des Lernstands der Schulanfängerinnen und -anfänger dienen. Für ein optimales Einstiegsniveau in das fachliche Lernen und die Planung nächster Lernschritte für das einzelne Kind mit Blick auf die Ziele des Lehrplans (makrodidaktische Ebene) sind domänenspezifische Lernstandsanalysen unumgänglich. Dabei stehen folgende Fragen im Zentrum (Hattie & Timperley 2007, Prengel 2016):

1. Was sind die Lernziele im Fachlehrplan / in den Standards am Ende von Klasse 2?
2. Wo steht das Kind jetzt?
3. Welche nächsten Schritte sind zu gehen, damit das Kind diese Ziele erreicht?

Für die Durchführung domänenspezifischer Lernstandsanalysen am Schulanfang haben einige Länder wissenschaftlich überprüfte Instrumente zur Verfügung gestellt, hinter denen Modelle des domänenspezifischen Kompetenzaufbaus und der Bildungsstandards stehen. So werden als standardisierte und normierte Verfahren z. B. in Hamburg *KEKS*, in Bayern *FIPS* und in Berlin *LAUBE* empfohlen (Martschinke & Kammermeyer 2018). Mit diesen können die individuellen Lernstände in den Bereichen Sprache, Schriftsprache und Mathematik am Schulanfang erhoben werden. Im Land Brandenburg wurden die seit 2006 verbindlich einzusetzenden *ILEA* abgelöst durch digitale *ILEA plus*. Das Verfahren *ILEA plus* wird in den kommenden Schuljahren von den Ländern Thüringen und Sachsen-Anhalt übernommen, weitere Kooperationen werden geprüft. Allen genannten Verfahren ist gemeinsam, dass sie nicht nur Aussagen zum individuellen Lernstand in den Domänen, sondern auch darauf bezogene konkrete Förderanregungen geben, die in die individuellen Entwicklungspläne und die täglichen Lernaufgaben übernommen werden können. Für einige Verfahren, wie *KEKS*, *FIPS* und *ILEA plus* liegen Normwerte für eine Wiederholungsmessung im ersten Schuljahr vor, sodass der

Lernerfolg überprüft werden kann. *KEKS* und *ILEA plus* können in den Jahrgangsstufen 2 bis 6 fortgeführt werden.

Darüber hinaus gibt es eine Vielzahl an wissenschaftlich geprüften, domänenspezifisch normierten Verfahren für den Schulanfang, die ähnliche Zielstellungen aufweisen. Diese sind ebenfalls curriculumnah und kompatibel zu Lehrplänen/Bildungsstandards und können im ersten Schuljahr wiederholt eingesetzt werden. Dazu zählen in den Lernbereichen Deutsch und Mathematik z. B. der *IEL-1*, das *EMBI*, der *TEDI-MATH*. Für Kinder, die in Lernstandsanalysen auf den ersten Kompetenzstufen liegen, sind vertiefende Screenings eine Möglichkeit, ihre Lernbedarfe in einzelnen Teildimensionen genauer zu ermitteln. Dazu eignen sich bspw. der *Rundgang durch Hörhausen*, *MÜSC*, *MBK1* oder *KALKULIE*, die mit konkreten Förderprogrammen verbunden sind. Zur Prüfung von Lernfortschritten können ergänzend Verfahren der Lernverlaufsdiagnostik, wie z. B. *LEVUMI.de* oder *QUOP*, *LDL* oder *LVD 2-4*, verwendet werden. Für andere Domänen sind wissenschaftlich überprüfte Lernstandsanalysen nicht in diesem Umfang verfügbar, hier kann auf fach- und themenspezifische Anregungen in Praxiszeitschriften zurückgriffen werden.

Lernprozessbegleitende Diagnostik auf der mikrodidaktischen Ebene im Anfangsunterricht

Die vermutlich größte Herausforderung liegt in der alltäglichen Adaption des Unterrichts an die heterogenen Lernvoraussetzungen der Kinder (Prengel 2016). Dies erfolgt vor allem über die Konstruktion von individuell passfähigen Lernaufgaben. Lernen ist dann erfolgreich, wenn neue Anforderungen an das vorhandene Wissen und Können des Kindes anknüpfen (Niveau der aktuellen Entwicklung) und auf die Zone seiner nächsten Entwicklung verweisen (Wygotski 1964). Die Zone der nächsten Entwicklung umfasst das Potenzial des Kindes, mit der Hilfe der Lehrkraft oder eines anderen Kindes die gestellten neuen Anforderungen zu bewältigen. Dafür eignet es sich ko-konstruktiv in der Interaktion mit der Lehrkraft oder anderen Kindern die benötigten geistigen und sprachlichen Werkzeuge an (a. a. O.). Aus dieser sozialkonstruktivistischen Perspektive ergibt sich als dritter Fokus von Schuleingangsdiagnostik der mikrodidaktische Blick auf die Lernprozesse beim Aufgabenlösen im Anfangsunterricht. Dieser Blick schließt gleichermaßen die aufgabenbezogene Zone der aktuellen Entwicklung wie die der nächsten Entwicklung ein. Als dafür besonders geeignet gilt die Analyse der alltäglichen Arbeitsprodukte und die Beobachtung des Kindes bei Lernhandlungen, weil damit die äußere Seite des Lernprozesses erschlossen werden kann. Für das Verständnis der inneren Seite kognitiver Lernhandlungen, die nicht direkt beobachtet werden können, bieten diagnostische Interviews mit Kindern einen Zugang, in denen sie ihre Überlegungen und Denkschritte darlegen. Ebenso kann ein gemeinsames Lautes Denken von Lehrkraft und Kind wichtige Einsichten verschaffen (Jürgens & Lissmann 2015; Liebers 2019). Aus der Gesamtschau lassen sich Lernprozesse rückblickend rekonstruieren und verstehen sowie nächste Lernschritte ableiten. Dabei stellen sich auf der mikrodidaktischen Ebene folgende Fragen (Liebers 2021, 58):

1. Was genau sind die fachlichen Anforderungen der zu lösenden Aufgabe (benötigtes Vorwissen, Können, Lern-, Aufmerksamkeits- und Gedächtnisstrategien)?
2. Welche Voraussetzungen hat das Kind und welche Aufgabenteile kann das Kind ohne Hilfe bewältigen?
3. Wo liegt bei dieser Aufgabe seine Zone der nächsten Entwicklung, die das Kind mit Hilfe bewältigen kann?
4. Welche konkreten Hilfen braucht das Kind?

Zusammenfassend zeigt sich, dass in den drei Phasen diagnostische Informationen auf unterschiedlichen didaktischen Ebenen bezogen auf den Anfangsunterricht erhoben werden. Verschiedene diagnostische Zugriffsweisen, wie z. B. Analysen von Arbeitsprodukten, diagnostische Interviews, Beobachtungen, Lernstandsanalysen oder Tests, ermöglichen je spezifische Erkenntnisse. Diagnostische Methoden und Verfahren erweisen sich dann als hilfreich, wenn mit ihrer Hilfe Erkenntnisse über das Lernen und die Lernfortschritte von Kindern gewonnen und rückgemeldet sowie nächste Schritte im Lernprozess abgeleitet werden, die besser fundiert sind als jene, die ohne diese Verfahren getroffen werden könnten (Schmidt & Liebers 2015).

Lernprozessbegleitende Diagnose und adaptiver Anfangsunterricht als zwei Seiten einer Medaille

Wenn Lehrkräfte dafür Sorge tragen, dass alle Kinder von den Lernangeboten profitieren, weil sich der Unterricht den heterogenen Entwicklungsvoraussetzungen anpasst, kann von einem adaptiven Anfangsunterricht gesprochen werden. Dieser gilt als ein wissenschaftlich fundiertes und didaktisch aussichtsreiches Konzept für erfolgreiches Lernen in heterogenen Klassen (Helmke & Weinert 1997, 137). Adaptiver Anfangsunterricht umfasst kein spezifisches Unterrichtskonzept, sondern beschreibt die Bereitschaft der Lehrkräfte, ihren Unterricht immer wieder neu und bestmöglich auf die heterogenen Lernvoraussetzungen der Kinder abzustimmen, um die kognitive Aktivierung in der jeweiligen Zone der nächsten Entwicklung von Anfang an zu fördern. Dafür stellt die Schuleingangsdiagnostik wichtiges Handlungswissen bereit.

Im adaptiven Anfangsunterricht werden von den Lehrkräften die heterogenen Lernvoraussetzungen für die gesamte Klasse wie auch für einzelne

Kinder berücksichtigt. Auf der Klassenebene kann der Unterricht mithilfe von Differenzierungsangeboten für Kleingruppen an die sich verändernden Lerninhalte und Lernleistungen angepasst werden (Klieme & Warwas 2011; Martschinke 2015). Auf der individuellen Ebene stehen in den Phasen von Einzel- oder Partnerarbeit individualisierte Lernangebote im Mittelpunkt, die sich an die jeweiligen Bedürfnisse und Fähigkeiten einzelner Kinder anpassen, was auch lernzieldifferentes Lernen einschließt.

Die konkreten Aufgaben bilden das Kernstück des Lernens im Anfangsunterricht. Sie können horizontal und vertikal differenziert werden. Auf der horizontalen Ebene bleiben die Ziele und Lernanforderungen vom Anforderungsniveau her vergleichbar, jedoch können mithilfe der Aufgaben unterschiedliche Interessen und Neigungen berücksichtigt werden. Dies setzt einen reichen Fundus an Differenzierungsmaterial im Klassenraum sowie eine Öffnung des Unterrichts in den Lern- und Übungsphasen voraus. Zugleich können Aufgaben im Anfangsunterricht mittels vertikaler Differenzierung nach Schwierigkeit so variiert werden, dass Kinder mit unterschiedlichen Lernvoraussetzungen dennoch am gleichen Lerngegenstand arbeiten. Für eine Differenzierung nach Aufgabenschwierigkeit bieten sich Variationen in Bezug auf die Komplexität der Aufgabenstellung, das benötigte Vorwissen oder das erwartete Lernprodukt an (ausführlicher in Liebers 2021, 26 f.).

Adaptivität, Differenzierung und Individualisierung benötigen auf der makrodidaktischen Ebene geeignete Unterrichts- und Sozialformen sowie Methoden, innerhalb derer sich diese umsetzen lassen. Zugleich ist der Blick auch auf die mikrodidaktische Ebene der pädagogischen Handlungsmuster und Lernaufgaben zu richten: Inwieweit differenzierte und individualisierte Aufgabenstellungen zum erfolgreichen Lernen aller Kinder beitragen, hängt in erster Linie von deren Klarheit und Struktur, der durch sie ausgelösten kognitiven Aktivierung, ihrem Beitrag zur Ausbildung von Lernstrategien sowie dem aufgabenbezogenen Feedback ab (Helmke 2012; Martschinke 2015). An dieser Stelle schließt sich der Kreis, denn hierfür braucht es wiederum die Bereitschaft der Lehrkräfte zu einer kontinuierlichen lernprozessbegleitenden Diagnose in der Schuleingangsphase, ohne die adaptives Unterrichten nicht möglich ist.

Quellenangaben zu den diagnostischen Verfahren

ARS – Martschinke, S., Kammermeyer, G., King, M. & Forster, F. (2018). Diagnose und Förderung im Schriftspracherwerb. Anlaute hören, Reime finden, Silben klatschen. Augsburg: Auer.

BLG – Kleeberger, F.; Frankenstein, Y. & Leu, H.-R. (2009). Bildungs- und Lerngeschichten am Übergang vom Kindergarten in die Grundschule. Weimar: verlag das netz.

EMBI – Peter-Koop, A., Wollring, B., Spindeler, B. & Grüßing, M. (2007). ElementarMathematisches BasisInterview. Offenburg: Mildenberger.

FIPS – Bäuerlein, K., Beinicke, A., Berger, N., Faust, G., Jost, M., Schneider, W. (2012). Fähigkeitsindikatoren Primarschule: FIPS; ein computerbasiertes Diagnoseinstrument zur Erfassung der Lernausgangslage und der Lernentwicklung von Schulanfängern. Göttingen: Hogrefe.

Grenzsteine – Laewen, H.-J. (2008). Grenzsteine der Entwicklung. Ein Frühwarnsystem für Risikolagen in Kindertageseinrichtungen. Online unter https://mbjs.brandenburg. de/media/5lbm1.c.107479.de.

IEL-1 – Diehl, K. & Hartke, B. (2012). Inventar zur Erfassung der Lesekompetenz im ersten Schuljahr. Ein curriculumbasiertes Verfahren zur Abbildung des Lernfortschritts. IEL-1. Göttingen: Hogrefe.

ILEA – LISUM (2010). Individuelle Lernstandsanalysen 1. Deutsch, Mathematik. Lehrerheft. Ludwigsfelde: LISUM.

ILEA T – Geiling, U., Liebers, K. & Prengel, A. (2015). Handbuch ILEA T. Individuelle Lernentwicklungsanalyse im Übergang. Pädagogische Diagnostik als verbindendes Instrument zwischen frühpädagogischen Bildungsdokumentationen und individuellen Lernstandsanalysen im Anfangsunterricht. Halle: Universität Halle. Online unter https://ilea-t.reha.uni-halle.de.

ILEA plus – LISUM (2019). ILEA plus. Handbuch für Lehrerinnen und Lehrer. Ludwigsfelde: LISUM. Online verfügbar unter https://bildungsserver.berlin-brandenburg.de/fileadmin/bbb/unterricht/lernbegleitende_Diagnostik/ilea_plus/211102-ILeA-plus.pdf.

KALKULIE – Fritz, A., Gerlach, M., Ricken, G. & Schmidt, S. (2007). Trainingsprogramm Kalkulie. Diagnose- und Trainingsprogramm für rechenschwache Kinder. Göttingen: Hogrefe.

KEKS – May, P. & Bennöhr J. (Hrsg.) (2013). Keks – Kompetenzerfassung in Kindergarten und Schule. 1 Deutsch Anfang / Mathematik. Berlin: Cornelsen.

LauBe – ISQ (o. J.). Lernausgangslage Berlin. Berlin: Institut für Schulqualität der Länder Berlin und Brandenburg e. V.

LDL – Walter, J. (2009). Lernfortschrittsdiagnose Lesen LDL. Göttingen: Hogrefe.

LEVUMI.de – Gebhardt, M., Diehl, K. & Mühling, A. (2016). Lern-Verlaufs-Monitoring LEVUMI Lehrerhandbuch. Online unter https://www.levumi.de:4433/assets/ LEVUMI_Lehrerhandbuch-700b60144761e0b1f305dc47846561ce6d47ad108b38a-ca8dc7f8a87616ceff7.pdf.

LVD 2-4 – Strathmann, A. & Klauer, K. J. (2012). Lernverlaufsdiagnostik – Mathematik für zweite bis vierte Klassen: LVD-M 2-4. Göttingen: Hogrefe.

MBK1 – Ennemoser, M.; Krajewski, K. & Sinner, D. (2017). Test mathematischer Basiskompetenzen ab Schuleintritt. Göttingen: Hogrefe

MIROLA – Hirschfeld, C. & Lassek, M. (2008). Mit Mirola durch den Zauberwald· Beobachtungsverfahren für den Schulanfang [Materialsammlung mit Handpuppe]. Oberursel: Finken-Verlag.

MÜSC – Mannhaupt, G. (2006). Münsteraner Screening: Zur Früherkennung von Lese-Rechtschreibschwierigkeiten. Cornelsen: Berlin.

QUOP – Souvignier, E. & Förster, N. (2016). Lernverlaufsdiagnostik mit quop. Online unter www.quop.de/de/testinventar/.

Rundgang durch Hörhausen – Martschinke, S., Kirschhock, E.-M. & Frank, A. (2016). Diagnose und Förderung im Schriftspracherwerb. Der Rundgang durch Hörhausen. Donauwörth: Auer.

TEDI-MATH – Kaufmann, U. et al. (2009). Test zur Erfassung numerisch-rechnerischer Fertigkeiten vom Kindergarten bis zur 3. Klasse. Bern: Huber (Göttingen: Hogrefe).

Literatur

Arbeitskreis Grundschule (1996): Die Zukunft beginnt in der Grundschule. Reinbek bei Hamburg: Rowohlt.

Burgener Woeffray, A. (1996): Grundlagen der Schuleintrittsdiagnostik. Kritik traditioneller Verfahren und Entwurf eines umfassenden Konzepts. Bern: Paul Haupt.

Faust, G. (2012): Zur Bedeutung des Schuleintritts für Kinder – für eine wirkungsvolle Kooperation von Kindergarten und Grundschule. In S. Pohlmann-Rother & U. Franz (Hrsg.), Kooperation von Kita und Grundschule. Köln: Link, 11–22.

Götz, M. (2014): Schuleingangsstufe. In W. Einsiedler & F. Heinzel (Hrsg.), Handbuch Grundschulpädagogik und Grundschuldidaktik (4., erg. und aktualisierte Aufl.). Stuttgart: UTB GmbH, 82–91.

Hattie, J. & Timperley, H. (2007): The power of feedback. Review of Educational Research, 77 (1), 81–112.

Helmke, A. (2012): Unterrichtsqualität und Lehrerprofessionalität. Diagnose, Evaluation und Verbesserung des Unterrichts. Kallmeyer und Klett: Seelze-Velber.

Helmke, A. & Weinert, F.E. (Hrsg.) (1997): Entwicklung im Grundschulalter. Weinheim und Basel: Beltz.

Hillebrand, M. (1955): Einführung. In M. Hillebrand (Hrsg.), Zum Problem der Schulreife. München: Ernst Reinhardt, 7–20.

Jürgens, E. & Lissmann, U. (2015): Pädagogische Diagnostik. Grundlagen und Methoden der Leistungsbeurteilung in der Schule. Weinheim: Beltz.

Kammermeyer, G. (2000): Schulfähigkeit. Kriterien und diagnostisch/prognostische Kompetenz von Lehrerinnen, Lehrern und Erzieherinnen. Bad Heilbrunn: Klinkhardt.

Kammermeyer, G. & King, S. (2018): Überblick über die wichtigsten Sprachstandsverfahren im Vorschulbereich. In Schneider, W. & Haselhorn, M. (Hrsg.), Schuleingangsdiagnostik. Göttingen: Hogrefe, 63–85.

Kastner-Koller, U. & Deimann, P. (2018): Überblick über klassische Verfahren der Schuleingangsdiagnose. In Schneider, W. & Haselhorn, M. (Hrsg.), Schuleingangsdiagnostik. Göttingen: Hogrefe, 19–34.

Klieme, E. & Warwas, J. (2011): Konzepte der Individuellen Förderung. ZfPäd (57. Jg.), H. 6, 805–818.

KMK (1997): Empfehlungen zu Schulanfang. Beschluss der KMK vom 24.10.1997. www.kmk.org/fileadmin/Dateien/veroeffentlichungen_beschluesse/1997/1997_10_24-Empfehlung-Schulanfang_01.pdf.

KMK (2015): Empfehlungen zur Arbeit in der Grundschule. Beschluss der KMK vom 02.07.1970 i.d.F. vom 11.06.2015. Online unter www.kmk.org/fileadmin/Dateien/veroeffentlichungen_beschluesse/1970/1970_07_02_Empfehlungen_Grundschule.pdf.

Krapp, A. & Mandl, H. (1977): Einschulungsdiagnostik. Weinheim: Beltz.

Liebers, K. (2019): Lernprozessbegleitende Diagnostik im inklusiven Unterricht. In A. Schumacher & E. Adelt (Hrsg.), Lern- und Entwicklungsplanung. Chance und Herausforderung für die schulische Bildung. Münster: Waxmann, 33–52.

Liebers, K. (2021): Förderung der kognitiven Entwicklung von Kindern im Anfangsunterricht der Grundschule. Dresden: DRUCKZONE GmbH & Co. KG.

Liebers, K. & Götz, M. (2019): Schuleingangsdiagnostik im Ost-West-Vergleich in Deutschland 1949 bis 1990. In Zeitschrift für Grundschulforschung (12). H. 2, 305–326.

Martschinke, S. (2015): Facetten adaptiven Unterrichts aus der Sicht der Unterrichtsforschung. In K. Liebers, B. Landwehr, A. Marquardt & K. Schlotter (Hrsg.), Lernprozessbegleitung und adaptives Lernen in der Grundschule: Forschungsbezogene Beiträge. Wiesbaden: Springer VS, 15–32.

Martschinke, S. & Kammermeyer, G. (2018): Neuere Ansätze der Schuleingangskonzeption in ausgewählten Bundesländern. In Schneider, W. & Haselhorn, M. (Hrsg.), Schuleingangsdiagnostik. Göttingen: Hogrefe, 35–61.

Schmidt, C. & Liebers, K. (2015): Formatives Assessment an Grundschulen – Praxis und Bedingungsfaktoren. In K. Liebers, B. Landwehr, A. Marquardt & K. Schlotter (Hrsg.), Lernprozessbegleitung und adaptives Lernen in der Grundschule. Forschungsbezogene Beiträge. Wiesbaden: Springer VS, 133–138.

Nickel, H. (1981): Schulreife und Schulversagen. Ein ökopsychologischer Erklärungsansatz und seine psychologischen Konsequenzen. In Psychologie und Unterricht (28), 19–37.

Penning, K. (1926): Das Problem der Schulreife. Leipzig: Klinkhardt.

Pohlmann-Rother, S.; Lange, S. D. & Franz, U. (Hrsg.) (2020): Übergang Kita – Grundschule. Einblicke in die Forschung – Perspektiven für die Praxis. Köln: Carl Link.

Prengel, A. (2016): Didaktische Diagnostik als Element alltäglicher Lehrerarbeit – „Formatives Assessment" im inklusiven Unterricht. In B. Amrhein (Hrsg.), Diagnostik im Kontext inklusiver Bildung – Theorien, Ambivalenzen, Akteure, Konzepte. Bad Heilbrunn: Klinkhardt, 49–63.

Beauftragter der Bundesregierung für die Rechte von Menschen mit Behinderungen (2009): Die UN-Behindertenrechtskonvention. Übereinkommen über die Rechte von Menschen mit Behinderungen. Online unter https://t1p.de/fjxhj.

Unicef (2012): School Readiness. A conceptual Framework. New York: United Nations Children's Fund.

Wygotski, L.S. (1964): Denken und Sprechen. Berlin: Akademieverlag.

Daniel Mark Eberhard & Carolin Schmidmeier

Förderung mit Musik

Herausforderung heterogener Schulanfang und Anfangsunterricht

Der Umgang mit Musik bietet vielfältige Ausdrucks- und Erfahrungsmöglichkeiten, die einerseits ein Merkmal, andererseits eine Folge gesellschaftlicher Diversität samt der damit zusammenhängenden pluralen, globalisierten, mediatisierten und individualisierten Erfahrungswelten und Lernkulturen sind. Auf der einen Seite stellt dies Unterrichtende vor große Herausforderungen, da es schlicht unmöglich ist, hinsichtlich der unüberschaubaren Anzahl an Musikkulturen und -entwicklungen, ihrer jeweiligen Hintergründe, Gestaltungsformen, stil- und genretypischen, ästhetischen Besonderheiten sowie adäquaten Aneignungs- und Vermittlungsweisen Expert*in zu sein. Auf der anderen Seite stellt diese Mannigfaltigkeit unterrichtlich ein großes Potenzial dar, dessen Nutzung u. a. eine hohe Lehrprofessionalität voraussetzt.[1] Musik wird von Kindern außerhalb der Schule geliebt und verfügt daher über Lebensweltbezüge und ein besonderes Motivationspotenzial, prinzipiell kann für jedes Kind ein musikalischer Zugang und eine zu ihm passende musikalische oder musikbezogene Aktivität gefunden werden und nicht zuletzt kann Musik über den reinen Fachunterricht hinaus gewinnbringend zur Rhythmisierung des Schultags und zur Unterstützung von Lernprozessen in anderen Fächern eingesetzt werden.[2]

Gerade im Anfangsunterricht kommt Musik daher eine besondere Bedeutung zu, auch oder gerade unter besonderer Berücksichtigung inklusiver Aspekte. Der spannungsgeladene Schuljahresanfang kann dabei mit Musik vielfach kindgerecht unterstützt werden (vgl. Bals 2006; Klühe 2002).

Der folgende Beitrag illustriert – ausgehend von einer fachspezifischen Einführung und Einordnung samt musikdidaktischer Schwerpunktsetzungen – konkrete Möglichkeiten zur Gestaltung förderlicher Lernumgebungen und -arrangements im Fach Musik sowie zur sinnvollen Integration von Musik in den Schulalltag über den reinen Fachunterricht hinaus.

---

1) Zur aktuellen Situation und Prognose siehe: Lehmann-Wermser, Andreas; Weishaupt, Horst und Konrad, Ute (2020): Musikunterricht in der Grundschule. Aktuelle Situation und Perspektive. Bertelsmann Stiftung. www.bertelsmann-stiftung.de/de/publikationen/publikation/did/musikunterricht-in-der-grundschule-all [07.12.2021].

2) Vgl. Eberhard/Schmidmeier (2021) sowie fachspezifisch, z. B. Deutsch: Stuckrad (2007), Religion: Benz (2009), Kunst: Hoffmann (2001).

Fachspezifische Besonderheiten des Anfangsunterrichts

Der Fachunterricht Musik ist in der Schuleingangsphase durch einige Besonderheiten gekennzeichnet. Dazu gehören:

- die heterogenen Neigungen, Vorerfahrungen und -kenntnisse, bedingt durch unterschiedliche Förderung im Elementarbereich und das familiäre Umfeld,
- das Erleben und Gestalten von Musik in einem unterrichtlichen Rahmen,
- die vielfältige und -schichtige Auseinandersetzung mit historischen und aktuellen Erscheinungsformen von Musik,
- intensivierte, musikalische Gruppenerlebnisse,
- neue soziale Erfahrungen im Austausch über Musik und in gemeinsamen musikalischen Gestaltungsprozessen,
- der Einsatz vielfältiger Methoden und Materialien,
- die musikalische Mitgestaltung des Schullebens sowie
- die spezifischen Erfahrungen in einem Fachraum für Musik.[3]

Bei aller Unterschiedlichkeit der individuellen Vorkenntnisse und -erfahrungen ist die Motivation von Kindern, sich mit Musik zu befassen, verbindend, ebenso das anthropologisch begründete, künstlerisch-kreative Ausdrucksbedürfnis im Umgang mit Musik, die Neugier und das Interesse in Bezug auf das Fach, die Instrumente, gemeinsame Musizierprozesse, Musikstücke und Werke etc.

Grundschüler*innen bringen in der Schuleintrittsphase zum Teil schon musikalische Erfahrungen aus dem Instrumental-/Vokalunterricht mit, der überwiegende Teil der Kinder verfügt jedoch lediglich über Alltagserfahrungen im Umgang mit Musik. Dies führt zu unterschiedlichem Vorwissen und Hörverhalten, ggf. zu verschiedenen Vorerfahrungen in Bezug auf das Verhalten in einer Musiziergruppe, aber auch zu differierenden Kompetenzen der Kinder in Bezug auf Wahrnehmung, Konzentration, Motorik, Disziplin, Anstrengungsbereitschaft, Erlebnisfähigkeit, Ausdauer oder Umgang mit Fehlern.

---

3) Ein Fachraum für Musik ist nicht an sämtlichen Grundschulen gewährleistet. Die Erfüllung des Lehrplans wird dadurch nicht nur erschwert, sondern zum Teil unmöglich. Dies ist umso unverständlicher, wenn man den Vergleich zu anderen Fächern bemüht: So wäre es kaum vorstellbar, dass der Sportunterricht im Klassenzimmer stattfindet und abgesehen von der ungeeigneten Räumlichkeit dazu wöchentlich Sportgeräte durch das Schulhaus transportiert werden. Diesbezüglich sollten sich Musiklehrende nicht davor scheuen, das Kollegium, die Schulleitung und den Sachaufwandsträger auf die lehrplanbedingte Notwendigkeit geeigneter Räume hinzuweisen und auf einer Gewährleistung funktionaler Räumlichkeiten zu beharren.

Kinder lernen im Musikunterricht durch unterschiedliche Herangehensweisen die fünf Umgangsweisen mit Musik und somit ein breites Spektrum musikalischer und musikbezogener Aktivitäten kennen (vgl. Venus 1969):

- Musik machen (mit Instrumenten, Alltagsgegenständen, Körperteilen, digitalen Medien …),
- Musik erfinden,
- Musik umsetzen (in Bewegung/Tanz/Szene/Bild etc.),
- Musik hören,
- über Musik nachdenken, sprechen, Musik analysieren und notieren.

Auch wenn der letztgenannte Bereich aufgrund entwicklungsbedingter Aspekte, z. B. der noch zu entwickelnden Lese- und Schreibfähigkeit, der kindgerechten Ausrichtung des Musikunterrichts auf den praktisch-spielerischen Umgang und eine erst nach und nach vertiefte Reflexionsfähigkeit, unterrepräsentiert ist, spielt er doch eine nicht unerhebliche Rolle. Reflektiert werden können z. B. der eigene Umgang mit Musik, das musikalische Hör- und Nutzungsverhalten in der Familie, die eigenen Vorerfahrungen, interkulturelle Aspekte, musikbezogene Wünsche und Meinungen, musikalische Werke und Biografien etc.

Über das unterrichtliche Angebot werden die Kinder nach und nach mit Musikgeschichte, basaler Musiktheorie, vor allem aber mit Formen künstlerisch-kreativen Ausdrucks durch den Einsatz der eigenen Stimme, durch Einsatz von Instrumenten und Alltagsgegenständen, durch Nutzung von Körperklängen, durch bewegungsorientierte Zugänge, unterschiedliche Formen des Musikhörens über das bloße, unbewusste Hören hinaus sowie mit experimentellen und fächerverbindenden ästhetischen Ansätzen konfrontiert. Dadurch erweitern sich im Zusammenspiel mit Information der eigene Musikbegriff, das Verständnis für unterschiedliche Formen, Genres, Stile sowie für deren Macharten und Spielformen usw.

Kinder entwickeln sukzessive eine eigene musikalische Identität im Zusammenspiel des Musikunterrichts mit musikalischen Erlebnissen und Erfahrungen in der Familie, mit Freund*innen sowie in der Auseinandersetzung mit digitalen Medien und entwickeln mehr und mehr eine bewusste kulturelle Teilhabe an einem breitgefächerten Musikangebot. Die Beschäftigung mit Musik „anderer Kulturen" unterstützt die Kinder beim Aufbau einer auf Toleranz und Achtung basierenden Werthaltung in einer pluralistischen und multi- und transkulturellen Gesellschaft.

Ein zunehmend reflektiertes Musikverständnis und ästhetisches Erleben tragen nicht nur zu kultureller Bildung, sondern auch zur Persönlichkeitsentwicklung bei. Unter der Voraussetzung, dass Musik vielfältig in der Gemeinschaft erlebbar unterrichtet und reflektiert wird, können sich z. B. Transfereffekte in Bezug auf den sozialen Umgang sowie auf persönliche Entwicklung ergeben (z. B. Offenheit, interaktive Kompetenzen, Selbstsicherheit, Ausdrucksfähigkeit, emotionale Balance).

Dabei bietet Musik Möglichkeiten vielfacher Differenzierung – individuell abgestimmte Lernangebote, Aufgaben oder spezifische Hilfestellungen ermöglichen so eine lernwirksame Teilhabe am Musikunterricht für alle Kinder.

Fächerübergreifende Potenziale von Musik

Über das zentrale ästhetische Erleben von Musik im Musikunterricht hinaus können musikalische Aktivitäten z. B. zum Sprachen- und Namenlernen, zur sozialen Regulation, als Kompensation und Abwechslung, zur interdisziplinären Unterstützung von Lerninhalten oder zur Mitgestaltung des Schullebens eingebettet werden. Musik wird damit eher zu einem fächerverbindenden bzw. -übergreifenden, Gemeinschaft fördernden und/oder didaktischen Vehikel, Bildung und Erziehung finden hier mit bzw. durch Musik statt (siehe hierzu Kotzian 2015, 179–187).

Der Umgang mit Musik kann sich bei entsprechend sozial orientiertem Einsatz gewinnbringend auf die Gemeinschaftsbildung auswirken, gerade in der Schuleingangsphase, in der die neuen Klassen zusammenwachsen müssen. Musik kann ebenso zur Ritualisierung des Unterrichtstages dienen, etwa durch Einbettung in den täglichen Morgenkreis, durch Einsatz von Geburtstags-, Begrüßungs- und Abschiedsliedern, durch musikalische Bewegungspausen, jahreszeitlich passende Lieder etc.[4] Die Integration von Musik über den Fachunterricht hinaus trägt dazu bei, den Kindern Strukturen zu vermitteln, die wiederum wirksam sein können für das eigene Lernverhalten, für die Orientierung in der Institution Schule und für den Umgang mit anderen. Das dem Umgang mit Musik innewohnende Element der Wiederholung hat hier eine besondere Funktion. Es trägt zur Wiedererkennung und Vertiefung bei, regt zur Variation an, lässt sich auf Außermusikalisches übertragen und nimmt gleichzeitig auf den kindlichen Wunsch nach mehrfacher Repetition und Rekapitulation Bezug.

Kinder in der Schuleingangsphase haben zudem in der Regel ein hohes Bewegungsbedürfnis – diesbezüglich bietet sich Musik zur Auflockerung für zwischendurch an, ebenso als ganzheitlicher Ausgleich zu den eher kognitiv ausgerichteten Fächern.

---

4) Zur fächerübergreifenden Umsetzung siehe z. B. Zimmermann, Kirsi (2012): Ein kleiner Koffer voll Musik. Musikalische Spiele und Rituale für den Anfangsunterricht. Grundschule Musik 62, 20–23;
als Beispiel für ein jahreszeitlich passendes Lied: Jeschonneck, Birgit (2018): Mit Musik anfangen. Herbstliches für den Anfangsunterricht. Grundschule Musik 87, 2–3.

Durch Lieder und Songs sowie durch musikalische Ausdrucks- und Gestaltungsformen lassen sich Beiträge zu sämtlichen fächerübergreifenden Bildungs- und Erziehungsaufgaben leisten, z. B. durch Lieder zur Verkehrs-, Medien-, Werte- und Umwelterziehung, (inter-)kulturellen, technischen und politischen Bildung, Gesundheitsförderung und Nachhaltigkeit.

Im Rahmen von schulischen Veranstaltungen und Präsentationen erfahren die Kinder Anerkennung und Wertschätzung für ihre musikalische Vorarbeit und Leistung, sie erleben Stolz und Erfolg sowie künstlerische Selbstwirksamkeit und soziale Integration als Teil der Persönlichkeitsentwicklung.

Zusammenfassend kommt dem Umgang mit Musik somit ein äußerst hohes, fächerübergreifendes und -verbindendes Bildungspotenzial zu, das über die fachspezifische Bedeutung weit hinausreicht.

Förderung des individuellen und gemeinsamen Lernens durch Musik

Musikunterricht ermöglicht sowohl ein individualisiertes Lernen als auch Lernerfahrungen in der Gemeinschaft. Neben der Differenzierung von Leistungsniveaus und der Berücksichtigung verschiedener Diversitätsaspekte, wie z. B. Hochbegabung, körperliche Einschränkung, sprachlich-kulturell bedingte Unterschiede, Alter und Geschlecht, durch entsprechende Methoden und Aufgabenstellungen, Lernmaterialien, Hörbeispiele, verbale und nonverbale Zugänge oder Formen des individuellen Übens steht das gemeinschaftliche Musizieren im Mittelpunkt des Musikunterrichts. Da Kinder in der Regel über keinerlei Vorerfahrungen hinsichtlich des Verhaltens in einem musikalischen Ensemble verfügen, bedarf es diesbezüglich Gelegenheiten zum Training von Abläufen, Signalen und Routinen, etwa hinsichtlich raumorganisatorischer Maßnahmen, Bereitstellung von Instrumenten und musikalischem Equipment einschließlich Aufräumroutinen und Verhaltensregeln im Ensemble.

Unter Bezugnahme auf die oben genannten Umgangsweisen mit Musik lässt sich feststellen:

- **Musik machen** (mit Instrumenten, Alltagsgegenständen, Körperteilen, digitalen Medien …): Beim Musizieren lassen sich etwa Spiel- und Übephasen sowohl individualisiert als auch gemeinsam gestalten, die Nutzung verschiedener Klang- und Geräuscherzeuger (analog und digital) bieten zudem vielfältige Möglichkeiten der Individualisierung in der Gemeinschaft.
- **Musik erfinden:** Beim kreativen, experimentellen Umgang mit Musik eröffnen sich unendliche Möglichkeiten der Umsetzung in Einzelarbeit, Partner- und Kleingruppenarbeit bis hin zur Gestaltung im Plenum.

- **Musik umsetzen** (in Bewegung/Tanz/Szene/Bild etc.): Durch Nutzung unterschiedlicher Praktiken (z. B. Einzeltanz, Paartanz, Gruppentanz, szenisches Spiel) kommen verschiedene Sozialformen zum Einsatz, die individualisierten und gemeinschaftlichen Ausdruck ermöglichen.
- **Musik hören:** Musikhören ist zunächst eine individualisierte Umgangsweise mit Musik, die jedoch durch die Umsetzung, Kommunikation und Reflexion in der Gemeinschaft darüber hinausreicht.
- **Über Musik nachdenken, sprechen, Musik analysieren und notieren:** Die kognitive Auseinandersetzung mit Musik in Verbindung mit sprachlichem Ausdruck kann sowohl individualisiert als auch in Gemeinschaft stattfinden. Das Nachdenken über Musikverhalten, Musiknutzung, Musikgeschichte und -theorie, die Verbalisierung von Präferenzen, Abneigungen und musikalischen Gestaltungsideen lässt Spielraum für persönlichen Ausdruck und kollektive Reflexion.

Gezielt lassen sich die o. g. Aspekte zusätzlich durch individualisierbare und kooperative Methoden, wie z. B. Freiarbeit, Stationenlernen, selbstgesteuerte Musizier- und Bewegungsphasen, Spiele oder Projektunterricht, fördern.

Aufgrund der nonverbalen Vermittlungsmöglichkeiten ist die Verwendung von Sprache nicht zwingend notwendig. Klassisches Modelllernen sowie Signale über Gestik und Mimik ermöglichen beim Musizieren und bei der Bewegung zu Musik den Verzicht auf Gesprochenes – dies stellt gerade in der Schuleingangsphase für Kinder mit mangelnden Deutschkenntnissen ein bedeutsames Potenzial dar.

Gestaltung förderlicher Lernumgebungen im Fach Musik

Das Fach Musik bedarf als ästhetisches Fach einer ästhetischen und auch funktionalen Lernumgebung, die den unterschiedlichen Umgangsweisen mit Musik Rechnung trägt (vgl. Eberhard 2016/2017; Frenzke 2020). So sollte der Musikraum im Hinblick auf folgende Aspekte geeignet sein:
- **Lage:** in Bezug auf Störgeräusche von/nach außen; Erreichbarkeit; Transportwege
- **Raumgröße und Raumstruktur:** groß genug für unterschiedliche Lernformen; ausreichend große Verkehrswege; klare Strukturierung durch Möblierung, Lern-/Rückzugsinseln, visuelle Hilfsmittel
- **Akustik:** sowohl für Schüler*innen mit Einschränkungen des Hörens als auch im Sinne der gesunden Lehrerstimme (vgl. Gaul 2011) nicht überakustisch; evtl. Teppichausstattung sinnvoll
- **Raumklima und -ästhetik:** gute Durchlüftung; ansprechende, kreativitätsfördernde Gestaltung
- **Lichtverhältnisse:** gute Ausleuchtung gerade für Schüler*innen mit Einschränkungen des Sehsinns bedeutsam

- **Ausstattung**
  - **Möblierung:** Ausstattung mit Tischen und Stühlen kritisch reflektieren – unbedingt beides notwendig? Stühle mit Klapptisch sinnvoll? Evtl. stapelbare Stühle mit Klapptisch geeigneter oder Normalbestuhlung in Kombination mit der Ausgabe von Schreibbrettern in Schreibphasen; gut zugängliche Regale-/Ablagesysteme
  - **Instrumentarium und Equipment:** vielfältiges Instrumentarium und Equipment an Musikelektronik, Notenständern etc.
  - **Lernmaterialien, analoge und digitale Medien:** vielfältige Lernmaterialien, z. B. Bücher, Poster, Anschauungsmaterial, digitale Quellen zur Veranschaulichung, Informationsbeschaffung oder Übung und Vertiefung
- **Ordnungs-/Beschriftungssysteme:** klare Beschriftung, ggf. mit einheitlichem Farbcode für Instrumente, Equipment, Regale, sodass Schüler*innen selbsttätig Instrumente holen und zurückbringen und nebenbei die Bezeichnungen der Instrumente lernen können; Instrumente müssen schnell und gut erreichbar sein, auch für Schüler*innen mit motorischen Einschränkungen, z. B. Rollstuhlfahrer*innen; zusätzlich Kisten, Boxen mit vorbereitetem Instrumentarium für **Kleingruppenarbeit**
- ggf. auch direkt angrenzende Nebenräume: für Kleingruppenarbeit ohne akustische Beeinträchtigung und Verletzung der Aufsichtspflicht

Beispiele für die Gestaltung von Musikräumen lassen sich z. B. der Internet-Bildersuche entnehmen. Dort gibt es viele inspirierende, aber auch problematische Abbildungen, die jeweils den Reflexionsprozess über die Verbesserungsmöglichkeiten an der eigenen Schule anstoßen können. Die Tatsache, dass in den Fachräumen nicht nur viel Lebenszeit verbracht wird und eine möglichst angenehme, ansprechende und gesundheitsfördernde Lernumgebung für alle Beteiligten des Unterrichts förderlich ist, rechtfertigt hier einen genauen, kritisch-konstruktiven Blick. Im übertragenen Sinne ist auch die Gewährung von Räumen bedeutsam, z. B. Erfahrungsräume oder Experimentierräume, die jeweils einen „safe space", eine Sicherheit gebende Umgebung gewährleisten.

Inklusive Aspekte des Musikunterrichts

Da in der Grundschule Kinder mit unterschiedlichsten Voraussetzungen beschult werden, ist die Heterogenitätsspanne besonders weit. Die Inklusion kann diesbezüglich als zusätzliche Last und Überforderung wahrgenommen werden, insbesondere dann, wenn diese ohne grundlegende Veränderung an den Schulen umgesetzt werden soll. Aber: Da Inklusion ein Menschenrecht darstellt, das für alle Menschen gleichermaßen gilt, ist diese nicht verhandelbar. Vielmehr gilt es konstruktiv zu überlegen, wie sich diese sinnvoll und zumutbar für alle Beteiligten realisieren lässt. Dem Inklusionsindex nach Boban und Hinz (2003) folgend muss sich Inklusion auf folgenden Ebenen abspielen:

- **Kulturen:** Veränderung der Wertorientierungen und des Schulklimas in Richtung einer auf Anerkennung und Wertschätzung von Diversität und individuellen Potenzialen gerichteten Wahrnehmung
- **Strukturen:** Entwicklung von Unterstützungsstrukturen in baulicher, (sonder-) pädagogischer Hinsicht sowie im Hinblick auf Lehrerprofessionalität, Schul- und Teamentwicklung etc., etwa durch kritische Prüfung von Zugängen und Verkehrswegen, Bildung von Arbeitskreisen und Benennung von Ansprechpersonen, mobile Dienste, Fortbildungen
- **Praktiken:** Entwicklung von Lernmaterialien, didaktischen Modellen, konkreten Unterrichtshilfen, Nutzung von technischen Hilfsmitteln etc.

In einer inklusiven Schule reicht es nicht, nur einen der genannten Aspekte zu verwirklichen, da erst die Wahrnehmung von Unterschiedlichkeit (Kulturen) zur Veränderung von Strukturen und Praktiken führt und umgekehrt die Einsicht in die Notwendigkeit von Struktur- oder Praxisveränderungen die Ebene der Kulturen, des Umgangs miteinander, befördert.

In der Schuleingangsphase ist Verschiedenheit der Normalzustand und kein Sonderfall. Dies sollte von Lehrer-, Eltern- und Schülerseite so verstanden und praktiziert werden. Inklusion bedeutet eine Anpassung des Systems an die Bedürfnisse der/des Einzelnen, was nicht automatisch mit Überforderung gleichzusetzen ist, sondern ggf. lediglich mit veränderten Blickwinkeln, Herangehensweisen und einer veränderten Lehrerrolle.[5]

Nach diesen Vorüberlegungen erfolgt nun mit den nachfolgend dargestellten methodischen Ansätzen ein exemplarischer Übertrag in die unterrichtliche Praxis. Dabei werden sowohl Aspekte des Classroom-Managements als auch charakteristische Inhalte ausgewählter Lernbereiche thematisiert.

Unterrichtliche Impulse und Beispiele zum Umgang mit Musik im Anfangsunterricht

Nonverbale Signale und Regeln

Um miteinander zu musizieren, sind nonverbale Signale und Regeln notwendig, die idealerweise bereits in der 1. Jahrgangsstufe etabliert werden. Neben den grundlegenden Regeln, die den Kindern aus dem Unterricht bekannt sind

---

5) Fachdidaktische Anregungen zu inklusivem Musikunterricht in der Grundschule: siehe u. a. Eberhard/Hirte/Höfer 2017; Lutz 2020; Laufer/Vogel 2022.

(z. B. leise sein, zuhören, melden, freundlich sein oder flüstern bei Partner- oder Gruppenarbeit), könnten folgende musikspezifische Hinweise und nonverbale Zeichen eingeführt werden:

- „Dein Instrument spielt erst, wenn es ein Zeichen bekommt.“
- In einer Unterrichtseinheit zur Einführung der Instrumente sollte man den Schüler*innen im Rahmen einer Experimentierphase Zeit zur Erkundung von Aussehen, Klang und Spielweise einräumen.
- Beim Einsatz von Instrumenten werden diese je nach musikdidaktischer Intention am Boden vor dem Kind oder in der Kreismitte abgelegt, sodass präventiv unterbunden wird, dass die Schüler*innen darauf spielen.
- Mit den grundlegenden Dirigierzeichen, auf einen Einsatz zu warten (durch eine Dirigierbewegung oder durch Einzählen der Lehrkraft) und aufzuhören, wenn abgewunken wird, sollten die Kinder von Anfang an vertraut gemacht werden.

Musikpraktische Beispiele

Vorgestellt werden Unterrichtsideen aus verschiedenen musikalischen Lernbereichen mit niedrigem Anforderungsniveau und zur Förderung der Klassengemeinschaft.

Kennenlern-Rhythmical

Zu Schuljahresbeginn bietet sich ein spielerisches, gegenseitiges Kennenlernen an, z. B. in Form eines Rhythmicals. Die Kinder nennen ihren Namen sowie ein Hobby und machen dazu eine passende Bewegung. Der Reihe nach stellt sich jedes Kind vor. Idealerweise stehen die Schüler*innen im Kreis, sodass sie gut Blickkontakt halten können. Durch die Wiederholung in der 3. Person Singular mit der dazugehörigen Bewegung sind alle Kinder ununterbrochen aktiviert.

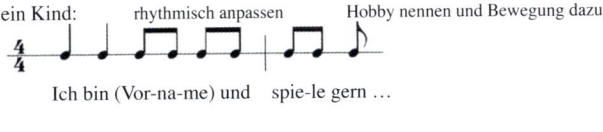

Abb. 1: Kennenlern-Rhythmical (© Carolin Schmidmeier)

Lied zum Schulanfang

Ein Schulanfangslied stimmt die Erstklässler*innen auf ihre Zeit als Schulkind ein. Aufmerksam machen möchte ich an dieser Stelle auf das Lied

„Schulanfang" von Doris Kraiger (vgl. Flotho 2012). Im Refrain wird auf die emotionale Stimmung der Kinder am Schuljahresanfang eingegangen:

„Aufgeregt wart ich schon lang auf den ersten (neuen) Schulanfang. War der Sommer noch so schön, jetzt will ich zur Schule gehn!"

In den Strophen werden konkrete Situationen in der Schule beschrieben. Gemeinsam entwickelte Bewegungen passend zum Liedtext begünstigen das für Erstklässler*innen notwendige Auswendiglernen und fördern gleichzeitig die Kreativität der Kinder (z.B. „Lesen" → mit den Händen imaginär ein Buch halten, „Schreiben" → Schreibbewegungen in der Luft ausführen, „große Zahlen" → mit den Fingern eine beliebige Zahl zeigen).

Liedbegleitung mit Bodypercussion und (Selbstbau-)Instrumenten

Um die Schulanfänger*innen langsam an die Orff-Instrumente heranzuführen, bietet sich eine rhythmische Begleitung mit wenigen Orff-Rhythmusinstrumenten an (z.B. Handtrommeln, Claves und Schütteleiern im Metrum). Diese wird idealerweise zunächst mit Bodypercussion geübt. Somit werden alle Kinder aktiviert und die Übertragung auf die Instrumente fällt ihnen leichter.

Jede Strophe kann mit einem anderen Instrument begleitet werden, im Refrain spielen alle Instrumente gleichzeitig. So unterscheiden die Schüler*innen handlungsorientiert zwischen Strophe und Refrain und erzielen eine abwechslungsreiche Begleitung. Die Instrumente sollten unter den Kindern getauscht werden, sodass möglichst alle mit den Instrumenten vertraut werden und automatisch eine Wiederholung erfolgt. Auch mit Selbstbauinstrumenten oder Alltagsgegenständen lassen sich Lieder kreativ begleiten – hierfür bieten sich bestimmte Lieder besonders gut an (z.B. „Der musikalische Wasserhahn" von Klaus W. Hoffmann).

Gedichtverklanglichung

Die Bären brummen,
die Bienen summen, ...

Das Gedicht „Wenn das Kind nicht still sein will" von Josef Guggenmos bietet sich für eine erste Verklanglichung sehr gut an (vgl. Schmidmeier 2015). Es ist klar strukturiert, umfasst wenig Text und motiviert durch die vorkommenden Tiere. Durch die Verklanglichung erfassen die Kinder den Text genau, wählen Klänge überlegt aus, sind dabei kreativ und treffen Entscheidungen in Absprache mit ihren Mitschüler*innen. In jeder Verszeile wird ein Tier mit einem selbst gewählten Orff-Instrument verklanglicht. Können einzelne Kinder der Klasse bereits lesen, bietet sich eine Vertonung in Kleingruppen an. Jede Kleingruppe übernimmt eine Strophe, ein Kind fungiert als Leser, die anderen Schüler*innen gestalten das Gedicht mit den Instrumenten. Eine Auswahl an Instrumenten liegt z.B. in der Kreismitte bereit, sodass diese bei der Auswahl für die Kinder präsent sind und problemlos darauf zugegriffen werden kann. Folgende Reflexionsfrage bietet sich nach der Präsentation des Gedichts an: Welches Tier wurde besonders gelungen umgesetzt und warum? Was ist, wenn alle immer laut sind? Die Bedeutung von Klassenregeln kann so verdeutlicht werden.

Tüchertanz und Malen zur Musik

„Programmmusik", Instrumentalmusik mit einem begrifflich fassbaren Inhalt (z. B. „Bilder einer Ausstellung", „Die Moldau", „Der Zauberlehrling"), eignet sich für das Werkhören in der Grundschule besonders gut. Durch diese Musik wird die Erlebnis- und Erfahrungswelt der Kinder berücksichtigt. An klassischer Musik, mit der die Schüler*innen in ihrem Alltag nur selten in Berührung kommen, können sie so Gefallen finden. Gerade jüngere Kinder sind noch offen für jede Art von Musik (vgl. Schellberg 2015).

Zum „Hummelflug" von Nikolai Rimski-Korsakow können die Schulanfänger*innen beispielsweise einen Tüchertanz entwickeln sowie zur Musik malen. Im Musikstück erkennen die Schüler*innen das Summen einer Hummel wieder. Mit farbigen Chiffon-Tüchern führen die Grundschulkinder passend zur Musik schnelle Zickzack-Bewegungen aus, die den hektischen Flug der Hummel symbolisieren. Auf diese Weise hören die Schüler*innen das Musikwerk bewusst an und geben ihren Höreindruck in einer nonverbalen Ausdrucksform wieder. Diese großflächigen Bewegungen werden im nächsten Schritt mit Stiften (z. B. Wachsmalkreiden in passenden Farben) zu Papier gebracht, während die Musik erneut abgespielt wird. In einer abschließenden Reflexion werden die Bilder ausgestellt und die Kinder beschreiben Gemeinsamkeiten (z. B. zackiger Verlauf) und Unterschiede (Flugrichtung durcheinander, in Linien angeordnet …).

Schlussgedanken

Von musikalischen Inhalten lassen sich Grundschulkinder gerne begeistern. Gerade im Anfangsunterricht bietet das Fach Musik gewinnbringende Möglichkeiten zur Gestaltung des Unterrichts: Besondere Ereignisse, die im Laufe des Schuljahres stattfinden (Geburtstag, Weihnachten, Fasching etc.) können durch Musik stimmungsvoll umgesetzt werden. Zur Rhythmisierung lässt sich Musik im Unterricht auch zwischendurch einsetzen und kommt so dem Bewegungsdrang von Schulanfänger*innen entgegen. Ebenso lassen sich Inhalte anderer Unterrichtsfächer mit Musik verbinden (vgl. Eberhard 2021) und tragen so zu einer motivierenden und nachhaltigen Sicherung des Gelernten bei, z. B. durch Lernlieder (z. B. zu den Wochentagen, den Monaten oder dem ABC). Durch die Vielfalt der Musik, die unzähligen Zugangs-, Ausdrucks-, Gestaltungs- und Erfahrungsweisen eröffnet sich im Umgang mit

Musik ein reichhaltiges Potenzial für inklusiven Unterricht, der individuellen Ausgangslagen und Bedürfnissen vielfältig Rechnung tragen kann.

Literatur

Bals, A. (2006): Heute geht die Schule los. Ein Lied für die allererste Unterrichtsstunde. In: Grundschule Musik 38, 26–29.

Benz, S. (2009): Hörst du den Segen? Musikalische Elemente im Anfangsunterricht am Beispiel von Abraham. Entwurf 40/2, 18–21.

Boban, I./Hinz, A. (Hrsg.) (2003): Index für Inklusion. Lernen und Teilhabe in Schulen der Vielfalt entwickeln. Halle (Saale): Martin-Luther-Universität: Online verfügbar unter www.eenet.org.uk/resources/docs/Index%20German.pdf [28.02.2022].

Eberhard, D. M.(2017): Musikräume. mip-Journal, 49, 6–10.

Eberhard, D. M./Hirte, G./Höfer, U. (2017): Inklusions-Material Musik. Klasse 1–4. Berlin: Cornelsen.

Eberhard, D. M. (2016): Musik braucht Freiräume: Überlegungen zu einem ideal gestalteten Fachraum für inklusiven Musikunterricht. In: Schönig, W./Fuchs, J. A. (Hrsg.): Inklusion: Gefordert! Gefördert? Schultheoretische, raumtheoretische und didaktische Zugänge. Bad Heilbrunn: Klinkhardt, 121–135.

Eberhard, D. M./Schmidmeier, C. (2021): Lernen fördern mit Melodie, Rhythmus und Bewegung: Unterrichtsprinzip Musik in allen Fächern. Berlin: Cornelsen.

Flotho, K. (2012): Lesen, Schreiben, Singen, Malen. Lied zum Schulanfang. PaMina 21, 32–34.

Frenzke, P. (2020): Raumorganisation. Die optimale Lernumgebung im Musikraum. Praxis des Musikunterrichts 144, 34–37.

Gaul, M./Lang, S. (Hrsg.) (2011): Voice Coaching. Zum richtigen Umgang mit der Stimme im Lehrberuf. Baltmannsweiler: Schneider Verlag Hohengehren, 114–132.

Hoffmann, S. (2001): Musik und Kunst im fächerübergreifenden Anfangsunterricht. Grundschule, 33/11, 17–20.

Klühe, U. (2002): Wie fang ich's an? Schulanfang – Anregungen zum Musikunterricht. Grundschulunterricht, 49/11, Sonderheft Musik, 12–15.

Kotzian, R. (2015): Fächerübergreifendes Lernen. In: Loritz, M./Schott, C. (Hrsg.): Musik – Didaktik für die Grundschule. Berlin: Cornelsen.

Laufer, D./Vogel, C. (2022): Musikunterricht inklusiv. Grundlagen und Praxisideen für die Klassen 1–6. Rum/Innsbruck: Helbling.

Lutz, J. (2020): Musik erleben – Vielfalt gestalten – Inklusion ermöglichen. Anregungen für den Musikunterricht und den Grundschulalltag. Hannover: Kallmeyer/Klett.

Schellberg, G. (2015): Musikhören in der Grundschule. Ideenpool musikpraktischer Aktivitäten. PaMina 31, 5–9.

Schmidmeier, C. (2015): Wenn das Kind nicht still sein will. Ein tierisches Klanggedicht. PaMina 30, 30–31.

Stuckrad, T. von (2007): Das neue ABC-Lied. Ein mitreißendes Lied rund um das ABC für die ersten Klassen. Grundschule Musik 43, 36–37.

Venus, D. (1969): Unterweisung im Musikhören. Wuppertal: Henn (Beiträge zur Fachdidaktik, 8).

Angela Bolland

Draußen lernen

Freinetpädagogische und wildnispädagogische Einblicke in eine neue uralte Praxis

> *Draußen lernen ist groß.*
> *Es ist uralt – und ganz neu.*
> *Es bedeutet mehr, als Türen zu öffnen.*
> *Es öffnet nicht, es sprengt Grenzen.*
> *Es geht über Werkstattarbeit weit hinaus.*
> *Draußensein ist eine Ent-Scheidung!*
> *Für mehr lebendiges Mitgestalten!*

Anfangsunterricht stellt im Leben aller Menschen einen wesentlichen biografischen Wendepunkt dar. Für viele Kinder bedeutet er, mehr und mehr ohne Draußensein zu leben. Draußen sein ist die Basis für ein Draußen lernen, welches sich im Sinne Hagstedts inzidentell, beiläufig ergibt (Hagstedt 2005). Für Pädagog:innen, die das Draußensein in seiner Qualität entdeckt haben, ist es gelebte Einsicht, gelebte pädagogische Haltung. Sobald es jedoch zur Schulstunde wird, haben wir die ursprüngliche Idee durch wohlgemeinte didaktische Beschränkung zerstört.

Worum geht es beim Draußenlernen? Was ist der Beweggrund, mit Kindern draußen zu arbeiten? Dieser Beitrag will Voraussetzungen und Gelingensbedingungen für ein Draußenlernen in den Blick nehmen und pädagogische Fachkräfte durch praktische Beispiele inspirieren. Er bietet keine Rezepte für den Anfangsunterricht,[1] sondern richtet den Blick darauf, wie Anfangsunterricht von adäquat ausgebildeten pädagogischen Fachkräften in Richtung Draußensein eine grundsätzlich neue Qualität erhält. [2]

Unerlässlich ist es hierfür, mit Erwachsenen, die pädagogisch tätig sind – oder es werden wollen –, draußen zu arbeiten,[3] und zwar weniger mit Erzieher:innen als mit Grundschullehrkräften! Dieser Beitrag will deshalb einen Bogen schlagen vom Draußensein in Kita und Grundschule zur universitären Ausbildung von Lehrkräften, die Kindern dies durch ihr Handeln erst ermöglichen.

---

1) Hierzu vgl. Blaseio, Bohnenkamp/Hegemann-Fonger und Brügelmann/Brinkmann in diesem Band.

2) Zur Unterscheidung von Draußenlernen und außerschulischem Lernen vgl. u. a. Blaseio 2022 in diesem Band.

3) Weiterführend vgl. Becker u. a. 2017.

Gute Gründe, draußen zu sein

*„Kindheit heute ist Stadtkindheit, eine Kauf- und Verbraucherkindheit, eine Spiel-
platzkindheit, eine Verkehrsteilnehmerkindheit. Ihr fehlen elementare Erfahrungen:
ein offenes Feuer machen, ein Loch in die Erde graben, auf einem Ast schaukeln,
Wasser stauen, ein großes Tier beobachten, hüten, beherrschen. Das Entstehen und
Vergehen der Natur, die Gewinnung von Material zu brauchbaren, notwendigen
Dingen [...] Das Kind [...] kann sich Bewährung und Risiko nur einbilden und er-
listen: durch Zerstörung und mutwilligen Verstoß gegen Regeln, die Erwartungen,
die Vernunft."* (v. Hentig 1975: 33 f.)

Schauen wir in den Alltag von Kindertageseinrichtungen, so ist der Gang mit
den Kindern nach draußen dort ins Alltagsgeschehen integriert, nicht nur in
Waldkindergärten.

Körperliche Aktivität ist die Grundvoraussetzung fürs Lernen. In Grundschulen wird dies vielfach berücksichtigt – gleichzeitig sind körperlich durch-
bewegende Draußen-Aktivitäten selten geworden. Auch Klassenfahrten, Ausflüge und Wanderungen in fußläufig erreichbare, naturnahe Umgebungen
haben in den letzten Jahren deutlich abgenommen. Einwöchige Schulland-
heimaufenthalte mit Übernachtungen sind eher Ausnahmen geworden (vgl.
u. a. Homfeldt/Kühn 1981: 81 f.). Die Gründe hierfür sind vielschichtig und
nachvollziehbar – und dennoch pädagogisch nicht tolerierbar.

Aktuelle Forschungen belegen, was Praktiker:innen täglich beobachten: Die
körperliche Aktivität ist auch draußen deutlich zurückgegangen – dabei wirkt
sie sich nachgewiesenermaßen positiv auf das Lernverhalten aus (vgl. z. B. Graf
u. a. 2003: 242 f.). Eine Studie zu Drittklässlern weist die positive Wirkung von
vermehrter Bewegung auf die Aufmerksamkeitsleistung im Verlauf des Schul-
vormittags nach (Dordel/Breithecker 2003). Ein Grund könnte sein, dass die
Natur Kinder viel stärker ganzkörperlich herausfordert als Spielzeug, welches die
Bewegungsausdehnung meist an Raumgrößen anpasst. Gebhard (2013: 74 ff.)
führt Belege dafür an, dass Spielplätze im Vergleich zu freiliegenden Naturorten
als unattraktiver gelten. Er beschreibt das Spielen an Naturorten als kreativer,
ausdauernder und zielorientierter. Eine repräsentative Studie zeigt, dass der häufige Konsum von Medien tendenziell eher ein „bedrohliches Naturbild" fördert,
wobei der Mensch zudem nicht „zur Natur gehörig interpretiert wird" (Meske
2011: 270). In einer durch Digitalität geprägten Kultur wird die Bewegung und
der unmittelbare Kontakt mit der Natur als notwendige Ergänzung immer
wichtiger. Wer nicht mehr draußen ist, kann keine ‚Beziehung' zum natürlichen
Lebensraum aufbauen. Ein biografisch geprägtes Naturkonzept bringen wir hingegen alle mit (vgl. Gebauer 2005).

Aus freinetpädagogischer Sicht ist es dringliche Aufgabe von Kita, Schule
und Ausbildungsinstituten, der heute zunehmend digitalisierten Lebenswelt eine Alternative hinzuzufügen, ein Surplus anzubieten zu dem, was uns

„digital bindet" – und zwar dahingehend, dass es uns „digital mündig macht" (Rasfeld 2021: 186 ff.) und Freiräume für Naturerfahrungen bewusst anbietet. Gesunde Entwicklung, Körperbewusstsein, Bewegungsfreude und echte, tief verwurzelte Naturverbindung im pädagogischen Handlungsfeld neu zu beleben, ist die Grundvoraussetzung.

Welche Bedingungen brauchen wir in Bildungseinrichtungen, damit Draußenlernen gelingt?

Gelingensbedingungen bieten z. B. Draußenschulen. In ihren unterschiedlichen Konzepten geht es weniger um Informationsvermittlung über Fachwissen und auch nicht um spielerisches Lernen im Freien. Folgende Kriterien sind für die meisten Draußenschulen maßgeblich:

- Regelmäßiges Draußensein zu jeder Jahreszeit
- Handelnd draußen arbeiten bei jedem Wetter
- Natürliche Umgebung als Lerngegenstand einbeziehen
- Öffnung für auswärtige Lernorte und regionale Lernzusammenhänge

Über das Draußensein entwickelt sich eine andere Form des Naturbezugs. Aus der umweltpsychologischen Forschung ist bekannt, dass Naturbezug, insbesondere eine tiefe Naturverbundenheit als subjektives Gefühl eine entscheidende Einflussgröße in Bezug auf das Umweltbewusstsein darstellt. Dieses Gefühl kann durch erlebte Ereignisse in der Natur gefördert werden und ist daher veränderlich (vgl. Gebhard 2013: 141). Es ergänzt die digitalen Welten im unterrichtlichen Alltag um eine nachhaltige, einflussreiche Dimension.

Naturverbindung in (jungen) Menschen wieder zu beleben ist kompromisslose Intention der ‚Wildnisschulen'. Als ‚Coyote Mentoring' bezeichnen sie ihren Lernbegleitungsansatz, bei dem es weniger um Wissensvermittlung als um die Motivation der Lernenden geht, sich für ihr eigenes Vorhaben nötiges Wissen selbst zu erobern. Es geht nicht darum, dass die Lehrperson den Kindern Wissen über die Natur methodisch-didaktisch brillant aufbereitet vermittelt. Medium für lebendigen Unterricht ist die Natur selbst (Young, Haas & Evan 2014).

Die Kompetenz, Fragen zu stellen und diese durch neue Wahrnehmungen selbst schrittweise beantworten zu können, spielt beim Draußenlernen eine herausragende Rolle. In der Wildnispädagogik wird vorgeschlagen: „Nehmen Sie die Neugier des Lernenden als Ausgangspunkt und dehnen Sie dann die Möglichkeiten für Lernerfahrungen so weit aus, wie es nur geht. Versuchen Sie, die Antwort aus ihm herauszuleiten [...]" (Young u. a. 2014: 115 f). Diese Neugier und der Hang zum Fragen ist in einer für die Kinder bedeutsamen Umgebung besonders ausgeprägt. Man kann ihn nutzen, um die Wahrnehmung gezielt auf bestimmte Aspekte zu lenken: auf Farben und Formen, Strukturen, Haptik, auf die Unterscheidung von Lebendigem von Unlebendigem und vieles mehr (vgl. Young u. a. 2014).

Natur regt dazu an, sich zu kümmern: „Zu umsorgen und zu behüten sind ganz natürliche Eigenschaften – wir alle kümmern uns instinktiv um uns selbst, andere und die natürliche Welt. Dank den Einflüssen der modernen Kultur befindet sich dieses Merkmal jedoch am Rande der Ausrottung, ebenso wie viele wilde, bedrohte Arten" (Young u. a. 2014: 350). Das ‚Umsorgen und Behüten' ist nach Young eine Qualifikation und ein klarer ‚Anzeiger für Achtsamkeit' (vgl. ebd., 350 ff.). Der springende Punkt für das Gelingen sind wertschätzende Beziehungen, die Kindern – und auch erwachsenen Lernenden – Sicherheit im unsicheren Terrain und einen Vertrauensvorschuss anbieten.

Betrachten wir in diesem Sinne die Entwicklung von Naturverbindung beim pädagogischen Fachpersonal, so lässt sich konstatieren, dass diese entweder aus der eigenen Kindheit mitgebracht wird oder sich nur schwer im Erwachsenenalter so ‚nach-entwickeln' lässt, um in der Natur zu Hause zu sein und dort arbeiten zu wollen. Die meisten pädagogischen Fachkräfte bevorzugen das, was ihnen vertraut ist: beschränkte und kontrollierbarere Umgebungen, wie die vorbereitete Lernumgebung in Räumen, z. B. auch in pädagogischen Werkstätten, die dafür benutzt werden. Der Ablenkungsfaktor draußen, Versicherungsvorgaben, die angenommene Gefahr, die Kontrolle – oder auch nur die Übersicht – zu verlieren, spielt für Lehrkräfte schon bei der Öffnung des Unterrichts eine verunsichernde Rolle. In den Grundschulen wird das Draußensein eher mit Pausenzeit und seltener mit natürlichem Lernen in Verbindung gebracht. In Ausbildungseinrichtungen für pädagogisches Fachpersonal fehlen Draußen Aktivitäten noch weitgehend. Vermutlich aufgrund von mangelnder eigener Erfahrung mit Draußenlernen ist bei den meisten Erwachsenen im pädagogischen Handlungsfeld ein Rückgang der Bereitschaft vorzufinden, nach draußen zu gehen. Dies ist einer der effektivsten Dreh- und Angelpunkte, wenn wir Draußenlernen und das damit einhergehende – spätestens seit

Abb. 1: Lehmofenbau im Steinzeitdorf mit Drittklässlern und Studierenden (Schule am See Bremen, Leitung Claudia Bundesmann, Monique Anselm)

der Reformpädagogik bekannte – erweiterte Lern- und Lehrverständnis in Bildungseinrichtungen beleben wollen.

Dass Draußenlernen im Anfangsunterricht und in der folgenden Bildungskette bis in die pädagogische Ausbildung hinein gelingen kann und für alle Beteiligten viel mehr Gelassenheit, Leichtigkeit und Freude bringt – mitsamt freiwilligen und natürlichen Lernimpulsen der Lernenden selbst –, mögen im Folgenden einige Beispiele illustrieren.

Beispiele aus Freinetpädagogik und Wildnisschule

„Es reicht nicht zu begreifen, dass Lernen anregender, natürlicher und attraktiver vor Ort, in der Wildnis, in der Abenteuerlandschaft, am Original, im Prozess, bei der Arbeit, im Spiel, mit wirklichen Menschen, Künstlerinnen und Meistern stattfindet. Ich muss als Lehrerin oder Lehrer wissen, wie das geht! Ich muss wissen, was Kinder und Erwachsene dort draußen machen, wie ein Lernen ohne Schulbücher, ohne vorgefertigte Kurse, ohne Lernbüros, ohne die Ansage einer Lehr-Person und vorbereitete Lernlandschaft geht. Und, ich muss es tun, – also wirklich rausgehen, um zu wissen, wie es geht. Ich muss das Planen ohne Plan lernen, ich muss Sinn suchen, ohne ihn vorher zu kennen. Ich muss mich aber mental und psychisch auf die Komplexitäten der vielen verschiedenen Lerner-Persönlichkeiten, auf ihre Stimmungen und ihre soziale Interaktion in der Begegnung mit der Komplexität der Welt einstellen. Ich muss die Qualität des gemeinsamen Lernens durch das Rausgehen steigern! So lernen Kinder – draußen lernend – das Planen und den Sinn zu finden." (Hövel & Schulte o. J.)

Im Folgenden wird es um freinetpädagogisch angelehnte und einige in Wildnisschulen durchgeführte Projekte gehen, in denen Kinder und Lehramtsstudierende der Elementarbildung und Primarbildung mit Fachkräften draußen zusammengearbeitet haben.

Draußenlernen ist Bestandteil unterschiedlicher reformpädagogischer Konzepte, wie z.B. der Reggio-Pädagogik und der Waldorf-Pädagogik[4]. Die Beweggründe für Aktivitäten im Freien sind jeweils verschieden. Sogenannte Spaziergangs-Klassen gab es bereits in frühen pädagogischen Schriften, später dann z.B. bei dem Berliner Reformpädagogen Berthold Otto. Auch der französische Landschullehrer Célestin Freinet greift die Idee der Aktivitäten in der Natur auf und unterstreicht ihre Bedeutung gerade für Stadtschulen:

„Wenn daher die Schule selbst nicht in einer ‚helfenden', naturnahen Umgebung, wenn sie nicht in der Nähe von Wäldern, von einem Bach, von Felsen oder bebauten Feldern liegt, so ist es unbedingt erforderlich, daß sie wenigstens von dem natur-

---

4) Die waldorfpädagogisch geprägte Beziehung zur belebten Natur bedarf eines eigenen Beitrags.

nahen Milieu umgeben ist, das wir schon für die letzte Erziehungsstufe empfahlen. Dieses Milieu mit seinem Obst- und Gemüsegarten, seiner Wiese, seinem Bienenhaus und seinem Taubenschlag, ohne die freien Plätze für das Spielen, das Zelten und Bauen zu vergessen, ist hier jedoch von ganz anderer Bedeutung als dort. Die erwähnten Voraussetzungen sind bei Landschulen im allgemeinen fast immer gegeben." (Freinet, C. 1965: 54)

In archiviertem Filmmaterial seiner „École buissonière" (Heckenrosenschule, Freiluftschule) sind Original-Aufnahmen von Freinet mit seiner Frau Elise zu finden, in welchen u. a. ‚classes promenades' zum nahe gelegenen Bach vorgenommen werden und jugendliche Schüler ihm zeigen, wie sie Fische mit der Hand fangen.[5] „Verlasst die Übungsräume", war einer der Leitsätze Freinets – und dies war eben zu seiner Zeit bereits nicht ausschließlich auf Naturerfahrungen bezogen (Freinet, E. 1972).

So schreibt der Freinet-Pädagoge Jürgen Göndör 2021: Freinets Ideal, nach welchem er arbeitete, war

„eine Schule ohne Autorität, ohne Disziplin, wo ‚Schulspaziergänge' praktiziert wurden, wo es ein reichhaltiges und spezialisiertes Schulmaterial gab. Das Kind ist und muss in der natürlichen und sozialen Umgebung (Traditionen, Mentalitäten, gesellschaftliche Anforderungen, auch der Bildungseinrichtung mit ihren Programmen) verwurzelt sein. Zu Beginn des Nachmittags nehmen die Schüler ihre Bleistifte und Schiefertafeln und machen sich auf, ihre Umgebung bei ‚Schulspaziergängen' zu erkunden. Nach ihrer Rückkehr in die Schule schreiben sie ihre Eindrücke in kurzen Berichten nieder." (Göndör 2021: 29)

Freinets erweiterte Idee der Schulspaziergänge, ein Lernen im direkten Kontakt mit der natürlichen, d. h. regional, kulturell und gesellschaftlich geprägten Umgebung der Kinder zu ermöglichen, wird hier sichtbar. Ihm geht es nicht ausschließlich und vordergründig um Naturerfahrungen:

Es gilt, draußen selbst forschend unterwegs zu sein – nicht aus wissenschaftlicher Perspektive, sondern aus dem freinetpädagogisch forschenden Geist heraus, den Freinet von Francois Rabelais übernimmt: „Kinder sind keine Fässer, die gefüllt, sondern Flammen, die entfacht werden wollen."[6]

„Die Classe-promenade war für mich die Lebensader. Anstatt vor einem ‚Lesebrett' einzuschlafen, fuhren wir am Nachmittag wieder in den Unterricht, fuhren zu den Feldern am Dorfrand, überquerten die Straßen, um den Schmied, den Tischler oder den Weber zu bewundern, deren methodische und sichere Gesten uns Lust machten, sie zu imitieren. Wir beobachteten die Landschaft zu verschiedenen Jahreszeiten, wenn im Winter die großen Blätter unter den Olivenbäumen ausgebreitet wurden,

---

5) Film im Archiv der Freinet-Kooperative: L'Ecole de Buissonnaire

6) Dieser Satz wird in unterschiedlichen Formen gebraucht und neben Rabelais auch Comenius, Montaigne und weiteren Philosophen und Pädagogen zugeschrieben. Die genaue Quelle ist unbekannt. Hier zitiert nach Göndör 2021: 23.

um die abgefressenen Oliven aufzunehmen, oder wenn die im Frühling blühenden Orangenblüten zum Pflücken zu sein schienen. Wir haben in der Schule nicht mehr die Blume oder das Insekt, den Stein oder den Bach studiert. Wir haben sie mit unserem ganzen Wesen gespürt, nicht nur objektiv, sondern mit all unserer natürlichen Sensibilität. Und wir haben unsere Reichtümer mitgebracht: Fossilien, Kätzchen vom Haselnussstrauch, Ton oder einen toten Vogel." (Lémery 2006: 9)

Ausführlich berichtet Célestin Freinet von sogenannten „sorties enquêtes" (Freinet 1998), die er mit seinen Schüler:innen regelmäßig unternommen hat. Übersetzen wir seinen französischen Begriff „enquête" (lateinisch inquirere) als „soziale und wirtschaftliche Prozesse betreffende Untersuchung, Erhebung, Umfrage", so wird die Intention deutlich.[7]

In dem archivierten Film „Lehrer und Schüler verändern die Schule" zeigt der Filmteil über Maurice Mess eine für Freinet typische sortie-enquête in eine Marmorwerkstatt, dem Arbeitsplatz eines Vaters:[8]

Die Beschäftigung damit endet nicht draußen, sie wird zum Bestandteil des weiteren Lernens, unabhängig vom Lernort und den dort vorzufindenden Bedingungen und Arrangements: ‚Das Leben in die Klasse holen' ist ein wichtiges Prinzip Freinets – wenn er nicht gerade draußen, also mit den Kindern ‚direkt im Leben' unterwegs ist. Er hebt die Trennung von drinnen und draußen, von Spiel und Arbeit auf und bezeichnet diesbezüglich die „Arbeit im Freien" als ein „erstes konstitutives Element für das freinetpädagogische Modell der „Freien Arbeit":

„Für Freinet ist die Arbeit im Freien sehr wichtig, weil die Erkundung an außerschulischen Lernorten der Ausgangspunkt ist für die Verarbeitung der Erfahrungen. Sie bietet viele Schreibanlässe für freie Texte, Motive für weitere freie Untersuchungen, ein breites Feld von Eindrücken, Erlebnisbasis für freie Ausdrucksformen."
(Hagstedt 1994: 33)

„Diese Stunden der freien Arbeit erscheinen uns aufgrund der ernsthaften Aktivität, die dabei entwickelt wird, als einer der fruchtbarsten Augenblicke des Tages." (Freinet, E. 1981: 57 f.)

„Freinet macht die ermutigende und für den misstrauischen Erwachsenen auch überraschende Entdeckung, dass Kinder lernen, arbeiten und Verantwortung tragen wollen. Leben, Arbeit, Verantwortung und Lernen sind in ihrem subjektiven Erleben ein und dasselbe." (Klein 2008: 10)

Auch das charakteristische Bearbeiten der freien Texte mit der Freinet-Druckerei symbolisiert ein Sich-Öffnen nach draußen, ein Sich-Positionieren mit eigener Meinung – für ein größeres Publikum (Elternschaft, Stadtteil, Korrespondenz mit Schüler:innnen, u. a. in anderen Ländern).

---

7)   Siehe: www.duden.de/rechtschreibung/Enquête
8)   Freinet-Kooperative (1976): Lehrer und Schüler verändern die Schule. Ein Film von Jochen und Martin Zülch.

„Freinet Pädagogik verlangt von Erwachsenen, dass sie Macht abgeben und Kinder in allen für sie wichtigen Angelegenheiten wirklich substanziell und nicht nur an der Oberfläche beteiligen. In die Freinet Pädagogik einzusteigen beginnt deshalb mit dem Nachdenken über die eigene Haltung zum Kind und die daraus resultierende Beziehung zwischen Kind und Erwachsenen.“ (Klein 2008: 22)

Die Verbindung von Draußen und Drinnen, Arbeit und Spiel gelingt in einigen freinetpädagogisch orientierten pädagogischen Einrichtungen besonders gut, wie die folgenden Beispiele zeigen.

‚Classes promenades' in der Kita

Auch in der freinetpädagogisch arbeitenden Kita PrinzHöfte in Niedersachsen ist Draußensein alltäglich. Ausgangspunkt für das Draußenlernen sind dabei – wie inzwischen in vielen Kitas – die Fragen, die die Kinder selbst stellen: „Fragen, Beobachtungen und Experimente werden im Morgenkreis gesammelt und an einer Wand angeheftet, danach malen die Kita-Kinder sie auf, sie sind mit einzelnen Worten kommentiert, künstlerisch ergänzt und die Ergebnisse werden – wie Freinet es in seiner Pädagogik als Dokumentationsform einführt – gedruckt und veröffentlicht. Der Weg dorthin führt zunächst über die ‚Spaziergangsklassen'[9] nach draußen, denn dort sind die Fragen offensichtlich:

> *„Wie groß ist die größte Stinkmorchel auf der Welt? Wo wachsen sie? Warum stinken sie? Warum wachsen sie so schnell?' schreiben Johannes und Jakob, beide 5 Jahre. Die Fragen haben sie sich selbst ausgedacht, das Thema ebenso. Die ersten Forscherergebnisse folgen: ‚jung, halb unterirdisch!' Ein ‚Elfchen'[10] entsteht und die Erzieherin schreibt es für sie auf: ‚Stinkmorchel, stinkt herum, aus Hexenei geboren, wächst wie eine Rakete, stinkt.' Danach beginnt die Draußen-Expertise der Kinder, z. B. zu Naturphänomenen, wie Wolken, zum Feuermachen, zu Kröten, Regenwürmern – und Spinnen: ‚Immer wieder wechselnde Spinnenforschungsgruppen streiften mit Lupen und Behältern für die Spinnen durch Haus und Gelände (…) und am schönsten war es, ‚als Klara (3 Jahre, Anm. der Verf.), die durch ihre große Angst vor Spinnen den Anstoß zu unserem Forschungsprojekt gab, diejenige war, die aus lauter Forschungseifer ihre Angst vergaß und mit bloßen Händen eine Spinne für unser Terrarium einfing.'“* (Müller-Zeugner o. J.)

Wenden wir hierauf Gebauers Dimensionierungen zur Entwicklung von Naturkonzepten an, so ist es Klara gelungen, ihr negatives Naturkonzept (Ekel vor Spinnen) zu thematisieren und durch neue Erfahrungen und neues Wissen weiterzuentwickeln (vgl. Gebauer/Gebhard 2005: 117).

---

9) Riedl, K. (2003): Zusammenfassung: Cèlestin Freinet und die Bewegung ‚Moderne Schule'. https://schulpaed.tripod.com/freinet.pdf. Zugriff: 07.12.2021.

10) Textform mit Silben- und Zeilenvorgaben, um erste Schritte ins poetische freie Schreiben zu finden.

Die ‚unsichtbare' Schule der „Wildniskinder"

„Wenn man auf subtile und unsichtbare Weise die ‚Kindlichen Vorlieben' so einsetzt, dass die Leute die ‚Kernroutinen' üben und dadurch das ‚Buch der Natur' ‚lesen', bringt man sie zum Lernen, ohne dass sie sich dessen jemals bewusstwerden. Man leitet dann eine ‚Unsichtbare Schule'." (Young et al. 2014: 19)

Die Kinder der Kita PrinzHöfte haben eine zusätzliche Möglichkeit, ihre Naturverbindung zu entwickeln: Eine Wildnispädagogin hat dort über zehn Jahre regelmäßig einmal wöchentlich die Gruppe „Wildniskinder" angeboten. Insbesondere durch ‚geschickte, weil produktive Fragen' werden die Kita-Kinder auf Naturphänomene aufmerksam gemacht. Unter fachkundiger Begleitung konnten sie im Kindesalter erfahrungsbasiertes Naturwissen und eine stabile Naturverbindung aufbauen.

> **„Jahreszeitliche Naturerfahrungen von 2008–2018 mit den Kita-Wildniskindern:** Iglu-Bau, Tierspuren im Schnee lesen, Tierbauten finden, Feuer machen mit traditionellen Methoden (Schlageisen, Feuerbohrer), Kerzen und Dochte herstellen aus Binsen, Knochen, Schädel, Federn und Vögel beobachten, Vogelstimmen lernen, Pflanzenfarben herstellen und malen, Blüten essen, Wildkräutersalat und Wildkräuter-Smoothies zubereiten, Wildnahrung verarbeiten (Äpfel und Obst aus dem Garten, auch Hagebutten, Fichtenspitzen, Schlehen ... etc.), Salbe kochen aus Ringelblumen, Spitzwegerich, Beinwell, Schnitzen, Pfeil- und Bogenbau, Holunderperlen, Brennesselschnüre drehen, Ketten basteln, Vogelfutter herstellen, Krafttiere finden, Sinnesmeditationen, Federnkunde, kooperative Abenteuerspiele, Vertrauens- und Teambildungsspiele, wildnispädagogische Spiele zu jedem Thema (Tarn- und Anschleichspiele, Wahrnehmungsspiele), ruhige Zeiten alleine in der Natur (Sitzplatz), Herumstromern, Höhlen bauen, Wasserlebewesen im Bach anschauen, Rollenspiele (Steinzeitdorf, Inuit-Lager, Kalahari-Nomaden) – und eine ganze Menge Tierbeerdigungen und philosophische Gespräche über den Tod und das Leben, tägliches Geschichten erzählen und Lieder singen zu jedem der o. g. Themen" (Interview mit Myriam Kentrup, Wildnispädagogin in der Wildnisschule Wildeshausen, 14.12.2021).

‚Sorties enquêtes' in der Grundschule

Das Konzept der PrinzHöfte Schule Bassum basiert laut Präsentation im Netz auf reformpädagogischen (Freinet) und systemischen (Maturana/Varela) Ansätzen. Seit Gründung dieser Schule in freier Trägerschaft durch eine Elterninitiative (Lutz Wendeler, Wolfgang Mützelfeld) lebten hier lange Zeit noch Traditionen, die im Sinne der Freinet-Pädagogik ‚Beispiele guter Praxis' für

Draußenlernen darstellen, u. a. die Haltung von Bienen und Kaninchen, die Pflege eines Schulgartens, die im Anfangsunterricht angesiedelte, künstlerisch gestaltende Kinderfirma „Mosaiki", die Schülerfirma „Bücherbunker", ein Gebrauchtbücherversand – und das Nachmittagsangebot „Waldgruppe". Letzteres überdauerte von 2002 bis 2011 – nahezu trotzig wirkend – den rasanten Wandel, dem alternative Schulmodelle per definitionem ausgesetzt sind. Damit blieb über die Waldgruppe – zeitgleich zu konzeptionellen und personellen Veränderungen – ein freinetpädagogischer Anteil des Schulkonzepts lebendig:

Jeden Mittwoch ab 14.30 Uhr sind die Schüler:innen wahlweise wieder im Wald zu Hause. Sie finden beim ‚messing around' Schneckenhäuser, Wespennester – und mit etwas Glück Blindschleichen und kleine Schlangen. Daraus z. B. entwickelt sich ein mehrere Monate andauerndes Schlangenprojekt, von dem sich insbesondere die Jüngsten angezogen fühlen. Ein Antrag auf der Schulversammlung für dieses neue Projekt wird bewilligt, die gesamte Lerngruppe und eine Pädagogin informiert, eine Projekt-Gruppe gegründet, ein Projekte-Pass ausgefüllt – und los geht's.

Für die Entwicklung von Naturverbindung ist ein kontinuitätssicherndes und jahreszeitlich sich veränderndes Erleben von Natur an einem beständigen Ort erforderlich – so wie es in der Waldgruppe regelmäßig gelebt wird. Nicht nur für die Kita-Kinder ist dabei das sog. Herumstromern eine wesentliche Zugangsweise, es zählt im Konzept der Wildnispädagogik als eine der ‚Kernroutinen'. An Stelle der Beschäftigung mit didaktisch aufbereitetem, auf fachlichen Wissenserwerb ausgerichtetem Arbeitsmaterial tritt zunächst das Auffinden von Interessantem, das Erleben, Entdecken und danach das selbstmotivierte Erforschen. Daraus entstehen von Kindern eigenmächtig gegründete Draußen-Projekte: So beschreibt der österreichische Freinet-Lehrer und Fortbildungsbeauftragte für freinetpädagogische Weiterbildungen Martin Merz in der schuleigenen Zeitung: „Seit einiger Zeit ist auf unserem Schulgelände ein interessantes Treiben zu beobachten. Da sind allerlei Stimmen aus dem Gesträuch zu hören, wieseln bei jeder Gelegenheit Kinder vom Schulgebäude über den Parkplatz ins Gebüsch, werden brauchbare und unbrauchbare Gegenstände reingeschleppt – macht sich Leben breit. Was ist geschehen?" (Merz 2003: 4 f.).

‚Wachsen an echten Aufgaben' begleiten

Anfangsunterricht mit Draußen-Aktivitäten wird von mutigen, veränderungsbereiten Lehrkräften gemacht. Die Ausbildung für diese herausfordernde, weil offenere und situative Lernbegleitung in der Schulanfangsphase – und unbedingt auch darüber hinaus – gelingt u. a. über den direkten Kontakt zu realisierten Draußen-Projekten. In einer nach Freinet ausgerichteten Praxiserkundung geht es weniger um Beobachtung als um konkrete Mitwir-

Draußenlernen mit Kindern und Studierenden – ‚Beispiele guter Praxis'[11]

- In der Kita PrinzHöfte unbeantwortbare Fragen der Kinder hören und darüber staunen, wie sie den Morgenkreis anleiten

- Bei den Wildniskindern im Matsch selbst nasse Füße bekommen und miterleben, wie sehr diese Kinder draußen und in ihrem Körper zu Hause sind

- Erstklässler:innen in dem von den begeisterten Kindern eigenmächtig entwickelten Projekt Waldhöhlen-Stadt erleben – dabei beruhigt die vielen Lernanlässe wahrnehmen, die sich daraus ergeben

- Bei den Draußen-Tagen mit Erstklässler:innen an der ‚Grundschule Harmonie' mitmachen, Handwerkern und Musikern bei ihrer Arbeit zuschauen – und am Montag in der Kinder-Uni und der Schulversammlung die „Frage der Woche" mitsamt Projektpräsentation erleben

- „Wilde Lernferien" für Kinder aus dem sozialen Brennpunkt in Hamburg-Altona mitgestalten und als Lernbegleitungsteam gemeinsam mit dem Verein ‚Wort und Wildnis' (mit Jana Sierk) erste Erfahrungen mit „Lernen begleiten unter freiem Himmel" sammeln

- „Naturkind am See" als Projekt mitgestalten und der Koordinatorin der Draußenschule Monique Anselm beim Begleiten des forschend-entdeckenden Lernens über die Schulter schauen

- Lernreisen in die „Lernwerkstatt Büffelstübchen" zum Drucken mit der Freinet-Druckerei sowie in freinetpädagogisch arbeitende Klassen, zu Zirkusclowns und Bienenzüchtern unternehmen und sich selbst mit freiem Ausdruck kreativ betätigen und neu herausfordern

- Die „Méthode Naturelle" nach Freinet im Anfangsunterricht beim Drucken der freien Texte für die Schülerzeitung erleben und von Schulanfänger:innen das Drucken lernen

- Mit Grundschulkindern eine Woche in der Wildnisschule leben, sich in der Kunst des Fragens ausbilden lassen und das Coyote Mentoring mit Kindern direkt erproben: sozialer Brennpunkt trifft im Wald auf Studierende … „Kriegt hier jeder seinen eigenen Studenten?"

- Freinetpädagogisch arbeitende Lehrkräfte u. a. aus Norwegen, Indien, Lettland auf internationalen Tagungen im direkten Dialog erleben, dafür in selbst organisierten Gruppen Lernreisen nach Italien und Schweden planen und durchführen, den eigenen Horizont internationalisieren

- Eine Lernreise nach Kanada/Quebec für 2020 eigenständig organisieren, Bewilligungen und Zu-Finanzierungen der Institutionen erhalten – und aufgrund der ‚seltsamen Situation' absagen müssen

---

11) Draußen-Seminare mit Studierenden der Elementarpädagogik/Grundschulpädagogik im Fach Erziehungswissenschaften an der Universität Bremen (2011–2022)

kung, welche durch „tastendes Versuchen" (tatonnement experimental) und das „Wachsen an echten Aufgaben" (Hering/Hövel 1996) ein wirklich sinnbringendes und beteiligendes Lernen realisiert.

> *„In erster Linie verlangt das Leiten nach Kojoten Art also, die Menschen, die Sie führen, kennen zu lernen. Sie müssen sorgfältig beobachten, was ihre Neugier entfacht, ihre natürlichen Talente anspricht und sie auf eine solche Weise fordert, dass sie ihren persönlichen Lernweg gehen können. Wo liegen ihre Grenzen, die Grenzen ihrer Komfortzone, die Grenzen ihrer Aufmerksamkeit, die Grenzen ihres Wissens, die Grenzen ihrer Erfahrung? Wenn Sie das herausgefunden haben, können Sie Ihre Mentees vorsichtig „stretchen" und zu einer neuen Grenze ziehen, und danach zu einer weiteren, immer tiefer hinein in ein Gefühl von Verbindung und Geborgenheit mit der Wildheit der natürlichen Welt."* (Young et al. 2014: 13 f.)

Eine Beispiel-Szene während einer Lernreise in die Wildnisschule: Die Kinder wollen sich einen Stock für den Stockkampf schnitzen. Das Holz dafür finden sie selbst. Es gibt nur eine einschränkende Anweisung: Es soll der Ast einer Traubenkirsche sein! „Was ist eine Traubenkirsche?" Die erste Falle für die Mentor:innen (Lehramtsstudierende) tut sich hier auf: Wird dies ein Anlass zur Belehrung über Artenvielfalt oder schaffen sie es, mit ihrer Antwort weitere produktive handlungsauffordernde Forschungsfragen zu generieren?

Abb. 2: „Mohawk-Walk" über Abgründe! Wildnisprojekt mit Brennpunktschüler:innen und Studierenden

„Willst du wissen, wie sie aussehen, woran du sie erkennen kannst, wo sie wachsen?" Dann sägt ein Junge einen Traubenkirschen-Ast ab, freut sich über das Ergebnis – und fragt, ob er dem Baum etwas schenken darf. Er holt aus seinem Schlafsack seine ihm sehr kostbare batteriebetriebene Kamera: „Vielleicht eine Batterie?"

Für (auszubildende) pädagogische Fachkräfte, die Kindern diese Erfahrungen bereitstellen wollen, bedeutet dies nicht vorrangig, die Kinder nach Wygotski aus ihrer Zone der Entwicklung in die nächste zu begleiten, sondern zunächst, selbst zu neuen Einsichten zu gelangen. Dies gelingt u. a. durch inspirierende Leitbilder, Menschen, denen wir über die Schulter schauen, durch Austausch untereinander und Gespräche über neues Wissen – und durch angeleitete Reflexion eigens erprobten pädagogischen Handelns: Indem überholte Muster und Vorstellungen davon, wie Lernen funktioniert, bewusst erkannt werden, können sie einer neuen pädagogischen Haltung im Sinne eines veränderten Lehr-Lern-Verständnisses Platz machen. Vermutlich werden beide zunächst nebeneinander existieren – und sie noch lange in inneren Aufruhr versetzen.

Draußen lernen – Leben mitgestalten

Wie ausgeführt brauchen wir Draußenlernen in Kita und Grundschule als erste Bildungsinstitutionen und weiterhin in der gesamten Bildungskette, wenn es als verändernde Größe Gestalt annehmen soll. Es geht nicht nur um Draußensein an (regionalen) Originalorten mit seinen Lerngelegenheiten – und auch nicht nur um Naturverbundenheit.

> *„Es geht nicht mehr um ein Lernen drinnen oder draußen. Die Schule öffnet sich im gleichen Maße, wie sich das Lernen der Kinder und Erwachsenen(!) öffnet. Die Schule kommt raus! (…) Es geht vielmehr um die Frage, ob es dem Lernen in der Zukunft gelingt, sich so zu vernetzen, dass Menschen mehr, besser, individueller, kooperativer, gesünder, friedlicher, demokratischer und glücklicher lernen und leben."* (Hövel/Schulte o. J.)

Dazu sollten Lehrkräfte und alle, die es werden wollen,

> *„an ihrer Haltung arbeiten, um über die Schule hinaus lernen zu lernen, (…) an ihrem Handeln-Können arbeiten, um das halten zu können, was ihre Haltung verspricht, (…) nicht nur über etwas reden können, sondern einen inneren Kompass haben, der ihnen sagt, wie Haltung und Handlung weitergehen, (…) selber lernbereit sein, um ihre Kompetenzen so zu erweitern, dass sie sich auf ihre eigene Führung verlassen lernen."* (Hövel/Schulte o. J.)

Das weit gefasste, umfassend verändernde Konzept des Draußenlernens in Richtung freier, von den Lernenden selbst gestalteter sinnbehafteter Arbeit wird aktuell bereits umgesetzt, z. B. im ‚Frei Day' von Margret Rasfeld (2021). Schüler:innen sind vernetzt miteinander, lebendiger – und handeln sinnstiftend und verantwortungsvoll. „Und sie werden zu Menschen herangewachsen sein, die durch den FREI-RAUM, den sie in der Schule geschenkt bekamen, ihre Selbstwirksamkeit und kreative Sprunghöhe genau kennen. Sie werden mutige und zuversichtliche Gestalter*innen ihres Lebensglücks sein" (Rasfeld 2021: 184). Das brauchen wir heute mehr denn je! Rasfelds Konzept ist inzwischen auch in einigen Universitäten in der Erprobung. Es „provoziert Musterbrüche, die uns dabei helfen, uns von den Fesseln institutioneller Schablonen zu lösen" (Rasfeld 2021: 185). „Lebenslanges Lernen in der Kraft des WIR ist eine gesamtgesellschaftliche Aufgabe. Sie passt nicht in das derzeitige Konzept der Trennung von Arbeit und Leben. Um den öffentlichen Raum gemeinsam zu gestalten, brauchen wir ein eigenes Format. (…) Das schenkt Kraft, Lebensfreude und Zufriedenheit durch Sinn" (Rasfeld 2021: 186). André Stern empfiehlt den Erwachsenen die Haltung des Vertrauens in die Navigation der Kinder. Sie sollten derweil lieber mal pädagogisch Ferien machen!

Und alle, die diese öffnende und frei lassende Haltung herausfordernd und beängstigend finden, sollten es mit Pippi Langstrumpf halten: „Das habe ich noch nie vorher versucht, also bin ich völlig sicher, dass ich es schaffe."

Literatur

Becker, C.; Lauterbach, G.; Spengler, S.; Dettweiler, U.; Mess, F. (2017): Effects of Regular Classes in Outdoor Education Settings: A Systematic Review on Students' Learning, Social and Health Dimensions. International Journal of Environmental Research and Public Health. 2017; 14(5): 485. https://doi.org/10.3390/ijerph14050485, Download: www.mdpi.com/1660-4601/14/5/485/htm (Letzter Zugriff 2.2.2022).

Dordel, S.; Breithecker, D.: 2003: Bewegte Schule als Chance einer Förderung der Lern- und Leistungsfähigkeit. Haltung und Bewegung, Band 2.

Freinet, C. (1998): Pädagogische Werke. Band 1. Paderborn: Schöningh.

Freinet, C. (1965): Die moderne französische Schule. Übersetzt von H. Jörg. Paderborn: Schöningh.

Freinet, E. (1981): Erziehung ohne Zwang. Stuttgart.

Freinet, E. (1972): Naissance d´une pédagogie populaire, Paris: François Maspero.

Gebauer, M. (2005): Schätze des Erinnerns: Zur Kontextualisierung kindlicher Naturerfahrung. In: Gebauer, M.; Gebhard, U. (Hrsg.): Naturerfahrung. Wege zu einer Hermeneutik der Natur. Kusterdingen: 99–143.

Gebhard, U. (2013): Kind und Natur – Die Bedeutung der Natur für die psychische Entwicklung. Wiesbaden: Verlag Springer VS, 4. Auflage: 74–101.

Göndör, J. (2021): Zur 100 Jahrfeier von Summerhill und zum 125. Geburtstag von Célestin Freinet: Die Grundpositionen der Reformpädagogik und Wege zu einem gerechteren Schulsystem, in: Fragen und Versuche, Zeitschrift der Freinet-Kooperative e. V. Heft 177, 44. Jahrgang, Oktober 2021: 23–30.

Graf, C.; Koch, B.; Klippel, S. u. a. (2003): Körperliche Aktivität und Konzentration bei Kindern, in: Deutsche Zeitschrift für Sportmedizin Jahrgang 54, Nr. 9 (2003): 242–246.

Hagstedt, H. (2005): In Werkstätten lernen – wie Forscher arbeiten. In: Päd Forum: unterrichten und erziehen, 24. Jg., H. 4, 201–204, online verfügbar: www.forschendes-lernen.net/files/eightytwenty/materialien/Hagstedt_In-Werkstaetten-lernen_14.pdf.

Hagstedt, H. (1994): Freie Arbeit nach Freinet in der Grundschule unter besonderer Berücksichtigung lernschwacher Schüler. In: ders.: Lerngärten und Werkstattunterricht. Reader zum Seminar im Sommersemester 1994, Universität/Gesamthochschule Kassel, Interdisziplinäre Arbeitsgruppe Grundschulpädagogik, Reihe Werkstattberichte, Heft 3, unv. Ms. Universität Kassel.

Hentig, H. v. (1975): Deutsches Vorwort zu „Geschichte der Kindheit" von Ph. Ariès: München, Wien.

Hering, J.; Hövel, W. (1996): Immer noch der Zeit voraus: Kindheit, Schule und Gesellschaft aus dem Blickwinkel der Freinetpädagogik. Freinet-Kooperative Bremen.

Homfeldt, H. G.; Kühn, A. (1981): Klassenfahrt. Wege zu einer pädagogischen Schule. München: Juventa.

Hövel, W. (2014): Draußen-Tage: Kinder erfinden ihre Lernwerkstatt, in: Hagstedt, H./ Krauth, I. M. (Hrsg.): Lernwerkstätten. Potentiale für Schulen von morgen. Beiträge zur Reform der Grundschule-Band 137, Grundschulverband, Frankfurt/Main: 76–86.

Hövel, W.; Schulte, U. (o. J.): Wehe, wenn sie rausgelassen. www.walter-hoevel.de/ drau%C3%9Fen/ Zugriff: 13.12.2021.

Klein, L. (2008): Freinet-Pädagogik im Kindergarten. Herder Verlag Freiburg i. Br.

Lémery, E. (2006): A origine, la ‚classe-promenade' in: Le nouvelle éducateur, Nr. 183, 11. 2006, Originaltext von C. Freinet: www.icem-pedagogie-freinet.org/node/6109 übersetzt mit https://translate.google.be (Aufgerufen am 22.8.2021, überarbeitet von J. G.).

Maturana, H. R.; Varela, F. J. (1990): Der Baum der Erkenntnis. Wie wir die Welt durch unsere Wahrnehmung erschaffen – die biologischen Wurzeln des menschlichen Erkennens. München: Goldmann (Tb. der dt. 1.Aufl. 1987; span. Orig.: El árbol del concocimento 1984).

Merz, M. (2003): Was ist denn da im Busch? In: WortMosaik, Zeitschrift für Lyrik, Pädagogik und Schulkultur der Schule PrinzHöfte, Ausgabe 2, unv. Ms.: 4 f., Freie Schule PrinzHöfte, Helldiek 58, D-27211 Bassum (schule@prinzhoefte.de).

Meske, M. (2011): „Natur ist für mich die Welt". Lebensweltlich geprägte Naturbilder von Kindern. Wiesbaden.

Müller-Zeugner, M.: Vorwort zur PrinzHöfter Kinderzeitung, 5. Ausgabe, ohne Jahresangabe, unv. MS der Kita PrinzHöfte, Schulenberger Str. 4, 27243 Horstedt.

Pippi Langstrumpf Zitat: www.strategisches-storytelling.de/10-zitate-von-pippi-langstrumpf.

PrinzHöfte Schule Bassum: www.prinzhoefte-schule.de/unsere-schule/erklärt-in-60-sekunden.

Rasfeld, Margret (2021): Frei Day. Die Welt verändern lernen! Für eine Schule im Aufbruch, oekom Verlag München.

Verein für ganzheitliches Lernen und ökologische Fragen e. V.: Freinet Kindertagesstätte. https://verein-prinzhoefte.de/kita/. Zugriff: 07.12.2021.

Wilde Lernferien: https://louise-schroeder-schule.hamburg.de/.

Wilde Lernferien: www.wortundwildnis.de/ letzter Zugriff: 02.02.2022.

Young, J.; Haas, E.; Mc Gown, E. (2014): Coyote-Guide, Buch 1. Extertal: Biber Verlag.

Ich mag die Schule, weil
sie bunt ist. Ich mag
die Schule, weil alle
Lehrer sehr nett sind.

Nicolas

Anfangsunterricht Deutsch – Fokus Schriftspracherwerb

Sven Nickel

Grundlagen des Schriftspracherwerbs
Schriftkultur leben, Schriftlichkeit erwerben, Schriftstruktur durchdringen

Kinder interessieren sich meist schon recht früh für die Schrift. Dies ist vor allem dann zu beobachten, wenn sie in Familie und Kita reichhaltige Erfahrungen rund um eine Buch-, Erzähl-, Reim- und Schriftkultur machen konnten. Diese Erfahrungen beginnen bereits im Laufe der ersten zwei Lebensjahre. Wenn Kinder in die Schule kommen, haben sie also schon grundlegende Kompetenzen in Bezug auf Literalität entwickelt. Im Laufe des ersten Schuljahres erlernen die meisten Kinder auf dieser Basis die Fähigkeit des lautorientierten Schreibens. Manche Kinder können sogar bereits bei Schulbeginn fließend lesen. Aber wieder andere lernen das auch bis zum Ende der zweiten oder dritten Klasse nicht. Der Schriftspracherwerb beginnt somit nicht erst mit dem Anfangsunterricht, er endet auch nicht mit ihm. Man denke nur an die beachtenswert große Gruppe von Menschen mit „geringer Literalität", die auch als Erwachsene noch keine hinreichenden schriftsprachlichen Kompetenzen aufgebaut haben (Grotlüschen & Buddenberg 2019). Vor allem aber begrenzt sich der Schriftspracherwerb nicht nur auf die Kulturtechnik im engeren Sinn, also auf das technische Lesen und Schreiben. Lese- und Schreibkompetenz zeigt sich u. a. auch auf der Verhaltensebene. Damit Kinder sich selbst als Leser/in und Schreiber/in verstehen, braucht es einen entsprechenden Unterricht von Anfang an: Schriftstrukturell *und* schriftkulturell.

Dimensionen des Schriftspracherwerbs

Wenn Kinder lesen und schreiben lernen, geht es nicht nur um Buchstaben und geschriebene Wörter. Die Anforderung an die Kinder besteht auch darin, sprachliche Fähigkeiten zu erweitern, um Texte verstehen und verfassen zu können. Im Prinzip betont der Begriff „Schrift-Sprach-Erwerb" die folgenden Teile:

- Die zu erwerbende Schrift ist ein medial graphisches Zeichensystem. Im Prinzip geht es um das, was wir als Kulturtechnik verstehen und häufig in Teilleistungen wie phonologische Bewusstheit, Phonem-Graphem-Korrespondenz, Buchstabenkenntnis, Lesesynthese, Sicht- bzw. Grundwortschatz etc. unterteilen.

- Die konzeptionell schriftliche **Sprache** grenzt sich durch spezifische Charakteristika deutlich von der mündlichen Sprache, wie sie im Alltag gesprochen wird, ab.
- Der **Erwerb** ist im Vergleich zum Lernen dadurch gekennzeichnet, dass er in hohem Maße beiläufig und implizit außerhalb institutioneller Kontexte stattfindet – so wie beim Spracherwerb. Der Schriftspracherwerb setzt hier eine Analogie zum Spracherwerb, nur dass es eben um die geschriebene und nicht um die gesprochene Form von Sprache geht. Allerdings findet im Anfangsunterricht ergänzend auch ein gesteuertes und explizit angeleitetes Lernen statt, ko-konstruktiv innerhalb sozialer Kontexte.

In ein didaktisch orientiertes Modell übertragen, ergeben sich für den Schriftspracherwerb folgende drei Ebenen, die für die Gestaltung des Anfangsunterrichts von Bedeutung sind:

Abb. 1: Drei Dimensionen des Schriftspracherwerbs

Der Erwerb vollzieht sich ausgehend von der Teilhabe an einer elementaren Schriftkultur über das Kennenlernen der schriftlichen Sprache bis hin zur Erfassung des Schriftsystems.

1. Schon junge Kinder nehmen an der **Schriftkultur** teil, in der sie aufwachsen. Sie sehen erwachsene Menschen lesen und schreiben und imitieren diese, z. B. in Kritzelbriefen (so-tun-als-ob-schreiben). Auf diese Weise erfahren sie, dass sich Gedanken in Schrift festhalten, also materialisieren oder „verdauern" lassen. In der Familie und in der Kita erleben Kinder den authentischen Gebrauch von Schrift und gewinnen die zentrale Einsicht, dass Schrift eine Funktion hat. Ein Anfangsunterricht, der Möglichkeiten zur Teilhabe an einer elementaren Schriftkultur bietet, knüpft an die Erfahrungen der Kinder an. Gleichzeitig ermöglicht er genau den Kindern, die

diese Erfahrungen bisher nur in geringem Maße machen konnten, geeignete kulturelle Erfahrungsräume.

2. Kinderlieder, Abzählverse etc. sind der allererste Zugang zu einer konzeptionellen **Schriftlichkeit**. Dort begegnen Kinder frühen Formen einer gestalteten Sprache. Beim Vorlesen werden schließlich die charakteristischen Merkmale von schriftlicher Sprache, wie wir sie in geschriebenen Texten finden, an die Kinder herangetragen. Schriftliche Sprache ist wesentlich entfalteter, sie muss schließlich auf nonverbale Mittel wie Mimik, Gestik und Intonation verzichten. Zudem ist ihr Wortschatz variantenreicher und die Syntax komplexer. Sie enthält verstärkt Nebensatzstrukturen und nutzt häufiger das Präteritum als Zeitform. Ein Anfangsunterricht, der von Anfang an Rezeption und Produktion schriftlicher Sprache in den Fokus nimmt, unterstützt damit die Kinder schon früh in der Entwicklung ihrer Textkompetenz.

3. Nachdem Kinder auf diese Weise Funktionen und erste Merkmale von Schriftsprache erkannt haben, fangen sie allmählich an, das eigentliche **Schriftsystem** zu erkunden. Manche Kinder beginnen schon mit vier Jahren, sich für Buchstaben zu interessieren, indem sie ihren Namen und Sichtwörter wie MAMA, OPA etc. schreiben. Das geht häufig einher mit einer zunehmenden Einsicht in den Lautbezug der Wörter, wenn sie spontan anfangen, mit lautlichen Elementen zu operieren: „,Knochen' fängt mit /knɔ/ an". „,Haus-Maus': Das reimt sich!". „,Papa' fängt auch mit /p/ an, genau wie ,Paul'". Ist erstmal die Sensibilität für Anlaute vorhanden, haben Kinder riesigen Spaß an Alliterationen: „Felix foltert Fischstäbchen" und „Mama muss mal". Solche Sprachbetrachtungen lassen sich im Prinzip täglich spielerisch herausfordern. Der Anfangsunterricht in der Schule nimmt die vorhandenen Kenntnisse auf und fordert die Einsicht in schriftliche Strukturen durch eine aktive Auseinandersetzung mit der Schriftstruktur zu einer Weiterentwicklung heraus.

Ein gelingender Anfangsunterricht im Schriftspracherwerb zeichnet sich dadurch aus, dass er eine Weiterentwicklung in allen drei Dimensionen ermöglicht. Diese Dimensionen werden im Folgenden zunächst mit Blick auf die vorschulischen Erfahrungen betrachtet, zum anderen werden die Möglichkeiten eines Anfangsunterrichts skizziert. Im Unterricht vermischen sich die drei Dimensionen selbstverständlich zu einem schlüssigen und umfassenden Konzept. Ihre Trennung an dieser Stelle geschieht lediglich aus Gründen der Darstellung.

Schriftkultur leben: Literalität als soziale Praxis

Lesen und Schreiben lassen sich als kulturelle und soziale Praxen innerhalb von Gemeinschaften beschreiben. Wir nutzen die Fähigkeit, lesen und schreiben zu können, um zu kommunizieren, um uns etwas zu merken, uns zu informieren oder uns zu unterhalten. Mit anderen Worten: Die Nutzung von Schrift hat immer eine Funktion und sie ist immer in sozialen Kontexten situiert, in literale Praxen eingebunden. Junge Kinder sehen in den Erwachsenen oder in älteren Geschwistern Modelle, die kompetent mit Schrift agieren und die sie zum eigenen Handeln mit Schrift anregen. Auf diese Weise wachsen Kinder in die sie umgebenden literalen Praxen hinein und erwerben dabei implizit grundlegende Einsichten über die Funktionen von Schrift und Schriftgebrauch.

Elementare Schriftkultur: Literalität als soziale Praxis

Das ursprünglich von Mechthild Dehn in den Diskurs gebrachte Konzept der Elementaren Schriftkultur im Unterricht umfasst genau diese Anfänge einer schriftkulturellen Teilhabe. Elementare Schriftkultur beinhaltet sowohl den kindlichen Gebrauch von Schrift in funktionalen und authentischen Kontexten (Briefe, Formulare, Einkaufszettel, Kalender etc.) als auch den Genuss literarischer Formen (erzählte und vorgelesene Geschichten, Kinderlieder, Abzählverse, Gedichte etc.) (Schüler 2021). Sie ist somit immer an das Generieren von Bedeutung sowie an Kontexte gebunden, in denen Schrift subjektiv bedeutsam ist. Das deutschsprachige Konzept der Elementaren Schriftkultur steht somit dem angelsächsischen Konzept der Literalität als soziale Praxis (Barton 1994) sehr nahe. Durch die Teilhabe an Praxen elementarer Schriftkultur lernen Kinder frühzeitig, ihre Aufmerksamkeit auf Schriftliches zu lenken, sie entwickeln auf diese Weise ein vorläufiges Konzept von Schrift. Je nach Ausprägung dieser Präkonzepte fällt die Thematisierung von Buchstaben oder die Anregung zum Freien Schreiben im Anfangsunterricht auf einen fruchtbaren Boden oder eben nicht.

Home-Literacy-Environment und Family-Literacy-Programme

Schulische Bildungsprozesse starten nicht voraussetzungslos. Die Wurzeln des Schriftspracherwerbs, wie wir ihn im Anfangsunterricht beobachten können, liegen in den schriftkulturellen Erfahrungen, die Kinder schon vor der Schule machen. Damit rückt die Bedeutung der Familie in den Blick. Die Familie gilt als erste und wichtigste Instanz der schriftsprachlichen Sozialisation. Ihre Bedeutung wird greifbar, wenn man sich vergegenwärtigt, dass allein der Buchbestand als kulturelles Kapital und gleichzeitig als Ausdruck einer Schriftorientierung in der Familie mit den schulischen Leistungen korreliert: Kinder aus einem Haushalt mit weniger als 100 Büchern weisen gegen

Ende der Grundschulzeit deutlich schlechtere Leseleistungen auf als Kinder aus leseaffinen Haushalten (Hußmann et al. 2017).

Die Ausprägung der Schriftorientierung in der Familie wird mit dem Konzept des Home-Literacy-Environment erfasst (Niklas 2015). Es umfasst verschiedene Variablen der familiären Lernumgebung, die sich auf die Entwicklung von sogenannten „Vorläuferbedingungen" und letztlich auf die sich entwickelnde Lese- und Schreibkompetenz auswirken. Dabei werden zwei Dimensionen unterschieden: (1) Das Vorlesen wirkt sich vor allem auf den kindlichen Wortschatz aus, der in der Schule für das Verstehen und auch das Verfassern von Texten bedeutsam ist. (2) Aktivitäten hingegen, die den Fokus auf die geschriebene Schrift legen wie das Anregen zu eigenen Schreibversuchen oder das Spielen mit Buchstaben und lautlichen Strukturen von Wörtern (Reime, Silben, Anlaute), stehen in Verbindung mit der Buchstabenkenntnis und einer gut ausgebildeten phonologischen Bewusstheit. Zudem orientieren sich Kinder an Lese- und Schreibmodellen in ihrer Familie. Sie entwickeln auf diese Weise eine erste Vorstellung davon, welche Rolle die Schrift im Alltag spielt und ob sie dort mit positiven oder eher mit negativen Gefühlen verbunden wird. Denn die familiären Aktivitäten sind selbstredend unterschiedlich stark ausgeprägt. Folglich haben in den letzten Jahren zunehmend Maßnahmen, die die Familie adressieren, Eingang in das Schulleben gefunden. Solche Family-Literacy-Aktivitäten versuchen, das familiäre Umfeld der Kinder positiv zu beeinflussen, indem sie Eltern und Kinder auf spielerisch-lustvolle Art und Weise in literale Aktivitäten verwickeln – in der Hoffnung, dass diese Aktivitäten Eingang in das familiäre Alltagsleben finden und das Home-Literacy-Environment verändern. Das ist besonders dann vielversprechend, wenn es gelingt, Familien zu erreichen, die bisher wenig schriftsprachlich aktiv sind.

Alltagsintegriertes und authentisches Lesen und Schreiben

Neben der Familie ist der Kindergarten ein Ort, an dem Kinder Erfahrungen mit Buch-, Erzähl- und Schriftkultur machen können (Näger 2013). Der Erwerb der Schriftsprache war lange Zeit kein Gegenstand der Kindergarten- bzw. Frühpädagogik, die den Gegenstand des Lesen- und Schreibenlernens in das Aufgabenfeld der Institution Schule verwiesen hat. Mittlerweile haben die für den frühen Schriftspracherwerb so bedeutenden prä- und paraliterarischen Kommunikationsformen wie Singen, Fingerspiele und Abzählverse sowie Übungen zur phonologischen Bewusstheit (Reime, Silbe, Anlaute) ihren festen Platz im Kindergarten gefunden. Eine alltagsintegrierte Sprach- und Literacy-Bildung hingegen sucht Momente der beiläufigen und nicht intentionalen Auseinandersetzung mit Schrift und Schriftlichkeit zu nutzen. Dies ist beispielsweise dann der Fall, wenn Kinder in der Kita den bebilderten Essensplan lesen, sich morgens in die Anwesenheitsliste eintragen oder mit den pädagogischen Fachkräften einen Bericht vom letzten Ausflug verfassen. Ein besonders umfassender Ansatz mit einem authentischen Gebrauch von Schrift ist das themenspezifische Rollenspiel im Literacy-Center (Geyer 2021). Dabei handelt es sich um thematisch fokussierte Spielsituationen, die als „Center" für mehrere Wochen mit den Kindern gemeinsam gestaltet und bespielt werden. Solch ein Literacy-Center kann ein Restaurant sein, ein Friseur oder eine Tierarztpraxis. In diesem Rahmen fallen allerlei schriftliche Aktivitäten an. In einer Bäckerei benötigen Sie beispielsweise Preisschilder, Zutatenlisten, Schilder mit Namen und Öffnungszeiten, Lagerbestands- und Einkaufslisten, Notizblock mit Vorbestellungen, Herstellungsrezepte etc. Ein Literacy-Center mit seiner projektähnlichen Grundstruktur ist auch im Anfangsunterricht umsetzbar. Kinder sind von Literacy-Centern besonders fasziniert, weil sie in den Worten der Kinder „echt" wirken.

Möglichkeiten im Anfangsunterricht

Die Möglichkeiten des Erlebens von Schriftkultur im Anfangsunterricht sind reichhaltig. Im Prinzip eignen sich alle Lese- und Schreibaktivitäten, die in authentischer Weise situiert sind, sowie regelmäßige Lese- und Schreibanregungen, die die Interessen der Kinder aufgreifen bzw. ansprechen.

- Kommunikative Anlässe: Postkarten für die Großeltern schreiben, Korrespondenz mit einer fiktiven Figur führen, Brief- und E-Mail-Freundschaften mit anderen Schulen etc.
- Book-Buddys: Ältere Kinder lesen den Kindern im Anfangsunterricht vor
- Schriftliches Bezeichnen von Gegenständen, Abläufen etc.; gerne auch mehrsprachig bzw. in unterschiedlichen Schriftsystemen, die einen Schriftvergleich ermöglichen
- Bedeutungsvolle Listen schreiben: Merkzettel, Ausleih-, Anwesenheits-, Einkaufslisten …
- Tages-/Wochenrückblick mit den Kindern schreiben
- Breite Auswahl an Lektüre und an Lese-Hör-Kisten zur Nutzung in Freien Lesezeiten
- Büchermitbringtag, Klassen-/Schulbibliothek und Leseclubs
- Einrichten eines Literacy-Centers
- Authentische Schreibanlässe, z. B. ein Jahresbuch mit eingeklebten Fotos aus dem Alltagsleben der Klasse, zu denen die Kinder den Kontext der fotografierten Situation verschriften
- Wortschatz-Kästen: jedes Kind sammelt darin seine Lieblingswörter
- Entdeckungstour/Schrift-Safari (Plakate, Nummernschilder, Straßenschilder, Logos etc.)
- …

Lesegewohnheiten

„Lesemotivation, Lesefreude und ein entsprechendes Engagement sowie ein stabiles Selbstkonzept als Leser*in sind die Grundlage für aktives Leseverhalten und daraus resultierende Lesekompetenz" (Garbe 2020, 60). Neben dem Lesenlernen steht somit die Ausbildung dieser affektiven Komponenten der Lesekompetenz im Mittelpunkt des Anfangsunterrichts. Verfahren der Leseanimation (Rosebrock & Nix 2020) suchen Kinder für das Lesen zu begeistern. Daneben braucht es ein vielfältiges und zugängliches Angebot an Lesematerial (z. B. durch den Aufbau von Klassenbibliotheken), regelmäßige Zeitfenster, an denen Kinder sich einem selbstbestimmten, funktionalen Lesen widmen können, sowie ritualisierte Formen der Auseinandersetzung mit Büchern (z. B. Buchvorstellungen).

Schriftlichkeit erwerben: Auf dem Weg zur Bildungssprache

Schriftlichkeit lässt sich von Mündlichkeit sowohl medial (graphisch vs. phonisch) als auch konzeptionell unterscheiden (Günther 1997). Schriftliche Sprache nutzt im Vergleich zur mündlichen Sprache andere Versprachlichungsstrategien, die schriftliche Sprache ist dichter und komplexer als die mündliche Sprache. Sie enthält verstärkt Konjunktionen, Passivstrukturen, Substantivierungen oder Fachbegriffe. Wenn Kinder also lesen und schreiben lernen, dann geht es nicht nur um das graphische Zeichensystem, das zu erlernen ist. Die Anforderung beim Schriftspracherwerb besteht auch darin, die sprachlichen Fähigkeiten zu erweitern, um Texte verstehen und verfassen zu können. Der Erwerb eines solchen literaten Registers ist jedoch kein natürliches, angeborenes Bedürfnis von Kindern, sondern muss kulturell stimuliert werden. Dabei gilt der aus dem Spracherwerb bekannte Grundsatz, dass Rezeption vor der Produktion stattfindet. Wer schriftliche Sprache produzieren möchte, sollte sie zunächst umfangreich rezipieren.

Schlüsselstrategie Vorlesen

Eine führende Rolle bei der Entwicklung der konzeptionellen Schriftlichkeit kommt daher dem Vorlesen zu. In Form des Dialogischen Lesens beginnt das Vorlesen im Prinzip im zweiten Lebensjahr. Schon die ersten Pappbilderbücher (Frühe-Konzepte-Bücher) sind wegen der von ihnen geforderten Dekontextualisierung in ihrer Bedeutung für die frühkindliche Literalität nicht zu unterschätzen. Im weiteren Verlauf der frühen Kindheit lernen Kinder unterschiedlich komplexe Bilderbuchgeschichten kennen. Sie bekommen dadurch die Möglichkeit, in Erzählungen einzutauchen, Perspektiven zu wechseln, Handlungen zu antizipieren, Phantasie zu entfalten oder ihr Weltwissen zu erweitern. Vor allem aber lernen sie unbewusst Geschichtenschemata kennen, von denen das spätere Lesen und Verstehen von Texten profitiert.

Mit etwa 4 bis 5 Jahren beginnen Kinder, sich allmählich auch für Bücher mit längeren Textpassagen zu interessieren. Hier werden Kinder mit einem deutlich differenzierteren Wortschatz konfrontiert. Der Unterschied ist dabei keinesfalls geringfügig. So verfügen Kinder, denen bis zum 5. Geburtstag so gut wie nicht vorgelesen wird, über einen rezeptiven Wortschatz von etwa 4.500 Wörtern, Kinder mit regelmäßiger Vorleseerfahrung haben zum gleichen Zeitpunkt 297.000 Wörter bzw. Wortformen gehört (Logan et al. 2019). Begriffe wie „Artischocke", „bezweifeln", „beben", „schmettern" und „schlottern" (aus dem Buch „Ich bin der Stärkste im ganzen Land" von Mario Ramos) werden im Alltag der Kinder nur selten vorkommen. Vergleichbares gilt auf grammatischer Ebene für Nebensatzstrukturen und das Präteritum, das wir im mündlichen Gespräch kaum nutzen. Ausdrücke wie „beschloss", „sog", „spazierte" und „begegnete" (ebenfalls aus dem Buch „Ich bin der Stärkste im ganzen Land") lernen Kinder nur aus Büchern kennen. Der förderliche Effekt für die sprachliche Entwicklung ist auch empirisch gut belegt (vgl. Ennemoser, Kuhl & Pepouna 2013).

Die zunehmende Vertrautheit mit Büchern sorgt „nebenbei" für eine Lesegewohnheit – welche die Entwicklung eines entsprechenden Selbstbildes als Leser/in begünstigt und die Ausbildung von Lesemotivation und basaler Lesefähigkeit unterstützt. Einzelne Studien belegen zudem eine Wirkung des Vorlesens auf Elemente der Schriftstruktur (siehe weiter unten), z. B. auf die Entwicklung der phonologischen Bewusstheit oder auf die Buchstabenkenntnis.

Zusammengefasst: Wenn Lesen eine Schlüsselkompetenz ist, dann ist das Vorlesen eine Schlüsselstrategie! Dass Vorlesen selbst in der Sekundarstufe noch bedeutende Effekte auf die Lesefähigkeiten der Schüler/innen haben kann, zeigen die Studien von Jürgen Belgrad. Umso wichtiger erscheint es, auch bzw. vor allem im Anfangsunterricht das mächtige Instrument des regelmäßigen Vorlesens zu nutzen (Merklinger 2015, Belgrad & Klipstein 2015, Bräuer & Trischler 2020).

Diktierendes Schreiben

„Freies Schreiben von Anfang an" hat seit vielen Jahren Einzug in den Anfangsunterricht gehalten. Zunächst verschriften die meisten Kindern nur wenige Wörter oder einzelne Sätze, denn ihre Schreibfähigkeiten sind im Anfangsunterricht naturgemäß begrenzt. Je nach vorherigen Rezeptionserfahrungen haben Kinder jedoch umfangreiche Texte im Kopf, die sie konzeptionell durchaus versprachlichen können. Kinder können diese Texte somit vielleicht noch nicht verschriften, wohl aber verschriftlichen – wenn sie sie Erwachsenen diktieren. Diesen Umstand greift der von Daniela Merklinger (2020) in die Diskussion gebrachte Ansatz des Diktierenden Schreibens auf. Beim Diktieren erproben sich Kinder dabei, Gedanken zu Papier zu bringen, sie auf dem Papier festzuhalten, zu verstetigen. Das Setting ermöglicht es, dass Kinder eine Haltung des Schreibens einnehmen: Sie diktieren dem Schreibprozess entsprechend langsam, sie wählen ihre Worte mit Bedacht. Ähnlich wie die Rezeption von Texten beim Vorlesen ist die Produktion von Texten beim Diktierenden Schreiben ein „Schaukelstuhl zwischen Mündlichkeit und Schriftlichkeit" (Bettina Hurrelmann), beide Verfahren ermöglichen es den Kindern, ihre sprachlichen Register im Hinblick auf Bildungssprache bzw. konzeptionelle Schriftlichkeit zu erweitern.

Möglichkeiten im Anfangsunterricht

- Dialogisches Lesen mit Kleingruppen
- Tägliches Vorlesen (durch die Lehrkraft) als Routine
- Lesepatenprogramme zum Vorlesen nutzen
- Diktierendes Schreiben zu gehörten Geschichten
- …

Schriftstruktur durchdringen: Das graphematische System verstehen

Während des Schriftspracherwerbs erschließen Kinder nicht nur die Funktion, sondern auch die Form der Schrift. Eine der zentralen Herausforderungen zu Schulbeginn ist eine metasprachliche. Fragt man 3- oder 4-jährige Kinder danach, welches Wort länger sei, „Kuh" oder „Eichhörnchen", dann antworten sie mit ziemlicher Sicherheit „Kuh", schließlich ist so ein Rind wesentlich größer und schwerer als das kleine, flinke Nagetier. Und auf die Frage, womit der „Zug" anfängt, erhalten sie von jüngeren Kindern vermutlich die verwunderte Antwort „Na, mit der Lokomotive natürlich, weißt du das denn nicht?" Kinder schauen zunächst auf die Bedeutung, also auf die semantische Seite der Sprache. Für den Schriftspracherwerb müssen sie nun lernen, auf die formale Seite, auf die lautliche Gestalt der Sprache zu achten. Eich-hörn-chen besteht aus drei Silben, der Lautklang ist also wesentlich länger als beim Einsilber „Kuh". Und wenn die Frage danach ist, womit der „Zug" beginnt, ist natürlich nicht die Lok, sondern das Initialphonem des gesprochenen Wortes gemeint, also der Anlaut /t͡s/. Dass Schrift also nicht die Bedeutung direkt abbildet (wie es in logographisch motivierten Schriften, etwa im Chinesischen der Fall ist), sondern eben die Lautung des Wortes, ist für Kinder eine wesentliche Erkenntnis. Damit bleibt Sprache für Kinder nicht mehr nur Medium für Austausch und Artikulation, sondern wird zum Gegenstand der Aufmerksamkeit.

Lautanalyse und Buchstabenkenntnis: Schreiben mit der Lauttabelle

Um unser alphabetisches Schriftsystem zu entschlüsseln, ist die Erkenntnis der Lautorientierung unserer Schrift bedeutsam. Frühe Elemente dieser phonologischen Bewusstheit entwickeln Kinder bereits im Kindergartenalter, wenn sie mit Silben und Reimen operieren. Auch Anlaute können Kinder häufig schon vor Schuleintritt isolieren. Wenn Meike entdeckt, dass ihr Name mit dem gleichen Schriftzeichen beginnt wie bei Mehtap und Mario, dann entwickelt sich zügig die Erkenntnis, dass das Graphem <M> mit dem gesprochenen Phonem /m/ korrespondiert. Hiervon ausgehend erlangen Kinder die Kenntnis verschiedener Buchstaben samt ihrer Phonem-Graphem-Korrespondenz. Die erlangte Buchstabenkenntnis bei Schuleintritt ist jedoch – abhängig von den gemachten Erfahrungen mit Schrift – sehr unterschiedlich ausgeprägt. Während einige Kinder wenige Buchstaben aus ihrem Namen benennen, kommen andere mit dem fast vollständigen Buchstabeninventar zur Schule.

Diese Buchstabenkenntnis lässt sich im Anfangsunterricht erweitern und vertiefen, wenn Buchstaben regelmäßig und möglichst vielfältig erarbeitet werden. An Buchstabentagen lässt sich die Buchstabenform nicht nur haptisch erarbeiten, sondern auch visuell und motorisch. Anlautteller und ähnliche handlungsorientierte Umsetzungen ermöglichen die Verfestigung der Korrespondenz von Anlaut und Schriftzeichen, also die Phonem-Graphem-Korrespondenz.

Die Durchgliederung von Wörtern beim Freien Schreiben mit der Lauttabelle unterstützt die Weiterentwicklung der phonologischen Bewusstheit bis zur vollständigen phonologischen Aufschlüsselung von Wörtern. Gerade für den Beginn des eigenständigen Verschriftens hat sich das Freie Schreiben in empirischer Sicht als fruchtbar erwiesen, um das grundlegende phonographische Prinzip zu begreifen (Brügelmann & Brinkmann 2012). Angestrebt wird, dass alle Kinder bis Ende der Klasse 1 Wörter vollständig lautorientiert abbilden. Silbische und morphematische Strukturen, die unsere Schrift orthographisch überformen, werden anschließend thematisiert. Gleiches gilt für Ausnahmeschreibungen, beispielsweise für Wörter mit <C>, <V>, <Y> oder <ai>. Ab Klasse 2, in leistungsstärkeren Klassen auch früher, eignen sich Rechtschreibgespräche (Brügelmann & Brinkmann 2018).

Modellierungen der Silbenstruktur

In letzter Zeit wird – nicht zu Unrecht – auf die Bedeutung der silbischen Struktur unserer Schrift hingewiesen. Im strukturorientierten Ansatz (Bredel 2015) wird von Anfang an ein silbenanalytischer Zugang mittels zweisilbiger Wörter mit trochäischem Betonungsmuster (Betonung auf der 1. Silbe) angestrebt. Für Kinder wird diese trochäische Struktur unterschiedlich modelliert, beispielsweise in Form von Häusern und Garagen, Zirkuswagen oder Bärenbooten. Die Vorgabe von Wörtern mit diesem für das Deutsche prototypischen Wortmuster ermöglicht die Auseinandersetzung mit zentralen Baumustern der Wortschreibung. Zu nennen wäre vor allem die Rolle des vokalischen Kerns von Silben. Denn insbesondere in der hinteren Reduktionssilbe haben Kinder, die nach Lautung verschriften (s.o.), große Schwierigkeiten, das mit einem <e> zu verschriftende Schwa in Wörtern <Hase>, <Feder> oder <legen> zu erkennen. Hilfreich kann die strukturelle Vorgabe von trochäischen Wörtern auch sein, wenn es um die Bestimmung von „kurzem" vs. „langem" Vokal geht. Das Erkennen dieser Vokalquantität stellt viele (insbesondere: mehrsprachige) Kinder vor Probleme. Im strukturorientierten Ansatz lässt sich dies visuell aus der Unterscheidung offener vs. geschlossener Normalsilbe ableiten, ein „Hören" der Quantität ist damit nicht nötig.

Diese Silbenanalyse erscheint somit für das Erkennen wesentlicher Merkmale der graphematischen Struktur hilfreich, die erworbenen Strukturkenntnisse können Kinder beim eigenständigen Schreiben gewinnbringend umsetzen. Allerdings sollte der Ansatz nicht als alleiniger Zugang im Anfangsunterricht verstanden werden, da er den Fokus einseitig auf die schriftstrukturelle Dimension legt und die anderen Dimensionen des Schriftspracherwerbs vernachlässigt. Insbesondere der Bedeutungsaspekt des Lesens und Schreibens, also dass Kinder mithilfe von Schrift von Anfang an das ausdrücken oder das lesen, was ihnen wichtig ist, wird in diesem Ansatz nicht berücksichtigt. „Die große Herausforderung besteht (…) darin, diese stark linguistisch akzentuierten Impulse aufzugreifen und sie stimmig mit den Lernmöglichkeiten eines frühen interessengeleiteten Schriftgebrauchs zu verbinden" (Riegler 2015, 66). Zweifelsohne ließen sich silbenbasierte Zugriffe als Untersuchungsformat für Wörter in die Säule „Systematischer Umgang mit grundlegenden Elementen und Verfahren der Schriftsprache" des „Vier-Säulen-Modells" von Brinkmann (2015; 2018) integrieren – um auf diese Weise das trochäische Strukturmuster anhand von Wörtern der Kinder zu veranschaulichen.

Lesesynthese und Leseflüssigkeit

Eine mögliche Stolperstelle für manche Kinder stellt die Lesesynthese dar, also die Verbindung von Buchstaben zu Silben und von Silben zu Wörtern. Diese basale Lesefähigkeit gilt als Fundament für den weiteren Leselernprozess. Hier benötigen einzelne Kinder ein abwechslungsreiches und handlungsorientiertes Angebot, wie es beispielsweise von Hoppe & Schwenke (2013) oder Gall (2021) zusammengestellt wurde. Ist die grundlegende Lesefähigkeit einzelner Wörter ausgebildet, sollen Kinder (etwa ab Klasse 2) eine ausreichende Automatisierung des Lesens entwickeln. Denn erst eine ausreichende Flüssigkeit, also das Zusammenspiel von Geschwindigkeit und Genauigkeit beim Lesen, ermöglicht den erfolgreichen Aufbau hierarchiehöherer Prozesse wie dem Textverstehen. Unterschiedliche Lautleseverfahren wie Lesetandems oder Lesetheater wurden dazu in den letzten Jahren vielfach erfolgreich erprobt (Rosebrock, Gold & Nix 2011; Kutzelmann & Rosenbrock 2018).

Schriftwortschatz

Der direkte Abruf von Wörtern beim Lesen und Schreiben entlastet das Kurzzeitgedächtnis und sollte daher schon im Anfangsunterricht Platz finden. Ein solcher Schriftwortschatz ist individuell anzulegen. Für entsprechende Übungen eignen sich insbesondere die 250 häufigsten Wörter unserer Sprache sowie die interessengeleiteten Wörter der Kinder (Leßmann 2015). Mit zunehmender Lese- und Schreiberfahrung können Ausnahmeschreibungen und Fremdwörter sowie fehlerträchtige Wörter, also Wörter, die Kindern individuell schwerfallen, ergänzt werden.

Möglichkeiten im Anfangsunterricht

- Buchstabentage: Alles dreht sich um einen bestimmten Buchstaben
- In der Klasse wohnt ein nachtaktives Buchstaben-Tier: Es muss täglich mit neuen Buchstaben und Wörtern gefüttert werden. Manchmal auch nur mit Wörtern, die mit dem gleichen Laut beginnen.
- Freies Schreiben von Texten – mit der „Buchschrift" als korrektives Feedback
- Modellierung ausgesuchter zweisilbiger Wörter aus dem Wortschatz der Kinder (!) mittels geeigneter Modelle (z. B. Häuser und Garagen)
- Lesen und Schreiben häufiger Wörter, z. B. als 1-Minute-Lesen (siehe www.beate-lessmann.de)
- …

Fazit: Schrift gebrauchen und Schrift verstehen

Grundfigur eines schriftsprachlichen Anfangsunterrichts sind dialogische Lernsituationen, in denen Kinder mithilfe von Schrift Bedeutung aushandeln können und die sie in ihrem Kompetenzerleben stützen. Es geht im Schriftspracherwerb darum, Schrift zu gebrauchen und Schrift zu verstehen, also den Erwerb der Kulturtechnik und die Teilhabe an Schriftkultur in Einklang zu bringen. Gleichzeitig ist der Schriftspracherwerb ein Teil des sprachlichen Anfangsunterrichts, soll also zu einer Erweiterung der sprachlichen und literarischen Kompetenz beitragen. Wer als Lehrkraft seinen Unterricht mit einem Leitmedium strukturieren möchte, steht vor der Aufgabe, dieses Medium gezielt auf seine umfassende Funktionalität zu prüfen. Zwar bieten auch einige Fibeln mittlerweile Schreibanregungen und auch Auszüge aus bekannten kinderliterarischen Werken an, die Lust aufs Lesen und

Schreiben machen sollen. Dennoch bleiben sie Lehrgänge, die qua definitionem die unterschiedlichen Vorerfahrungen der Kinder ausblenden und die individuellen Lernwege und Zugänge negieren. Als didaktisches Modell der Unterrichtsgestaltung bietet sich das Vier-Säulen-Modell von Brügelmann & Brinkmann an, das Lesen, Schreiben, Merken und Untersuchen aufeinander bezieht. Im Medium der ABC-Lernlandschaft (Bode-Kirchhoff, Brinkmann & Reiske 2020) binden die AutorInnen (vgl. auch den Beitrag in diesem Band) auch das Erzählen sowie den hier nicht thematisierten Aspekt der Handschrift ein.

So wie jedoch der Schriftspracherwerb nicht mit dem Anfangsunterricht beginnt, so ist er nach diesem auch nicht beendet. Die Lese- und Schreibentwicklung zieht sich über die gesamte Grundschulzeit hin und auch noch darüber hinaus. Von daher sind entwicklungsorientierte Angebote zum grundlegenden Schriftspracherwerb gegebenenfalls auch dann noch nötig, wenn Kinder dem Anfangsunterricht entwachsen sind.

Literatur

Barton, D. (1994): Literacy. An Introduction to the Ecology of Written Language. Oxford.

Belgrad, J. & Klipstein, C. (2015): Leseförderung durch Vorlesen. Ein empirisch begründetes Plädoyer für das regelmäßige Vorlesen im Unterricht aller Schularten. In: Gressnich, E.; Müller, C. & Stark, L. (Hrsg.), Lernen durch Vorlesen. Sprach- und Literaturerwerb in Familie, Kindergarten und Schule. Narr Francke Attempto, 180–198.

Bode-Kirchhoff, N., Brinkmann, E. & Reiske, J. (2020): ABC Lernlandschaft. Ausgabe 2019. Didaktischer Kommentar 1/2. Verlag für pädagogische Medien.

Bräuer, G. & Trischler, F. (Hrsg.) (2020): Lernchance: Vorlesen. Vorlesen lehren, lernen und begleiten in der Schule. Klett.

Bredel, U. (2015): Systematischer Schriftspracherwerb. In: Brinkmann, a. a. O., 35–43.

Brinkmann, E. (Hrsg) (2015): Rechtschreiben in der Diskussion. Schriftspracherwerb und Rechtschreibunterricht. Grundschulverband.

Brinkmann, E. (2015): Richtig schreiben lernen mit dem Spracherfahrungsansatz. In: dies., a. a. O., 44–53.

Brinkmann, E. (2018): Der Spracherfahrungsansatz: Freies Schreiben von Anfang an. Grundschule (8), 28–32.

Brinkmann, E. & Brügelmann, H. (2010): IDEEN-Kiste Schriftsprache 1. 8. Auflage. Verlag pädagogische Medien.

Brügelmann, H. & Brinkmann, E. (2012): Freies Schreiben im Anfangsunterricht? Eine kritische Übersicht über Befunde der Forschung. In: Leseforum Schweiz. Literalität in Forschung und Praxis, Ausgabe 2. www.leseforum.ch/myUploadData/files/2012_2_ Bruegelmann.pdf.

Brügelmann, H.; Brinkmann, E. (2018): Nachdenken statt Drill: Rechtschreibgespräche als Förderkonzept. Befunde aus dem Projekt „Bremer Rechtschreibforscher*innen". Grundschule aktuell (143), 44–47.

Erichson, C. (2015): Der harte Brocken des Tages- Ein Rechtschreibgespür und ein Rechtschreibbewusstsein entwickeln. In: Brinkmann, a. a. O., 258–265.

Ennemoser, M.; Kuhl, J. & Pepouna, S. (2013): Evaluation des Dialogischen Lesens zur Sprachförderung bei Kindern mit Migrationshintergrund. Zeitschrift für Pädagogische Psychologie, 27 (4), 229–239.

Gall, M. (2021): Bausteine für frühen Schriftspracherwerb. Praesens.

Garbe, C. (2020): Lesekompetenz fördern. Reclam.

Geyer, S. (2021): Alltagsintegrierte Förderung des frühe Schriftspracherwerbs im Kindergarten. Eine Studie zur Wirksamkeit von thematisch-fokussierten Rollenspielecken (Literacy-Center). Klinkhardt.

Grotlüschen, A. & Buddeberg, K. (Hrsg.) (2020): LEO 2018. Leben mit geringer Literalität. WBV.

Günther, H. (1997): Mündlichkeit und Schriftlichkeit. In: H. Balhorn & H. Niemann (Hrsg.). Sprachen werden Schrift. Mündlichkeit – Schriftlichkeit – Mehrsprachigkeit. Lengwil, 64–73.

Hußmann, A.; Stubbe, T. C. & Kasper, D. (2017): Soziale Herkunft und Lesekompetenzen von Schülerinnen und Schülern. In: A. Hußmann, H. Wendt, W. Bos, A. Bremerich-Vos, D. Kasper, E.-M. Lankes, N. McElvany, T.C. Stubbe, R. Valtin (Hrsg.), IGLU 2016. Lesekompetenzen von Grundschulkindern in Deutschland im internationalen Vergleich. Waxmann, 195–218.

Kutzelmann, S. & Rosebrock, C. (Hrsg.) (2018): Praxis der Lautleseverfahren. Schneider Hohengehren.

Leßmann, B. (2015): Wortschatzarbeit – sinnstiftend und strukturiert. In: Brinkmann, a. a. O., 244–243.

Logan, J., Justice, L., Yumuş, M. & Chaparro-Moreno, L. J. (2019): When Children are not Read to at Home. The Million Word Gap. Journal of Developmental & Behavioral Pediatrics, 40(5), 383–386.

Merklinger, D. (2015): Vorlesen in der Schule. In: M. Dehn & D. Merklinger (Hrsg.), Erzählen – vorlesen – zum Schmökern anregen. Grundschulverband, 88–97.

Merklinger, D. (2020): Diktierendes Schreiben. In Schüler, a. a. O., 90–104.

Näger, S. (2013): Literacy. Kinder entdecken Buch-, Erzähl- und Schriftkultur. 2. Aufl. Herder.

Niklas, F. (2015): Die familiäre Lernumwelt und ihre Bedeutung für die kindliche Kompetenzentwicklung. Psychologie in Erziehung und Unterricht, 62, 106–120.

Riegler, S. (2015): Schrift gebrauchen, Schrift verstehen. Orthographieerwerb im Spannungsfeld zwischen sinnhaftem Schreiben und Systematik der Schrift. In N. Kruse. & A. Reichardt (Hrsg.), Wie viel Rechtschreibung brauchen Grundschulkinder? Positionen und Perspektiven zum Rechtschreiberwerb in der Grundschule. Erich Schmidt, 55–66.

Rosebrock, C., Gold, A. & Nix, D. (2011): Leseflüssigkeit fördern: Lautleseverfahren für die Primar- und Sekundarstufe. Schneider Hohengehren.

Rosebrock, C. & Nix, D. (2020): Grundlagen der Lesedidaktik: und der systematischen schulischen Leseförderung. 9. aktualisierte Auflage. Schneider Hohengehren.

Schüler, L. (Hrsg.) (2021): Elementare Schriftkultur in heterogenen Lernkontexten: Zugänge zu Schrift und Schriftlichkeit. Klett Kallmeyer.

Erika Brinkmann & Hans Brügelmann

Individuelles Lesen- und Schreibenlernen im gemeinsamen Unterricht

Didaktische Strukturen und methodische Formate für einen offenen Anfangsunterricht

Im Anfangsunterricht sind Lesen und Schreiben über lange Zeit hinweg isolierte Lehr- und Lern-Inseln gewesen. Und zwar in einem doppelten Sinne: als fachlich selbstständiger Lehrgang getrennt von anderen Lernbereichen – und ohne Bezug auf die vor- und außerschulischen Erfahrungen der Kinder mit Schrift. Beides hat sich in den letzten 40, 50 Jahren an vielen Orten verändert (vgl. auch Sven Nickel i. d. B., 78 ff.).

Die Erfahrungen und Interessen der Kinder bestimmen den Unterricht

Dass der Schulanfang besonders im Blick auf die Schriftsprache **keine „Stunde Null"** ist, wurde vor allem bedeutsam, als empirische Studien die großen Unterschiede in den vorschulischen Erfahrungen der Schulanfänger:innen aufgezeigt haben – und damit auch in ihren Schrift-Kenntnissen, -Fertigkeiten und -Konzepten (s. u. a. Largo/Beglinger 2009). Inzwischen erfassen viele Lehrpersonen zum Schulbeginn, was ihre Erstklässler:innen schon – oder noch nicht – wissen bzw. können.

Die Einsicht in die immensen Unterschiede in den Schrifterfahrungen vor der Schule macht eine Öffnung des Unterrichts notwendig, damit jedes Kind an Aufgaben arbeiten kann, die ihm seinen nächsten Entwicklungsschritt ermöglichen (s. zu Hilfen für die Lernbeobachtung und -begleitung die Kästen unten). Ganz besonders gilt das für den jahrgangsübergreifenden Unterricht.

Das wachsende Interesse an den vorschulischen Erfahrungen der Kinder eröffnet eine zusätzliche wichtige Einsicht: Schon vor dem Schulanfang und auch neben dem Unterricht nutzen Kinder ihre noch unvollkommenen Schrift-Kompetenzen, um Lesen und Schreiben als **kommunikative Handlungen** zu praktizieren: Sie schreiben Kritzelbriefe und Einkaufslisten, sie benennen Schilder oder rezitieren aus vertrauten Bilderbüchern, „als ob" sie lesen. Auch im Unterricht werden vielerorts Lesen und Schreiben inzwischen als inhaltsbezogene Tätigkeiten ermöglicht – und nicht mehr nur als formale Kultur„techniken" geübt: **„Lernen im Gebrauch"** statt isolierter Trainings. Frühzeitig werden „leseleichte" Bücher (s. unten) als Informationsquelle bzw.

zur Unterhaltung angeboten. Und die Kinder bekommen Gelegenheiten zum Verfassen eigener Geschichten, Berichte, Briefe usw. (s. unten zum „freien Schreiben").

Damit sind zwei Bedingungen für einen offenen Anfangsunterricht im Lesen und Schreiben bestimmt: Die schriftsprachlichen Unterschiede zwischen den Kindern (**„Lernen auf eigenen Wegen und im eigenen Takt"**) und ihre persönlichen Interessen (**„freies Lesen und Schreiben"**) sind zentrale Bezugspunkte für die Aktivitäten in einem Unterricht, in dem inhaltliche Fragen und Erfahrungen der Kinder Ausgangspunkt individueller und gemeinsamer Arbeit sind.

Eine Struktur für individuelles Lernen im gemeinsamen Unterricht

Das macht gezielte Aktivitäten der Lehrperson keineswegs überflüssig, ordnet sie allerdings in ein umfassenderes didaktisch-methodisches Konzept ein. Im Folgenden orientieren wir uns an einem Vorschlag von Edwin Achermann zur Strukturierung eines offenen Anfangsunterrichts durch vier eng aufeinander bezogene methodische „Bausteine" (aus: Brinkmann/Brügelmann 2023). Während unser „Vier-Säulen-Modell" in der „Ideenkiste Schriftsprache" und in der „ABC-Lernlandschaft" **inhaltliche Schwerpunkte** des Lese-Schreib-Unterrichts bestimmen, orientieren sich die vier Bausteine von Achermann

(2009) an methodischen Strukturen und an den Rollen von Lehrpersonen und Schüler/innen:

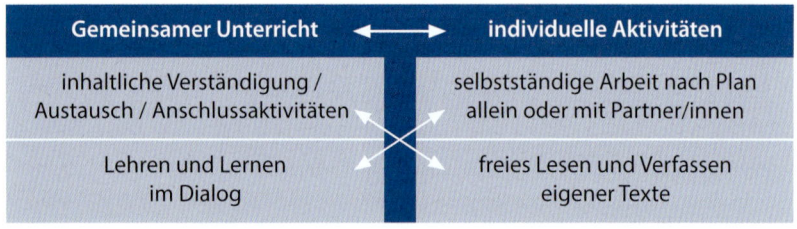

Zentral ist dabei das **Wechselspiel von individuellen und gemeinsamen Aktivitäten**: Individuelles Lesen und Schreiben lebt davon, sich anderen mitzuteilen und von ihnen Neues zu erfahren. Durch die Texte und Lektüreempfehlungen der anderen bekommen die Kinder Impulse für das eigene Lesen bzw. Schreiben und umgekehrt regen sie die anderen an, wenn sie eigene Texte und Leseerfahrungen in der Gruppe zur Diskussion stellen. Die Grundidee: Persönlich bedeutsame Lese- und Schreibaktivitäten münden in den gemeinsamen Austausch – und dieser wirkt wieder zurück auf individuelle Vorhaben. Diese Vorstellung einer „elementaren Schriftkultur" (Dehn 2013; Schüler 2021) versteht sich ausdrücklich als Gegenkonzept zu den im Anschluss an IGLU und VERA verbreiteten Vorschlägen für eine Differenzierung „von oben" über ein feinmaschig geknüpftes Test-Netz, das an isoliert zu bearbeitende Arbeitsblätter gekoppelt ist (vgl. z. B. die kurzfristig wiederholten Screenings im „Rügener Inklusionsmodell" oder beim Münsteraner Lernserver „Individuelle Förderung"). Die Aufgaben haben zudem keinen Bezug zur individuellen Erlebnis- und Erfahrungswelt der einzelnen Kinder.

Konkretisieren lässt sich diese Vorstellung vom Lernen im Gebrauch, bei dem einzelne Elemente der Instruktion und der Übung eine eindeutig dienende Funktion haben, über die vier Bausteine wie folgt:

Der Schwerpunkt **„Inhaltliche Verständigung/Austausch/Anschlussaktivitäten"** im gemeinsamen Unterricht umfasst

- die Planung und Absprache gemeinsamer Themen und individueller Vorhaben,
- das Vorlesen von Literatur und Buchvorstellungen,
- inhaltsbezogene Gespräche,
- die Vorstellung von Arbeitsergebnissen (eigene Geschichten, Recherchen, Projektberichte usw.).

Damit sind diese gemeinsamen Aktivitäten in der Gruppe eng bezogen auf den zweiten Baustein **„Freie Lese- und Schreibzeiten"** mit

- persönlicher Lektüre nach Wahl aus einem breiten Buchangebot und
- Gelegenheiten zum Verfassen eigener Texte (zu selbst gewählten Themen oder zu wählbaren Schreibanregungen).

Auf das selbstständige Lesen und Schreiben werden die Kinder im Baustein **„Lehren und Lernen im Dialog"** vorbereitet. Hier geht es um

- die Einführung von Methoden, Werkzeugen und Arbeitsformen (z. B. Anlauttabelle, „Lesekrokodil", Wörter üben),
- die gemeinsame Erarbeitung von inhaltlichen Erklärungen/Regeln (z. B. in Rechtschreibgesprächen) und den Austausch über individuelle Strategien,
- die Unterstützung einzelner Kinder(-gruppen), die mehr Hilfe brauchen, in der Freiarbeit (parallel zur selbstständigen Arbeit der anderen Kinder).

Vertieft bzw. eingeübt werden die gemeinsam erarbeiteten Verfahren und Einsichten im Baustein **„Selbstständige Arbeit nach Plan"**. Allein oder mit Partner:innen bearbeiten die Kinder

- Aufgaben(hefte) und Übungen im eigenen Tempo,
- Aufträge bzw. Vereinbarungen (z. B. aus einem individuellen oder gemeinsamen Wochenplan).

Auf diese Weise greifen von der Lehrperson initiierte und von den Schüler:innen selbst bestimmte Aktivitäten ineinander und ebenso freies Lesen und Schreiben und systematisches Üben. Ein Beispiel aus der zweiten Hälfte der ersten Klasse: In der Klasse wird ein Zoobesuch ausgewertet. Die Kinder erzählen von ihren Beobachtungen und stellen Fragen. Schlüsselbegriffe notiert die Lehrperson an der Tafel oder auf einem Plakat. Anschließend schreibt jedes Kind, was ihm besonders wichtig war. Dabei schreibt es lautorientiert, kann aber auch auf einzelne der gemeinsam erarbeiteten Klassen-Wörter zurückgreifen. Auch Bild-Wörter-Bücher zum jeweiligen Thema können als Anregung und Stütze genutzt werden – Anlass für erste selbstständige Leseversuche, allein oder zu zweit. Aus ihren von der Lehrerin in „Buchschrift" übersetzten Texten wählen die Kinder jeweils Wörter, die für sie besonders wichtig sind, und übertragen sie in ihr Wörterheft oder eine Kartei, mit der sie im Partnerdiktat die Wörter üben. Aus den Klassenwörtern wiederum wählt die Lehrperson allgemein häufige Begriffe aus, die die Kinder ebenfalls in ihren individuellen Wortschatz aufnehmen. Diese häufigen Wörter können dann Gegenstand des wöchentlichen Wörter-Bingo-Spiels werden (Brinkmann/Brügelmann 2021, 45).

Um die Lernausgangslage und die weitere Entwicklung der Kinder in einem solchen geöffneten Unterricht zu erfassen, braucht man kein aufwendiges Testinstrumentarium. Es reichen neben der begleitenden Beobachtung wenige punktuelle Erhebungen, zu denen im Folgenden konkrete Anregungen gegeben werden.

- Aufgaben wie das „Buchstaben-Monster" (s. Kasten oben S. 93), bei denen die Kinder *„alle Buchstaben und Wörter, die ihr schon kennt"* aufschreiben können, geben schon am **Schulanfang** Hinweise auf Umfang und Niveau ihrer Erfahrungen mit Schrift (s. auch das „weiße Blatt" von Dehn 2013 als eine erweiterte Form).
- In den **ersten Schulwochen** sollte man immer wieder strukturierte Wörter (auf Pappstreifen) graphemweise aus dem „Lesekrokodil" oder „Wörtersack" ziehen und fragen: *„Was für ein Wort kann das (noch) werden?"* (s. Kasten unten S. 101). So sieht die Lehrperson, wie gut es den Kindern gelingt, die einzelnen Buchstaben(gruppen) zu lautieren und (bedeutungsorientiert) den „Sprung zum Wort" zu schaffen.
- Schließlich sollte man die Kinder über das erste Schuljahr hinweg **alle sechs bis zehn Wochen** immer wieder dieselben fünf bis zehn unbekannten Wörter aufschreiben lassen, *„so gut ihr es könnt"*, sodass sichtbar wird, wie genau sie Wörter in Einzellaute gliedern (phonologische Bewusstheit) und ihnen lautlich passende Buchstaben(gruppen) zuordnen können.

Mit diesen wenigen Aufgaben kann man unaufwendig im Blick behalten, ob die Kinder das alphabetische Prinzip unserer Schrift verstanden haben, wie sich ihr Repertoire an Phonem-Graphem-Korrespondenzen entwickelt und wie kompetent sie es nutzen können, um unbekannte Wörter lesbar zu verschriften bzw. sinnorientiert zu erlesen.

Gleichzeitig gewinnt man über solche Erhebungen „diagnostische Brillen", um auch in den freien Leseaktivitäten und Schreibprodukten der Kinder (fehlende) Fortschritte zu erkennen. Standardisierte Tests (z. B. die „Hamburger Schreibprobe" zum Rechtschreiben oder der „Potsdamer Lesetest") können als „Außenblick" die eigenen Beobachtungen punktuell ergänzen. Die Ergebnisse sollten aber nicht dazu führen, dass Kinder in drei (grobe) Leistungsgruppen aufgeteilt werden, die dann Pakete von Arbeitsblättern abarbeiten – von anderen Kindern isoliert und ohne persönliche Relevanz. Hier verlieren Lesen und Schreiben ihren inhaltlichen Bezug und ihre kommunikative Funktion. Ähnliches gilt für die zunehmend verbreiteten Computerprogramme wie „Lexplore", die eine enge Verzahnung von Diagnose und Förderung versprechen, aber einzelne Kompetenzen des Lesens und Schreibens aus ihrem schriftkulturellen Kontext lösen. Auch Übungen von Teilleistungen, z. B. rasches Erkennen häufiger Wörter, sollten – wie oben kurz skizziert – einen Bezug zu persönlich bedeutsamen Inhalten behalten.

Selbstständig eigene Texte verfassen

Wer im Anfangsunterricht Kinder neben dem Lehrgang auch noch hier und da etwas Eigenes schreiben lässt, nur damit sie auch ein bisschen „Spaß" beim Schreiben erfahren, unterschätzt die Bedeutung des Verfassens eigener Texte und des lautorientierten Verschriftens von Wörtern erheblich.

Freies Schreiben macht für die Kinder die kommunikative Funktion der Schriftsprache in Zusammenhängen erfahrbar und nutzbar, die für sie bedeutsam sind: in Form von Briefen, Listen, Plänen, Notizen usw. Es motiviert dadurch vor allem diejenigen mit wenig Schrifterfahrung, die Anstrengungen des Lesen- und Schreibenlernens auf sich zu nehmen.

Das lautorientierte Schreiben ermöglicht ihnen außerdem, das alphabetische Prinzip der Schriftsprache aktiv zu erkunden und zu begreifen. Die Kinder üben dabei die konkreten Phonem-Graphem-Korrespondenzen immer wieder und entwickeln so die phonologische Bewusstheit im Gebrauch. Als Werkzeug dafür dienen Buchstaben-Tabellen, die über entsprechende Computerprogramme auch individualisiert werden können.[1] Diese sollten sich auf die zentralen Laut-Buchstaben-Beziehungen im Anlaut beschränken, damit sie übersichtlich bleiben, und müssen weder ein <ie> noch die Schwa-Laute enthalten. Es geht in dieser Phase noch nicht um Rechtschreibung, sondern darum, dass die Kinder verstehen, dass man gesprochene Sprache lesbar abbilden kann. Zusätzlich zeigen viele empirische Studien, dass das lautorientierte Konstruieren von Wörtern ein wichtiger Schritt auf dem Weg zur selbstständigen Rechtschreibung ist[2] (s. zur Bedeutung lautorientierten Schreibens im Anfangsunterricht ausführlicher: Scheerer-Neumann 2020).

Am wichtigsten aber ist: Das freie Schreiben schafft Raum für eine Individualisierung „von unten". Es braucht also keine – in drei Stufen differenzierte – Arbeitshefte oder „von oben" zugewiesenen Arbeitsblätter unterschiedlicher Schwierigkeitsgrade, die die Kinder dann abarbeiten sollen – die aber gar nichts mit dem zu tun haben, was die einzelnen Kinder gerade beschäftigt oder interessiert. Jedes Kind soll auf seinem aktuellen Entwicklungsniveau schreiben können, was ihm wichtig ist, und dabei in seinem Tempo lernen, unser alphabetisches Schriftsystem zunehmend kompetent zu gebrauchen. Kinder schreiben dabei nicht, „wie sie wollen", sondern „so gut sie es können".

Zunehmend lesbar schreiben

Allerdings wird sich diese Kompetenz in der Regel nur langsam entwickeln, wenn die Kinder keine Modelle und zu ihren Schreibversuchen keine Rück-

---

1) Kostenloser Download über https://t1p.de/buchstabenwerkstatt
2) Vgl. unseren Forschungsüberblick unter https://t1p.de/RS-Fehler

meldungen bekommen. Modelle können sie über gemeinsam erstellte Wort-Plakate zu aktuellen Sachunterrichtsthemen erhalten oder in themenorientierten Bild-Wörter-Büchern finden. Rückmeldungen erfolgen, indem Texte der Kinder – zumindest wenn sie veröffentlicht werden – von Erwachsenen in Buchschrift übertragen und diese „Übersetzungen" neben bzw. unter den Kindertext geklebt oder geschrieben werden.

So können die Kinder beide Schreibformen direkt vergleichen („Ach – so schreiben die Erwachsenen das!"). Will man ihre Aufmerksamkeit gezielt auf die Rechtschreibung richten, kann man ihnen für ausgewählte Wörter die Aufgabe stellen, in der Übersetzung unter die Buchstaben der Wörter, die sie selbst gefunden haben, Punkte zu machen. Damit wird für sie sichtbar, was sie schon normgerecht geschrieben haben, gleichzeitig wird ihnen bewusst gemacht, wo noch etwas zu ergänzen oder anders zu schreiben ist. Also grüne Punkte für das Erreichte statt roter Unterstreichung des Falschen. Und über die Zeit hinweg erleben die Kinder, wie die Zahl der grünen Punkte zunimmt – für sie und für ihre Eltern ein sichtbarer Nachweis der Lernfortschritte.

Für Lehrer:innen gibt es darauf aufbauend ein einfaches Verfahren zur Auswertung der Schreibversuche und ihrer Entwicklung über das erste Schuljahr hinweg (s. Kasten „Bild-Wort-Liste").

Die nur für Linguist:innen durchschaubare Komplexität der deutschen Rechtschreibung verbietet, Kindern durch eine Beschränkung des Wortschatzes zu einfache Vorstellungen von ihrer Regelhaftigkeit zu suggerieren („lauttreue Wörter", Basisgrapheme, trochäische Zweisilber). Vorweg bestimmbar ist die Schreibweise unbekannter Wörter nicht. Alle in der Grundschule vermittelbaren Regeln sind nur Faustregeln. Außer bei der Großschreibung von Nomen und am Satzanfang garantieren sie nie die richtige Schreibung. Aber sie helfen, die Fehlerwahrscheinlichkeit zu senken. Darum der ehrliche Tipp: „Wenn du nicht weißt, wie ein Wort geschrieben wird, und wenn du es dir auch nicht über Strategien erschließen kannst, dann folge dieser Faustregel" (zum Beispiel: „Wenn du ein Wort mit langem /i:/noch nicht kennst, schreib <ie>").

Wenig hilfreich ist die vor allem von FRESCH propagierte Unterscheidung von Mitsprech-, Merk- und Nachdenkwörtern. Zu welcher dieser Gruppen ein Wort gehört, kann man nur wissen, wenn man seine Schreibung sieht. Auch das Versprechen, man könne sich die Doppelkonsonanz „erschwingen", erfüllt sich nur, wenn man die Schreibweise schon kennt. Allenfalls kann die motorische Begleitung des silbischen Sprechens helfen, eine bereits eingeführte Schreibweise beim Üben zu festigen. „Som-mer" und „Mut-ter" sind aber künstliche Ausspracheformen – im Gegensatz zur normalen Sprechgliederung „So-mer". Insofern sind auch Fehlformen der Aussprache wie „Va:t-ter" oder „Blu:m-me" nicht zu vermeiden, die die Kinder dann beim Schreiben in die Irre führen.

Bild-Wort-Liste: unbekannte Wörter lautgerecht verschriften

Ob Kinder verstanden haben, dass sich unsere Schrift auf die Lautform der Wörter bezieht, und wie weit sie diese Einsicht auch in lesbaren Verschriftungen umsetzen können, lässt sich nicht an geübten Wörtern feststellen. Denn diese können sie sich auch als bloße Buchstabenfolge gemerkt haben.

Darum sollen in der folgenden Aufgabe unbekannte Wörter lautgerecht verschriftet werden, auf die Rechtschreibung kommt es in dieser Phase noch nicht an:

„Ich habe euch Bilder zu Wörtern mitgebracht, die wir noch nicht geübt haben. Aber vielleicht könnt ihr sie doch schon so aufschreiben, dass ein anderer sie lesen kann. Und wenn ihr für einige Laute keine passenden Buchstaben wisst, macht ihr einfach einen Strich an die Stelle. Dann schreibt ihr zum Beispiel für <Oma> so: O-A"

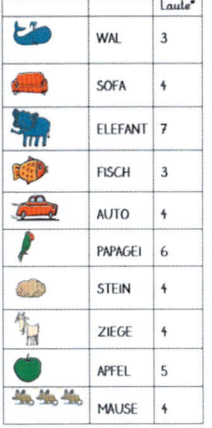

Hilfreich für diese Aufgabe ist eine Bilder-Liste (s. Abb.), die von den Kindern in unterschiedlichem Tempo bearbeitet werden kann. Vorweg aber müssen die Begriffe zu den Abbildungen benannt und ihre Bedeutung mit den Kindern geklärt werden. Denn Bilder sind mehrdeutig.

Die Auswertung ist ganz einfach (Beispiel FAHRRAD):

0 Punkte: gar keine Buchstaben oder nur Buchstaben ohne Lautbezug (KLB)

1 Punkt: ein Laut, meist der Anlaut treffend abgebildet (F_)

2 Punkte: weniger als 2/3 der Laute zutreffend abgebildet (F_T oder FRT = „Skelett")

3 Punkte: Lautfolge im Wesentlichen wiedergegeben (FRAT oder FART)

4 Punkte: Lautfolge genau, evtl. übergenau abgefühlt („Umschrift": FARAT)

5 Punkte: lautlich passende orthografische Elemente (FAARAT oder FARAD).

Werden diese Punkte über die Wörter hinweg addiert, kann der Gesamtwert durch die Anzahl der verschrifteten Wörter dividiert werden. Führt man die Aufgabe alle paar Wochen durch, zeigt die Entwicklung dieses Durchschnittswerts über den Verlauf des ersten Schuljahres hinweg, wie sich die Fähigkeit der Kinder verbessert, Wörter lesbar zu verschriften (s. Abb.). Dieses Punktesystem lässt sich auch auf andere Verschriftungen von Kindern anwenden, z. B. in freien Texten, um die Schreibentwicklung zu dokumentieren.

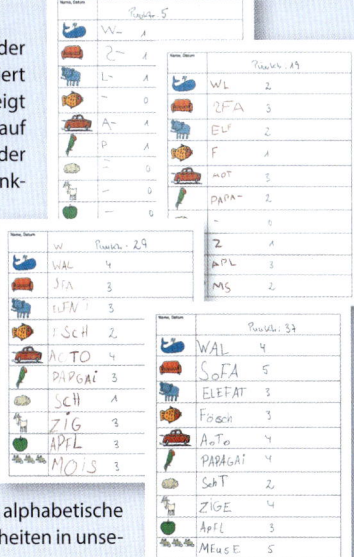

Genauer wird die Auswertung, wenn man die angemessen verschrifteten Laute durch die Zahl der erwarteten Laute dividiert: für die ersten fünf Wörter (Oktober bis Dezember) 21 Laute, für alle zehn Wörter (ab Januar) 45. So erhält man die Quote lesbar verschrifteter Laute. Verwendet das Kind schon mehrgliedrige Grapheme wie <ie>, <sch>, <ah> oder <mm>, gibt es jeweils einen Zusatzpunkt. Damit kann sogar ein Gesamtwert von mehr als 100% entstehen – ein Hinweis darauf, dass sich das Kind schon über die alphabetische Stufe hinaus bewegt und anfängt, orthographische Besonderheiten in unserer Schrift zu beachten.

Von den BLOCKBUCHSTABEN über die Druckschrift zur persönlichen Handschrift

In der Fachdidaktik wie auch in den Vorgaben der Bundesländer ist die Druckschrift als Ausgangsschrift für das Lesen und Schreiben weitgehend Konsens. Für Kinder mit wenig Schrifterfahrung empfiehlt sich anfangs sogar eine Beschränkung auf die BLOCKschrift, da ihre einfachen Formen am leichtesten zu Papier zu bringen sind. Am Computer erstellte individuelle Anlauttabellen (s. oben S. 97) ermöglichen eine solche Reduktion. Ziel der Grundschule ist, dass die Kinder beginnen, eine persönliche Handschrift zu entwickeln, die formklar ist und flüssig geschrieben wird. Umstritten ist, ob als Zwischenschritt eine bestimmte Schreibschrift mit Standardformen erlernt werden muss oder ob den Kindern geholfen wird, die Druckschrift-Buchstaben zunehmend zügig zu schreiben und dafür passende Verbindungen zu finden. In Materialien wie der Grundschrift des Grundschulverbands oder der deutsch-schweizerischen Basisschrift finden die Kinder Modelle und Übungen, die ihnen bei diesem Übergang helfen können (von den Buchstabenformen her auch die Computer-Schrift ABeeZee mit ihren Wendebögen). Wichtig sind aber immer begleitende Schriftgespräche, in denen sich die Kinder untereinander und mit der Lehrperson über gelungene Formen und Verbindungen verständigen, in denen aber auch gemeinsam Lösungen für unleserliche Formen oder nicht zureichend flüssige Bewegungsabläufe gesucht werden. Eine solche Begleitung ist weit über den üblichen Schreibschrift-Unterricht, ja über die Grundschule hinaus nötig.

Eine flüssig geschriebene Druckschrift wird (auf dem Papier) nur teilverbunden sein – wie auch jede schnell geschriebene Schreibschrift Luftsprünge aufweist. Auch deshalb stellt sich die Frage, ob der Umweg über eine Standard-Schreibschrift wirklich notwendig ist. Untersuchungen zeigen jedenfalls, dass teilverbundene Schriften unter viel schreibenden Erwachsenen nicht nur die Regel sind, sondern auch formklarer und schneller geschrieben werden als durchgängig verbundene Buchstabenfolgen.[3]

Lesen ist Sinnsuche – von Anfang an

Erste Schritte, um Kinder auf die Bedeutung von Schrift in ihrer Umwelt aufmerksam zu machen, aber auch um mit ihnen ins Gespräch zu kommen, wie man sich diese Bedeutung selbstständig erschließen kann, ermöglicht die Aufgabe „Wörter jagen": in der Schule, zu Hause, auf der Straße. Der Auftrag ist einfach: „Schreibt euch Wörter von Schildern, von Gegenständen, aus Pro-

---

3) s. den Forschungsüberblick in Bd. 142 der „Beiträge zur Reform der Grundschule", 264 ff.

spekten usw. ab und bringt sie in die Schule mit!". Im Gesprächskreis geht es dann um Fragen wie:

- *Wo hast du das gefunden?*
- *Was bedeutet das (wohl)?*
- *Woran erkennt ihr das?* (z. B. POST)
- *Kennt ihr Wörter, die ähnlich aussehen?* (z. B. POLIZEI)
- *Warum haben diese Wörter gleiche Teile?*

„Lesekrokodil" oder „Wörtersack": Der Sprung zum Wort beim Lesen

Ein Wort graphem(!)weise aufzudecken (also: SCH A F, nicht S C H A F) und lesen zu lassen ist ein altbekanntes methodisches Format. Geprüft wird dabei die sogenannte „Synthese", die Fähigkeit der Kinder, die einzeln erlesenen Laute eines Wortes „zusammenzuziehen". Allerdings suggeriert diese Aufgabe, dass Buchstaben immer gleich artikuliert werden, unabhängig von den Nachbarlauten, dass sich also die Folge der Einzellaute sozusagen mechanisch zum Wort addiert.

Das Verfahren funktioniert einigermaßen bei Buchstaben wie <f>, <l>, <m> oder <w>, die sich als Dauerkonsonanten beim Lautieren halten lassen, aber gar nicht bei Plosiven wie <d>, <k> oder <p> oder dem mehrdeutigen <s>. Vor allem aber führt das Dehnsprechen dazu, dass alle Vokale langgezogen werden, sodass Kinder bei Wörtern mit Kurzvokal wie <Kiste> oder <Wolle> in einer Sackgasse landen und „Hütte" zu „Hüte" oder „kann" zu „Kahn" wird.

Lesen gelingt nur, wenn man nicht nur die Buchstabenfolge genau beachtet, sondern auch mit einer konkreten Sinnerwartung mögliche Wörter im Kopf hat. Das kann mit Hilfe des Lesekrokodils modelliert werden.

Darum schlagen wir vor, die Aufgabe in einem wichtigen Punkt zu verändern: Beim Herausziehen des Wortes (oder beim schrittweisen Aufschreiben an der Tafel) wird nach jedem neuen Graphem gefragt: *„Welches Wort kann das (jetzt noch) werden?"* Aus den Vorschlägen der Kinder wird erkenntlich, welche Buchstaben(gruppen) sie schon kennen – oder noch nicht – und ob es ihnen gelingt, Schriftvorgabe UND Sinnerwartung effektiv für das Erlesen der Wörter zu nutzen.

Einer gesonderten Förderung bedarf es nicht: Die Aufgabe dient nicht nur der Lernbeobachtung – ihre Wiederholung mit immer neuen Wörtern fördert zugleich die angestrebte Kompetenz.

Eine Vorlage und Bauanleitung für das Lesekrokodil kann kostenlos heruntergeladen werden unter https://t1p.de/lesekrokodil.

Der Bezug auf die Alltagserfahrung der Kinder ermöglicht es, die Funktion von Schrift in verschiedenen Kontexten zu klären – und gleichzeitig Strukturwissen aufzubauen, indem Kinder den Lautbezug als Schlüssel zum Erlesen unbekannter Wörter kennenlernen.

Wie die Aufgabe im Kasten „Lesekrokodil" zeigt, ist Lesen aber mehr als die Synthese von lautierten Buchstaben, Lesen ist keine bloße Technik. Es geht darum, aus Texten Bedeutungen zu erschließen. Zugleich ist die gewonnene Information oder der unterhaltsame Inhalt der Grund, warum Lesen sich lohnt. Darum ist das Vorlesen so wichtig (s. Beitrag Nickel i.d.B.), aber auch die freie Lesezeit, in der die Kinder selbst in Büchern stöbern und sich mit anderen darüber austauschen können, was sie den Bildern und (in ersten Annäherungen) der Schrift entnehmen können. Letzteres scheitert oft daran, dass interessante Lektüre in der Regel nicht leicht zu lesen – und der Inhalt leseleichter Texte, z. B. in Fibeln, meist belanglos ist.[4] Es gibt nur wenige Erstlesereihen, deren Texte **leseleicht** im Sinn der im folgenden Kasten[5] kurz beschriebenen Anforderungen sind und die dennoch einen Pfiff haben, der die Anstrengung des Lesens lohnt.[6]

Zudem braucht es einen **sozialen Rahmen** wie regelmäßige freie Lesezeiten, ein frei zugängliches, vielfältiges Angebot an Kinderliteratur, die Möglichkeit zur Wahl der individuellen Lektüre, unterschiedliche Formen inhaltsorientierter Anschlussaktivitäten und vor allem Raum für die Vorstellung der individuellen Lektüre in der Gruppe.

Wer daneben (für Teilgruppen von Kindern) separate Übungen für notwendig hält, z. B., um die Buchstaben-Laut-Beziehung oder das Erlesen häufiger Wortbausteine zu automatisieren, sollte auch hier darauf achten, dass der Sinnbezug erhalten bleibt. Statt also über einen Silbenteppich Buchstaben zu bedeutungslosen Silben zu kombinieren (spricht man dann den Vokal lang oder kurz?), sollten Silben zu bedeutungsvollen Wörtern verbunden werden, wie die Abbildung zeigt.

Fazit: Individualisierung bedeutet nicht, dass Kinder nebeneinander Arbeitsblätter abarbeiten. Neben der sozialen Einbettung von Lese- und Schreibaufgaben ist, wie schon eingangs betont, ein weiterer Anspruch zentral: Die

---

4) S. ausführlicher unsere Zusammenfassung unter https://t1p.de/leseleicht-rahmen
5) S. ausführlicher unter https://t1p.de/brelix
6) S. ausführlicher unter https://t1p.de/heinevetter

Was macht Texte leicht zu lesen für Anfänger:innen?

Wie die Leseforschung zeigt, reichen oft schon sehr einfache Veränderungen, damit Leseanfänger:innen nicht so leicht an äußeren Anforderungen scheitern:

- große und fett gesetzte Drucktype, anfangs ohne Serifen, zum Einstieg sogar BLOCKSCHRIFT,
- geringer Textumfang – zu Beginn können das auch einfache (Rätsel-)Fragen mit Bildern und einzelnen Wörtern sein – und einfache Erzählformen, mit der Variation von wiederkehrenden Satzmustern,
- knappe Sätze mit einfacher syntaktischer Struktur,
- aus der Alltagssprache bekannte, kurze und einfach gebaute Wörter mit geringem Anteil an Konsonantenhäufungen, mehrgliedrigen Graphemen und seltenen Buchstaben.

Wo solche Schwierigkeiten um des Inhalts willen unvermeidbar sind, können grafische Auszeichnungen helfen: eine feine Rahmung mehrgliedriger Grapheme, eine Gliederung zusammengesetzter Wörter durch Medio·punkt oder Binde-Strich. eine farbige Hervorhebung des betonten Vokals oder ein silben- bzw. morphemweiser Wechsel der Druckstärke/-farbe in langen(!) Wörtern.

Aktivitäten sollten sich möglichst oft auf Inhalte beziehen, die für das einzelne Kind bedeutsam sind, oder auf Themen, die aktuell in der Klasse verhandelt werden. Nur so können die Erfahrungen und Interessen der Kinder auch im Lese- und Schreibunterricht zu Wort kommen.

Literatur

Achermann, E. (2009): Der Vielfalt Raum und Struktur geben. Unterricht mit Kindern von 4 bis 8. Schulverlag plus AG: Bern (mit Film-DVD; s. auch www.zfp.be/index.php?id=368).

Brinkmann, E. (Hrsg.) (2015): Rechtschreiben in der Diskussion – Schriftspracherwerb und Rechtschreibunterricht. Beiträge zur Reform der Grundschule, Bd. 140. Grundschulverband: Frankfurt.

Brinkmann, E./Brügelmann, H. (2023, in Vorb.): Wie Kinder sprechen, lesen und schreiben lernen – und dabei nach dem Spracherfahrungsansatz gefördert werden können. Klett: Leipzig.

Dehn, M. (2013): Zeit für die Schrift – Lesen und Schreiben im Anfangsunterricht. Mit Beiträgen von Petra Hüttis-Graff. Cornelsen Scriptor: Berlin.

Dehn, M. (2018): Kinder & Lesen und Schreiben. Was Erwachsene wissen sollten. Kallmeyer: Seelze-Velber (5. Aufl., 1. Aufl. 2007).

Jurt Betschart, J./Hurschler Lichtsteiner, S./Henseler Lüthi, L. (Hrsg.) (2019): Unterwegs zur persönlichen Handschrift. Lehrmittel zur Deutschschweizer Basisschrift. Lehrmittelverlag des Kantons Luzern (4. aktualisierte und erw. Aufl.).

Largo, R./Beglinger, M. (2009): Schülerjahre. Piper: München.

Scheerer-Neumann, G. (2020): Schreiben lernen nach Gehör? Freies Schreiben kontra Rechtschreiben von Anfang an. Kallmeyer'sche Verlagsbuchhandlung: Seelze.

Schüler, L. (Hrsg.) (2021): Elementare Schriftkultur in heterogenen Lernkontexten. Zugänge zu Schrift und Schriftlichkeit. Klett/Kallmeyer: Hannover.

Ulrich von Knebel, Claudia Osburg & André F. Zimpel

Mündlichkeit – Schriftlichkeit – Neurodiversität

Einige Personen im Neurodiversitätsspektrum, wie z. B. Menschen mit Trisomie 21, galten lange als gering bildungsfähig und unterlagen deshalb erst in den 1980er-Jahren der allgemeinen Schulpflicht. Heute gibt es viele Menschen mit Trisomie 21, die Lesen und Schreiben können. Manche haben erfolgreich ein Studium absolviert. Diese Beispiele zeigen, dass frühes Lesenlernen für die Lautsprachentwicklung und den Bildungserfolg von Personen mit Trisomie 21 der Schlüssel ist. Das Ziel unserer Untersuchung ist, den besonderen Zugang von Lernenden mit Trisomie 21 zur Schrift besser zu verstehen. Diese Zielstellung verfolgen die hier vorgestellten Voruntersuchungen. Das langfristige Ziel einer Folgeuntersuchung wird sein, Zusammenhänge zwischen folgenden drei Perspektiven herauszuarbeiten:
(1) Mündlichkeit: Inwiefern sind Aussprachestörungen begründet durch sprachperzeptive und/oder sprachproduktive Beeinträchtigungen?
(2) Schriftlichkeit: Inwieweit gelingt Kindern eine visuelle Diskrimination von Graphemen im Verhältnis zu einer auditiven Diskrimination von Phonemen?
(3) Neurodiversität: Inwiefern bevorzugen Kinder bildliches und/oder sprachliches Denken?
Im Rahmen dieser Vorstudie werden diese drei Ebenen erst einmal isoliert für sich betrachtet, um geplante Experimente zu erproben und Auswertungsverfahren zu differenzieren. Die Ergebnisse sollen dazu beitragen, Querverbindungen und Korrelationen aufzudecken, um den inklusiven sprachlichen Anfangsunterricht neu zu denken.

1. (Schrift-)Sprache bei Menschen im Neurodiversitätsspektrum

1.1 Kontroversen zum Rechtschreibunterricht

Lesen- und Schreibenlernen sind zentrale Themen des Grundschulunterrichts. Kaum ein schulischer Gegenstand stand und steht mehr in der öffentlichen Aufmerksamkeit und damit auch in der Kritik als die Rechtschreibleistung (vgl. Brinkmann 2015: 8). Was Schrift ist und wie ihr Gebrauch am besten zu lehren sei, darüber haben sich Expert:innen Gedanken gemacht. Diese Gedanken finden sich in Methoden realisiert und immer wieder gibt es Methodenstreits um das Verhältnis von Mündlichkeit und Schriftlichkeit (vgl. zum Folgenden ausführlich Bartnitzky 1998, Giese 1991). Mit Erfindung des Buchdrucks wurde intensiv nach der Buchstabiermethode gelehrt. Hier wurde vom vermeintlich Einfachen ausgegangen und das Einfachste sei die kleinste Einheit: Der Buchstabe. Nun können Buchstaben des Alphabets nicht einfach zusammengezogen werden, der „Lautwert" sei eben etwas anderes als der Buchstabe. In Preußen wurde 1872 diese Methode verboten. Auf die komplizierte Beziehung zwischen Laut und Schrift hatte Valentin Ickelsamer bereits in der ersten Hälfte des 16. Jahrhunderts hingewiesen und die **Lautiermethode** entwickelt, die bis heute Eingang in didaktische Methoden hat (vgl. Velten 2012). Im Jahre 1533 erschien das Buch *Die Leyenschul* von Peter Jordan (1987). Hier wurde die **Anlautmethode** gepriesen, die später im Lehrgang „Lesen durch Schreiben" von Jürgen Reichen (1988) extrem bedeutsam werden sollte. Beim **Naturlautverfahren**, bekannt geworden durch den Reformpädagogen Johann Amos Comenius (1658), sollten die Kinder durch Naturlaute zum Buchstaben kommen. In den Fibeln sind bis heute hieran Anleihen zu erkennen.

Bei beiden Lautiermethoden kommen Kinder durch Teilvorstellungen zu Gesamtvorstellungen. Gestaltpsycholog:innen übten massive Kritik. Kinder gingen von ganzheitlichen Vorstellungen aus und differenzierten diese zunehmend. Der Gelehrte Friedrich Gedicke sprach sich 1770 für die Ganzwortmethode aus. Ausgehend von einem Wort, das mit einem Sinn belegt und abgeschrieben wurde, bestand der nächste Schritt aus einer Visualisierung der Buchstaben. Der Schriftspracherwerb startete bei der **Ganzwortmethode** mit ganzen Wörtern oder sogar mit einfachen Sätzen. Im Jahre 1909 verbreitete der Lehrer für gehörlose Kinder, Carl Malisch (um 1900), mit der *Fibel für den ersten Schreibleseunterricht an Sprachganzen* die Ganzwortmethode enorm. Bei der **Ganzheitsmethode** (vgl. Brückl 1928) wird Lesen als einmaliger, ganzheitlicher Wahrnehmungsprozess der Wortgestalt gesehen; Laute spielen hier eine untergeordnete Rolle (vgl. Schründer-Lenzen 2013, 153).

Verkürzt gesagt standen nun synthetische Methoden, in denen von „Einzellauten" ausgegangen wurde, den analytischen, in denen „Ganzheiten" im Fokus standen, gegenüber.

In den 1980er-Jahren wurde der Methodenstreit beigelegt. Die synthetisch-analytische Methode setzte sich – bis heute – durch, eine Methode, bei der Lernende zuerst die Folge der einzelnen Laute eines gesprochenen Wortes erkennen bzw. analysieren sollen, dann den analysierten Lauten Buchstaben zuordnen und eine **Phonem-Graphem-Korrespondenz** herstellen, um schließlich das Wort wieder als Einheit zusammenzusetzen, also zu *synthetisieren*. Ausgehend von der Mündlichkeit erfolgt der Übergang zur Schriftlichkeit, die Ganzwortmethode wurde aus dem Grundschulunterricht verbannt; Reste finden sich jedoch im „Sichtwortschatz" oder bei „Blitzwörtern".

Neben den synthetisch-analytischen Methoden existieren erfolgreiche alternative Angebote, wie **silbenanalytische Methoden** (vgl. Röber 2009; Bredel et. al 2011), der **Spracherfahrungsansatz** (vgl. Brügelmann 1983) oder **Lesen durch Schreiben** (Reichen 1988). Insbesondere der Spracherfahrungsansatz ermöglicht den Kindern zu wählen, über welchen Weg sie sich die

Rechtschreibung aneignen wollen, da er ein integrierendes offenes Konzept darstellt.

Nun wissen wir durch Forschungen, dass nicht die *Methode* ausschlaggebend ist, um erfolgreich Schrift zu erwerben (für den Sprachlichen Anfangsunterricht vgl. z. B. Dehn 2010, Brügelmann 2015, Hüttis-Graff 1998, Weinhold 2006), sondern die Lehrperson. Und in Bezug auf die weltweit größte Meta-Studie zu den generellen Gelingens-Bedingungen von Unterricht, ohne sich auf eine bestimmte Gruppe von Lernenden zu beziehen, hebt Hattie (2013, 281) den Perspektivwechsel hervor: „Wenn Lehrer das Lernen durch die Augen ihrer Schüler SEHEN, wenn Lernende sich selbst als ihre eigenen Lehrpersonen SEHEN" (ebenda).

Durch die Umsetzung von Inklusion analog der Behindertenrechtskonvention im Jahre 2008 steht die Deutschdidaktik nun im Besonderen vor der Herausforderung, die individuellen Wege der Lernenden zu rekonstruieren (vgl. z. B. Dietz/Sasse/Wind 2014; Schiefele/Streit/Sturm 2019). Der Perspektivwechsel für Kinder im Neurodiversitätsspektrum kann dann besonders gelingen, wenn Lehrende wissen, wie jedes Kind individuell erkennt und lernt.

1.2 Schriftspracherwerb bei Trisomie 21

Die Mehrzahl der empfohlenen Fördermaßnahmen für Menschen mit Trisomie 21 baut auf visueller Förderung auf. Dazu gehören zum Beispiel: Frühlesen (Bird & Buckley 2000), lautsprachbegleitende Gebärden (Wilken 2008), Ganzwortmethode (Oelwein 2007), Buchstabenlesen (Manske 2004), Fingerrechnen (Wiesner 2014) usw. Fragt man die Fachliteratur nach kognitiven Stärken, findet man immer wieder Aussagen wie diese: „Die meisten Kinder mit Down-Syndrom, die ich kennengelernt habe, sind visuelle Lerner" (Oelwein 2007, 51).

Für eine hohe intraindividuelle Varianz kognitiver Strategien und dafür, dass eine angemessene Unterstützung einen Unterschied erzeugen kann, sprechen internationale Beispiele von Personen mit einer freien Trisomie 21, die bereits Universitätsabschlüsse erworben haben. In diesen Fällen ermöglichte die Ganzwortmethode einen Übergang zur Mündlichkeit über die Schriftlichkeit. Das ist für uns ein Anlass, die Potenziale von Mündlichkeit und Schriftlichkeit für die kognitive Entwicklung von Personen mit einer Trisomie 21 genauer zu untersuchen.

2. Die Experimente

2.1 Mündlichkeit

Im Teilprojekt Mündlichkeit ist der Fokus auf die Aussprache von Kindern mit Trisomie 21 gerichtet, die zwei miteinander verschränkte Perspektiven umfasst: Einerseits entspricht es einer fachlichen Tradition, im Bereich der

Aussprache zwischen phonetischen und phonologischen Aspekten zu unterscheiden (vgl. Fox 2011; Fox-Boyer 2014; Weinrich/Zehner 2011). Voraussetzung der Aussprache ist demnach sowohl die sprechmotorische (phonetische) Möglichkeit der Artikulation von Sprachlauten und Sprachlautfolgen als auch die (phonologische) Fähigkeit zur Klassifikation und Unterscheidung von Phonemen als Mittel der Bedeutungsunterscheidung (z. B. /t/ und /k/ in den Wörtern Tasse – Kasse). Andererseits betrifft die zweite Perspektive die Unterscheidung von Sprachverständnis (Perzeption) und Lautbildung (Produktion; vgl. Baese-Berk 2019). So ist bei der Produktion von Aussprache beides erforderlich, phonetische wie auch phonologische Kompetenz, um eine gut verständliche Aussprache zu erzielen. Bei der Perzeption gesprochener Wörter ist dagegen die phonetische Kompetenz weitgehend irrelevant. Das Kind muss die Wörter (im Beispiel Tasse – Kasse) nicht korrekt sprechen können, wohl aber die Phoneme /t/ und /k/ kennen und unterscheiden können, um die Wörter im Sprachverständnis diskriminieren zu können.

Frühkindliche Störungen des Sprachverständnisses (perzeptive Störungen) bleiben oft unerkannt, gelten aber als wesentlicher Vorhersagefaktor für nachfolgend anhaltende Störungen im expressiven (produktiven) Bereich (Buschmann/Jooss 2011; Clark et al. 2007). Wie Buschmann et al. (2008, 24 f.) zeigen konnten, sind Kinder mit unterdurchschnittlichen nonverbalen kognitiven Fähigkeiten deutlich häufiger von Störungen des Sprachverständnisses betroffen (78 %) als Kinder mit altersgemäßen kognitiven Fähigkeiten (22 %). Dabei gilt eine ausreichende Perzeptionsfähigkeit als notwendige Bedingung einer uneingeschränkten produktiven Aussprache (Piszczan 2014, 6; Baese-Berk 2019).

Vor diesem Hintergrund liegt die Annahme nahe, dass Kindern mit Trisomie 21 eine phonologische Diskrimination perzeptiv (also beim Hören von Lautsprache) besser gelingt als produktiv (also beim eigenen Sprechen). Dabei ist zu erwarten, dass Fehler bei perzeptiven und produktiven Leistungen nicht zufällig verteilt sind, sondern typische Muster enthalten. Sofern diese Annahmen zutreffen, müssten sich die beiden folgenden Hypothesen bestätigen lassen, die durch zwei Experimente geprüft wurden:

H 1: Kinder mit Trisomie 21 erzielen bei Aufgaben zur produktiven Diskrimination eine deutlich höhere Fehlerquote als bei Aufgaben zur perzeptiven Diskrimination.

H 2: Bei phonologischen Oppositionen, bei denen in Perzeptionsaufgaben Fehler auftreten, ist das Auftreten auch produktiver Fehler überwahrscheinlich.

Experiment 1 (Perzeption)

Mittels Notebook werden 36 farbige Bildtafeln gezeigt, die jeweils sechs Bilder enthalten (s. Abb.).

Auf jeder Tafel repräsentieren zwei Bilder ein Minimalpaar (hier: <u>Tasche</u> – <u>Tasse</u>), die übrigen vier Bilder sind Ablenker, um die Zufallswahrscheinlichkeit richtiger Treffer zu minimieren. Durch Anklicken des Lautsprechersymbols wird das Zielwort (hier: „Kopf") präsentiert, wobei gespeicherte Audioaufnahmen eine Vergleichbarkeit der akustischen Darbietungen gewährleisten. Das Kind soll dann auf das benannte Bild zeigen.

Die 36 Minimalpaare sind phonologisch geordnet und repräsentieren bei den konsonantischen Phonemen die Artikulationsstelle (z. B. vorn – hinten: /d/ -/g/), den Artikulationsmodus (z. B. plosiv – frikativ: /t/ – /s/) und den Überwindungsmodus (z. B. fortis – lenis: /f/ – /v/). Für die vokalischen Phoneme werden die Zungenlage (hoch – tief; vorne – hinten), die Lippenformation (rund – entspannt – breit) und die Dauer (lang – kurz) überprüft. Insgesamt werden so 20 Phonempaare perzeptiv untersucht.

Protokolliert wird während der Durchführung, welches Bild das Kind jeweils zeigt. In der Auswertung wird dann ausgezählt, wie viele der vorgesprochenen Minimalpaare das Kind durch Zeigen der richtigen Bilder diskriminiert hat und welche Phonempaare und phonologische Oppositionen von richtigen und falschen Lösungen wie oft betroffen sind.

Experiment 2 (Produktion)

Präsentiert werden dem Kind 36 farbige Bilder, die vom Kind „vertont", also benannt werden sollen (im Beispiel: Eis).

Die Items sind nach phonetischen Kriterien so ausgewählt, dass bei Berücksichtigung aller im Zielwort enthaltenen Laute nahezu alle Sprachlaute (in dieser Fassung noch ohne [j, ø, œ, y]) in unterschiedlichen phonetischen Kontexten analysiert werden können (Summe: 167 Prüflaute).

2.2 Schriftlichkeit

Im Teilprojekt Schriftlichkeit ist der Fokus auf den Zugang gelegt, den Kinder wählen, um sich Graphem-Phonem-Korrespondenzen (G-P-K) zu konstruieren.

Die deutsche Sprache besteht aus 26 Graphemen, die als Alphabet bezeichnet werden (plus drei Umlauten und einem <ß>, was jedoch nicht als Majuskel auftreten kann). Zudem gibt es in der deutschen Sprache Buchstabengruppen, wie z. B. (sch) oder (au). Ihnen stehen je nach Zählweise ca. 40 Phoneme gegenüber. Wie aber konstruieren sich Kinder in der alphabetischen Phase Gesetzmäßigkeiten der Schrift und stellen Hypothesen über Graphem-Phonem-Korrespondenzen auf? Gibt es Kinder, die sich primär am phonologischen Input oder primär am graphemischen orientieren?

H1: Es fällt Kindern mit Trisomie 21 leichter, Buchstaben statt Laute zu diskriminieren.

H2: Es fällt Kindern mit Trisomie 21 leichter, Laute statt Buchstaben zu diskriminieren.

Das Experiment gibt Antwort auf die Frage, welcher Zugang Kinder beim Erlernen von Schrift unterstützen könnte – der Zugang über Buchstaben oder über Sprachlaute. Zugleich lässt das Experiment bei der Bestätigung von H1 die Interpretation zu, dass Kinder durch den Zugang über ausgewählte Wörter oder Buchstaben ihr Wissen über Laute der deutschen Sprache erweitern können (vgl. Teilexperiment Mündlichkeit) und damit über Schrift zum Lesen (und ggf. auch zu einer veränderten phonologischen Bewusstheit) gelangen. Die phonologische Bewusstheit würde damit, so wäre weiter zu prüfen, keine notwendige *Voraussetzung* für den Schriftspracherwerb darstellen (vgl. dazu Brinkmann 2015a, 166 f.). Wenn H1 bestätigt werden würde, müsste der didaktische Zugang zur Schrift nicht nur für Kinder im Neurodiversitätsspektrum, sondern auch für neurotypische Kinder radikal überdacht werden.

Zum Experiment: Die Kinder sitzen vor einem Tablet und können Bilder und Wörter selbstständig anklicken. In zwei Durchgängen werden den Kindern im Experiment je 24 identische Wörter in a) Lautsprache und b) Schrift präsentiert.

Im ersten Durchgang bekommen die Kinder die Aufgabe: „Hier *hörst* du, was du suchen sollst."

Ihnen wird mittels Tablet ein Sprachlaut vorgesprochen (z. B. [L]) und anschließend werden ihnen vier Bilder gezeigt (z. B. Bild Legosteine); nur in drei der dargebotenen Wörter ist der Ziellaut enthalten. Wenn die

Kinder auf das Bild klicken, wird ihnen das Wort <Lego> vorgesprochen. Sie sollen angeben, ob der Ziellaut in dem Wort enthalten ist.

Im zweiten Durchgang werden den Kindern geschriebene Wörter dargeboten. „Hier *siehst* du, was du suchen sollst!" Die Kinder sehen beispielsweise ein <K> und sollen angeben, ob in dem Wort <Kuh> das Zielgraphem enthalten ist. Auch hier werden zu jedem Graphem vier Wörter präsentiert, in denen das Zielgraphem in drei Wörtern enthalten ist.

Die Grapheme wurden nach bestimmten Kriterien ausgesucht:

1. Es wurden weitgehend lauttreue Konsonanten (Con-Sonanz) mit unterschiedlichen Artikulationsstellen ausgewählt, sodass die akustische Identifikation relativ leicht gelingen kann. Folgende Grapheme repräsentieren im Experiment diese Gruppe: <M>, <T>, <L>, <K>.
2. Es wurden Vokale ausgewählt, die in den Zielwörtern relativ lauttreu verschriftet werden können. Folgende Grapheme repräsentieren diese Gruppe: <A>, <O>.
3. Die Wörter sollten möglichst zweisilbig sein, die Bedeutung sollte den Kindern möglichst bekannt sein, es sollte sich um ein relativ gut darstellbares Bild/Substantiv handeln und das Zielgraphem sollte nur einmal im Wort vorhanden sein und sowohl initial, medial als auch final auftreten.

2.3 Neurodiversität

Im Teilprojekt Neurodiversität ist der Fokus auf Problemlösungsstrategien von Kindern mit Trisomie 21 gerichtet. Für die Beantwortung der Frage, ob sie eher bildliche oder sprachliche Problemlösungsstrategien nutzen, hat sich in der Forschungspraxis folgende Vorgehensweise bewährt:

Den Versuchspersonen wird eine Problemaufgabe präsentiert, die sie allein lösen sollen. Anschließend sollen die Untersuchungspersonen die Lösung wiederholen, allerdings mit artikulatorischer Suppression. Sie sollen während der Lösung der Aufgabe ständig die Worte „Dienstag" und „Donnerstag" laut aussprechen (vgl. auch Williams et al. 2012). Gemessen werden die Lösungszeiten ohne Suppression (t_1) und mit Suppression (t_2).

Besonders bewährt hat sich in unseren Voruntersuchungen der sogenannte „Turm zu Hanoi" als Aufgabenstellung: Gegeben sind drei senkrechte Stäbe A, B und C.

Auf dem ersten Stab (A) befindet sich eine Anzahl von n Scheiben. Sie sind in Form eines Haufens angeordnet: Jede höhergelegene Scheibe hat einen deutlich kleineren Durchmesser als die darunterliegende. Der Endzustand

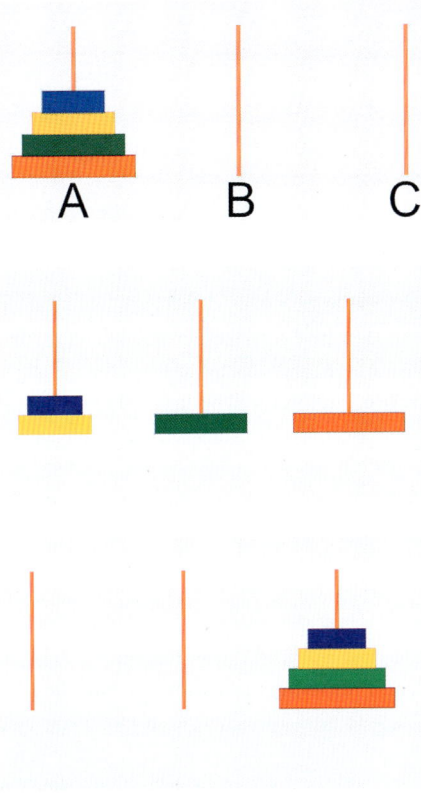

ist dadurch definiert, dass der am Anfang auf dem Stab A befindliche Haufen auf den Stab B oder C gebracht worden ist. Er soll dort die gleiche Anordnung haben.

Die Teilnehmenden werden dazu aufgefordert, diesen Endzustand möglichst schnell mit wenigen Zügen zu erreichen. Als besondere Vorschrift ist zu beachten, dass immer nur eine einzelne Scheibe verlagert werden darf und dass es nicht erlaubt ist, eine größere auf eine kleinere Scheibe zu legen (und dass immer nur eine obenliegende Scheibe bewegt werden darf). Die Stäbe A, B und C können für Zwischenzüge benutzt werden.

Ist die Zeitdifferenz $(t_2 - t_1)$ positiv oder gleich null, ist es wahrscheinlich, dass der geringe Lernzuwachs der Person vom verbalen Störer (arti-

Aufgabenstellung „Turm zu Hanoi" mit drei senkrechten Stäben A, B und C

kulatorische Suppression) bei der zweiten Lösung der Aufgabe aufgehoben oder ausgebremst wurde, da sie genauso viel oder mehr Zeit für die Lösung mit verbalem Störer als beim ersten Mal benötigte.

Ist die Zeitdifferenz $(t_2 - t_1)$ negativ, ist es wahrscheinlich, dass der Lernzuwachs der Person vom verbalen Störer bei der Lösung nicht aufgehoben oder ausgebremst wurde, da sie trotz artikulatorischer Suppression weniger Zeit für die zweite Lösung als beim ersten Mal benötigte.

Daraus ergibt sich die Hypothese: *Die Mehrzahl der Personen der Experimentalgruppe neigt in den ausgewählten Experimenten zu visuellen kognitiven Strategien.*

Für eine Annahme dieser Hypothese sollte die Verteilung der Werte für $t_2 - t_1$ höhere Häufigkeiten im negativen Bereich aufweisen.

3. Erste Ergebnisse

3.1 Zur Mündlichkeit

Da diese Vorstudie mit sehr kleinen Stichproben durchgeführt wurde, um die Experimente zu prüfen und das Auswertungsprocedere zu schärfen, ist eine Verallgemeinerbarkeit der Ergebnisse vorerst nicht gegeben. Dennoch deuten sich für die Teilexperimente erste Anhaltspunkte an, die an größeren Stichproben noch zu überprüfen sind.

Für das Teilprojekt Mündlichkeit (s. 2.1) kann die erste Hypothese eindeutig bestätigt werden. Es gilt für die gesamte Stichprobe, dass bei den Aufgaben zur produktiven Diskrimination eine deutlich höhere Fehlerquote (gerundeter relativer Mittelwert: 35) als bei den Aufgaben zur perzeptiven Diskrimination (gerundeter relativer Mittelwert: 14) erzielt wurde. Mittels T-Test erweist sich dieses Ergebnis als hochsignifikant. Somit kann zumindest für diese kleine Stichprobe gesichert festgestellt werden, dass die produktive Verwendung von Lautsprache für Kinder mit Trisomie 21 deutlich schwieriger und fehleranfälliger ist als das Verständnis gesprochener Sprache.

Die Vermutung, dass produktive Fehler in Experiment 2 überzufällig häufig phonologische Oppositionen betreffen, die auch in den Perzeptionsaufgaben des Experiments 1 fehlerbelastet sind (Hypothese 2), wird durch die Ergebnisse insgesamt ebenfalls bestätigt. Aufgrund der geringen Fallzahlen, die sich hier noch auf unterschiedliche Phonemgruppen und phonologische Oppositionen verteilen, erfolgte hier nur eine qualitative Auswertung. Sie zeigt unter anderem, dass die Aussprache von Vokalen weniger Schwierigkeiten bereitet (sechs der neun Kinder machten hier keine Fehler) als die von Konsonanten (zwei der neun Kinder machten hier keine Fehler). Dabei unterscheiden sich die Fehlerzahlen in beiden Experimenten offenbar abhängig von der phonologischen Kategorie:

Unterschiede Lautgruppen	mittlere relative Fehlerzahl Perzeption	mittlere relative Fehlerzahl Produktion
alle Konsonanten	19	38
bezüglich Artikulationsstelle	19	39
u.a. vorn – hinten	32	30
bezüglich Artikulationsmodus	19	38
u.a. plosiv – frikativ	20	47
bezüglich Überwindungsmodus	36	21

Während Fehler bezüglich der Artikulationsstelle und des Artikulationsmodus die Gesamtgruppe aller Konsonanten sehr gut repräsentieren, trifft dies für den Überwindungsmodus nicht zu (nicht signifikant), hier untertrifft die Fehlerzahl in der Produktion deutlich die hypothesengeleitete Erwartung. Innerhalb dieser Gruppen erweisen sich einzelne phonologische Oppositionen wie plosiv – frikativ als prominente Hinweisgeber (signifikant), während andere wie vorn – hinten (nicht signifikant) weniger repräsentativ erscheinen.

3.2 Zur Schriftlichkeit

Für das Teilexperiment konnte bestätigt werden, dass es den Kindern leichter fällt, Buchstaben im Wort zu identifizieren als Sprachlaute (H1). Während die gesprochene Sprache flüchtig ist, kann das geschriebene Wort betrachtet werden. In dem Experiment hat sich jedoch gezeigt, dass die Verweildauer vor dem Wort gering bzw. sogar eher flüchtig ist und trotzdem kann hier relativ sicher ein Treffer erfolgen.

Das Durchschnittsalter der am Experiment teilnehmenden Personen mit Trisomie 21 war 11 Jahre (Standardabweichung = 4,33). Mehr als die Hälfte der Personen mit Trisomie 21 (5 von 9) erkannte alle Grapheme unabhängig von deren Position im Wort. Bei der auditiven Präsentation von Phonemen in wechselnden Wortpositionen erkannte keine dieser Personen alle vorgegebenen Laute. Der Vergleich der Messergebnisse ergab eine signifikant abweichende Varianz, $F(8) = 5,04$; $p = 0,02$, berechnet mit dem Zwei-Stichproben F-Test.

	Auditive Präsentation	Visuelle Präsentation
Beobachtungen	9	9
Mittelwert	16,22	21,89
Varianz	52,19	10,36

Die nicht repräsentative Zahl der untersuchten Personen erschwert eine verallgemeinernde Interpretation der Statistik. So sprechen die Mittelwertunterschiede zwar für eine größere Tendenz der Personen mit Trisomie 21, Grapheme an verschiedenen Positionen in geschriebenen Worten zu erkennen als Phoneme in verschiedenen Positionen in gesprochenen Worten. Allerdings zeigt auch die größere Varianz bei der Phonem-Erkennung, dass es große individuelle Unterschiede gibt.

Mit dem Zweistichproben-t-Test bei abhängigen Stichproben (Paarvergleichstest) konnte ein signifikanter Unterschied zwischen Phonem- und Graphem-Erkennung errechnet werden $t(8) = 2,86$, $p = 0,02$, wobei den Personen mit Trisomie 21 deutlich seltener Fehler bei der Graphem-Erkennung unterliefen.

Eine signifikante experimentelle Bestätigung der Hypothese, dass Personen mit Trisomie 21 die Graphem-Erkennung leichter fällt, könnte ein Indiz für die Wirksamkeit des Frühlesens für die Lautsprachentwicklung sein. Aufgrund der kleinen Stichprobe von 9 Personen wäre diese Aussage zum jetzigen Stand der Untersuchungen jedoch verfrüht.

3.3 Zur Neurodiversität

Mehr als zwei Drittel (69 %) der untersuchten 16 Personen mit Trisomie 21 zeigte keine Verlangsamung bei der Lösung der Planungsaufgabe (Turm zu Hanoi) bei artikulatorischer Suppression. Das Durchschnittsalter der Teilnehmenden war 14 Jahre (Standardabweichung = 5,09). Im Vergleich zu den Messergebnissen bei 523 neurotypischen Personen zeigt sich eine signifikant abweichende Varianz, $F(15,522) = 2,01$; $p = 0,01$, berechnet mit dem Zwei-Stichproben F-Test.

	Neurotypische Personen	Personen mit Trisomie 21
n	523	16
Mittelwert	– 4,23	– 22,38
Standardabweichung	24,71	33,95

Der große Unterschied zwischen den Anzahlen untersuchter Personen in den beiden Stichproben erschwert einen Vergleich der Statistiken. So sprechen die Mittelwertunterschiede zwar für eine größere Tendenz der Personen mit Trisomie 21 in der Experimentalgruppe, sich von sprachlicher Störung bei der Lösung von Problemaufgaben nicht beeinflussen zu lassen. Allerdings zeigt sich auch eine größere Standardabweichung in der Experimentalgruppe, die für große individuelle Unterschiede spricht.

Mit dem Zweistichproben-t-Test unter der Annahme unterschiedlicher Varianzen konnte ein signifikanter Unterschied zu neurotypischen Personen errechnet werden $t(15) = 2,06$, $p = 0,03$, wobei die Personen mit Trisomie 21 deutlich seltener eine Verlangsamung bei der Lösung der Planungsaufgabe (Turm zu Hanoi) bei sprachlicher Suppression zeigten als neurotypische Personen. Das bestätigt die Hypothese, dass die Mehrzahl der Personen der Experimentalgruppe in den ausgewählten Experimenten zu visuellen kognitiven Strategien neigt. Offen bleibt eine entwicklungspsychologische Bewertung: Handelt es sich beim visuellen Denken um eine Stärke oder um einen Mangel an adäquater sprachlicher Förderung?

4. Erste didaktische Schlussfolgerungen

4.1 Zur Mündlichkeit

Nicht nur wegen der geringen Probandenzahl sondern auch, weil die Experimente zur Mündlichkeit von anderen Kindern durchlaufen wurden als jene zur Schriftlichkeit, können die Ergebnisse des Teilprojekts Mündlichkeit in diesem Beitrag mit Fokus auf Lesen- und Schreibenlernen nur eingeschränkt interpretiert werden.

Vorläufig bestätigen die Ergebnisse aus dem Teilbereich Mündlichkeit aber aktuelle Forschungsberichte. Kinder mit Trisomie 21 zeigen überdurchschnittlich häufig Beeinträchtigungen im Erwerb und Gebrauch der Aussprache, wobei noch weitgehend unerforscht ist, inwieweit solche Ausspracheauffälligkeiten bedingt sind durch kognitive Einschränkungen der phonologischen Diskrimination und/oder durch Einschränkungen des sprechmotorischen Vollzugs bei der Artikulation. Ayyad et al. (2021) untersuchten sechs Kinder mit Trisomie 21 im Grundschulalter mit einem Einzelwort-Aussprachetest (100 Wörter) und stellten fest, dass 50 % der Konsonanten fehlerhaft realisiert wurden (am häufigsten Reduktion von Mehrfachkonsonanzen, oftmals Substitutionen und Fehlbildungen). Dabei ist anzunehmen, dass Fehlbildungen bei Kindern mit Trisomie 21 häufig bedingt sind durch anatomische (z. B. Makroglossie) und physiologische Einschränkungen wie ein hypotone Muskelspannung. In diesen Hinsichten sind pädagogische Interventionen vor allem für die lautsprachliche Entwicklung wichtig, werden aber wenig den Schriftspracherwerb unterstützen.

Demgegenüber lassen insbesondere solche Fehler im produktiven Teilexperiment Mündlichkeit, für die auch Entsprechungen in den perzeptiven Leistungen vorliegen, eher einen phonologischen Hintergrund vermuten, der sich zumindest für einige Kinder auch im Schriftspracherwerb nachteilig auswirken wird, sofern sie sich dort eher phonemisch als graphemisch orientieren (s. 2.2). Wo immer Kinder phonologische Oppositionen (z. B. plosiv – frikativ wie im Minimalpaar „reißen" – „reiten") noch nicht beherrschen, stellt sich die didaktisch wichtige Frage, ob diese zunächst perzeptiv oder produktiv erarbeitet werden sollten, außerdem ob dies rein lautsprachlich oder auch unter Einbezug von Schriftsprache geschehen sollte. Für letzteres sprechen die vorläufigen Ergebnisse des Experiments zur Schriftlichkeit (s. 3.2, vgl. auch Osburg 2016, 2000). Die Ergebnisse dieser Vorstudie legen einen Beginn auf der Perzeptionsebene nahe, da die geringere Fehleranfälligkeit auf eine fortgeschrittene Entwicklung hindeutet, die als hilfreich für ein späteres Arbeiten am sprechmotorischen Vollzug einzuschätzen ist. Diese Schlussfolgerung lässt sich auch aus einer anderen Untersuchung ziehen: Baese-Berk (2019) untersuchte den Einfluss ausgewählter Trainingsparadigmen im Zweitspracherwerb auf Sprachperzeptions- und Sprachproduktionsleistungen der

Probanden. Sie konnte nachweisen, dass innerhalb der Modalitäten ein Produktionstraining produktive Leistungen ebenso verbessert wie ein Perzeptionstraining perzeptive Leistungen. Modalitätsübergreifend zeigt sich aber, dass zwar ein Perzeptionstraining auch zu Verbesserungen der Sprachproduktion führt, umgekehrt aber ein Produktionstraining keine Verbesserungen der Perzeptionsleistungen herbeiführt. Baese-Berk führt dies darauf zurück, dass die perzeptive Entwicklung der produktiven vorausgeht und sie so auch unterstützt. Insofern scheint es geboten im Einzelfall zu prüfen, ob eine phonologische Opposition bereits perzeptiv beherrscht wird und deshalb an der Sprechmotorik gearbeitet werden soll, oder ob eine perzeptive Diskrimination noch nicht gesichert ist und daher vorrangig erarbeitet werden sollte.

4.2 Zur Schriftlichkeit

Wenn den meisten Kindern die Graphemanalyse leichter als die Phonemanalyse gelingt, es jedoch auch Kinder gibt, die Phoneme statt Grapheme leichter analysieren können, so ergeben sich hypothetische Schlussfolgerungen:

- Im Unterricht sollten Kindern mehrere Wege zur Schrift angeboten werden (wie z. B. im Spracherfahrungsansatz, Brinkmann 2015b, Brügelmann 1983, vgl. auch Osburg 2000).
- Die phonologische Bewusstheit wäre demnach ggf. für einige Kinder hilfreich, um sich Schrift erfolgreich anzueignen, aber nicht ihre Voraussetzung, eben, weil die meisten Kinder mit Trisomie 21 einen anderen Zugang wählen.
- Fibelkonzepte, die analytisch-synthetisch aufgebaut sind und primär an der Lautung ansetzen, sollten kritisch hinterfragt werden.
- Ganzwortmethoden sollten den Kindern angeboten werden, um Zugriff auf Schrift zu erleichtern.

4.3 Zur didaktischen Bedeutung der Kenntnis kognitiver Strategien

Bird & Buckley (2000, 49) nehmen die visuellen Stärken bei Trisomie 21 als gegeben hin und argumentieren wie folgt: „Kindern mit Down-Syndrom kann durch die Einbeziehung zusätzlicher Möglichkeiten der motorischen und visuellen Verarbeitung von Informationen geholfen werden. Sprache, die durch symbolische Bewegungen, wie Zeichen, Gestik oder das Fingeralphabet und visuelle Methoden, wie Bilder, Symbole, Worte und Formeln (multisensorische Methoden), unterstützt wird, hilft den Kindern, sich Informationen zu merken."

Bei verschiedenen Personen mit Trisomie 21 könnte sich die Annahme, ihre kognitiven Stärken seien vor allem im visuell-räumlichen Denken zu finden, jedoch als kontraproduktiv erweisen und möglicherweise Lernschwierigkeiten sogar verstärken (Yang et al. 2014, 1473).

5. Fazit

Bei den von uns untersuchten Personen mit Trisomie 21 ließen sich folgende Tendenzen erkennen:

1) Sie lösen lautsprachliche Perzeptionsaufgaben mit einer deutlich höheren Trefferquote als lautsprachliche Produktionsaufgaben.
2) Ihnen fällt es leichter, Grapheme/Buchstaben im Wort zu identifizieren als Sprachlaute.
3) Sie nutzen bei der Lösung von Planungsaufgaben eher visuelle Strategien als verbale.

Die für Menschen mit einer Trisomie 21 charakteristische Schwierigkeit, kognitiv zwischen zwei Aspekten hin- und herzuwechseln (wie z.B. zwischen dem Ganzwort und den Buchstaben), lässt sich mit der folgenden Tatsache erklären: Sie verfügen über einen geringeren Umfang der Aufmerksamkeit, das Subitizing-Limit liegt bei 2 Einheiten (Zimpel 2013, Zimpel & Röhm 2018, Zimpel & Rieckmann 2020). Bei neurotypischen Personen ist der Umfang der Aufmerksamkeit größer, bei ihnen liegt das Subitizing-Limit bei 4 Einheiten.

Die Praxis zeigt, dass die Konzentration auf sinnvolle Ganzwörter dieser Besonderheit des Umfangs der Aufmerksamkeit von Lernenden mit Trisomie 21 besser Rechnung tragen kann. Um die Wirksamkeit der Ganzwortmethode bei Schüler:innen mit Trisomie 21 besser zu verstehen, sind jedoch weitere Untersuchungen zu den Wechselwirkungen zwischen Lautsprache, Schrift und Neurodiversität notwendig. Auch wenn unsere Ergebnisse nicht repräsentativ sind, lassen sich daraus erste Empfehlungen für den inklusiven Unterricht ableiten:

1. Für die kognitive Entwicklung von Lernenden mit Trisomie 21 sind sowohl die Förderung der Lautsprache als auch die Förderung der Schriftsprache von zentraler Bedeutung.
2. Beschriftungen an Gegenständen, wie zum Beispiel: TISCH, TAFEL, STUHL usw., helfen den Lernenden mit Trisomie 21 bewusst oder unbewusst ganze Wörter zu erkunden. Die Ganzwortmethode hat mit dem logographemischen Zugriff keine Gemeinsamkeiten, dennoch werden die Wörter wie „Signalwörter" oder „Blitzwörter" (vgl. z. B. Valtin/Naegele/Sasse 2015) abgespeichert.
3. Vielfältige Anlässe zur Rezeption und Aussprache geschriebener Wörter aus den Interessensgebieten Lernender mit Trisomie 21 helfen ihnen, ihre Schwierigkeiten beim Verstehen und Nachsprechen langer Wörter zu überwinden.
4. Buchstaben sollten bei einem Grundwortschatz von mehr als circa 50 Worten als „Algebra der Lautsprache" vermittelt werden, um feine Lautunterschiede, die einen Unterschied in der Bedeutung erzeugen können, besser zu identifizieren.
5. Kurze, pointierte Formulierungen in Sprachspielen motivieren zum Nachsprechen und fördern das Lautsprachverständnis.

Literatur

Ayyad, H., Bustan, S.A. & Ayyad, F. (2021): Phonological development in school-aged Kuwaiti Arabic children with Down syndrome: A pilot study. Journal of Communication Disorders 93, 106–128.

Baese-Berk, M.M. (2019): Interactions between speech perception and production during learning of novel phonemic categories. Attention, Perception & Psychophysics 81, 981–1005.

Bartnitzky, H. (1998): „Die rechte weis aufs kürtzist lesen zu lernen" Oder: Was man aus der Didaktik-Geschichte lernen kann. In H. Balhorn, H., Bartnitzky, H., Büchner, I., Speck-Hamdan; A. (Hrsg.): Schatzkiste Sprache 1. Frankfurt a. M.: Arbeitskreis Grundschule, 14–46.

Bird, G. & Buckley, S. (2000): Handbuch für Lehrer von Kindern mit Down-Syndrom. Eltersdorf: g&s.

Bredel, U., Fuhrhop, N. & Noack, Ch: Wie Kinder lesen und schreiben lernen. Francke, Tübingen 2011

Brinkmann, E. (2015): Perspektiven für den Rechtschreibunterricht. In: Brinkmann, E. (Hrsg.): Rechtschreiben in der Diskussion. Schriftspracherwerb und Rechtschreibunterricht. Grundschulverband, Frankfurt a.M., 8–12.

Brinkmann, E. (2015a): Wie eignen sich Kinder die Rechtschreibung an? In: Brinkmann, E. (Hrsg.): Rechtschreiben in der Diskussion. Schriftspracherwerb und Rechtschreibunterricht. Grundschulverband, Frankfurt a.M., 164–174.

Brinkmann, E. (2015b): Richtig schreiben lernen nach dem Spracherfahrungsansatz. In: Brinkmann, E. (Hrsg.): Rechtschreiben in der Diskussion. Schriftspracherwerb und Rechtschreibunterricht. Grundschulverband, Frankfurt a.M., 44–54.

Brückl, H. (1928): Anschauungsunterricht als Grundlage des elementaren Gesamtunterrichts von Hans Brückl: Mit Buchschmuck von Conrad Scherzer-Nürnberg. Michael Prögel.

Brügelmann, H. (2015): Wie wirken unterschiedliche Methoden des Rechtschreibunterrichts? In: Brinkmann, E. (Hrsg.): Rechtschreiben in der Diskussion. Schriftspracherwerb und Rechtschreibunterricht. Grundschulverband, Frankfurt a.M., 185–193.

Brügelmann, H. (⁹2013, 1983): Kinder auf dem Weg zur Schrift. Eine Fibel für Lehrer und Laien. Faude: Konstanz/Libelle.

Buschmann, A. & Jooss, B. (2011): Frühdiagnostik bei Sprachverständnisstörungen. Ein häufig unterschätztes Störungsbild mit langfristig gravierenden Folgen für die Betroffenen. Forum Logopädie 25, 1, 20–27.

Buschmann, A., Jooss, B., Rupp, A., Dockter, S., Feldhusen, F., Blaschtikowitz, H., Heggen, I. & Pietz, J. (2008): Children with developmental language delay at 24 months of age: results of a diagnostic work-up. Developmental Medicine & Child Neurology 50, 3, 223–229.

Clark, A., O'Hare, A., Watson, J., Cohen, W., Cowie, H., Elton, R., Nasir, J. & Seckl, J. (2007): Receptive language disorder in childhood. Famial aspects and longterms outcomes: Results from a Scottish study. Archives of Desease in Childhood 92, 614–619.

Comenius, J.A. & Komesnky, J. A. (1658/Nachdruck 2001): Orbis Sensualium Pictus. Pretisk prvniho vydani z roku 1658. Leyne Knihy KM.

Dehn, M. (2010): Elementare Schriftkultur und Bildungssprache. In: Fürstenau, S. & Gomolla, M. (Hrsg.): Migration und schulischer Wandel: Mehrsprachigkeit. Wiesbaden, 129–150.

Dietz, F., Sasse, A. & Wind, G. P. (Hrsg.) (2014): Lesen und Schreibenlernen im inklusiven Unterricht. Bedingungen und Möglichkeiten. Herzogenrath: DGLS.

Fox, A. *(2011)*: Kindliche Aussprachestörungen. 6. Auflage. Idstein: Schulz-Kirchner Verlag.

Fox-Boyer, A. *(2014)*: Aussprachestörungen. In: Grohnfeldt, M. (Hrsg.): Grundwissen der Sprachheilpädagogik und Sprachtherapie. Stuttgart: Kohlhammer, 175–182.

Giese, H.W. *(1991)*: Schriftspracherwerb und Schreibenlernen. In: Schorch, G. (Hrsg): Schreibenlernen und Schriftspracherwerb. Bad Heilbrunn /OBB: Klinkhardt, 16–32.

Hattie, J. *(2013)*: Lernen sichtbar machen. Hohengehren: Schneider.

Hüttis-Graff, P. *(1998)*: Rechtschreiblernen und Unterricht. Der Blick auf die Klassen. In: Osburg, C. (Hrsg.): Rechtschreiben – Textschreiben – Alphabetisierung. Initiierung sprachlicher Lernprozesse im Bereich der Grundschule, Sonderschule und Erwachsenenbildung. Baltmannsweiler: Schneider-Verlag Hohengehren, 45–74.

Jordan, P. *(1987)*: Leyenschul. 1533 – Neuauflage: Die „Leyenschul" von 1533. Institut für Heil- und Sonderpädagik, Gießen.

Malisch, C. *(o. J., um 1900)*: Fibel für den ersten Schreibleseunterricht an Sprachganzen. 1. Teil, Schreibschrift. Breslau, Franz Goerlichsturm.

Manske, C. *(2004)*: Entwicklungsorientierter Lese- und Schreibunterricht für alle Kinder: Die nichtlineare Pädagogik nach Vygotskij. Weinheim.

Oelwein, P. L. *(2007)*: Kinder mit Down-Syndrom lernen lesen. 5. Aufl. Eltersdorf: g&s.

Osburg, C. *(2016)*: „Ich beobachte, was du kannst und begleite dich.". Schriftspracherwerb und semantisches Wissen in inklusiven Lernkontexten. In: Schiefele, Christoph & Menz, Mathias (Hrsg.): Handlungsorientierte Perspektiven des Förderschwerpunkts Sprache. Ableitungen für die Praxis vom Kind ausgedacht. Baltmannsweiler: Schneider Verlag Hohengehren, 174–185.

Osburg, C. *(2000)*: Gesprochene und geschriebene Sprache. Aussprachestörungen und Schriftspracherwerb. 2. Auflage, Baltmannsweiler: Schneider Verlag Hohengehren.

Piszczan, T. *(2014)*: Perzeptionsschulung im Englischunterricht der Grundschule und orthografische Einflüsse auf die phonologische Repräsentation – Empirische Ergebnisse und Überlegungen. Erfurt: Universität Erfurt – E-Book.

Reichen, J. *(1988[3])*: Lesen durch Schreiben. Wie Kinder selbstgesteuert lernen. Zürich: Sabe.

Röber, C. *(2009)*: Die Leistungen der Kinder beim Lesen- und Schreibenlernen: Grundlagen der Silbenanalytischen Methode. Ein Arbeitsbuch mit Übungsaufgaben. Baltmannsweiler: Schneider Verlag, Hohengehren.

Schiefele, C., Streit, Ch. & Sturm, T. *(2019)*: Pädagogische Diagnostik und Differenzierung in der Grundschule. Mathe und Deutsch inklusiv unterrichten. UTB.

Schründer-Lenzen, A. *(42013)*: Schriftspracherwerb. Wiesbaden: Springer VS.

Valtin, R., Naegele, R. & Sasse, A. *(2015)*: „Das schaffe ich!". In: In: Brinkmann, E. (Hrsg.): Rechtschreiben in der Diskussion. Schriftspracherwerb und Rechtschreibunterricht. Grundschulverband, Frankfurt a.M., 127–134.

Velten, H. R. *(2012)*: Frühe Lese- und Schreiblernbücher des 16. Jahrhunderts. Zu Valentin Ickelsamers Die rechte weis, aufs kürtzist lesen zu lernen (1527) und Teütsche Grammatica (1532?). In: Zeitschrift für Erziehungswissenschaft 15, 2, 31–48.

Weinhold, S. *(2006)*: Entwicklungsverläufe im Lesen- und Schreibenlernen in Abhängigkeit verschiedener didaktischer Konzepte. Eine Longitudinalstudie in Klasse 1–4. In: Weinhold, S. (Hrsg.): Schriftspracherwerb empirisch. Konzepte – Diagnostik – Entwicklung, Baltmannsweiler: Schneider Hohengehren, 120–151.

Weinrich, M. & Zehner, H. *(2011)*: Phonetische und phonologische Störungen bei Kindern. 4. Auflage. Berlin: Springer.

Wieser, B. *(2014)*: Rechnen mit Links und Rechts. DVD. Leoben: päd. Institut „Leben Lachen Lernen".

Wilken, E. (2008): Sprachförderung bei Kindern mit Down-Syndrom: Mit ausführlicher Darstellung des GuK-Systems. Stuttgart: Kohlhammer.

Williams, D. M., Bowler, D. M. & Jarrold C. (2012): Inner speech is used to mediate short-term memory, but not planning, among intellectually high-functioning adults with autism spectrum disorder. In: Development and Psychopathology 24, 225–239.

Yang, Y., Conners, F. A. & Merrill, E. C. (2014): Visuo-spatial ability in individuals with Down syndrome: is it really a strength? In: Research in Developmental Disabilities 35(7): 1473–1500. doi: 10.1016/j.ridd.2014.04.002. Epub 2014 Apr 20. PMID: 24755229; PMCID: PMC4041586.

Zimpel, A. F. & Rieckmann, T. (2020): The Influence of Trisomy 21 on Subitising Limit. In: International Journal of Disability, Development and Education, doi: 10.1080/1034912X.2020.1737317

Zimpel, A. F. & Röhm, A. C. (2018): A Study of Imitation Ability in People with Trisomy 21. In: Zeitschrift für Neuropsychologie 29, 223–235. doi: 10.1024/1016-264X/a000232

Zimpel, A. F. (2013): Studien zur Verbesserung des Verständnisses von Lernschwierigkeiten bei Trisomie 21 – Bericht über die Ergebnisse einer Voruntersuchung. In: Zeitschrift für Neuropsychologie 24 (1), 35–47. doi: 10.1024/1016-264X/a000085

Irene Hoppe & Regina Pols

Lese- und Schreibideen für zu Hause

Die Familie ist der erste Bildungsort, an dem das Kind lernt und vielfältige Erfahrungen sammelt – immer in individuellem Ausmaß und in unterschiedlicher Intensität. Die Familie gilt deshalb auch als die wichtigste Instanz für den Schriftspracherwerb – lange vor Schulbeginn. Dabei spielt von Anfang an eine aufgeschlossene und positive Einstellung der Eltern gegenüber der Schrift eine wichtige Rolle.

Dies zeigt sich in vielfältigen Aktivitäten, z. B. im gemeinsamen Betrachten von Bilderbüchern oder einer Bilderbuch-App, bei gemeinsamen Besuchen in Bibliotheken oder Buchhandlungen, beim Aufschreiben von Sätzen auf einer Postkarte für die Großeltern, die das Kind seinen Eltern-Assistenten diktiert, beim Hinweisen und Entdecken von Schrift auf dem Weg zur Kita.

Durch solche Handlungen und Rituale können Eltern Vertrautheit mit Schrift schaffen und ihren Kindern Freude am Umgang mit der Schriftsprache vermitteln.

Eltern sind jedoch oft auch verunsichert, wie sie ihr Kind gerade im Übergang von der Kita zur Grundschule und in der Schulanfangsphase beim Schriftspracherwerb unterstützen können. Manchmal haben sie selbst wenig Erfahrungen mit Schrift. Doch gerade in dieser Phase sind viele Eltern – egal über welche Bildungserfahrungen sie selbst verfügen – sehr offen und motiviert, ihren Kindern auf ihren Lernwegen zur Seite zu stehen und ihnen einen guten Start in der Schule zu ermöglichen. Es ist deshalb erfolgversprechend, in dieser Phase des Übergangs Familien immer wieder anzuregen, Schriftkultur zu praktizieren und so ihre Kinder beim oft mühsamen Erlernen des Lesens und Schreibens zu unterstützen. Wer also Kinder fördern möchte, muss auch die Eltern stärken.

Dazu gehört, die Eltern über den Erwerb der Schriftsprache zu informieren und darüber respektvoll zu kommunizieren. Es gibt vielfältige Kommunikationsformen und -wege, um die Eltern auf das Thema Schriftspracherwerb und den Umgang mit Texten und Medien einzustimmen. Dies kann z. B. bei Elternabenden in Kita oder Schule geschehen.

Sehr anregende und gute Möglichkeiten für ganz unaufdringliche Informationen über das Lesen- und Schreibenlernen des Kindes und wie Eltern es unterstützen können, lassen sich über Familienaktivitäten rund ums Lesen und Schreiben mit auf den Weg geben.

Die Information erfolgt dann sozusagen direkt mit den Aktionen (z. B. beim Feiern eines Kinder-Eltern-Lesefests, beim gemeinsamen Erkunden des Familien-Leserollis oder bei der Beschäftigung mit einem Wochenend-Lesebeutel und dem sich anschließenden Notieren der gemeinsamen Gedanken und Erfahrungen zu den Angeboten im Begleitheft).[1]

Eltern zu vielfältigen Lese- und Schreibideen anzuregen ist auch das Ziel eines Materials, das im *Landesinstitut für Schule und Medien Berlin-Brandenburg* entwickelt wurde.

Das Material „Lese- und Schreibideen für zu Hause" ist eine Sammlung mit 26 Anregungen für spielerisches Lesen und Schreiben (nicht nur) zu Hause.[2] Die Ideen sind abwechslungsreich und sollen allen Beteiligten Spaß machen. Die Kinder lernen und üben das Lesen und Schreiben im Spiel: Es wird gewürfelt, gepuzzelt, gehüpft und spaziert, Memory gespielt, ein Löwe gesucht. Wörter werden auf den Rücken, in den Sand oder in den Schnee geschrieben, aus Buchstabenkeksen, Buchstabennudeln, Nüssen oder Knöpfen gelegt. Dabei werden z. B. die Laut-Buchstaben-Zuordnung, die Sicherheit in Synthese und Analyse, das Automatisieren des Lesens und Schreibens von häufigen bzw. bekannten Wörtern, die Anwendung von Schreibkenntnissen und dadurch immer wieder die Lese- und Schreibmotivation sowie die Erfahrung der kommunikativen Funktion von Schrift gefördert.

Viele Übungen können zu Hause ohne Vorbereitung durchgeführt werden. Andere Übungen benötigen ein wenig Vorbereitungszeit und Dinge, die eigentlich in jedem Haushalt zu finden sind: Papier, Stifte, Würfel, Verpackungen, Spielzeug, Tassen …

In jedem Fall zeigen die Lese- und Schreibideen den Eltern Möglichkeiten auf, wie sie ihr Kind spielerisch oder durch anregende alltägliche Aufgaben beim Lesen und Schreiben unterstützen und begleiten können. Vielleicht können einige der Ideen an einem Kinder-Eltern-Fest (z. B. als Angebot an offenen Stationen) präsentiert werden, damit die Eltern sie kennenlernen und auch den Spaß daran entdecken.

Selbstverständlich sind viele der Ideen auch im Unterricht bzw. im Rahmen des Ganztags oder von Lernpatensystemen sehr gut nutzbar. Einige Anregungen bzw. Varianten davon können auch in der Kita bzw. von Eltern von Kitakindern genutzt werden (indem man z. B. bei verschiedenen Anregungen Wörter durch bekannte Buchstaben ersetzt).

---

1) Vielfältige Anregungen finden sich in der LISUM-Broschüre von Eder, Katja / Hoppe, Irene (2015): Gemeinsame Sache machen. Eltern als Partner der Leseförderung in der Schulanfangsphase. Landesinstitut für Schule und Medien Berlin-Brandenburg (Hrsg.), Ludwigsfelde. Verfügbar unter https://bildungsserver.berlin-brandenburg.de/fileadmin/bbb/schule/grundschulportal/publikationen_grundschule/Gemeinsame_Sache_machen_2015.pdf, siehe auch https://bildungsserver.berlin-brandenburg.de/grundschulportal/schriftspracherwerb-unterstuetzen-auch-zu-hause

2) Die Materialien entstammen der Broschüre des LISUM: Auf die Plätze! Fertig! Los! Lese- und Schreibsport mit der Trainingstasche. Materialpaket für die Schuleingangsphase. Die Materialien unterliegen der Creative-Common-Lizenz CC-BY SA 4.0

Lese- und Schreibideen für zu Hause

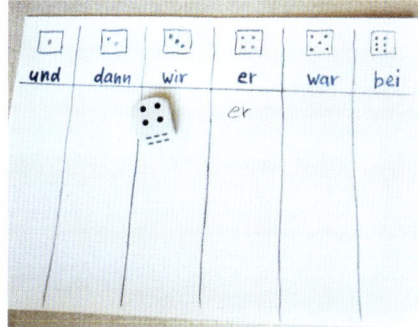

Wörter würfeln und schreiben

Für 2 oder mehr Spielende.

Man braucht Papier, Stift, Würfel.

Zeichnen Sie auf ein Blatt eine Tabelle mit sechs Spalten. In jede Spalte kommt oben ein Würfelbild und darunter ein Häufigkeitswort. Nun wird abwechselnd gewürfelt. Würfelt Ihr Kind z. B. eine 4, so schreibt es lesbar das zur 4 passende Wort in die Spalte.

Es wird so lange gewürfelt und geschrieben, bis die Tabelle ausgefüllt ist. Am Schluss werden die geschriebenen Wörter gemeinsam betrachtet. Auf besonders gelungene Wörter des Kindes und der Eltern wird ein Krönchen oder Herzchen gezeichnet

Wörter-Memory

Für 2 Spielende

Man braucht dicke Stifte und Karten aus festem Papier oder aus Pappe (dafür können Sie Schachteln von Frühstücksflocken, Keksen usw. verwenden).

Gemeinsam mit Ihrem Kind gestalten Sie ein Wörter-Memory aus den Häufigkeitswörtern.

Eine Karte des Wörterpaares beschriftet Ihr Kind, die andere beschriftet ein Elternteil. Interessant ist hier für das Kind auch der Vergleich seiner eigenen Schrift mit Ihrer Schrift. Da es jede Woche weitere Wörter gibt, wächst das Memory ständig und so entsteht ein großes Lesespiel.

Schreibsel

Man braucht weißes Papier und farbige Stifte.

Zeichnen Sie eine blattfüllende Figur mit verschiedenen Feldern.

In jedes Feld schreibt Ihr Kind ein anderes Übungswort flüssig und gut lesbar – so oft, bis das Feld gefüllt ist. Jedes Wort bekommt eine andere Farbe. Natürlich können auch die Eltern ein, zwei Felder beschriften. So entstehen kleine Schriftkunstwerke (und Ausstellungsstücke!).

Wörter richtig schreiben

Diese Übung dauert mehrere Wochen. Dabei diktieren Sie mehrmals wöchentlich die Wochenwörter.

In einer Liste wird notiert, wie viele Wörter schon ganz korrekt geschrieben wurden.

Bei einer vereinbarten Anzahl richtig geschriebener Wörter, z. B. 33 (66, 99), kann eine passende kleine Aufmerksamkeit vereinbart werden (z. B. ein neuer Schreibstift, ein cooler kleiner Schreibblock, ein bunter Haftnotizblock …).

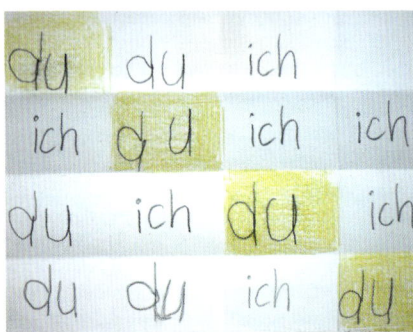

Vier gewinnt

Für 2 Spielende.

Man braucht Papier, Stifte.

Zeichnen Sie ein Spielfeld mit viermal vier Feldern bzw. falten Sie ein Blatt entsprechend. Ihr Kind wählt ein in der Woche zu übendes Häufigkeitswort aus, Sie ein anderes. Ihr Kind beginnt und schreibt sein Wort in ein Feld. Dann sind Sie an der Reihe und schreiben Ihr Wort in ein anderes Feld.

Wer zuerst das eigene Wort viermal in einer Reihe platziert (senkrecht, waagerecht oder diagonal), hat gewonnen.

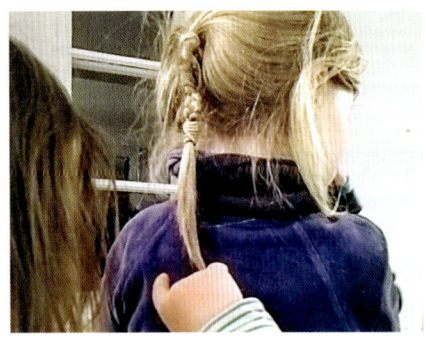

Wörter auf den Rücken schreiben

Schreiben Sie und Ihr Kind sich gegenseitig die Wochenwörter möglichst groß mit dem Finger (und in Druckschrift!) auf den Rücken.

Die Wörter müssen richtig „gelesen" werden – natürlich von der Person mit dem beschriebenen Rücken.

124

Wörter-Puzzle

Man braucht Kärtchen aus festem Papier.

Falten Sie jedes Kärtchen einmal längs in der Mitte, damit Sie eine Orientierung haben. Schreiben Sie auf jedes Kärtchen ein Übungswort – genau mittig auf die Faltlinie. Schneiden Sie dann die Kärtchen an der Faltlinie durch.

Nun kann Ihr Kind puzzeln und die Wörter wieder zusammensetzen.

Wo ist der Löwe?

Man braucht einige Tassen, eine kleine Figur, kleine Zettel und Klebefilm.

Befestigen Sie mit Klebefilm auf jeder Tasse ein Übungswort.

Verstecken Sie die Figur unter einer Tasse. Ihr Kind rät nun, wo die Figur versteckt ist und liest das Wort auf dieser Tasse vor. Dann hebt ihr Kind die Tasse hoch.

Es wird so lange gespielt, bis die Figur gefunden wurde.

Wörter abdecken

Man braucht 2 DIN-A4-Blätter.

Falten Sie beide Blätter einmal der Länge nach und dreimal in der Breite.

So erhalten Sie 8 Felder wie auf dem Foto. Schreiben Sie in jedes Feld ein Übungswort – es müssen auf beiden Blättern dieselben Wörter sein.

Zerschneiden Sie ein Blatt zu 8 Kärtchen. Nun nimmt Ihr Kind ein Kärtchen, liest das Wort vor und legt es auf das richtige Feld des Wörter-Blattes.

Wenn Sie farbige Kärtchen herstellen wie auf dem Foto, ist das Spiel noch ansprechender.

Wörter in der Keksschachtel

Man braucht einen Behälter mit Mulden (z. B. aus einer Keksschachtel wie auf dem Foto oder ein Muffin-Backblech oder zur Not einen Eierkarton), kleine Zettel mit den Wochenwörtern und Spielfiguren (oder Steinchen, Muscheln, Bonbons, Gummibärchen …)

Legen Sie in jede Mulde ein Übungswort.

Nennen Sie ein Wort. Ihr Kind soll eine Spielfigur auf das richtige Wort setzen.

Spielen Sie so lange, bis alle Figuren „ihren Platz gefunden haben.

Alles wieder weg

Für 2 Spielende.

Man braucht einen dicken Stift und Pappkärtchen (dafür können Sie Schachteln von Frühstücksflocken, Keksen usw. verwenden)-

Beschriften Sie jede Karte mit einem Übungswort. Die Wörter können auch doppelt auftauchen. Schreiben Sie auf 2 oder 3 Karten: So geht das Spiel: Die Karten liegen verdeckt auf dem Tisch. Ihr Kind deckt eine Karte auf. Kann es das Wort lesen, darf es die Karte behalten. Nun sind Sie an der Reihe. Zieht man „Alles wieder weg", muss man alle seine Karten zurücklegen. Die Karte „Alles wieder weg" wird aus dem Spiel genommen. Das Spiel ist aus, wenn keine Karten mehr auf dem Tisch liegen. Wer die meisten Karten hat, hat gewonnen.

Schreiben überall

Schreiben Sie kurze Wörter in den Sand oder Schnee, in die Erde, den Kartoffelbrei, das Apfelmus …

Bestimmt fallen Ihnen noch weitere Möglichkeiten ein.

Ihr Kind liest das Wort und schreibt dann selbst ein Wort.

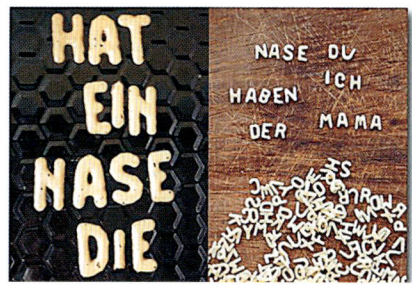

Wörter aus Buchstabenkeksen oder Buchstabennudeln

Man braucht Buchstabenkekse oder Buchstabennudeln

Legen Sie ein Wort aus den Buchstaben. Ihr Kind liest das Wort und legt dann selbst ein Wort.

Kekswörter dürfen zur Belohnung aufgegessen werden!

Buchstabennudeln können roh oder gekocht verwendet werden – aber Achtung, dass die Suppe nicht kalt wird!

Wörter aus kleinen Dingen

Man braucht viele kleine Dinge wie Knöpfe, Steinchen, Stöckchen, Muscheln, Bausteine, Nüsse, Rosinen, Schokolinsen …

Legen Sie ein kurzes Wort.

Ihr Kind liest das Wort und legt dann auch ein Wort.

Text-Ausstellungen

Man braucht eine freie Wand (z. B. Pinnwand) oder Tür (z. B. Kühlschranktür) sowie Pinnnadeln, Magnete oder Klebestreifen.

Würdigen Sie die Arbeiten Ihres Kindes, indem Sie die Arbeiten ausstellen.

Solche kleinen Ausstellungen von Schreibergebnissen können auf die Schreibbemühungen Ihres Kindes anregend wirken.

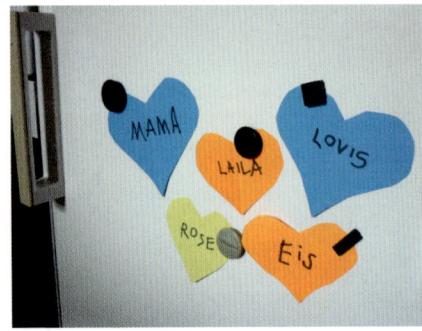

Lieblingswörter

Man braucht eine freie Wand (z. B. Pinnwand) oder Tür (z. B. Kühlschranktür), kleine Zettel, gerne herzförmig zugeschnitten, sowie Pinnnadeln, Magnete oder Klebestreifen

Sammeln Sie die Lieblingswörter Ihres Kindes auf einer speziell

dafür vorgesehenen Wand (z. B. Pinnwand) oder Tür (z. B. Kühlschranktür, Kinderzimmertür).

Ihr Kind kann diese Wörter auf herzförmiges Papier schreiben.

Sie können auch Ihre eigenen Lieblingswörter aufschreiben und dazuhängen.

Mein kleiner Satzturm

Man braucht 3 Verpackungen (Milch- oder Saftkarton, Schachteln von Käse/ Medikamenten/Kosmetik, Joghurtbecher, Toilettenpapier-Rolle …) und einen Kochlöffel

1. Bauen Sie einen Turm: unten das größte und oben das kleinste Teil.

Schneiden Sie am Milch- bzw. Saftkarton ein Stück ab, sodass ein Würfel übrig bleibt.

2. Lösen Sie alle Aufkleber ab bzw. kleben Sie Zettel auf.

3. Beschriften Sie alle Teile rundherum mit 4 Textbausteinen:

Oben: 4 × Wer? (z. B.: Das Baby, Die Maus, Die Hexe, Der Igel)

Mitte: 4 × … macht was? (z. B. schläft, badet, spielt, singt)

Unten: 4 × Wo? (z. B. im Wasser, im Auto, in der Nacht, auf dem Pferd)

4. Verbinden Sie nun alle Teile mit einem Kochlöffel, indem Sie überall in der Mitte ein Loch bohren. Nun hat Ihr Kind einen Satzturm, mit dem es durch Drehen der Stockwerke 64 unterschiedliche Sätze bilden und lesen kann!

Interaktives Lesespiel

Man braucht PC, Laptop oder Tablet inkl. Software „Microsoft Powerpoint"

Das Märchen-Lesespiel finden Sie auf dieser Seite unter Interaktive Lesespiele: https://bildungsserver.berlin-branden-burg.de/dekodierfaehigkeit

Spielen Sie mit Ihrem Kind gemeinsam. Planen Sie 30 bis 60 Minuten ein.

Wichtig: Die Texte, Bilder und Aufgaben auf den Folien müssen genau betrachtet bzw. genau gelesen werden. Das Spiel darf nicht nur einfach durchgeklickt werden.

Lesen Sie die Textteile vor, die Ihr Kind noch nicht schafft.

Übrigens: Das interaktive Märchen-Lese-spiel verliert nicht seinen Reiz, wenn es mehrfach gespielt wird – ganz im Gegenteil. Die Kinder lieben es, Sicherheit im Umgang mit dem Spiel und seinem märchenhaften Inhalt zu bekommen.

Gemeinsamer Einkaufszettel

Beziehen Sie Ihr Kind beim Schreiben des Einkaufszettels mit ein.

Sie können abwechselnd notieren, welche Dinge eingekauft werden müssen.

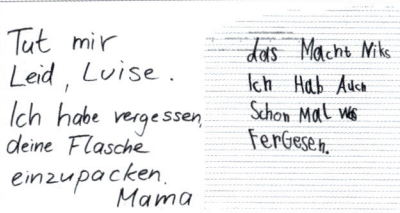

Nachrichten

Schreiben Sie Ihrem Kind kleine Nachrichten und Aufträge auf.

Wahrscheinlich wird es Ihnen spontan auch schriftlich antworten.

Vielleicht finden Sie einen Platz für eine Tafel, auf der Sie und Ihr Kind die Nachrichten direkt schreiben oder platzieren.

Merkzettel

Schreiben Sie kurze Merkzettel für Ihr Kind und bitten Sie auch Ihr Kind, Wichtiges zu notieren.

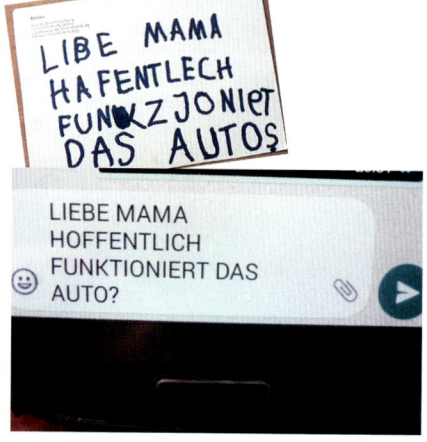

Brief, Postkarte oder Textnachricht

Ermutigen Sie Ihr Kind, kurze Briefe oder Postkarten zu schreiben, z.B. an Großeltern, Verwandte, Freundinnen und Freunde.
Ermöglichen Sie es Ihrem Kind, eine E-Mail oder eine SMS zu schreiben.

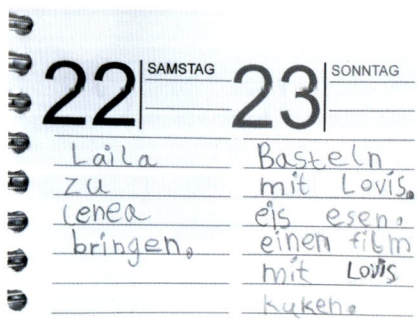

Wünsche, Pläne, Tagebuch

Schreiben Sie gemeinsam in der Familie z.B. Wünsche oder einen Plan für das Wochenende oder für Ferientage auf.
Bieten Sie Ihrem Kind ein Tagebuch an, in dem es jederzeit eigene Gedanken, Ideen oder Erlebnisse notieren kann.
Führen Sie gemeinsam ein kleines Ferientagebuch, in das täglich abwechselnd von einem Familienmitglied ein Satz geschrieben und ein Bild gemalt oder geklebt wird.

Wörter lautieren an der Bus-Haltestelle

Um sich Wartezeiten zu verkürzen, z. B. an der Bus-Haltestelle, können die schon bekannten Wochenwörter auch ohne Stift und Papier geübt werden.

Sie nennen ein Wort und Ihr Kind lautiert die richtige Schreibung.

Achtung: In dieser Phase des Lesen- und Schreibenlernens ist es wichtig, dass Ihr Kind die Lautwerte der Buchstaben nennt.

Auf keinen Fall sollte es buchstabieren, also die Buchstaben nennen (z. B. EN A ES E für Nase). Das sollte es erst, wenn es schon recht sicher lesen kann und das Alphabet bzw. die „Buchstabennamen" eingeführt sind.

Hüpfspiel

Für einen oder mehr Spielende.
Man braucht ein Stück Kreide.
Die Wochenwörter werden mit Kreide auf den Bürgersteig oder einen Hof geschrieben und als Hüpfspiel genutzt.

Lesespaziergang

Für einen oder mehr Spielende.
Man braucht ein Stück Kreide.
Viele der bereits geübten Wochenwörter werden mit Kreide in großen Kreisen auf den Bürgersteig oder einen Hof geschrieben und laden zum Lesespaziergang ein.

131

Albrecht Bohnenkamp & Heike Hegemann-Fonger

Draußenschule

Lesen und Schreiben lernen auch außerhalb der Schule?!

Vorweg ein Zitat, passend zum Thema und zum Wetter:

> *"Today for show and tell, I've brought a tiny miracle of nature: a single snowflake! I think we might all learn a lesson from how this utterly unique and exquisite crystal turns into an ordinary, boring molecule of water just like every other one when you bring it into the classroom. And now, while the analogy sinks in, I will be leaving you drips and going outside."*
> (Calvin, in „Calvin and Hobbes by Bill Watterson for February 07, 2013")

Einleitung

„Die Wirklichkeit" in ihrer Komplexität und Schönheit in die Schule zu holen, das misslingt nicht nur bei Calvin und der Schneeflocke. Diese Herausforderung kennzeichnet seit Langem Inhalte und Aspekte unseres Unterrichts. Besonders deutlich wird dieses sicher bei den Lernbereichen, die sich mit Natur und Umwelt beschäftigen.

Andere Fächer, wie Mathematik und Deutsch, reklamieren die Schule dagegen in der Tradition als den Ort, an dem Kinder zum ersten Mal mit den zentralen fachlichen Inhalten in Berührung kommen oder zumindest diese Inhalte systematisch erwerben können.

Grundlegende schulische Bildung für alle Kinder war auch in Deutschland lange keine Selbstverständlichkeit – und die Zugänglichkeit der Bildung für alle gilt nach wie vor als Indikator für die Fortschrittlichkeit eines Landes und seiner Bildungspolitik. Wenn der gerade verstorbene Desmond Tutu daran Anstoß nahm, dass in Südafrika immer noch Kinder für den Unterricht unter einem Baum sitzen müssen und nicht in einem Schulgebäude lernen und arbeiten dürfen, dann meint das sicherlich diesen Aspekt des Grundrechts auf Bildung.

Im Beitrag geht es darum zu hinterfragen, warum die Schule als Gebäude und Lernraum nicht immer der beste und einzige Ort ist, an dem das Lernen der Kinder anregend und nachhaltig organisiert werden kann. Es geht um die Frage, ob die komplexe außerschulische Realität, wenn sie in methodisch-didaktisch aufbereiteter Form in die Schule geholt wird, noch in allen ihren Erscheinungsformen für die Kinder erfahrbar sein kann.

Zweifel daran – und Ideen zur Nutzung der Potenziale von Lernorten außerhalb der Schule – gibt es spätestens seit den reformpädagogischen Ansätzen im vergangenen Jahrhundert, die, wie z. B. von Adolf Reichwein, neben dem „Unterricht im Freien" durchaus auch aktuelle Medien (wie den Film) aktiv zu nutzen versuchten. Ausflüge, Exkursionen und Klassenfahrten, wichtige schulpädagogische Elemente, stehen ebenfalls in Verbindung mit Traditionen, die den „Ort Schule" nicht als ausschließlichen Lernort definieren wollten.

Draußenschule, Draußentage und Draußenunterricht bei skandinavischen Modellen (z. B. Uteskole in Norwegen und die Udeskole in Dänemark) gehen konzeptuell über punktuelle Unterrichtsgänge außerhalb der Schule hinaus und setzen auf Regelmäßigkeit und die klare Einbindung in den Stundenplan sowie in das sonstige Unterrichtsgeschehen.

Draußenschule bietet somit ein vielversprechendes Konzept, das möglicherweise auf Dauer ein überzeugendes Potenzial aufweist. Durch die Coronapandemie bekamen Unterrichtsszenarien, die im Freien stattfinden, zusätzlich erhöhte Aufmerksamkeit.

Der Fokus liegt in dem vorliegenden Beitrag auf dem Erwerb der Schriftsprache und damit auf dem Fach Deutsch, das vordergründig eher wenige direkte Bezüge zum Ansatz „Draußenunterricht" aufweist und fragen lässt: Welchen Ertrag können Draußenszenarien für das Lesen und Schreiben erbringen? Und: Welche Szenarien sind in diesem Kontext relevant?

In Verbindung mit Schriftspracherwerb ist also zunächst zu prüfen: Was verbirgt sich hinter den Begriffen „Draußenschule", „Draußenunterricht", „Draußentag"? Welche Umsetzungsformen existieren bereits? Welche weiteren Formen sind denkbar? Was ist mit den außerschulischen Lernorten wie Bibliotheken, Museen …? Wo und wie finden sich Anregungen und realisierte Praxis, die exemplarisch aufzeigen, dass Lesen und Schreiben, im weiteren Sinne also Nutzung von Schrift, außerhalb von Schule oder in Verbindung von Schule und „Draußenorten" lebendig erfahrbar gemacht werden können?

Zum Begriff „Draußenschule"

Die Projektgruppe „Draußenschule" der Johannes Gutenberg-Universität Mainz definiert „Draußenschule" folgendermaßen:

> *„Die Draußenschule beschreibt ein schulpädagogisches Konzept, bei dem Schulklassen im gesamten Schuljahr einmal pro Woche den Klassenraum verlassen und regionale Natur- und Kulturräume aufsuchen. Die wöchentlichen Draußentage sind Teil der Unterrichtsarbeit und verfolgen neben fachlichen auch soziale Lernziele. Sie leiten sich aus den Inhalten der jeweiligen Lehrpläne ab und ermöglichen ein fächerverbindendes und fachübergreifendes Lernen. Kognitive und leib-sinnliche Lern- und Bildungsprozesse stehen in enger Wechselwirkung zueinander."* (Projektgruppe Draußenschule der Johannes Gutenberg-Universität Mainz 2014, 2)

Gräfe et al. betonen in einem weiteren Aufsatz zusätzlich:

> *„Das Ziel besteht darin, Inhalte aller Unterrichtsfächer separat oder fächerverbindend in der Umgebung der Schule zu vermitteln bzw. gemeinsam mit Schülerinnen und Schülern zu erarbeiten."* (Gräfe et al. 2016, 79)

Die Idee der Draußenschule „Uteskole" stammt aus Skandinavien. In Norwegen wird sie seit 1990 vor allem durch Arne Jordet vorangetrieben. Die Ausbreitung der „Udeskole" in Dänemark verstärkte sich etwa ab 2000 (vgl. Kinkel 2021, 386).

In Deutschland existiert mittlerweile ebenfalls eine Vielzahl von Umsetzungsvarianten, die in unterschiedlichen Ausprägungen Aspekte der Draußenschule enthalten. Neben einigen bekannteren Projekten lässt sich eine große Anzahl von individuellen Varianten vermuten, über die bisher nichts veröffentlicht wurde oder die unter anderen Titeln den gängigen Suchmaschinen nicht zugänglich sind. Bereits Begrifflichkeiten wie Draußenschule, Draußenunterricht, Draußenlernen, Draußentag, Lernen im Freien, Lernen außerhalb des Klassenzimmers oder auch Lernen außerhalb der Schule geben einen Hinweis auf individuelle Varianten. Zählen ein „Grünes Klassenzimmer", ein Schulgarten oder eine Parzelle zum Draußenlernen?

Zusätzlich bestehen weitere interessante Umsetzungsvarianten der Draußenschule, die über die oben genannte Definition hinausgehen. Die 2021 gegründete Ganztagsschule Draußenschule Ladenburg in Baden-Württemberg bietet das Angebot einer täglichen Draußenschule (www.draussenschule-ladenburg.de). Andere Angebote umfassen eine zeitlich geringe Dauer – wie die Waldtage einer Sprachvorklasse in Bremen –, die nicht über ein gesamtes Schuljahr, sondern nur einige Wochen praktiziert wurden (Bohnenkamp, Hegemann-Fonger, Papzien 2021).

Viele der recherchierten Projekte weisen eine große Nähe zu naturwissenschaftlichem, sozialem und bewegungsorientiertem Lernen auf (Wanderjugend, Wanderbund, Naturindianer, Landschaftsabenteuer ...). Doch auch wenn Draußenschule insgesamt eine große Offenheit – inhaltlich, zeitlich, räumlich wie auch personell – aufweist, mag es Grenzen geben. Der Frage, ob sich im Draußenschulbereich auch Aspekte des Anfangsunterrichts Deutsch verankern lassen, soll in diesem Beitrag nachgegangen werden.

Deutschunterricht und Draußenunterricht

Es mag zunächst etwas abwegig erscheinen, für das Lesen und Schreiben im Anfangsunterricht, also für den Schriftspracherwerb, die Schule zu verlassen und (Lern-)Orte aufzusuchen, die unter Umständen kaum eine hilfreiche Infrastruktur bieten, eine Infrastruktur mit Tischen, Sitzgelegenheiten, Schreibgeräten, geeigneter Beleuchtung und einer angemessenen Temperatur, die auch längere „Sitzungen" ermöglicht. Anders als die mündliche Sprache ist Schriftsprache sowohl in rezeptiver, besonders aber in aktiver Nutzung abhängig vom Vorhandensein einer solchen Infrastruktur. Gerade Anfänger:innen, so könnte man meinen, sollten doch nach Möglichkeit am Tisch sitzend bei guter Beleuchtung und ruhigem Umfeld ihre ersten Schreib- und Leseversuche machen können. Schließt sich deshalb die Integration von Aspekten des Schriftspracherwerbs in außerschulische Aktivitäten aus?

Beobachtet man Kinder in freieren Arbeitssituationen, wird selbst in Innenräumen wie einem Klassenzimmer oder einem Gruppenraum in der Kita schnell deutlich: Beim Lesen und Schreiben suchen sich Kinder Plätze, die ihren individuellen Vorlieben und Bedürfnissen entgegenkommen und gleichzeitig den Anforderungen der Situation entsprechen. In freien Lese- und Schreibzeiten kann man Kinder beobachten, die auf dem Bauch liegend in einem Schreibheft oder -buch arbeiten, andere Kinder notieren Beobachtungen zu einem Experiment auf einem Blatt, das in einem Klemmbrett steckt, drei Kinder sitzen im „Lesezelt" und schauen gemeinsam ein Bilderbuch an – Arbeits-Orte und unterschiedliche Medien werden von den Kindern meist angemessen genutzt. Und stellt sich dann das Schreiben im Stehen als unter Umständen doch zu aufwendig dar, findet sich in der Regel auch schnell ein besserer Platz.

Davon ausgehend, dass außer systematischen Übungen zum Schreiben und Lesen deutlich mehr Aspekte und Unterrichtselemente Grundlage eines erfolgreichen Schriftspracherwerbs sind (vgl. Brinkmann 2015), wird bei der näheren Analyse deutlich:

- Der Einbezug der (außerschulischen) Lebenswelt der Kinder und der Vorerfahrungen, die sie vor Schulbeginn gemacht haben, kennzeichnet gelingenden Anfangsunterricht (auch) beim Lesen- und Schreibenlernen (vgl. Brügelmann, Brinkmann 1998).
- Auch nach der Einschulung und in Ergänzung der aktuellen außerschulischen Erfahrungen ist es Aufgabe der Schule, den Kindern neue, für das

Lernen und Arbeiten sinnstiftende Zusammenhänge aufzuzeigen und diese über erlebbare Anwendungsszenarien herzustellen, denn die unterschiedlichen Vorerfahrungen der Kinder müssen in der Schulzeit erweitert und ergänzt werden. Dazu gehört eine entsprechende Ausstattung der Schule mit Klassen- und Schulbücherei, verschiedenen Schreibgeräten und Medien sowie Räumen, Orten und Zeiten an und in denen entsprechende Aktivitäten entfaltet werden können.

Die Bandbreite der sozialen und bildungsbezogenen Hintergründe der Schüler:innen in unseren Grundschulen zeigt deutlich, dass ausreichende und anregende Zugänge zu Schrifterfahrung außerhalb der Schule keine Selbstverständlichkeit sind. (Grund-)Schule hat deshalb die Aufgabe, Erfahrungsmöglichkeiten so zu gestalten, dass Kindern Wege aufgezeigt und Impulse gegeben werden, die erweiterte Zugänge zur Kultur der Schriftlichkeit schaffen.

Bieten sich in diesem Zusammenhang nicht Aktivitäten geradezu an, die den bisweilen eher engen Rahmen der Schule sprengen? Aktivitäten, die die (außerschulische) Wirklichkeit nicht über Lehrbücher und Arbeitsblätter in das Klassenzimmer holen, sondern diese Wirklichkeit aufsuchen und sie damit direkt beobachtbar und erfahrbar, auch „beschreibbar" und „lesbar" machen? Mit dem Verlassen des Klassenzimmers geht es darum, Kindern die Gelegenheit zu bieten, Schrift in alltäglichen Zusammenhängen und sinnvollen Funktionen zu erleben, ihre Nutzung zu erfahren und anzuwenden. So wie die Schneeflocke aus dem Eingangsbeispiel besser außerhalb der Schule ge- und untersucht wird, da sie sonst ihre einzigartige und vielfältige Struktur verliert, können elementare Strukturen von Schriftkultur unter Umständen eben auch besser in unverwässerter Form in der außerschulischen Wirklichkeit erlebt, genutzt und gesammelt werden.

Exemplarisches

Buchstabensammler, Wörtersammler – Schriftspaziergänge

Die gestaltete Welt um uns herum ist in der Regel Kulturraum, d.h. das kulturelle Element Schrift findet sich auch in unserer direkten Nachbarschaft. Schriftzeichen, Wörter, Sätze und Texte, die sich öffentlich präsentieren, können bei „Schriftspaziergängen" erkundet und thematisiert werden. Schon in der Kita sind Frankfurter Erzieher:innen mit ihren Gruppen im Stadtteil auf Buchstaben- und Wörtersuche gegangen und haben mit diesem und anderen Formaten versucht, die Kinder auf den Weg zur Schrift zu bringen (vgl. kita frankfurt 2011, 42 ff.). Die selbstverständliche und alltägliche Schriftverwendung im Stadtteil zu untersuchen kann auch den Anfangsunterricht Deutsch weiter begleiten und das Interesse an Schrift steigern.

Digitale Fotos (oder manuelle Abschriften) von „Schriftentdeckungen" sensibilisieren die Kinder für Fragen nach deren Bedeutung, bestärken sie in

Versuchen, diese zu entschlüsseln, und können zum Inhalt von Rätseln („Was meinst Du, wo ich das gefunden habe?"), von Texten mit Vermutungen zur Bedeutung oder dem Fundort, mit Gesprächen zu den einzelnen Fundstücken werden.

Waldszenarien mit Schrift

Der Draußenlernort Wald kann an dieser Stelle exemplarisch für ein naturnahes Szenario in den Blick genommen werden. Für viele Kinder sind Naturbegegnungen im Alltag eher selten geworden. Freies Spielen oder das freie Erkunden von naturnahen Orten brauchen also Raum und Zeit, das Gespräch über die Erlebnisse, Beobachtungen und Erfahrungen ebenfalls, und erforderlich sind Vokabeln. Wortschatzarbeit mit Schwerpunkt im Mündlichen war in der DaZ/DaF-Vorklasse von Johanna Papzien (Bohnenkamp, Hegemann-Fonger, Papzien, 2021) ein zentrales Anliegen, ergänzt wurde es durch Bildkarten mit Schrift:

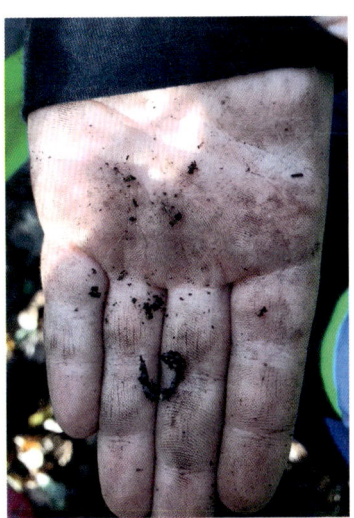

Solche Waldszenarien in die Schriftlichkeit zu überführen bedeutet, zahlreiche Lese- und Schreibanlässe zu nutzen. Fundstücke müssen z. B. fotografiert und gesammelt, Begriffe recherchiert und mit schriftlichen Bezeichnungen und Kommentaren in die entsprechende Dokumentation oder Ausstellung überführt werden. Aber auch schon vor Ort können (analog zur Idee: „Etiketten für Gegenstände – F1" aus der Ideenkiste Schrift-Sprache, Brinkmann, Brügelmann 2010) schriftliche Formen genutzt werden, um die verschiedenen neuen oder auch bekannten Gegenstände und Fundstücke zu beschildern, die Schilder beim wiederholten Besuch erneut zuzuordnen oder sie als Rätselspiel zu vertauschen. Wörter und Buchstaben im natürlichen Umfeld mit Naturmaterialien zu gestalten, die im Wald oder an anderen Orten zu finden sind, ist eine weitere deutschdidaktische Variante (vgl. u. a. auch Stiftung SILVIVA, 46).

Detaillierter betrachtet werden im Folgenden Beispiele aus zwei Bremer Grundschulklassen, die Draußenlernen bereits seit ihrem ersten Schuljahr regelmäßig praktizieren.

Schriftverwendung an Draußenlernorten
Vom Spaziergang zum Forscherjournal
Die Eulenklasse der Schule an der Delfter Straße geht seit der ersten Klasse dienstags eine Runde um den nahegelegenen kleinen Sodenmattsee. Für den wöchentlichen Gang werden insgesamt zwei Doppelstunden eingeplant.

Mit regelmäßigen Stopps an den überwiegend immer gleichen Stellen kommen vielfältige Themen zur Sprache. Auf Rückfrage der Kinder, also intrinsisch motiviert, können dabei kleine und große Herausforderungen angegangen werden. Manchmal entstehen so auch kleine Projekte, die eine Weiterarbeit und zusätzliche Recherchen

in der Schulwoche benötigen und von den Schüler:innen individuell oder in einer Gruppe bearbeitet werden.

Pro Schuljahr wird ein Forscherheft gestaltet, in dem im Laufe der Folgewoche die Dokumentation erfolgt. Vom Malen und Einkleben wandelt sich das Heft mit den Schuljahren in ein Textjournal.

Besondere Orte fördern Motivation und Inspiration: Schrift- und Schreibübungen auf der Stadtteilfarm

Systematische Übungen zum Lesen und Schreiben, ein Bereich, der in den Arbeitsmaterialien zum Erstlese- und Schreibunterricht einen großen Stellenwert einnimmt, scheinen aufgrund der projektorientierten Offenheit der meisten Draußenszenarien in diesem Zusammenhang zunächst eher unpassend. „Trockenübungen" im Lesen und Schreiben brauchen an verregneten Draußentagen vielleicht ein Dach und etwas Wärme, können aber eine gute Ergänzung des draußen sonst eher offenen, projektorientierten Arbeitens darstellen.

So nutzen die Kinder der Farmklasse den Innenraum des Farmgebäudes phasenweise und in kleinen Gruppen durchaus auch für systematische Übungen. Aktuell ist es die Arbeit am „Füllerführerschein", den man bekommt, wenn man seine verbundene Handschrift formklar und passend in den Linien schreiben kann. Die Lehrer:innen berichten, dass die Konzentration und die Motivation bei dieser (und anderer) Übungstätigkeit an den Farmtagen besonders hoch sind und ganz offensichtlich durch den anderen Lernort eine besondere Bedeutung bekommen.

Dass besondere Orte auf die Motivation und darüber hinaus anregend auf die Phantasie wirken, nutzen auch die Kolleg:innen aus der Schweiz, wenn sie in ihren Ideen zum Lesen und Schreiben an Draußenorten feststellen, dass beim Schreiben von Texten in der Natur ganz häufig die Inspiration durch die Umgebung gespeist wird (vgl. u. a. auch Stiftung SILVIVA, 46 ff.) und in eher offenen Aufgaben gut zum Schreiben von Texten oder auch zur Lektüre von Texten genutzt werden kann.

Draußenorte beschildern

Auf der Stadtteilfarm Huchting in Bremen finden sich bewusst eine ganze Anzahl von Schildern und Infotafeln zur Orientierung auf dem Gelände, um den Besuchern wichtige und interessante Infos zur Verfügung zu stellen. An mancher Stelle findet sich auch ein Hinweis, welches Gerät wo abgestellt werden soll, damit es von den vielen Helfern auch gut wiedergefunden werden kann.

Gerade bei den ersten Besuchen auf der Stadtteilfarm sind die Kinder sehr daran interessiert, die individuellen Namen der Tiere zu erfahren. So weckt es Neugier, selbst zu erlesen, wie die Tiere heißen, um sie rufen zu können. Auf manchen Tafeln kann man dann auch lesend das jeweilige Lieblingsfutter erfahren. Vielleicht kann man das Tier später damit locken? Auch das Alter und den natürlichen Lebensraum der Tiere zu kennen, reizt die Kinder. Für Schüler:innen, die sich bereits als Expert:innen für einzelne Tiere qualifizieren möchten oder sich auf den „Tierführerschein" vorbereiten, stellen die Infotafeln einen Leseanlass und Lernhilfe dar. Vielleicht möchte man am Nachmittag oder am Wochenende nochmals vorbeischauen und müsste wissen, welche Öffnungszeiten die Farm hat oder auch, welche Zugangsbedingungen bei Coronabeschränkungen gelten.

Andere außerschulische Lernorte als Elemente der Draußenschule

Außerschulische Lernorte, die im engeren Sinne oft nicht zum „Draußenunterricht" gezählt werden, weil sie in (gestalteten) Innenräumen liegen, bieten mit ihrem dedizierten Schriftbezug ganz eindeutige Zugänge zum Thema Schrift und sollen mit dem Blick auf den Schriftspracherwerb Erwähnung finden.

Besuch von Bibliotheken oder Bücherbussen

Der Besuch von Bibliotheken oder Bücherbussen kann je nach Erreichbarkeit als regelmäßiges Element in den Klassenunterricht eingebaut werden. Bücherbusse halten z.T. nahe von Schulen, in manchen Regionen lassen sie sich sogar zu bestimmten Uhrzeiten an gewünschte öffentliche Orte bestellen. Der Besuch dort kann zeitlich unaufwendig wöchentlich oder zweiwöchentlich zum Jour fixe werden. Liegt die Bibliothek weiter entfernt, kann ein monatlicher Besuch angemessen sein. Bereits in den ersten Schulmonaten kann die Stadtbibliothek im Klassenverband besucht werden, möglicherweise kombiniert mit einer Führung vor Ort. Häufig kennen die Kinder die Räumlichkeiten durch Besuche während der Kindergartenzeit. Schon beim ersten Besuch kann eine Klassenbücherkiste entliehen werden, für die jedes Kind ein Buch aussuchen darf. Bereits für den zweiten Besuch könnten die Kinder von den Erziehungsberechtigten unterschriebene Anmeldeformulare für einen Bibliotheksausweis mitbringen, damit ein eigenes Buch auswählen und für zwei Wochen bis zum nächsten gemeinsamen Bibliotheksbesuch mit nach Hause nehmen.

Lesenachmittag in der Buchhandlung

Zum winterlichen Höhepunkt einer zweiten Bremer Grundschulklasse gehörte der Lesenachmittag in einer nahegelegenen Buchhandlung. An einem Samstagnachmittag, nachdem die übliche Öffnungszeit bereits vorüber war, konnten die Kinder – ganz exklusiv – den Buchladen besuchen. Mit Kissen oder Decken ausgestattet wurden sie von der Buchhändlerin begrüßt und suchten sich einen bequemen Platz vor den hohen Bücherregalen. Einige Regeln (Umgang mit Trinkflaschen, Weg zur Toilette) und der Ablauf des Nachmittags wurden besprochen: Wichtig war der Hinweis, die Bücher nur nach Absprache aus den Regalen zu nehmen. Für alle gab es eine große Bücherkiste zum Auswählen für den späteren Schmöker-Nachmittag. Den Auftakt bildete die Vorleseaktion, bei der eine gute Vorleserin oder ein guter Vorleser die Kinder in solch einer Umgebung mit der richtigen Geschichte in den Bann ziehen kann. Danach ging es an die selbst ausgesuchten Bücher. Die meisten Kinder lasen allein in einem Buch, einige lasen einander flüsternd vor und wieder andere waren vertieft in Bilder oder auch technische Zeichnungen – jedes Kind schien „sein" Buch gefunden zu haben. Der Nachmittag verging schnell. Erst als die ersten Eltern in den Laden traten, mussten alle aus der Bücherwelt wieder auftauchen. Alle wollten wiederkommen ...

Weitere, eher einmalige Zugänge zur Schriftkultur bieten spezifische außerschulische Lernorte wie der Besuch einer Zeitungsredaktion oder einer Druckerei. Zwar können diese Orte nicht häufiger und schon gar nicht regelmäßig aufgesucht werden, doch bieten auch sie äußerst interessante Einblicke in ansonsten verborgene Prozesse.

Recht neu ist noch die Idee eines öffentlichen Bücherschranks. Warum nicht auch in Schulnähe einen öffentlichen Kinderbücherschrank aufstellen?

Fazit und Visionen

Die Beobachtungen, Erfahrungsberichte und praktischen Beispiele zeigen: In Draußenlernsituationen kann von Schulbeginn an (und auch schon davor im Rahmen von Kita-Arbeit) gezielt an Schriftlichkeit gearbeitet werden. Zudem wird im Rahmen der in der Regel eher projektartigen, in ganzheitlichen Zusammenhängen und fächerübergreifend angelegten Arbeitsphasen an Draußenlernorten den Lese- und Schreibanlässen ein greif- und erlebbarer Anlass gegeben. Lesen und Schreiben erhält von (Schul-)Anfang an eine praxis- und lebensweltbezogene Bedeutung.

Schulorganisatorisch sind regelmäßige, in den Wochenablauf fest integrierte Draußentage für Grundschulklassen natürlich eine beträchtliche Herausforderung: Stundenplantechnisch müssen beteiligte Personen und erforderliche Ressourcen so eingeteilt werden, dass die Klassen regelmäßig die außerschulischen Orte aufsuchen können. Doppelbesetzungen (mit zumindest zwei erwachsenen Begleitpersonen) sind in einer Reihe der beschriebenen Beispiele sicher dann notwendig, wenn Orte aufgesucht werden, an denen keine weiteren erwachsenen Personen helfend anwesend sind. In jedem Fall ist die freiere und offenere Situation außerhalb des Schulgeländes eine Herausforderung, in der einerseits didaktische und methodische Impulse bei bestimmten Arbeitsformen unerlässlich, gleichzeitig aber weniger planbar sind.

Unsere Anregungen

Schulbezirke organisieren ein Netzwerk von möglichen Draußenorten und dazu einen Pool an Helferinnen und Helfern, die entweder an bestimmten Orten eingebunden sind (Beispiel „Stadtteilfarm") oder auch als Begleitung für verschiedene Orte angefragt werden können.

Didaktische und methodische Konzepte zu bestimmten Orten und damit in Verbindung definierten fachlichen Bezügen könnten ausgetauscht bzw. geteilt und in Zusammenarbeit verschiedener Schulen und Institutionen (auch im Rahmen regionaler Fortbildungen) zu Modulen weiterentwickelt werden. Neben den sicher zunächst vorherrschenden Bezügen zu Inhalten des Sachunterrichts lassen sich systematisch die Integration weiterer Fächer, inklusive und offene Lernsettings, aber auch Themen wie nachhaltige Entwicklung mitdenken.

Ansätze zu Vernetzungen finden sich aktuell in einigen überregionalen Projekten wie „Landschaftsabenteuer" (www.landschaftsabenteuer.de) oder „FREI DAY" (Rasfeld 2021, www.frei-day.org) oder zu bestimmten Themen (Beispiel Netzwerk „Bienen machen Schule", www.bienen-schule.de) – dann also von der Sache/dem Thema her bestimmt, seltener ohne inhaltliche Festlegung und weniger in der regionalen Vernetzung zwischen Schulen und außerschulischen Institutionen und Orten.

Hier sehen wir noch ein deutliches Entwicklungspotenzial, das sicherlich die Unterstützung auch schulbehördlicher und politischer Stellen benötigen würde. Zentral dabei scheinen die Regelmäßigkeit und die Selbstverständlichkeit zu sein, mit denen die Aktivitäten an außerschulischen Orten ergänzend zum Unterricht und/oder zum Ganztagsschulbetrieb dazugehören sollten. Denn: Es geht bei den entwickelten Konzepten nicht um eine Ideensammlung für den jährlichen Klassenausflug, sondern um Weiterentwicklung von Grundschule, von Unterricht und strukturellen Abläufen.

Dass entsprechende Ressourcen verlässlich zur Verfügung stehen müssen, ist eine Selbstverständlichkeit, scheint aber vor dem Hintergrund der aktuell angespannten Lage im personellen Bereich nicht immer gesichert. Zudem zeigen die Auswirkungen der Pandemie gerade seit 2020, wie wenig verlässlich Unterricht und Schulleben in Kontinuität gewährleistet werden können.

Mit Vorhandensein der notwendigen Ressourcen kann die Einführung und regelmäßige Durchführung von Draußentagen von Schulbeginn an aber einen wertvollen Beitrag zur Veränderung von Schule und Unterricht darstellen, die zahlreiche fachliche Inhalte in ihren eher projektorientierten Strukturen sinnvoll und zielführend integrieren kann.

Literatur

Bohnenkamp, Albrecht; Hegemann-Fonger, Heike; Papzien, Johanna (2021): Wald ist schön. Und, äh, die Wurm in Erde so cool!" oder: „Der Wald ist voll mit Wörtern!". Ein „Draußenschulprojekt" einer Vorklasse im Bremer Primarbereich. In: Grundschule aktuell 156.

Brinkmann, Erika (2015): Richtig schreiben lernen nach dem Spracherfahrungsansatz. In: Brinkmann, Erika (Hrsg.): Rechtschreiben in der Diskussion. Schriftspracherwerb und Rechtschreibunterricht. Beiträge zur Reform der Grundschule. Band 140. Grundschulverband e. V. Frankfurt a.M.

Brinkmann, Erika; Brügelmann, Hans (2010): Ideen-Kiste 1. Unterrichtsideen zum Lesen- und Schreibenlernen. verlag für pädagogische medien (vpm) / Klett. Stuttgart.

Brügelmann, Hans; Brinkmann, Erika (1998): Die Schrift erfinden. Libelle Verlag. Lengwil.

Gräfe, Robert et al. (2016): Einmal wöchentlich draußen unterrichten?! Eine qualitativ-empirische Studie zur Draußenschule aus der Perspektive von Grundschullehrerinnen.

In: von Au, Jakob; Gade, Uta (Hrsg.): „Raus aus dem Klassenzimmer" – Outdoor Education als Unterrichtskonzept. Beltz Juventa. Weinheim und Basel, 79–94.

Kinkel, Oliver (2021): Neugier entfesseln! Wie Corona, Klimakrise & Neurowissenschaften die Schule umkrempeln. Visual Ink Publishing. o. O.

kita frankfurt (Hrsg.) (2011): Sprechen, Schreiben, Lesen – Kinder auf dem Weg zur Schrift. Anregungen für die Praxis in Kindertageseinrichtungen für Kinder im Alter von 1–10 Jahren. Online verfügbar: www.kitafrankfurt.de/publikationen/ broschueren/121023_KFM_Sprechen_Schreiben_Lesen_barrierefrei_20.10.11_bf_ abA7.pdf. (Zugriff: 2022_27_01)

Projektgruppe Draußenschule der Johannes Gutenberg-Universität Mainz (2014): Didaktik der Draußenschule. Ein Rahmenkonzept für Lehrer/-innen. Online verfügbar: www.undekade-biologischevielfalt.de/undekade/media/121114021605_983824.pdf (Zugriff 2022_08_01).

Rasfeld, Margret (2021): FREI DAY. Die Welt verändern lernen! Für eine Schule im Aufbruch. Oekom Verlag. München.

Stiftung SILVIVA (2019) (Hrsg.): Draußen unterrichten. Das Praxishandbuch für die Grundschule. Ausgabe für Deutschland. hep verlag. Bern.

Tipps zum Weiterlesen und Anschauen

Armbrüster, Christian et al. (2018): Draußenschule – Eine Handreichung. Schneider Verlag. Hohengehren. Baltmannsweiler.

Gräfe, Robert et al. (2015): Draußenschule. Regelmäßig außerhalb der Schule lernen. Die Grundschulzeitschrift. Jg. 29. Nr. 287

Eine informative inhaltliche Orientierung sowie Umsetzungskonzepte an drei Modell-schulen bietet die Projektgruppe „Draußenschule" der Johannes Gutenberg-Universität Mainz (JGU) an. Die Projektphase lief von 2014–2017.

www.undekade-biologischevielfalt.de/undekade/media/121114021605_983824.pdf.

www.schulpaedagogik.uni-mainz.de/files/2020/09/Draussenschule_emp.Ergebnisse_ Zusammenfassung.pdf.

www.youtube.com/watch?v=d_UrXxuGfUk&list=PL0F68B2B14956A8A8.

Webadressen aus dem Text und als Anregungen

www.bienen-schule.de

www.draussenschule-ladenburg.de/

www.draussenunterricht.de/

www.frei-day.org/

www.landschaftsabenteuer.de/

www.silviva.ch/

www.stadtteilfarm.de/

www.uni-mainz.de/presse/aktuell/773_DEU_HTML.php

Marion Gutzmann & Viola Petersson

Heterogenität – ein Gewinn beim Mit- und Voneinander-Lernen

Die Rosa-Luxemburg-Schule in Potsdam ist eine der Schulen in Brandenburg, die seit dem Schuljahr 2006/2007 die flexible Schulanfangsphase eingeführt und das jahrgangsübergreifende Lernen im Schulprogramm verankert haben, sie war Pilotschule für Inklusion und ist seit 2017/2018 Schule des Gemeinsamen Lernens. Vielfalt prägt auch das Bild dieser verlässlichen Halbtagsschule – der Anfang ist nicht bei allen Kindern gleich, auch hier kommen die Schülerinnen und Schüler mit einem individuellen Startpaket in die Schule (Beitrag Lassek in diesem Band, 20 ff.). Viele verschiedene Voraussetzungen der Kinder bilden in den acht Flex-Klassen eine große Palette von Ausgangslagen. Ein erfolgreicher Weg, den unterschiedlichen Voraussetzungen der Kinder gerecht zu werden, ist das jahrgangsübergreifende Lernen, das die Möglichkeit bietet, den Schülerinnen und Schülern einen individuellen Einstieg in das Schulleben und einen bestmöglichen Start in den Schriftspracherwerb zu gewährleisten. Lassen Sie sich einladen, an einem kleinen Ausschnitt des Unterrichts der Bienchen-Klasse von Viola Petersson der Rosa-Luxemburg-Schule mit Blick auf den Schriftspracherwerb teilzuhaben.

Differenzierende Lernzugänge und Könnenserfahrungen ermöglichen

In der Schuleingangsphase bietet der jahrgangsübergreifende Unterricht für Schülerinnen und Schüler ein hohes Maß an differenzierenden Lernzugängen, eine Vielfalt von sozialem Lernen sowie viele Möglichkeiten zum Erleben von Könnenserfahrungen. „Im Jahrgangsübergreifenden Lernen bildet die Heterogenität der Kinder eine Ressource für das Lernen, d. h. sie wird positiv bewertet, aufgegriffen und entwickelt sich zu einem bedeutsamen Element der Unterrichtsgestaltung" (Carle 2014, 14). Jahrgangsübergreifender Unterricht braucht aber auch Lehrkräfte bzw. multiprofessionelle Teams mit pädagogischen Erfahrungen, fundierten fachlichen und didaktisch-methodischen Kompetenzen, um die Vielfalt der Lernausgangslagen, Lernziele und Lerninhalte für mehrere Jahrgänge gleichzeitig in gezielter Passung zum individuellen Entwicklungsstand des einzelnen Kindes im Blick zu haben (Carle 2022, 518–528).

Von Beginn an werden die Erstklässlerinnen und Erstklässler an der Rosa-Luxemburg-Schule von den erfahrenen Lerngruppenkindern beim Schuleinstieg unterstützt. Das Paten-System ermöglicht, sich als Helfende und als Hilfe

Empfangende wahrzunehmen. Soziales Lernen und soziale Mitverantwortung findet jedoch nicht nur durch gegenseitiges Helfen beim Lernen statt, sondern auch durch die Einführung in das Zusammenleben in der Klasse und der Schule. Die Lernanfängerinnen und Lernanfänger setzen sich selbst zum Ziel, das zu können, was sie bei den „Großen" sehen. Sie nehmen sich bewusst als Lernende oder als Expertinnen und Experten wahr. Wird im Morgenkreis der Tagesablauf von zwei Kindern vorgestellt – anhand von Symbolen und wiederkehrenden Abläufen –, können bereits sehr frühzeitig auch Erstklässlerinnen und Erstklässler diese Aufgabe übernehmen. So erleben sich die Kinder nicht als die Stärkeren oder die Schwächeren, sondern mit einem Rollenbewusstsein der bisher verbrachten Lernzeit in der Gruppe, des „weil ich noch nicht so lange hier bin" oder „weil ich schon länger hier bin und erklären kann, wie man das macht". Bis zu den Herbstferien haben sich die neuen Kinder zumeist mit allen Regeln und Abläufen vertraut gemacht – die Kinder sind in der Bienchen-Klasse angekommen.

Bezogen auf Rollen und Rollenbewusstsein, Chancen und Vorteile von Kindern in jahrgangsgemischten Lerngruppen wird in einer aktuellen Längsschnittstudie zur Leistungsentwicklung in jahrgangsgemischten und jahrgangshomogenen dritten und vierten Klassen Folgendes vermerkt: „In jahrgangsgemischten Klassen gibt es zudem intensivere Möglichkeiten der individuellen Unterstützung, da diese nicht nur die Lehrkraft, sondern auch durch Peers bzw. durch Lerntandems oder Lernpatenschaften in einer Kombination aus jüngeren und älteren Kindern erfolgen kann. Dadurch können sich für die jüngeren Schüler*innen Gelegenheiten beschleunigten Lernens ergeben, indem sie in einem Lerntandem bereits mit den Lerninhalten der nächsten Jahrgangsstufe arbeiten können und dabei individuelle Unterstützung erfahren" (Munser-Kiefer/Martschinke/Lindl/Hartinger 2021, 4). In der Bienchen-Klasse haben z. B. einige Erstklässlerinnen und Erstklässsler im Lerntandem mit den Älteren bereits den Schreibschriftlehrgang bearbeitet, während die anderen noch das Schreiben mit Druckbuchstaben geübt haben – für diese Kinder haben sich durch die Jahrgangsmischung Chancen und Vorteile ergeben. In der Studie wird darüber hinaus festgestellt: „Gerade für die Schüler*innen im zweiten Besuchsjahr kann dagegen eine Konsolidierung der Inhalte durch Wiederholung erwartet werden, wenn in spiralcurricular angelegten Klassenlehrplänen die Inhalte im zweiten Jahr auf höherem Niveau wiederkehren" (Munser-Kiefer/Martschinke/Lindl/Hartinger 2021, 4). Auch hierfür steht in der Bienchen-Klasse das Beispiel eines Gedichtvortrages einer Zweitklässlerin, die durch die Vorgabe von Kriterien größere Sicherheit als im ersten Schulbesuchsjahr zeigen konnte, die Orientierung an einem Vortragsmodell bewusst bei der Vorbereitung genutzt hatte und dies im Rahmen der Rückmeldungen der Zuhörenden als positive Könnenserfahrung erleben konnte.

Wiederkehrende vertraute inhaltliche Abläufe rhythmisieren die Tages- und Wochenplanung. Sie geben Sicherheit für das Miteinanderumgehen und -lernen, schaffen den Rahmen für eine lernförderliche Arbeitsatmosphäre und bieten individuelle Entwicklungsfreiräume beim gemeinsamen Lernen. In der Bienchen-Klasse geben viele der Rituale eine verlässliche Struktur. So ist für den Tagesstart eine individuelle Lern- und Arbeitszeit vorgesehen, in der die Kinder an ihren Aufgaben arbeiten, z. B. an der Weiterentwicklung der Schreibfertigkeiten beim Erwerb der Druck- bzw. Schreibschrift, in der Arbeit mit dem Wörterbuch und dem Aufschreiben von Steigerungsformen der Adjektive, beim Aufschreiben von Wörtern, Kennzeichnen der Silbenanzahl und Markieren von Vokalen und Endungen, beim Lösen von Mathematikaufgaben oder beim gegenseitigen Erklären eines krankheitsbedingt versäumten Lernstoffs im benachbarten Gruppenraum. An diese und auch andere Phasen des Tages schließen sich jeweils Bewegungs- und Entspannungsrituale an – oftmals mit Musik, auch wenn diese derzeit pandemiebedingt mit Maske, aber bei viel frischer Luftzufuhr stattfinden müssen. Im Morgenkreis sowie in Präsentationsrunden werden Möglichkeiten der Reflexion des Lernens und eine Feedback- und Anerkennungskultur gelebt. Klangschale, symbolische Gegenstände bzw. Musik leiten Ruherituale ein. Wer beim Lernen Hilfe benötigt, zeigt dies durch ein optisches Signal an.

Die Rhythmisierung fließt auch in die Jahresplanung ein. Lerninhalte und Lernziele werden themen- oder projektorientiert, bezogen auf Jahreszeiten oder fachspezifisch, in die Planung aufgenommen. Herzstück ist dabei die Gestaltung von Lernarrangements, die insbesondere offene, anregungsreiche Aufgaben ins Zentrum stellen, die von den Schülerinnen und Schülern auf unterschiedlichem Niveau bzw. mit unterschiedlichen Lernzugängen bearbeitet werden. Beispiele für Lernarrangements – planbar sowohl in jahrgangsgemischten Lerngruppen als auch in Jahrgangsklassen – werden nachfolgend im Abschnitt „Themen und Projekte mit vielfältigen Zugängen zum Schriftspracherwerb" beschrieben.

Ein positives Selbstkonzept bezüglich der Lese- und Schreibfähigkeiten aufbauen – Schreibflüssigkeit trainieren

Sowohl im Mehrebenenmodell der Lesekompetenz (Rosebrock/Nix 2008, 16) als auch im Modell der Schreibkompetenz als Mehrebenenphänomen (Ritter 2015, 10) ist die Subjektebene zentral, die das positive bzw. negative Selbstkonzept der Schülerinnen und Schüler von sich als (Nicht-)Leserinnen und -Leser bzw. (Nicht-)Schreiberinnen und -Schreiber betrifft und für die weitere Lese- und Schreibentwicklung prägend ist. Wichtige Bedingungen für die Entwicklung von Lese- und Schreibfähigkeiten sind – neben der Entwicklung von kognitiven Fähigkeiten der Textrezeption und -produktion – soziale

Erfahrung und Anschlusskommunikation wie z. B. Gespräche über gemeinsame und individuelle Lektüreprozesse, Vorleserunden und Textausstellungen eigener Texte, das Erleben von Lesevorbildern bzw. Schreibszenarien, die zum produktiven Gestalten mit Schrift einladen sowie eine Rückmeldekultur, die Wertschätzung gegenüber dem Autorenkind bzw. den Vortragenden zum Ausdruck bringt (Ritter 2015, 11).

Es gilt, auch im Rahmen des Schriftspracherwerbs, einen guten Lese- und Schreibunterricht zu gestalten, der keine der drei Ebenen (soziale Ebene, Subjektebene, Prozessebene) vernachlässigt, sinnstiftende Lese- und Schreibanlässe bietet und die Entwicklung eines positiven lese- und schreibbezogenen Selbstkonzeptes fördert. Aktuell wird auf der Prozessebene neben der Entwicklung der Leseflüssigkeit die Entwicklung der Schreibflüssigkeit in den Blick gerückt. Die Trainingsinhalte, abgeleitet von den drei Teilaspekten der Schreibflüssigkeit (Sturm/Lindauer 2014, 2), fokussieren auf

- das Schreiben einer flüssigen, gut leserlichen Handschrift,
- eine zunehmend automatisierte Rechtschreibung,
- flüssiges Formulieren durch den Auf- und Ausbau eines (Schreib-)Wortschatzes.

Aufgaben zur Förderung der Schreibflüssigkeit integrieren möglichst alle drei Teilaspekte in kurzen Trainingssequenzen bzw. in Lernarrangements mit produktiven Schreibaufgaben. Schreibflüssigkeit hat für die Textproduktion dienende Funktion – Schreibanfängerinnen und Schreibanfänger können über die Trainings mehr Sicherheit erlangen, um über die richtige Schreibweise nachdenken zu können oder die Suche nach dem passenden Wortschatz zu unterstützen. Ziel ist, dass die Schülerinnen und Schüler zunehmend selbstständig eigene Texte verfassen können. Deshalb sollte möglichst häufig an das Training anschließend eine produktive Schreibaufgabe gestellt werden (vgl. Lindauer/Sturm 2014, 3).

In der Bienchen-Klasse wurde – basierend auf den Trainingsprinzipien eines effektiven Schreibflüssigkeitstraining wie z. B. kurze und regelmäßig stattfindende Trainingssequenzen sowie mehrfache Wiederholung und Automatisierung von Übungsformaten (Sturm/Lindauer 2014, 3) – die folgende Trainingsfolge (Abb. 1) für das Trainieren der Schreibflüssigkeit etabliert. Vorausgegangen waren z. B. Erprobungen von Zeitspannen, verschiedene Formen und Längen von Abschreibtexten (Sachtexte, Witze, kleine Lesebücher). Auch das Aufschreiben des ABC als „Warming up" schien weniger effektiv als das gezielte Üben von Buchstabenverbindungen.

Trainingsschritt	Schreibstarter:innen	Schreibfortgeschrittene
automatisiertes Abrufen/Verschriften von Buchstaben und Wörtern (3 min)	• Nachspuren und zeilenweises Aufschreiben der Wörter der Woche, u.a. auch häufige Wörter, z.B. ich, du, er, sie, es	• Aufschreiben der Buchstabenverbindungen mit allen Vokalen zu einem Konsonanten, z.B. *Ka, Ke, Ki, Ko, Ku ka, ke, ki, ko, ku*
Abschreiben von Sätzen oder Texten (5 min)	• Abschreiben von Sätzen, z.B. Scherzfragen oder • Abschreiben von kleinen Gedichten, z.B. Frühlingsgedichte in Druckschrift	• Abschreiben von Sätzen, z.B. Zungenbrecher oder • Abschreiben von Rätseln oder Gedichten, z.B. Frühlingsgedichte in Schreibschrift
Selbsteinschätzung/ Partnereinschätzung	• Kennzeichnen der gelungenen Wörter (Einrahmen, Krone, Stern Herz, …) • Feedback zu: Leserlichkeit Korrektheit	• Kennzeichnen der gelungenen Buchstabenverbindungen und Wörter (Einrahmen, Krone, Stern, Herz, …) • Feedback zu: Leserlichkeit Korrektheit

Abb. 1: Übersicht Trainingsfolge Schreibflüssigkeitstraining

Das Schreibgeläufigkeitstraining wird zwei- bis dreimal wöchentlich durchgeführt. Für das Training nutzen die Schülerinnen und Schüler Sanduhren. Fortgeschrittene Erstklässlerinnen und Erstklässler bearbeiten die Aufgaben in Schreibschrift. Dabei werden stets die drei Trainingsschritte durchlaufen (Abb. 2 und 3 auf der nächsten Seite). Einmal in der Woche schließt ein vierter Trainingsschritt das Schreibgeläufigkeitstraining damit ab. Die Kinder schreiben einen kurzen eigenen Text anhand eines Mustertextes bzw. als Paralleltext. Im Anschluss an das Schreiben kleben die Kinder nach dem Training einen ausgeschnittenen Rückmeldezettel in ihr Heft. Hier gibt die Lehrkraft den Schülerinnen und Schülern eine kurze Einschätzung bzw. Rückmeldung. Diese kann durch eine vorausgegangene Schülereinschätzung an gleicher Stelle ergänzt werden.

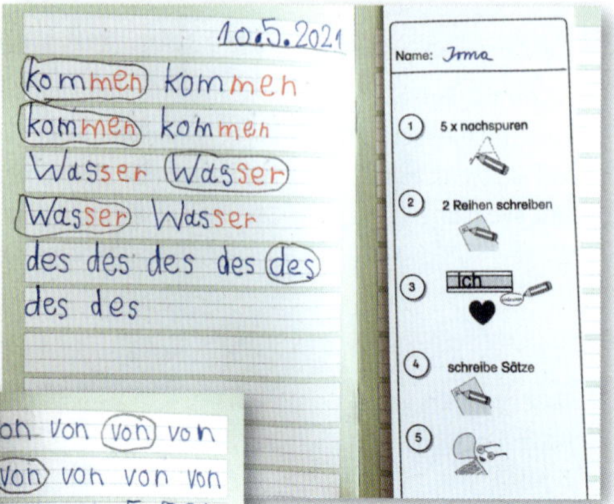

Abb. 2 und 3:
Schreibflüssigkeitstraining
(© Petersson 2021)

In jeder Woche wird beim Erwerb der Schreibschrift ein Konsonant als Buchstabenverbindung mit allen Vokalen geübt (Abb. 4 und 5). Das heißt, die Lehrkraft benennt einen Konsonanten (vorzugsweise einen, bei dem Unterrichtsbeobachtungen gezeigt haben, dass viele Schülerinnen und Schüler damit noch Schwierigkeiten haben). Für diesen Trainingsschritt haben die Schülerinnen und Schüler 3 Minuten Bearbeitungszeit. Sie schreiben wiederholt die Buchstabenverbindungen, bis die Zeit abgelaufen ist.

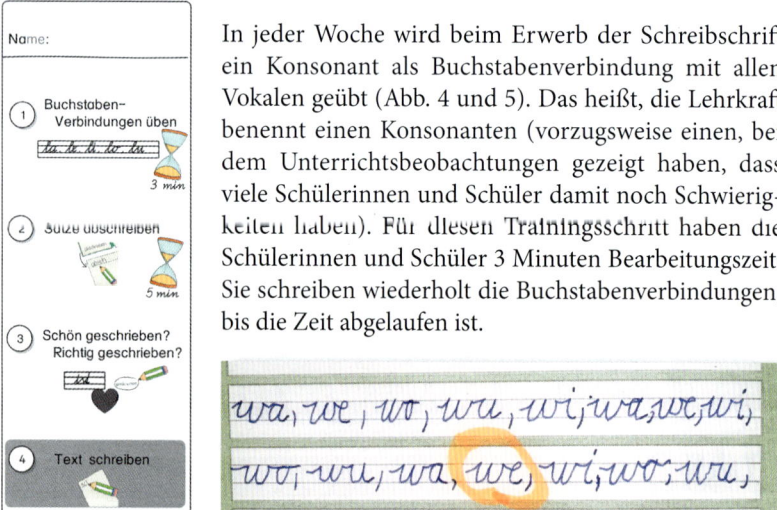

Abb. 4 und 5: Trainingsschritte / Buchstaben-Verbindungen üben (© Petersson 2021)

Sätze abschreiben

Die Schülerinnen und Schüler können sich für den zweiten Trainingsschritt eine Scherzfrage (Abb. 6 und 7) oder einen Zungenbrecher bzw. ein Gedicht in Druck- oder Schreibschrift auswählen und schreiben diese Sätze bzw. Texte ab. Für diesen Trainingsschritt haben sie 5 Minuten Zeit. Sollten sie vorher fertig sein, beginnen sie ggf den Satz von vorn.

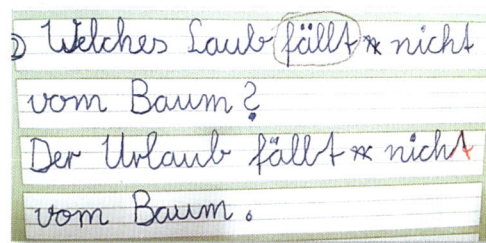

Abb. 6 und 7: Sätze abschreiben – Scherzfragen (© Petersson 2021)

Schön geschrieben? Richtig geschrieben?

Sowohl bei den Buchstabenverbindungen als auch bei der abgeschriebenen Scherzfrage schauen die Kinder in jeder ihrer geschriebenen Zeilen nach dem am „schönsten" bzw. leserlichsten geschriebenen Wort und kreisen dieses mit Bleistift ein (Abb. 8). Kriterien für „Wann ist ein Wort / eine Buchstabenverbindung ‚schön' geschrieben?" wurden im Unterrichtsgespräch vorher besprochen.

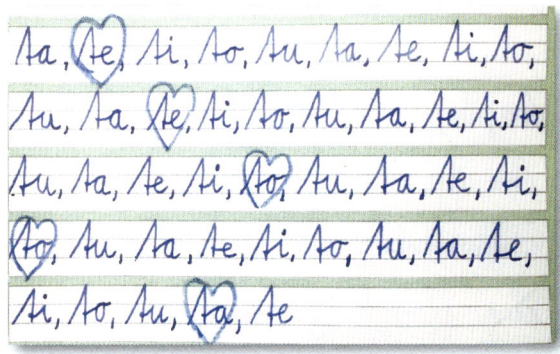

Abb. 8: Schön geschrieben? (© Petersson 2021)

151

Eltern ins Boot holen

Die besonderen Lernbedingungen der beiden letzten Jahre haben auch erfreuliche Entwicklungen hervorgebracht: Um das Lernen zu Hause im Wechselunterricht besser organisieren zu können und die Kinder zu unterstützen, Abläufe selbstständig umsetzen zu können, wurde das Schreibflüssigkeitstraining zunächst mit den Erstklässlerinnen und Erstklässlern zu Beginn des zweiten Schulhalbjahres erprobt. Ganz besonders wichtig war, die Eltern ins Boot zu holen und für das Training des Schreibens aufzuschließen. Schnell waren die Trainingstaschen gepackt, u. a. mit einem Trainings-Schreibheft, Bögen mit Wortkarten der Häufigkeitswörter, einem Umschlag zur Aufbewahrung der Wochenwörter, dem Trainingsplan, dem Trainingspass sowie mit dem Material „Lese- und Schreibideen für zu Hause" (Hoppe 2021, 8 ff).

Nach mehreren Wochen stand fest: Die Bienchen-Kinder haben motiviert, bewusst und zielstrebig das Schreiben trainiert, sie haben auch bei anderen Schreibaufgaben bewusst auf flüssige(re)s und korrektes Schreiben geachtet.

Auch die Zweitklässlerinnen und Zweitklässler wollten mit solch einer Tasche trainieren und auch für sie gab es bald eine Tasche mit einem Schreibheft mit entsprechender Lineatur, einem Trainingsplan und Trainingspass sowie Kopiervorlagen mit Scherzfragen und einem Rückmeldezettel.

Und wie erklärt man Schülerinnen und Schülern, was Schreibgeläufigkeit bedeutet? „Zügig / schnell schreiben („flutschig"), ordentlich und sauber schreiben sowie weitgehend richtig schreiben."

Listen & Co – Von der Wörtersammlung zum Beschreiben

So wie in der Bienchen-Klasse kann auf ein Schreibtraining eine Unterrichtssequenz mit einer gut situierten Schreibaufgabe folgen – z. B. das Schreiben von einer Merkliste, einem Brief, einem Rätsel, Gedanken zu einer Nachdenkfrage. Dabei ist es auch möglich, eine besondere Sprachhandlung, das Beschreiben, und die Textsorte Beschreibung als Textmuster in das Zentrum zu stellen. Beschreibungen begegnen den Schülerinnen und Schülern in allen Fächern, über die gesamte Schulzeit hinweg. Jeder gute Text lebt von seinen Beschreibungen. Beschreibungen sollen etwas anschaulich machen: Gegenstände, Orte, Personen, Gefühle, Stimmungen, Probleme, Gedanken, andere Zeiten mit ihren Klängen, Gerüchen und Geschmäckern. Beschreibungen können darüber hinaus dem Text auch eine indirekte oder symbolische Bedeutung verleihen (in Anlehnung an: Kehr, K. 2013, 121 ff.).

Ganz besonders mögen Kinder Rätsel (Abb. 9 und 10) und beschreiben gern, was man in einer Hand verstecken kann, was in einem Osterei oder in einem geheimnisvollen Paket steckt. Listen-Gedichte sind wunderbare Wortsammlungen und von den Kindern vorgetragen, besondere Sprachkunstwerke (Gutzmann/Hoppe/Pols, 2021, 17).

Das Geheimnis
in meiner Hand

Es ist rot und man
macht es
auf Geschenke drauf. MELANIE

Das rätselhafte Osterei

Es hat ein weiches
kuschelfell. Es ist ein tier.
fast Jeder mensch hat dieses
tier lieb, weil es die wärme
beschützt.

Mari

Abb. 9 und 10: Rätsel schreiben (© Gutzmann 2011)

Für die Schreibaufgabe „Meine Straße" haben die Schülerinnen und Schüler erkundet, was man in ihrer Straße sehen, fühlen, hören, riechen oder schmecken kann und die Wörter gesammelt. Sie haben entdeckt, was es Besonderes in der Straße gibt und wie die Straße zu ihrem Namen kam. Für das Beschreiben sind die Wortsammlungen für alle Kinder abrufbar und unterstützen das flüssige Formulieren. Anhand der Prüfpunkte können sie ihre Straße beschreiben und den Text mithilfe der Darstellung in einem Leporello strukturiert aufbauen (Abb. 11–16 auf den nächsten Seiten).

Damit die Kinder Erfolg beim Schreiben der Texte haben, kann das Scaffolding als didaktisches Prinzip genutzt werden. So können die Schülerinnen und Schüler zum Planen und Strukturieren von Texten angeleitet werden (z. B. Sammeln von Überschriften und Untertiteln zu einem Thema, Vorgabe der Gliederung mit Anzahl der Sätze bzw. Abschnitte als „Minikapitel", ggf. grafisches Sichtbarmachen durch farbige Papierstreifen). Es können sprachliche Mittel angeboten werden (z. B. Satz- oder Textanfänge, Listen mit Wörtern und Wendungen, Formulierungen für den Abschluss des Textes) oder Textmuster zum Schreiben von Paralleltexten.

	☺	☺	☹	Lehrerin/ Lehrer ☺/☺/☹
1. Im Text steht, in welcher Straße ich wohne.				
2. Im Text schreibe ich, was ich in der Straße sehe, was ich hören, riechen oder schmecken kann.				
1. Im Text erzähle ich etwas Besonderes über die Straße.				
2. In einem Satz beschreibe ich, wie ich mich fühle.				
5. Der Text hat mehrere Sätze. Am Ende der Sätze sind Satzzeichen(● oder? oder !).				
6. Ich wähle unterschiedliche Satzanfänge.				
7. Ich verwende viele Adjektive (riesenlang, hoch, alt, neu, himmelblau, ...).				

Auch das ist wichtig:

Meine Schrift kann man gut lesen. Ich habe die Rechtschreibung kontrolliert.

Ich freue mich auf Mama, wenn ich nach Hause komme.

Meine Straße trägt diesen Namen, weil früher hier Felder waren.

Abb. 11–16: Schreibprojekt: Meine Straße
(© Gutzmann 2014)

Das gibt es in meiner Straße

Bolzplatz
Blumenladen
Bushaltestelle
Fahrradständer
Kiosk
Kreisverkehr
Parkuhr
Pizzeria

Wörtersammlung

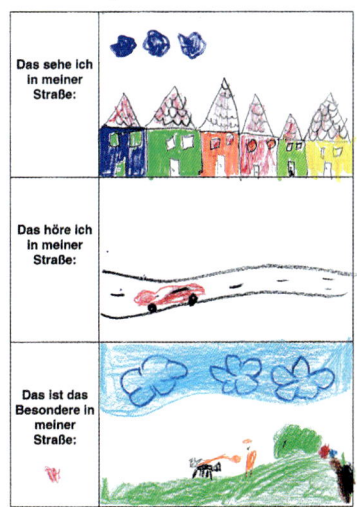

Das sehe ich in meiner Straße:

Das höre ich in meiner Straße:

Das ist das Besondere in meiner Straße:

Das kann ich in meiner Straße riechen oder schmecken:

Das fühle ich, wenn ich in meiner Straße bin:

Ich fühle mich gut, weil meine Freundinnen bei mir sind.

Meine Straße hat einen Namen und ich weiß, warum sie so heißt:

Themen und Projekte mit vielfältigen Zugängen zum Schriftspracherwerb

Kinderbücher mit ihren Themen und Projekte bieten vielfältige Zugänge zum Schriftspracherwerb und Anregungen für inspirierende Lese- und Schreibanlässe. Nachfolgend werden drei Projekte vorgestellt, die im Rahmen des jahrgangsübergreifenden Lernens bzw. in Jahrgangsklassen umgesetzt werden können.

Mein Zuhause-Museum

Der Einstieg in das Thema wurde über die gemeinsame Lektüre des Bilderbuches „Das Haus, das ein Zuhause war" und die kreative Auseinandersetzung damit gewählt (In Anlehnung an Eder/Pfeiffer-Spiekermann 2020). Ziel sollte sein, zum Abschluss gemeinsam mit dem Programm BookCreator ein E-Book zu dem Thema „Das Zuhause-Museum" zu erstellen und den Kindern und ihren Eltern über einen Link zugänglich zu machen.

Anhand von Fragen wie z. B.

- Welche Gegenstände machen dein Zuhause zu DEINEM Zuhause?
- Welcher Gegenstand ist dir bei dir zu Hause besonders wichtig?
- Welchen Gegenstand hast du besonders gern?
- Welcher Gegenstand ist bei dir zu Hause dein größter Schatz?

erhielten die Kinder die Aufgabe, einen Gegenstand oder ein Foto eines Gegenstandes von zu Hause mitzubringen (Abb. 17). Unterstützt durch ein Scaffold mit Leitfragen, beschrieben die Kinder ihren mitgebrachten Gegenstand.

- Wie heißt der Gegenstand?
- Wie sieht der Gegenstand aus?
- Wie fühlt sich der Gegenstand an?
- Wie ist der Gegenstand zu dir gekommen?
- Warum ist der Gegenstand für dich ein Schatz?
- Was ist für dich das Besondere an dem Gegenstand?

Nach der ersten Textprasentation im Plenum uberarbeiten die Kinder ihre Texte. Im Anschluss wurde mit Hilfe des BookCreators ein E-Book als multimediales Klassen-E-Book erstellt. Jedes Kind gestaltet eine Seite des E-Books mit einem Foto des eigenen Gegenstandes sowie mit dem beschreibenden Text (Abb. 18 und 19) und ggf. mit einem ergänzenden Hörtext. Das fertige E-Book wurde den Kindern der Klasse und ihren Eltern über die SchulCloud zugänglich gemacht. Entsprechende Zustimmung voraussetzend ist auch die Präsentation vor einer breiteren Öffentlichkeit (z. B. über die Schulhomepage) denkbar.

Abb. 17: Ein Koffer voller Gegenstände (© Petersson 2021)

Mein Pferd heißt Schnee.

Es ist bunt.

Es ist weich und warm.

Es wurde mir geschenkt.

Es hat Geheimnisse.

Es ist mir wichtig.

Mein liebster Gegenstand ist ein Wandtattoo.

Das Wandtattoo ist blau, braun, grün. Mein Wandtattoo ist kalt und rau.

Es ist als Überraschung zu mir gekommen. Mein Papa hat es aufgeklebt.

Es ist mir wichtig, weil meine Eltern es mir geschenkt haben.

Es ist etwas Besonderes, weil meine Lieblingstiere darauf sind.

Abb. 18 und 19: Schülertexte: Mein Lieblingsgegenstand (© Petersson 2021)

Alternativ kann man mit der Demoversion (Book Creator One) ein digitales Buch erstellen. Das Programm ermöglicht Kindern schon im Anfangsunterricht, eigene E-Books zu erstellen.

Anstatt den Text zu schreiben, kann er auch gesprochen und aufgenommen werden. Fotos, Videos, Musik können leicht eingefügt werden. Speziell für den Einsatz im Unterricht gibt es eine kostenlose Onlinevariante. Diese ist sowohl am Tablet als auch am Laptop nutzbar: https://app.bookcreator.com.

Dazu kann die Lehrkraft eine Klasse anlegen und die Schülerinnen und Schüler über ein Passwort oder einen QR-Code zu einem gemeinsamen Projekt einladen. So können die Schülerinnen und Schüler in Echtzeit gemeinsam an einem Projekt arbeiten – dies war insbesondere im Rahmen des Wechsels von Distanz- und Präsenzlernen wichtig.

Allerdings ist kein Export möglich. Das fertige Dokument kann nur online betrachtet werden.

Andere Betrachterinnen und Betrachter können über einen Link eingeladen werden.

Zeit: Kann man Zeit sichtbar machen?

Im Bilderbuch „Das Streichholzschachtel-Tagebuch" wird eine Geschichte erzählt, wie ein kleines Mädchen im Antiquitätengeschäft seines Urgroßvaters eine geheimnisvolle Kiste voller Streichholzschachteln entdeckt. In den kleinen, liebevoll beklebten Schachteln stecken Dinge, die der Urgroßvater gesammelt hat, als er sein Land verließ, um auszuwandern. Die Schächtelchen bilden sein Tagebuch und gemeinsam öffnen die beiden Schachtel um Schachtel und begeben sich auf eine Reise in die Vergangenheit. Heute helfen ihm die Dinge, sich an das zu erinnern, was er erlebt hat: „Ein Olivenkern. Wenn ich ihn in die Hand nehme, bin ich auf der Stelle wieder in Italien. Da bin ich aufgewachsen. Es gibt viele Olivenbäume dort. Und das Leben war hart – das ist der andere Grund, warum ich ihn aufgehoben habe. Es gab keine Dielen als Fußboden in unserem Haus, nur festgestampften Lehm. Keine Schuhe. Und manchmal nicht einmal genug zu essen. Wenn ich meiner Mutter sagte, dass ich hungrig war, gab sie mir einen Olivenkern, damit ich daran lutschte. Das hat geholfen" (Fleischmann 2013). Ein Thema – brisant auch vor dem Hintergrund der aktuellen Entwicklungen.

Ausgehend von dem Gespräch mit den Kindern über die Bedeutung der Reiseerinnerungen sollten Steckbriefe zu alten Dingen oder Erinnerungsgenständen erstellt und die Ergebnisse präsentiert werden. Im Rahmen des überfachlichen Themenkomplexes Zeit befassten sich die Kinder auch mit der „alten Zeit" und der Frage: „Wie war Kindheit früher?" Sie schrieben Briefe an ihre Großeltern und baten diese, ihnen zurückzuschreiben und in dem Brief zu berichten, wie ihre Kindheit und ihre Schulzeit waren. An einem großen in der Klasse befindlichen Zeitstrahl wurden Ereignisse eingetragen, von denen in den Großelternbriefen berichtet wurde. Nachfolgend erstellten die Kinder in Gruppenarbeit eine Sammlung von Dingen bzw. Erfindungen, die es gibt, die also bereits in der Vergangenheit erfunden wurden. Jedes Kind suchte sich einen Gegenstand/eine Erfindung aus, die es als interessant oder bedeutsam empfand oder über die es mehr erfahren wollte. Dazu brachten die Kinder ihren gewählten Gegenstand (alternativ ein Foto davon) mit in die Schule.

Unterstützt durch ein Scaffold mit Leitfragen, beschrieben die Kinder ihren Gegenstand/ihre Erfindung aus alter Zeit:

- Wie sieht der Gegenstand/die Erfindung aus?
- Wie fühlt sich der Gegenstand/die Erfindung an?
- Wann wurde der Gegenstand erfunden?
- Was kann man damit machen?
- Gibt es den Gegenstand heute noch? Hat er sich verändert?

Die Zeitleiste wurde mit den Erfindungen ergänzt. Jedes Kind erstellte einen Steckbrief und stelle seinen Gegenstand in Wort und Bild (Abb. 20) vor.

Name: *Kaffeemühle*
Aus welcher Zeit? *Um 1920*
Wie alt? *Fast 100 Jahre*
Was war zu der Zeit? *Oma und Opa, die aus dem heutigen Polen stammen, haben nach dem ersten Weltkrieg in Berlin Arbeit gefunden und sich dort kennengelernt.*
Nutzung: *Mit dieser Kaffeemühle wurden Kaffeebohnen gemahlen. Die Kaffeebohnen kommen oben rein. Dann dreht man die Kurbel. Unten fällt Kaffeepulver in die Schublade. Nach dem Krieg hat meine Oma damit geröstete Gerste gemahlen und daraus Muckefuck gekocht.*
Wer hatte das? *Viele Familien*
Gibt es das heute noch? *Heute kann man gemahlenes Kaffeepulver kaufen. Große Kaffeemaschinen haben auch ein Mahlwerk. Aber man sieht es nicht.*

Abb. 20: Steckbrief: Ein Gegenstand aus alter Zeit (© Gutzmann 2016)

„Ich möchte endlich mal wieder …" – Ein Frühlingsprojekt: Endlich Frühling

„Ich möchte endlich mal wieder etwas gemeinsam mit den Kindern und ihren Eltern gestalten …" – ein aus den Einschränkungen von 2 Schuljahren unter Pandemiebedingungen erwachsener Wunsch sollte in ein integratives Projekt der Bienchen-Klasse zum Thema Frühling im Rahmen des Deutsch- und Sachunterrichts münden. Dazu sollten Gedichte zum Frühling in das Zentrum gestellt werden und vielfältige sinnliche Begegnungen mit Lyrik ermöglicht sowie als bedeutsame Schreibanlässe geplant werden. Dabei sind Gedichte, die einem besonderen Bauplan folgen, besonders geeignet, dass Schülerinnen und Schüler bereits frühzeitig erfolgreich eigene Texte verfassen können. Lesend erschließen sich die Schülerinnen und Schüler Strukturen und übernehmen durch den Umgang mit den verschiedensten literarischen Textmustern Wörter und Wendungen in eigene Formulierungsversuche.

4. Woche

Di + Fr	GU	Schreibgeläufigkeit mit Elfchen - UG: Aufbau Elfchen	
Mi	GU	*Unterrichtsgang mit Wortsammlung:* *- Geräusche sammeln und aufnehmen* *- aufschreiben*	Gedichtvorträge (6) / Frühlingswörtersammlung
	GU/SU	*Frühblüher suchen und bestimmen* *Mini-Steckbrief erstellen (Name, Fundort, Datum), Foto machen* *Book- Creator*	
Mo	GU	Schreibatelier • Frühlings-Elfchen? • Wdh. Aufbau Elfchen, Bauplan	

Abb. 21: Wochenplanung Frühlingsprojekt, 4. Woche (© Petersson 2022)

Das Frühlingsprojekt wurde für 6 Wochen geplant, in jeder Woche standen unmittelbare Frühlingsbegegnungen in der Schulumgebung auf dem Plan, das Training der Schreibgeläufigkeit sowie ein Schreibatelier zum Schreiben eigener Frühlingstexte. Gleichfalls bot das Unterrichtsprojekt die Bühne für das Vortragen von Frühlingsgedichten, die von den Kindern selbst ausgewählt wurden. Ausgewählt werden konnten auch der Zeitpunkt der Präsentation und im Rahmen der Präsentation auch die drei Feedbackgebenden. Eingeschätzt wurden vier Bereiche, zu denen jeweils bis zu 5 Punkte vergeben werden konnten: der auswendige Vortrag, die Lautstärke, das Tempo sowie die Beto-

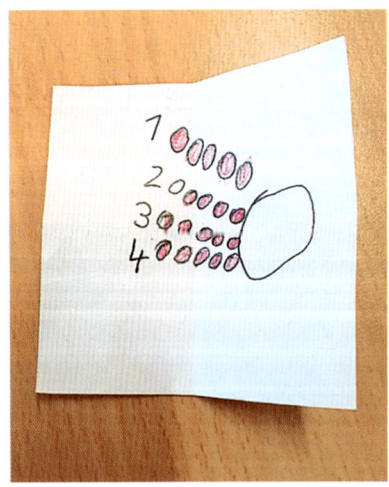
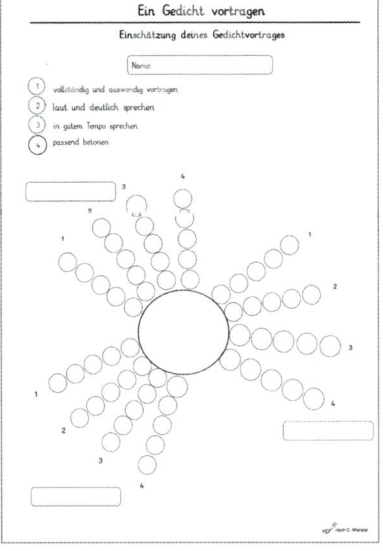

Abb. 22: Haftnotizzettel mit Einschätzung und Abb. 23: Bewertungssonne
(© Petersson 2022)

nung. Jedes der Feedback-Kinder notierte zuerst auf einem Haftnotizzettel (Abb. 22) seine Bewertung und teilte als Feedback die Anzahl der Punkte und die entsprechende Begründung mit: „Ich habe dir 5 Punkte für die Lautstärke gegeben, weil du laut und deutlich gesprochen hast und ich dich gut verstanden habe." Anschließend wurde der Bogen mit der Rückmeldesonne (Abb. 23) von den drei Kindern ausgefüllt und dem Vortragenden übergeben.

Dreimal wöchentlich wurde das Schreib-geläufigkeitstraining durchgeführt und darin Frühlingswörter einbezogen, zweimal je Woche wurden Gedichte (Abb. 24 und 25) in einer bestimmten Gedichtform abgeschrie-ben, z. B. Gedichte nach Bauplan wie z. B. Elfchen, Rondell oder Listengedichte. Wäh-rend des dritten Trainings dienten diese Gedichtformen als Schreibanlässe und die

Ab. 24: Schreibflüssigkeitstraining mit Gedichten nach Bauplan (orange in Druckschrift, gelb in Schreibschrift) (© Petersson 2022)

Kinder schrieben ein eigenes Gedicht in dieser Form bzw. ein Parallelgedicht. Die Gedichttexte sollen verschenkt und damit bei den älteren Bewohnerinnen und Bewohnern benachbarter Wohnanlagen Freude gesät werden.

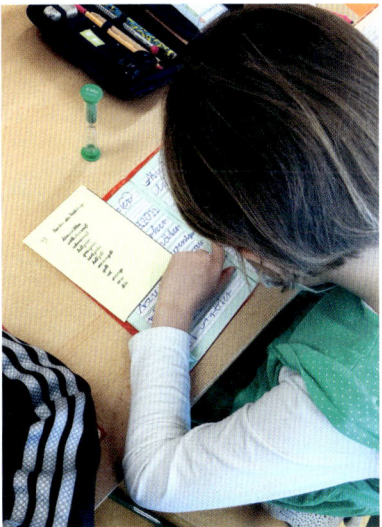

Abb. 25 a und b: Frühlingsgedichte abschreiben (© Petersson 2022)

161

Mit einem Frühlingsspaziergang wurde das Wörtersammeln mit allen Sinnen und das aufmerksame Betrachten und Sehen des erwachenden Frühlings angeregt, z. B. durch

- das Sammeln von Anzeichen des Frühlings (Abb. 30) mit dem Klemmbrett (Grüntöne usw.)
- aufmerksames Hören (Klangspaziergang)
- bewusstes Riechen (Notieren von Gerüchen)
- Erstellen von Ministeckbriefen zu Frühlingsboten (Chatterpix oder Bookcreator)

Über mehrere Frühlingswochen hinweg lernten die Kinder unterschiedlichste Gedichtformen (Abb. 26–29) und Textmuster zu „Gedichten nach Bauplan" kennen. Sie untersuchten den Aufbau der Gedichte und übernahmen Strukturen und wiederkehrende Merkmale der jeweiligen Gedichtform beim

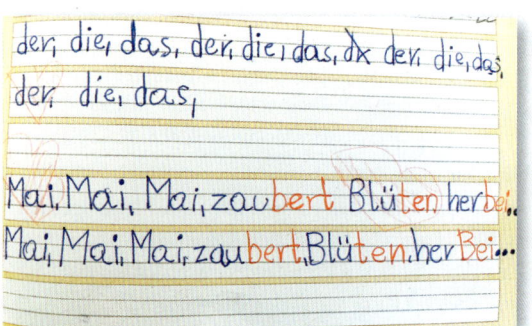

Abb. 26–29:
Schreibtraining Schritt 4:
eigene Gedichttexte
formulieren
(© Petersson 2022)

Verfassen eigener Texte. So konnten sich die Kinder als Autorinnen und Autoren wahrnehmen und Stolz auf ihre Schreibergebnisse entwickeln, in denen sie ihre eigenen Gedanken, Wahrnehmungen, Gefühle zum Ausdruck bringen konnten.

Den Abschluss des Frühlingsprojektes bildete ein Frühlings-Kinder-Elternfest mit einem Frühlingsge(h)dichte-Spaziergang und mit dem Frühlingsge(h)dichteheft (Abb. 31) (LISUM 2022). Vielfältige Unterrichtsinhalte aus dem mehrwöchigen Frühlingsprojekt der Bienchen-Klasse konnten aufgegriffen und vertieft werden, z. B. das Lesen, Vortragen und Hören von Gedichten unmittelbar in der Natur, das Schreiben von Gedichten nach Bauplan, das Erkennen der Gestaltung und Wirkungsweise der eigenen Textproduktionen und Vergleichen mit den Gedichtvorlagen, das bewusste Betrachten und Erkunden der Natur mit Bezug zum Sachunterricht, die Einbeziehung und Anwendung digitaler Medien. Letztendlich wurden beim gemeinsamen Spaziergang Orte gesucht, an denen Wegesränder bunt erblühen sollten und Blumensamen verteilt wurden.

„Endlich mal wieder etwas Schönes gemeinsam mit Kindern und Eltern machen, das auch in Corona-Zeiten (,mit Abstand') durchführbar ist" – dieser Wunsch ist in Erfüllung gegangen.

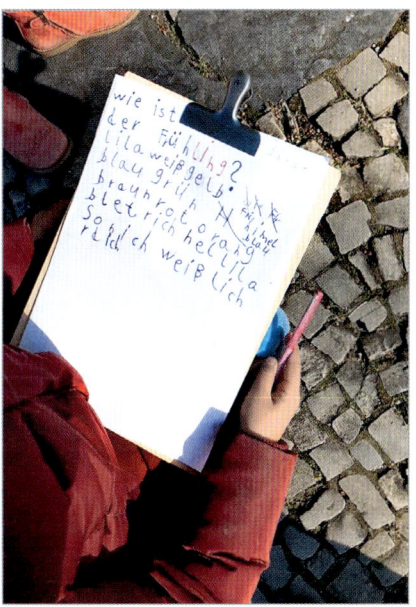

Abb. 30: „Frühling mit dem Klemmbrett einsammeln (© Petersson 2022)

Abb. 31: Frühlingsge(h)dichte (© LISUM 2022)

Fazit

- Potenziale des Lernens in jahrgangsgemischten Lerngruppen bieten für alle Beteiligten Chancen und Vorteile – im Sinne der Entwicklung guten Unterrichts. Kinder in jahrgangsgemischten Lerngruppen lernen von Beginn an, selbstverständlich mit ihren Unterschieden, ihren Stärken, ihrem individuellen Leistungsvermögen umzugehen.

- Schriftspracherwerb in jahrgangsgemischten Lerngruppen bietet Differenzierungsmöglichkeiten, adaptiv nutzbar und gebunden an das Können der Kinder, auch bei der Gestaltung von Trainings zur Entwicklung der Lese- und Schreibflüssigkeit.

- Themen und Projekte im Sinne eines integrativen Deutschunterrichts bieten anregungsreiche Lernarrangements, in denen Schrift und Schreiben persönlich bedeutsam erlebt und kommunikativ genutzt werden können.

- Beim Verfassen von Gedichten nach Bauplan ist der Schreibprozess (planen, schreiben, überarbeiten) in heterogenen Lerngruppen überschaubar und Erfolg sichernd.

- Letztendlich: Schulen und Lehrkräfte benötigen – auch nach vielen Jahren des kontinuierlichen Etablierens von Konzepten jahrgangsübergreifenden Lernens – (Entwicklungs-)Sicherheit in Form von verlässlichen Rahmenbedingungen, Zeit und eines geeigneten Unterstützungssystems. Eine gute Jahrgangsmischung, gutes Gemeinsames Lernen, guter Unterricht brauchen mehr als einen Null-Tarif bildungspolitischer Unterstützung.

Literatur

BiSS-Trägerkonsortium (Hrsg.) (2019): Sprachliche Vielfalt — vielfältig bilden. BiSS-Journal, 11. Köln: Mercator-Institut für Sprachförderung und Deutsch als Zweitsprache. Verfügbar unter: BiSS-Journal Ausgabe 11 (biss-sprachbildung.de).

Carle, U. (2014): Expertise Jahrgangsübergreifendes Lernen (JüL). Frankfurt am Main: Grundschulverband (Hrsg.), 14.

Carle, U. (2022): Jahrgangsübergreifendes Lernen. In: Harring, M./Rohlfs, C./Gläser-Zikuda, M. (Hrsg.). Handbuch Schulpädagogik. Münster: Waxmann (utb) 518–528.

Eder, K./Pfeiffer-Spiekermann, J. (2020): Praxisseminarreihe „Preisverdächtig!" zu den nominierten Büchern des Deutschen Jugendliteraturpreises 2020 Workshop Bilderbuch. Verfügbar unter: djlp2020_praxiskonzepte_bilderbuch_100206.pdf (jugendliteratur.org).

Fleischman, P. (2013): Das Streichholzschachtel-Tagebuch. Berlin: Jacoby & Stuart.

Fogliano, J. (2019): Das Haus, das ein Zuhause war. Frankfurt am Main: S. Fischer Verlag GmbH.

Deutsch/SAPH-Team (2022): Ge(h)dichte – Lyrische Spaziergänge. Frühlingsge(h)dichte. Ludwigsfelde: Landesinstitut für Schule und Medien Berlin-Brandenburg (Hrsg.). Verfügbar unter: Umgang mit Gedichten | Bildungsserver (berlin-brandenburg.de).

Gutzmann, M./Hoppe, I./Pols, R. (2022): Gedichte schreiben nach Bauplan. Ludwigsfelde: Landesinstitut für Schule und Medien Berlin-Brandenburg (Hrsg.). Verfügbar unter: Gedichte_nach_Bauplan_2022.pdf (berlin-brandenburg.de).

Hoppe, I. (2020): Schreibflüssigkeit trainieren. Startpaket für die Schulanfangsphase. Ludwigsfelde: Landesinstitut für Schule und Medien Berlin-Brandenburg (Hrsg.). Verfügbar unter: Schreibflüssigkeit trainieren | Bildungsserver (berlin-brandenburg.de).

Hoppe, I. (2021): Auf die Plätze! Fertig! Los! Lese- und Schreibsport mit der Trainingstasche. Ludwigsfelde: Landesinstitut für Schule und Medien Berlin-Brandenburg (Hrsg.). Verfügbar unter: Auf die Plätze! Fertig! Los! Lese- und Schreibsport mit der Trainingstasche. Materialpaket für die Schuleingangsphase | LISUM Berlin-Brandenburg.

Kehr, K. (2013): Die ganze Welt in einem Satz. Beltz & Gelberg, 12 ff.

Munser-Kiefer, M./Martschinke, S./Lindl, A./Hartinger, A. (2021): Leistungsentwicklung in jahrgangsgemischten und jahrgangshomogenen dritten und vierten Klassen. Springer, Verfügbar unter: Munser-Kiefer2021_Article_LeistungsentwicklungInJahrgang.pdf (uni-regensburg.de).

Ritter, M. (2015): Schreibkultur und Schreibdidaktik. Zu einer Neufassung des Schreibkompetenzbegriffs. In: Grundschule aktuell: Zeitschrift des Grundschulverbandes 132, 6–11.

Rosebrock, C./Nix, D. (2008): Grundlagen der Lesedidaktik und der systematischen schulischen Leseförderung. Hohengehren: Schneider Verlag Hohengehren, 16.

Stephany, S. (2019). Schreibflüssigkeit. Köln: Mercator-Institut für Sprachförderung und Deutsch als Zweitsprache (Basiswissen sprachliche Bildung).

Stephany, S. u. a. (2019): Das Projekt Lese- und Schreibflüssigkeit — Konzeption, Diagnostik, Förderung (FluLeS). Verfügbar unter: BiSS-Journal Ausgabe 11 (biss-sprachbildung.de).

Sturm, A./Lindauer, T. (2014): Musteraufgaben: basale Schreibfertigkeiten (1.–3. Klasse). Didaktischer Kommentar. Brugg/Zürich: Bildungsdirektion Kanton Zürich & Zentrum Lesen der Pädagogischen Hochschule FHNW [Version März 2014]. Verfügbar unter: Microsoft Word - 00_Basal_Kommentar_2014-07.docx (edu-ict.ch).

Anfangsunterricht Mathematik

Marcus Nührenbörger

Anfangsunterricht im Fach Mathematik

Wenn Kinder ihre ersten Erfahrungen im Fach Mathematik in der Schule austauschen und erste mathematische Erkundungen vornehmen, zeigt sich zum einen die Vielfalt an mathematischen Herangehensweisen und zum anderen zeigen sich auch schnell große Unterschiede in den bisherigen mathematischen Zugängen.

Probieren Sie es ruhig aus und lassen Sie Ihre Kinder beispielsweise

- Zahlen und vielleicht auch Rechenaufgaben aufmalen und schreiben, die diese bereits kennen,
- Vorgänger oder Nachfolger von Zahlen bestimmen oder auch Lücken in einer Zahlenfolge ausfüllen bzw. selbige fortsetzen,
- Zahlen vergleichen und am Rechenstrich anordnen,
- Zahlen zerlegen und die Anzahl an Punkten (strukturiert oder im 10er-/ 20er-/100er-Feld dargestellt) bestimmen, wenn diese nur kurz zu sehen sind (sog. „Blitzblick"),
- Bilder zeichnen zu Rechenaufgaben, ohne dass die Zahlen oder Rechenzeichen vorkommen dürfen.

Sie werden schnell sehen, dass die Kinder die Aufgaben sehr unterschiedlich bearbeiten werden und dass sie aus den Dokumenten ihrer Schülerinnen und Schüler mehr herauslesen können, wenn Sie diese nicht nach richtig und falsch sortieren, sondern wenn Sie versuchen, das mathematische Verständnis der Lernenden zu erkunden.

Die letztgenannte Aufgabe entstammt den Forschungen von Radatz (1991). Schülerinnen und Schüler der Grundschule wurden gebeten, ein Bild zur Aufgabe „7 – 2 = 5" für ein Kind zu malen, das unsere Zahlen und Rechenzeichen nicht kennt. Die Bilder waren natürlich sehr unterschiedlich und griffen verschiedene Situationen auf. Doch trotz der Vielfalt ließ sich an den Bildern

Abb. 1: Dynamische Vorstellungen (bedeutungstragend) zu „7 – 2 = 5"

ablesen, ob die Kinder mit ihren Bildern eher bedeutungstragende Vorstellungen zur Subtraktion zum Ausdruck bringen wollten bzw. konnten oder ob im Bild keine strukturelle oder kontextbezogene Vorstellung der Rechenoperation zu sehen waren.

Bedeutungstragende Vorstellungen lassen sich stets auf Grundvorstellungen zur Rechenoperation beziehen – beispielsweise indem unter der Subtraktion die Verkleinerung einer Menge verstanden wird und Finger abgeklappt, Kleider zur Seite oder Brötchen durch eine Maschine aussortiert werden (s. Abb. 1).

Auch wenn gewiss die meisten Erwachsenen mit „Minus" eine Situation des „Wegnehmens" assoziieren, ist dies nicht die einzige Vorstellung, die Kinder im Anfangsunterricht kennenlernen sollten. Wesentlich für ein umfassendes Verständnis der Subtraktion (ebenso wie auch der Addition, Multiplikation oder Division) sind auch Vorstellungen, die auf statische Situationen zurückzuführen sind, in denen zwei Mengen miteinander verglichen werden (z.B. „7 Jungen und 2 Mädchen. Es sind 5 Jungen mehr") oder eine Teilmenge in Relation zur Gesamtmenge gesetzt wird (z.B. „2 von 7 Äpfeln sind rot") (s. Abb. 2).

Abb. 2: statische Vorstellungen (bedeutungstragend) zu „7 – 2 = 5"

Manche Bilder werden womöglich die Anzahl der einzelnen Mengen abbilden, aber weniger die Rechenoperation aufgreifen – sprich: Die Kinder halten die Objekte fest, ohne auf die Subtraktions- und Gleichheits-Beziehung zwischen den Objekten zu achten bzw. diese abzubilden (s. Abb. 3). Solche Dokumente sollten besondere Aufmerksamkeit erfahren, um mit den Schülerinnen und Schülern zu erörtern, ob eine Vorstellung der Operation vorhanden, aber nicht abgebildet worden ist oder aber ein eher regelgeleitetes, vorstellungsarmes Wissen über auswendig gelernte Zahlen- und Rechenfakten vorliegt (sodass z.B. die Operationszeichen mit Kringeln oder gar als Symbole dargestellt werden) (Gaidoschik u.a. 2021).

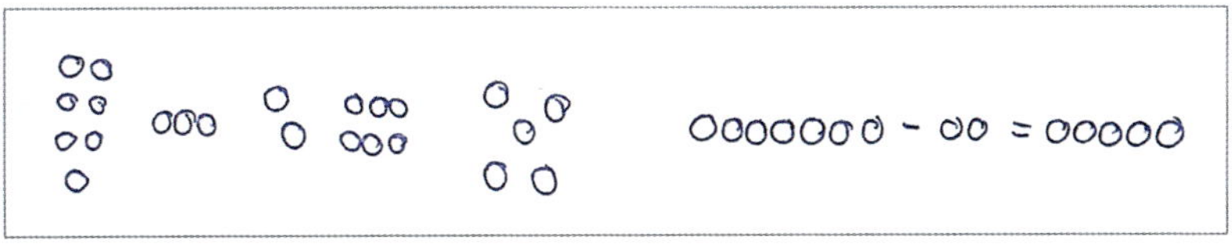

Abb. 3: inhaltsleere Vorstellungen zu „7 – 2 = 5"

Oftmals ist es nur schwer festzustellen, ob ein Kind im Anfangsunterricht den Zahl- und Rechenzeichen Bedeutung zusprechen kann oder nicht. Kinder können aber selbstverständlich inhaltsreiche Vorstellungen um so besser entwickeln, wenn im Mathematikunterricht von konkreten Situationen und Handlungen ausgegangen wird, die für das mathematische Erkunden offen sind – die also nicht in eineindeutiger Weise eine spezifische mathematische Lesart vorgeben (Scherer/Bönig 2004).

Allerdings ist nicht das Handeln mit Materialien automatisch auch lernförderlich – es ist wichtig, dass die konkreten Lernsituationen den mathematischen Kern für die Kinder zugänglich und damit auch ansprechend mehrdeutig enthalten. Letzteres mag den Leser überraschen. Aber im mathematischen Lernprozess ist die Beachtung und Einforderung von Mehrdeutigkeit aus mindestens drei Gründen wichtig: (1) Es bietet die Grundlage dafür, dass unterschiedliche Lernende auch auf unterschiedliche Weise an einem mathematischen Gegenstand wirken und lernen können. (2) Es schafft die Basis für mathematisches Operieren, indem unterschiedliche mathematische Deutungen verglichen und aufeinander bezogen werden. (3) Es fordert die Lernenden dazu heraus, über mathematische Phänomene bedeutungsvoll miteinander zu sprechen und nicht allein Resultate zu vergleichen.

Mathematische Ideen entfalten sich an konkreten Objekten, müssen sich aber zugleich von diesen lösen. Daher ist es im Anfangsunterricht so schwierig wie wichtig, dass die Kinder alltagsnahe und sinnstiftende Gelegenheiten finden, die Anstöße zum Aufbau mathematischen Denkens bieten. Zwei Leitideen können dabei helfen: Das mathematische Erzählen und das Miteinanderlernen.

Leitprinzip 1: Mathematisches Erzählen

Die Gestaltung von Anlässen zum vielfältigen mathematischen Erzählen gehört gewiss zu einem bislang unterschätzten, aber ungemein wichtigen Leitprinzip des mathematischen Anfangsunterrichts. Denn mathematisches Erzählen greift

Abb. 4: Erzählbilder zu Anzahlen und zum Addieren und Subtrahieren (aus: Nührenbörger/Schwarzkopf 2020, 28 f.; Illustration Juliane Assis © Ernst Klett Verlag GmbH)

das Bedürfnis der Kinder auf sich mitzuteilen, und bildet zugleich die Basis für die Ausbildung prozessbezogener Kompetenzen des Kommunizierens, Argumentierens, Modellierens, Problemlösens und Darstellens. „Jedes Angebot zum Erzählen ist im Grunde eine Einladung zum Verweilen: um auf Mathematik aufmerksam zu werden und über Mathematik ins Gespräch zu kommen. Aus der geteilten Aufmerksamkeit der Kinder erwachsen Bewusstheit über mathematische Zusammenhänge und damit Gelegenheiten zum Lernen" (Bönig u. a. 2017, 7). Arithmetische Bewusstheit umspannt somit nach und nach die immer größer werdenden Zahlen, deren Struktur untereinander und das Rechnen mit ihnen.

Allerdings reicht es oftmals nicht aus, die Kinder zu einer Situation oder einem Bild etwas erzählen zu lassen. Es bedarf vielmehr der sorgsamen Vorbereitung der Lehrkraft, um das mathematische Potenzial einer Situation zu erfassen und den Kindern mit ihren diversen Lernvoraussetzungen vielfältige und unterschiedlich herausfordernde Zugänge anzubieten. Leitende Fragen können dabei sein: Was ist der mathematische Gegenstand, der aufgegriffen und thematisiert werden soll? Welche Aspekte gehören zum Gegenstand dazu und welche unterschiedlich komplexen Zugänge für die Kinder können angeboten werden? Beispielsweise kann im Kontext „Freibad" (s. Abb. 4) einerseits die abgebildete Situation an sich beschrieben werden, indem Anzahlen ermittelt und verglichen werden (Wie viele? Wie viele mehr/weniger?). Andererseits kann die Situation auch erzählerisch verändert werden, indem die operativen Strukturen untersucht werden (Wie viele bleiben übrig? Wie viele kommen dazu? Wie viele fehlen? Wie viele sind es zusammen?).

Um im Unterricht situationsangemessen zu agieren, sollte sich die Lehrkraft im Vorfeld bereits gezielte Fragestellungen und Impulse sowie auch zum Gegenstand passende Materialien überlegen, die sich in das Unterrichtsgeschehen adaptiv mit Blick auf unterschiedlich lernende Schülerinnen und Schüler einbringen möchte. Zwei der wichtigsten Fragen zur flexiblen Unterrichtsgestaltung (*„Was wäre, wenn …?"* bzw. *„Was passiert, wenn …?"*) zielen auf die Veränderung der Situation, auf das gedankliche Durchspielen von Alternativen und damit letztlich auf die Erforschung von Mustern und Strukturen.

Hierzu gehört auch die Frage, wie zur Unterrichtssituation nachhaltige Dokumente entstehen können, die den Lernprozess abbilden und zu einem gemeinsamen Austausch anregen, indem sie vorgestellt, verglichen, diskutiert und erweitert werden. Gerade der Austausch der Lernenden untereinander darf im Anfangsunterricht nicht untergehen.

Leitprinzip 2: Mathematisches Miteinander

Das Wissen um und die Beachtung von Heterogenität der mathematischen Kompetenzen von Kindern ist für die Gestaltung des Anfangsunterrichts und auch für das langfristige Mathematiklernen in der Grundschule von großer Bedeutung. Allerdings verführt die Vielfalt der Lernenden und der Anspruch zum differenzierten, von Kindern selbst organisierten Lernen manch eine Lehrkraft dazu, den Mathematikunterricht so anzulegen, dass Kinder in unterschiedlichem Tempo und mit unterschiedlichen Umfang Aufgabenstellungen auf Arbeitsblättern oder in kleinen Lernheften möglichst still und individualisiert bearbeiten. Buhrow (1999) spricht in diesem Zusammenhang auch von der „Individualisierungsfalle" – einer übertriebenen Ausrichtung des Unterrichts speziell auf individuell vom Lernenden zu bearbeitende Aufgabenserien ohne Beachtung der fachlichen Relevanz des Lerngegenstands und fachlich ergiebiger Lernprozesse. Gewiss kann so eine Unterrichtsorganisation dazu beitragen, dass die Kinder lernen, sich selbst zu organisieren und sich gewissenhaft Fertigkeiten wie das Schreiben von Zahlen oder das Lösen von Aufgaben nach einem vorgemachten Schema anzueignen. Differenzierte Unterstützungsmaßnahmen zielen dann primär darauf ab, die Bearbeitungszeit für die Lernenden zu erhöhen oder den Schwierigkeitsgrad der Aufgabenstellungen zu reduzieren. Zwar können solche Maßnahmen kurzfristig Erfolgserlebnisse vermitteln, mittel- oder langfristig enthalten sie jedoch bedeutsame Lerngelegenheiten den Schülerinnen und Schülern vor (Prediger/Buró 2021). Es muss stark bezweifelt werden, ob die Kinder so nachhaltig Mathematik lernen. „Denn der Erwerb von mathematischen Kompetenzen erfordert in besonderer Weise den kommunikativen Austausch" (Schülke u. a. 2021, 6).

Mathematiklernen in der Grundschule ist darauf angewiesen, dass individuelles Verstehen im Zuge gemeinsamen Verständigens entsteht. Es bedarf von Anfang an und immer wieder fortlaufend Anlässe, dass die Lernenden mathematisch an einem gemeinsamen Gegenstand arbeiten. Dies bedeutet also nicht, dass alle Lernenden dieselben Aufgaben bearbeiten, um kooperativ tätig sein zu können. Miteinander mathematisch tätig zu sein, bedeutet vielmehr, dass an einem gemeinsamen Lerngegenstand so gearbeitet wird, dass inhaltsbezogene soziale Aushandlungsprozesse vom Fach aus ermöglicht werden. Miteinander lernen ist somit immer mehr als in einem Klassenzimmer gemeinsam zu arbeiten. „Im Miteinander- und Voneinander-Lernen entsteht immer auch Unruhe. Und Lernen braucht Unruhe, in einem doppelten Sinne: Wenn Kinder im Gespräch sind, dann entsteht eine produktive Atmosphäre, auch mit entsprechender Geräuschkulisse. Wenn Kinder neue Ideen entwickeln, so kommen diese gerade dann auf, wenn sie im Gespräch oder im gemeinsamen Tun aufgrund von Fragen oder Missverständnissen unruhig werden und eine Antwort zur Lösung des Problems suchen. So sind die Kinder auf sozialer und inhaltlicher Ebene angeregt, sich über gemeinsames Handeln zu verständigen und voneinander zu lernen" (Bönig u. a. 2017, 55).

Ein Anfangsunterricht, der das mathematische Erzählen und Miteinander ernst nimmt, verabschiedet sich von der Idee, Mathematik allein auf das richtige und möglichst schnell zu erzielende Rechenergebnis zu reduzieren – und genau dies ist die Grundlage für einen guten Anfangsunterricht Mathematik. Dieser schafft Raum für ein Interagieren und Kooperieren aus der Sache heraus und damit für die für individuelles Lernen so bedeutsamen „inhaltsbezogenen sozialen Aushandlungsprozesse" (Wielpütz 2010, 110).

Meilensteine des Anfangsunterrichts Mathematik

Es klang bereits an, dass es in den ersten zwei Schuljahren um weit mehr geht als um das Kennenlernen des Zahlenraums bis 100 oder um den schnellen Erwerb rechnerischer Fertigkeiten. Es geht primär um den Aufbau von Verständnis über Zahlen und Rechenoperationen und damit verbunden um die Einführung in mathematisches Operieren und um die Erkundung von mathematischen Strukturen und Mustern. Als Meilensteine des Anfangsunterrichts können gewiss vielfältige Aspekte des Aufbaus von Zahl- und Operationsvorstellungen sowie des flexiblen Rechnens genannt werden (s. hierzu auch den Beitrag von Michael Gaidoschik in diesem Band). Im Folgenden sollen zwei bedeutsame herausgestellt werden, die wiederum als Beispiel für weitere dienen: Die Erkundung von Beziehungen zwischen Zahlen und von Beziehungen zwischen Aufgaben.

Zahlbeziehungen

Es besteht schon lange Konsens darüber, dass Zahlen nicht isoliert voneinander im Anfangsunterricht thematisiert werden dürfen und dass es keinen Sinn macht, einzelne Zahlen nach und nach zu erweitern. Stattdessen werden Zahlen ganzheitlich eingeführt – in der Regel im ersten Schulbesuchsjahr bis 20 und dann im Folgejahr bis 100. Inwiefern der Zahlenraum zu Beginn auf die Zahlen bis 10 oder bis 20 eingeschränkt werden sollte, hängt gewiss von den Lernvoraussetzungen der jeweiligen Schülerinnen und Schüler ab. Aber vermieden werden sollte eine Reduktion auf Zahlen unter 10, da somit elementare Strukturzusammenhänge nicht erkannt und erkundet werden können. Grundsätzlich bietet es sich immer an, die Neugier der Kinder auf große Zahlen von Anfang an auch aufzugreifen und zum Beispiel Schätzungen zuzulassen, ob eine Menge eher 5, 10, 20 oder gar 100 Elemente umfasst (und woran die Kinder dies erkennen).

Von nachhaltiger Bedeutung ist es gewiss nicht, ob die Kinder schnell die Anzahl einer Menge zählend erfassen können. Aber von nachhaltiger Bedeutung wird es sein, wenn Kinder eine Menge strukturieren können in Teilmengen, die zusammengesetzt die Gesamtmenge darstellen oder in Beziehung zueinander gefasst werden können (sind die Teilmengen gleich groß, ist eine Menge besonders klein und die andere somit fast so groß wie die Gesamtmenge; wie verändert sich eine Teilmenge zur anderen, wenn diese gegensinnig oder gleichsinnig manipuliert werden …). Wir sprechen in diesem Kontext von Zahlbeziehungen, die die Kinder erkunden lernen sollen (s. hierzu auch den Beitrag von Höveler und Tilke in diesem Band).

Zu Beginn der Schulzeit sollten die Kinder vielfältige Gelegenheiten haben, Zahlen zu zerlegen, zusammenzusetzen und zu vergleichen – und dabei immer auch systematisch erkannte Lösungen ordnen und systematisieren. Während anfangs unterschiedliche Zugänge zu Teil-Ganzes-Beziehungen aufgegriffen werden sollten, ist es langfristig wichtig, mathematisch tragfähige Zahlstrukturen näher zu untersuchen – und dies sind immer wieder die folgenden drei Strukturen:

- Nachbarzahlbeziehungen: Eine Zahl ist 1 größer oder kleiner. Eine Teilmenge ist 1, die andere Teilmenge dann 1 kleiner als die Gesamtmenge. Hierzu gehören auch später die Nachbaraufgaben, wenn eine Zahl oder beide Zahlen um 1 vergrößert oder verkleinert werden.
- Paritätsbeziehungen: Eine Zahl kann in zwei gleich große Teile zerlegt werden oder aber in zwei Teile, deren Unterschied genau 1 ist. Die Beziehungen können hierbei vielschichtig beschrieben und anhand von Plättchen im 10er-Block (später auch im 20er-Feld) sowie mit zwei Händen dargestellt werden (z. B. 2 ist die Hälfte von 4 / 2 sind halb so viele wie 4 / 4 ist das Doppelte von 2 / 4 sind doppelt so viele wie 2). Hierzu gehören auch später die Verdopplungsaufgaben (beim Addieren und Multiplizieren), die Halbierungsaufgaben (beim Subtrahieren und Dividieren).
- Dekadische Beziehungen: Im Zahlenraum bis 100 wird oftmals bereits darauf geachtet, dass eine zweistellige Zahl in Zehner und Einer zerlegt und dass diese entsprechend gebündelt auch dargestellt und beschrieben werden kann (z. B. 43 sind 40 und 3 ebenso wie 4 Zehner und 3 Einer). Im Zahlenraum bis 10 bereiten hierauf die Zerlegungen der 10 und 5 (die „Zehnerpartner" 10+0, 9+1, 8+2 … und die „Fünferpartner" 5+0, 4+1, 3+2 …) ebenso hin wie die Zerlegungen der Zahlen bis 10 in Fünfer und Einer (5+4, 5+3, 5+2 …). Hierzu gehören auch später die Rechenwege wie stellen- und schrittweises Rechnen ebenso wie das Rechnen mit verwandten Aufgaben.

Der Aufbau tragfähiger Zahlbeziehungen fußt auf dem schnellen Erfassen von kleineren Bündeln und dem Zerlegen einer Anzahl in schnell überschaubare Einheiten. Hierzu können die Kinder beispielsweise kleine Plättchenmengen nutzen und legen, um dann unterschiedliche Zusammensetzungen der Zahl durch Einkreisungen oder Umdrehen der Wendeplättchen zu dokumentieren und zu beschreiben (s. Abb. 5). Letztlich erkunden sie bereits an dieser Stelle die Konstanz von Summen, indem eine Anzahl auf unterschiedliche Weise zerlegt wird und dadurch die Teilmengen gegensinnig verändert werden.

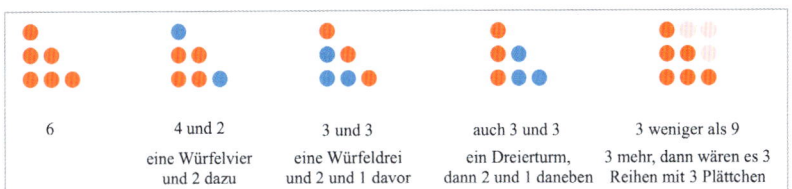

Abb. 5: Zahlzerlegungen zur Zahl 6 mit Wendeplättchen

Beispielsweise legt ein Kind 5 Plättchen und das andere verändert das Bild, indem es mögliche Plättchen umdreht – etwa in 4 und 1. Oder aber es sagt „Ich sehe 2 und 3 Plättchen" und das Partnerkind versucht, passende Zerlegungen durch Umdrehen der Wendeplättchen abzubilden. Die gefundenen Lösungen werden schließlich aufgeklebt oder aufgemalt (s. hierzu https:// pikas-mi.dzlm.de/node/129).

Eine alternative Übung zur Zahlzerlegung stellt das Spiel „Würfeltürme" (Nührenbörger u. a. 2016) dar. Im Kern geht es darum, dass die Kinder mit Holzwürfeln unterschiedliche Zweiertürme bauen und diese systematisch verändern, indem ein Würfel weggenommen oder hinzugefügt oder umgelegt wird (s. Abb. 6). Dadurch können immer wieder aufs Neue Anzahlen bestimmt und verglichen werden (Wie hoch sind die Türme? Wie groß ist der Unterschied zwischen den Türmen? Wie verändert sich die Höhe, wenn ein Würfel umgelegt, weggenommen oder hinzugefügt wird?). Interessant wird

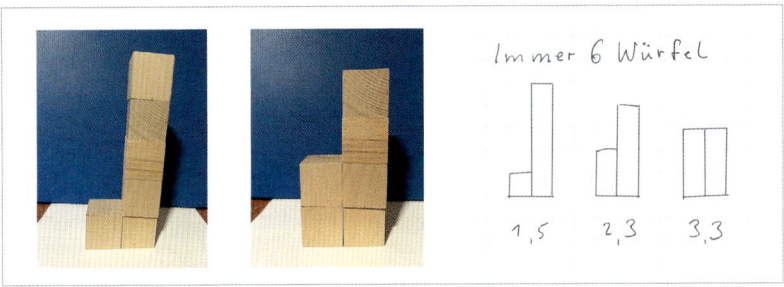

Abb. 6: Zahlzerlegungen zur Zahl 6 mit Würfeltüren

es, wenn die Kinder aufgefordert werden, alle Türme zu einer gewählten Zahl zu finden. Hierzu passen dann vielfältige und von den Kindern sehr differenziert zu bewältigende Aufgabenstellungen wie das Ordnen und Dokumentieren, das Beschreiben („Ich lege vom rechten Turm einen Würfel auf den linken Turm. So mache ich aus dem 1,5er-Turm einen 2,4er-Turm") sowie das Begründen („Warum sind es alle? Wie viele wird es geben, wenn die Anzahl der Würfel vergrößert oder verkleinert werden würde?" …).

Schließlich bieten sich auch weitere Aktivitäten an zur Zerlegung am Punktefeld (zu empfehlen ist hierbei im kleinen Zahlenraum die Arbeit am 10er-Feld (linear und als Block) oder mit statischen Fingerbildern (Gaidoschik 2019; Nührenbörger et al. 2022). Dabei sollten die Kinder angeregt werden, die Anzahlen gebündelt (z. B. mit einem Fünferstreifen) und auch in einer Bündelsprechweise (z. B. Fünfer) auszudrücken.

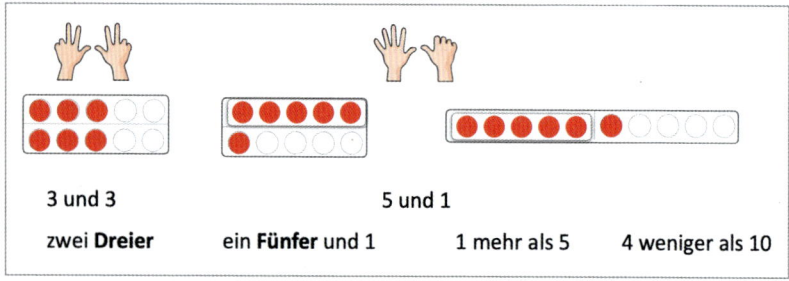

3 und 3 5 und 1

zwei **Dreier** ein **Fünfer** und 1 1 mehr als 5 4 weniger als 10

Abb. 7: Zahlzerlegungen zur Zahl 6 mit Punktefeldern und Fingerbildern (aus: Nührenbörger/Schwarzkopf 2022, 11; Illustration Juliane Assis © Ernst Klett Verlag GmbH)

Diese Verbindungen vom Konkreten (Wendeplättchen, Holzwürfel, Finger) und dem Symbolischen (Zahlzeichen, Dokumentationen) bieten Gelegenheiten zum reflektierenden Sprechen über die Handlungen mit dem Material, sodass Bilder von den Situationen in den Köpfen der Lernenden entstehen, die nicht die Situation allein enthalten, sondern deren mathematische Referenz. Dann werden Plättchen, Finger oder Holzwürfel eben nicht ausschließlich als Zählwerkzeuge verstanden, sondern als Repräsentanten für mathematische Beziehungen (Hasemann/Gasteiger 2020, 273 ff.).

Die Vernetzung der konkreten Tätigkeiten mit symbolischen Zeichen ist gewiss für viele Kinder eine der wichtigsten Hürden in ihrem mathematischen Lernprozess, die sie bewältigen müssen. „Eine verfrühte Abkehr von anschaulichen Darstellungen, bevor wirklich tragfähige mentale Bilder vom Kind konstruiert und genutzt werden können, (…) kann als der Kardinalfehler des Anfangsunterrichts bezeichnet werden" (Krauthausen 2018, 316).

Für unterschiedlich schnell lernende Kinder ist daher aber nicht – wie bereits zuvor angemerkt – die Aufteilung des Unterrichts in unterschiedliche Lerngruppen, die an unterschiedlichen Aufgabenstellungen in unterschiedlichem Tempo arbeiten, die Lösung. Dies wäre vielmehr eine Gefahr, da dadurch der produktive Charakter des Mathematiklernens aufgegeben werden würde. Es ist umso wichtiger, gemeinsame Lernsituationen aufzugreifen, die einerseits adaptive Zugänge den Lernenden offenbaren und andererseits über den Austausch – das mathematische Erzählen und Miteinander – bedeutsame Perspektiven für die Weiterentwicklung mathematischer Sichtweisen eröffnen.

Ein Beispiel soll dies aufzeigen: Liest man das unten angeführte Gespräch bis zur ersten Hälfte, gewinnt man leicht den Eindruck, das Kind beherrsche souverän die Darstellung von Zahlen in Relation zu dekadischen Strukturen. Erst am Ende zeigt sich, dass offensichtlich eine eingeschränkte Zahldarstellung entwickelt wurde, die stark an einer ordinalen Umdeutung des 20er-Feldes orientiert ist – als ob die Felder mit Nummern versehen wären, die den Wert der Zahl vorgeben würden.

L: Welche Zahl habe ich gelegt?
   (legt 9 Plättchen auf das Feld)

L: Wie hast du das erkannt?
S: Hier waren vorher Zehn und hier bleibt einer noch übrig.
   Dann sind das Neun.
L: Super. Dann lege du mir doch mal Sieben.
S: Ja *(nimmt 2 von den 9 weg)*
L: Kannst du die Sieben auch noch anders legen?
S: Äh, nein.
L: Wieso nicht?
S: Weil hier Fünf sind und dann steht hier Sechs und Sieben.
   (zeigt auf das 5. Plättchen, dann auf das 6. und 7. Plättchen)
L: Könnte ich denn die Sieben auch so legen?
   (legt die 2 Plättchen unter den 5er-Streifen)
S: Mmh.
L: Wieso nicht?
S: Weil dann wären's Zwölf.

Aufgabenbeziehungen

Oftmals herrscht bei der Entwicklung rechnerischer Fähigkeiten die Vorstellung vor, dass die Kinder umso besser rechnen lernen, um so mehr Übung sie auch haben. Dieser Trugschluss führt nicht nur dazu, dass vielen Kindern wesentliche mathematische Grunderfahrungen vorenthalten werden, sondern dass viele Kinder zu geringe oder aber gar gefährlich einseitige mathematische Kompetenzen entwickeln können. Für den Anfangsunterricht ist es wichtig, dass vor einer vorzeitigen Automatisierung von Rechenfertigkeiten ein Grundverständnis der Operation und der Kernaufgaben aufgebaut wird – und ein solches Grundverständnis erfordert eine intensive Auseinandersetzung mit Darstellungen und Beschreibungen der Rechenwege auf der einen Seite und dem Ableiten von schwierigen Aufgaben aus einfachen Aufgaben auf der anderen Seite.

Lassen Sie Ihre Kinder Aufgaben notieren (zur Addition, Subtraktion, Multiplikation oder Division), die einfach sind. Klären Sie dabei zuvor mit den Kindern, was „einfach" bedeuten kann und dass es nicht darum geht, die Aufgaben zu notieren, die alle gerechnet werden können. Lassen Sie die Kinder die Aufgaben sammeln und ordnen. Die Dokumente (s. zur Addition beispielsweise Abb. 8) der Kinder werden sich nicht nur im Umfang und in den verwendeten Zahlengrößen voneinander unterscheiden. Sie werden schnell davon zeugen, dass als leitende Prinzipien die zuvor im Unterricht thematisierten Zahlstrukturen (neben womöglich Aufgaben, deren Ergebnis kleiner 5 oder 10 ist) aufgegriffen werden – anders formuliert: Einfache Zahlstrukturen werden zu einfachen Aufgaben.

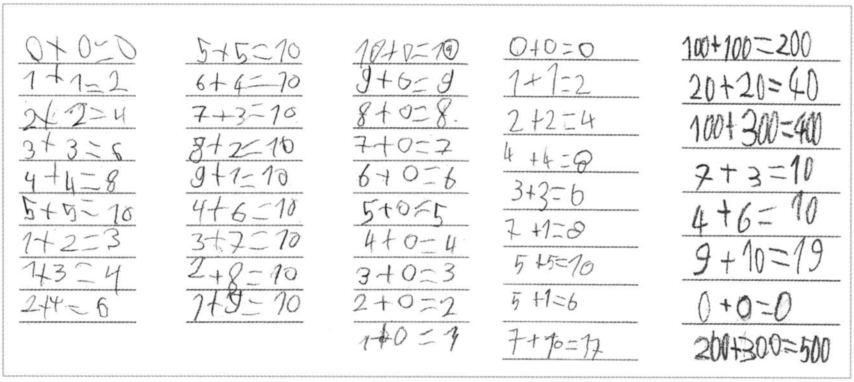

Abb. 8: Eigenproduktionen zu einfachen Aufgaben

Letztlich werden immer wieder folgende Aufgabentypen die einfachen Aufgaben darstellen, die zunächst erfasst, erkundet und gesichert werden müssen.

Addition: Verdoppeln ($1 + 1$, $2 + 2$, $3 + 3$ ...), Summe 10 ($1 + 9$, $2 + 8$, $3 + 7$ ...), Summand 0, 1 oder 10 ($7 + 0$, $7 + 1$, $10 + 3$), Summand 5 im Zahlenraum bis 10 ($5 + 1$, $5 + 2$ ...)

Subtraktion: Halbieren im Zahlenraum bis 10 ($8 - 4$, $6 - 3$ ...), Minuend 10 ($10 - 1$, $10 - 2$, $10 - 3$ ...), Differenz 10 ($11 - 1$, $12 - 2$, $13 - 3$ ...), Subtrahend 10 oder 1 ($19 - 10$ bzw. $19 - 1$ ...), Subtrahend 5 im Zahlenraum bis 10 ($9 - 5$, $8 - 5$ ...)

Multiplikation: Quadrieren ($1 \cdot 1$, $2 \cdot 2$, $3 \cdot 3$ ...), Faktor 1, 2, 5 und 10 ($1 \cdot 4$, $2 \cdot 4$, $5 \cdot 4$ bzw. $10 \cdot 4$ ...)

Division: Wurzel der Quadrataufgaben ($4 : 2$, $9 : 3$, $16 : 4$ ...), Divisor 1, 2, 5 und 10 ($8 : 1$, $8 : 2$, $15 : 5$, $30 : 10$ ...)

Im Unterricht bieten sich zahlreiche Übungsaufgaben zum Darstellen, Beschreiben und Ordnen der einfachen Aufgaben an (z. B. Hess u. a. 2018; Rathgeb-Schnierer/Rechtsteiner 2018). Diese können sowohl zur individuellen Vertiefung und Sicherung als auch zum kooperativ strukturierten Erkunden genutzt werden. Schließlich dienen sie als Kernaufgaben, um Nachbaraufgaben daraus abzuleiten, sodass die Kinder langfristig schwierigere Aufgaben so zerlegen können, dass sie einfachere Aufgaben aufgreifen und nutzen können. Denn letztlich geht es beim flexiblen Rechnen immer darum, eine Aufgabe – ähnlich wie bei den Zahlen – in einfachere Aufgaben zu zerlegen.

Damit im Anfangsunterricht auch unterschiedliche Lernende am Gemeinsamen Gegenstand arbeiten können, ist es für die Lehrkraft wichtig zu erkennen, dass die Lernenden am mathematischen Gegenstand auch auf unterschiedliche Weise Erkenntnisse gewinnen können. Hierzu sollte sich die Lehrkraft im Vorfeld Gedanken zu den mathematischen Strukturen machen, die am Gegenstand verdeutlicht werden und die Angebote zur Adaption von Aufgabenstellungen bieten. Zahlreiche Anregungen zur Reduktion und zur Erweiterung von Aufgabenstellungen finden sich beispielsweise auf der Homepage des Projekts „Mathe inklusiv" (https://pikas-mi.dzlm.de).

Letztlich wird somit das Konzept der natürlichen Differenzierung aufgegriffen. Dieses Differenzierungskonzept unterscheidet nicht danach, dass die Lehrkraft den Lernenden unterschiedlich viel Zeit oder Material an die Hand gibt, sondern geht von der Idee aus, dass die Lernenden das Anspruchsniveau der von ihnen zu bearbeitenden Aufgaben selbst bestimmen. Hierzu schafft der Unterricht Gelegenheit, dass alle Lernenden am gleichen, hinreichend komplexen Lerngegenstand arbeiten, der eine Bearbeitung auf unterschiedlichen Niveaus zulässt (vgl. Krauthausen/Scherer 2013; Wittmann 1995).

Literatur

Bönig, D./Hering, J./London, M./Nührenbörger, M./Thöne, B. (2015): Erzähl mal Mathe. Seelze: Kallmeyer.

Gaidoschik, M. (2019): Rechenschwäche verstehen – Kinder gezielt fördern. Ein Leitfaden für die Unterrichtspraxis. 11. Auflage. Buxtehude: Persen.

Gaidoschik, M./Moser Opitz, E./Nührenbörger, M./Rathgeb-Schnierer, E. (2021): Besondere Schwierigkeiten beim Mathematiklernen. Mitteilungen der Gesellschaft für Didaktik der Mathematik (111S).

Häsel-Weide, U./Nührenbörger, M. (2017) (Hrsg.): Gemeinsam Mathematik lernen – mit allen Kindern rechnen. Leipzig: Klett.

Hasemann, K./Gasteiger, H. (2020): Anfangsunterricht Mathematik. Berlin: Springer.

Heß, B./Nührenbörger, M./Schwarzkopf, R./Tubach, D. (2018): 1+1 Karten (ebenso 1–1, 1·1 Karten). Aufgaben sortieren und ordnen, Rechenstrategien weiterentwickeln. Leipzig: Klett.

Krauthausen, G. (2018): Einführung in die Mathematikdidaktik (4. Aufl.). Berlin: Springer.

Krauthausen, G./Scherer, P. (2013): Natürliche Differenzierung im Mathematikunterricht der Grundschule. Seelze: Kallmeyer.

Nührenbörger, M./Schwarzkopf, R./Bischoff, M./Götze, D./Hess, B. (2022): Das Zahlenbuch 1. Stuttgart: Klett.

Nührenbörger, M./Schwarzkopf, R. (2020): Sicher rechnen 1. Stuttgart: Klett.

Nührenbörger, M./Schwarzkopf, R./Tubach, D. (2016): Mit Zahlen spielen. Leipzig: Klett.

Prediger, S./Buró, S. (2021): Selbstberichtete Praktiken von Lehrkräften im inklusiven Mathematikunterricht – Eine Interviewstudie. In: Journal für Mathematikdidaktik, 42 (1), 187–217.

Radatz, H. (1991): Einige Beobachtungen bei rechenschwachen Grundschülern. In: Lorenz, J.H. (Hrsg.): Störungen beim Mathematiklernen. Köln: Aulis, 74–89.

Rathgeb-Schnierer, E./Rechtsteiner, Ch. (2018): Rechnen lernen und Flexibilität entwickeln. Heidelberg: Springer Spectrum.

Scherer, P. /Bönig, D. (2004) (Hrsg.): Mathematik für Kinder – Mathematik von Kindern. Frankfurt a. M.: Arbeitskreis Grundschule.

Schülke, C./Schulz, A./Nührenbörger, M. (2021): Das geht auch anders. Aufgaben variieren (nicht nur) im inklusiven Mathematikunterricht. In: Mathematik differenziert, H. 4, 6–9.

Wielpütz, H. (2010): Qualitätsanalyse und Lehrerbildung. In: Böttinger, C./Bräuning, K./ Nührenbörger, M./Schwarzkopf, R./Söbbeke, E. (Hrsg.): Mathematik im Denken der Kinder. Anregungen zur mathematikdidaktischen Reflexion. Seelze: Klett-Kallmeyer, 109–114.

Wittmann, E. C. (1995): Aktiv-entdeckendes und soziales Lernen im Arithmetikunterricht. In: Müller, G.N./Wittmann, E.C. (Hrsg.): Mit Kindern rechnen. Frankfurt a. M.: Arbeitskreis Grundschule, 10–41.

Franziska Tilke & Karina Höveler

„4 + 10 sind 14. Und 3 + 11 sind auch 14, weil das ist ja hier einer weniger und da einer mehr"

Vom Entdecken mathematischer Muster zum Nutzen mathematischer Strukturen als Rechenstrategie

Entdeckerpäckchen – auch als schöne Päckchen bezeichnet (Nührenbörger 2020, 126) – sind ein bekanntes Aufgabenformat, welches in vielen Schulbüchern enthalten ist und den Blick auf Muster und Strukturen richtet. Sie stellen Aufgabenserien aus vier bis fünf Aufgaben einer Operation (Addition, Subtraktion, Multiplikation) dar, die in einem strukturellen Zusammenhang stehen. Um Regelmäßigkeiten und Rechengesetze anhand der Entdeckerpäckchen zu erforschen, sind die Lernenden nicht nur gefordert diese fortzusetzen, sondern sollen auch Auffälligkeiten beschreiben (,Was fällt dir auf?'), mit Forschermitteln markieren, mit Materialien wie Plättchen oder Punktebildern darstellen und erklären.

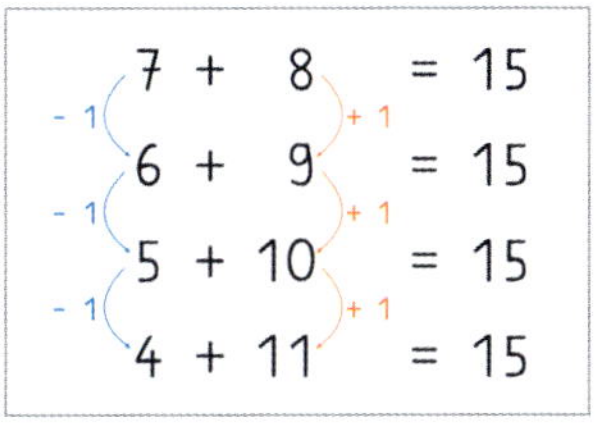

Eine mögliche Entdeckung an diesem Entdeckerpäckchen (Abb. 1) ist, dass der erste Summand eins weniger wird und der zweite Summand eins mehr wird und das Ergebnis gleichbleibt – diese Erkenntnis nutzt auch Maja, das in der Überschrift zitierte Kind, zum Lösen der Rechenaufgabe 3 + 11: „4 + 10 sind

Abb. 1: Entdeckerpäckchen

14. 3 + 11 sind auch 14, weil das ist ja hier einer weniger und da einer mehr". Ihre Aussage „sind auch 14" deutet darauf hin, dass sie nicht mehr gerechnet, sondern das Ergebnis aus der ersten Aufgabe hergeleitet hat. In ihrer Begründung wird ein enger Bezug zu den mathematischen Strukturen deutlich, sie nutzt die Erkenntnis, dass sich das Ergebnis einer Additionsaufgabe nicht ändert, wenn man den ersten Summanden um einen Wert verkleinert und den zweiten Summanden um den gleichen Wert vergrößert (m. a. W. die Entdeckung der Konstanzeigenschaften).

Dass ein Kind wie Maja diese Erkenntnis über die Konstanz der Summe als Rechenstrategie nutzt ist dabei keineswegs bereits selbstverständlich – doch wie kann es gelingen, dass möglichst allen Lernenden der Schritt vom Entdecken mathematischer Muster zum Nutzen der mathematischen Struktur als Rechenstrategie gelingt?

Ein solches Entdecken von Mustern und damit einhergehend das Erkennen und Nutzen von mathematischen Strukturen, in diesem Fall der Konstanzeigenschaften, ist keineswegs selbstverständlich: „Leistungsstarke Kin-

181

der", so Wittmann und Müller (2011, 49), „sind gerade deshalb leistungsstark, weil sie gelernt haben, Muster zu nutzen. Je mehr es gelingt, auch schwächeren Kindern ein Verständnis für Muster zu vermitteln, desto ökonomischer können auch sie denken und desto bessere Lernfortschritte können auch sie machen." Gleichzeitig macht Wittmann (2003) die vielfältigen Potenziale des Lerngegenstands deutlich: *„Die Beschäftigung mit Mustern ist immer auf verschiedenen Niveaus möglich. Muster ermöglichen daher gemeinsame Lernangebote, die von den Kindern nach ihren individuellen Möglichkeiten und Interessen wahrgenommen werden können. Schwächere Kinder können genauso aus dem Unterricht heraus gefördert werden wie leistungsstarke. Alle Kinder kommen zu ihrem Recht und auf ihre Kosten"* (ebd., 29, Hervorhebung im Original). Es wird deutlich, dass der Lerngegenstand einerseits für alle Lernenden bedeutsam ist und Möglichkeiten bietet, gemeinsamen Unterricht in heterogenen Lerngruppen, aber auch im jahrgangsübergreifenden Anfangsunterricht zu gestalten. Gleichzeitig stellt sich jedoch die Frage, wie Lernende ausgehend von dem Entdecken von mathematischen Mustern darin unterstützt werden können, die zugrunde liegenden mathematischen Strukturen zu verstehen und später zu nutzen – hier konkret die Konstanzeigenschaften der Addition und Subtraktion.

Muster und Strukturen von Anfang an

Mathematische Muster und Strukturen begegnen den Lernenden im Mathematikunterricht vom ersten Schuljahr an. Während am Schulanfang Musterfolgen und räumliche Muster wie bei der Zahlzerlegung, Zahlenbilder als Zahldarstellungen und Anschauungsmittel mit Fünfer- bzw. Zehnerstruktur genutzt werden, werden Muster und Strukturen in der weiteren Schulzeit in Verbindung mit Rechenoperationen, bei Erweiterung von Zahlenräumen und im Umgang mit Rechengesetzen benötigt (Lüken 2012, 29).

Die Lernenden verfügen bereits am Schulanfang über viele Vorerfahrungen zu Mustern und Strukturen, gleichzeitig zeigt sich aber auch eine Heterogenität bei den Fähigkeiten der Kinder (Lüken 2012, 206). Um die Kompetenzen der Lernenden aufzugreifen und diese systematisch zu erweitern, stellt der Bereich ‚Muster und Strukturen' eine zentrale Leitidee in den Bildungsstandards im Fach Mathematik für den Primarbereich (KMK 2005, 8) dar. Unter der inhaltsbezogenen mathematischen Kompetenz ‚Muster und Strukturen' werden einerseits das „Gesetzmäßigkeiten erkennen, beschreiben und darstellen" und andererseits das „funktionale Beziehungen erkennen, beschreiben und darstellen" (KMK 2005, 10f.) gefasst.

Da Muster und Strukturen eng zusammenhängen, werden die beiden Begriffe oftmals gemeinsam verwendet, teilweise auch synonym. Für die Erkundung von Rechengesetzen ist die Unterscheidung der beiden Begriffe zentral. Muster beschreiben „Regelmäßigkeiten, die entdeckt werden können" (Steinweg 2020, 8) – am Beispiel des Entdeckerpäckchens (Abb. 1) kann z. B. das Muster des ersten Summanden 7, 6, 5, 4 oder der Summe 15, 15, 15, 15 betrachtet werden. „Strukturen sind mathematische Eigenschaften" (Steinweg 2020, 8). Dem Entdeckerpäckchen liegt die mathematische Eigenschaft der Konstanz der Summe zugrunde: Wird der erste Summand um einen Wert kleiner und der zweite Summand um diesen Wert größer, so bleibt das Ergebnis gleich. In dem konkreten Entdeckerpäckchen um den Wert 1.

Für die Erkundung von Rechengesetzen ist es notwendig, hinter die Muster zu blicken: „Muster geben Hinweise, wo sich ein Blick hinter die Kulissen lohnt. Die mathematischen Strukturen sind der Grund für die auftretenden Muster. Strukturen zu verstehen, heißt Muster begründen zu können" (Steinweg 2020, 8). Um am Beispiel des Entdeckerpäckchens die Struktur, konkret: die Eigenschaft der Konstanz der Summe, zu verstehen, reicht es folglich nicht aus, nur die drei Muster des ersten und zweiten Summanden sowie der Summe oder einzelne Muster zu beschreiben, sondern es muss die Struktur des gesamten Entdeckerpäckchens in den Blick genommen werden.

Die mathematische Struktur „Konstanzeigenschaften"

Die Konstanzeigenschaften haben für das Mathematiklernen bereits im Anfangsunterricht eine zentrale Rolle: Angefangen mit Zahlenhäusern ($0+8$, $1+7$, $2+6$, …) sowie dem Legen von Plättchen am Zwanzigerfeld über die Entdeckung operativer Beziehungen zwischen Additionsaufgaben ($6+9$, $5+10$) und Subtraktionsaufgaben ($15-9$, $16-10$) im ersten Schuljahr bis hin zur Entwicklung der Rechenstrategie des gegensinnigen Veränderns bei der Addition ($6+9=5+10$). Im zweiten Schuljahr knüpfen die Rechenstrategien des gegensinnigen Veränderns (Addition: $16+29=15+30$) und gleichsinnigen Veränderns (Subtraktion: $63-29=64-30$) im Zahlenraum bis 100 daran an.

Konstanzeigenschaften werden im Mathematikunterricht der Grundschule ebenso wie weitere Eigenschaften der Rechenoperationen (z. B. Kommutativität: $3+9=9+3$) als Rechenvorteile oft implizit angewendet. Für das mathematische Verständnis hat der Perspektivwechsel auf die zugrundeliegenden (allgemeinen) Strukturen eine zentrale Bedeutung (Steinweg 2013, 123 ff.), er sollte daher auch explizit mit den Lernenden thematisiert werden. Es gilt folglich, die Konstanzeigenschaften (Abb. 2 und Abb. 3) ebenso wie die weiteren Eigenschaften der Rechenoperationen: die Kommutativität, die Assoziativität (z. B. $(5+7)+3=5+(7+3)$) und die Distributivität (z. B. für $4\cdot3$: $4\cdot(1+2)=4\cdot1+4\cdot2$) bereits im Anfangsunterricht bewusst zu thematisieren, indem ausgehend von sichtbaren Mustern diese mathematischen Strukturen gezielt in den Blick genommen werden. Eine solche Thematisierung rückt gleichzeitig auch die allgemeinen mathematischen Kompetenzen ‚Argumentieren‘ und ‚Kommunizieren‘ (KMK 2005, 7) im Rahmen des Beschreibens und Begründens der Muster und Strukturen in den Fokus.

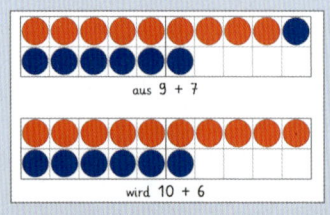

Konstanz der Summe
Wenn man die eine Zahl um einen Wert vergrößert und die andere Zahl um genau diesen Wert verkleinert, dann bleibt die Summe gleich (Steinweg 2013, 154).

Abb. 2: Darstellung der Konstanz der Summe

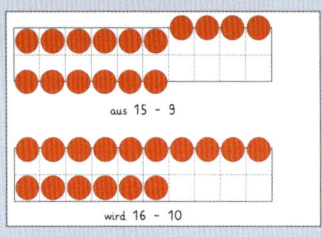

Konstanz der Differenz
Wenn man beide Zahlen (Minuend und Subtrahend) um den gleichen Wert vergrößert (oder verkleinert), dann bleibt die Differenz gleich (Steinweg 2013, ebd.).

Abb. 3: Darstellung der Konstanz der Differenz

Zu den zentralen Erkenntnissen bezüglich der Konstanzeigenschaften der Summe gehört für Lernende, dass, wenn der erste Summand um einen festen, aber beliebigen Wert verändert wird und der zweite Summand *gegensinnig* um diesen festen, aber beliebigen Wert verändert (vergrößert oder verkleinert) wird, das Ergebnis gleich bleibt. Ähnliche Erkenntnisse sind auch zu den Konstanzeigenschaften der Differenz zu gewinnen: Wenn der Minuend um einen festen, aber beliebigen Wert verändert (vergrößert oder verkleinert) wird und der Subtrahend *gleichsinnig* um den gleichen festen, aber beliebigen Wert verändert wird, so bleibt die Differenz gleich. Der Zahlenraum spielt dabei keine Rolle.

Um die Konstanzeigenschaften zu verstehen und später für geschicktes Rechnen zu nutzen, bieten sich die Entdeckerpäckchen als Ausgangspunkt an, um ausgehend von den sichtbaren Mustern im Entdeckerpäckchen die Struktur der Konstanzeigenschaften zu erkunden. Bei Entdeckerpäckchen zur Konstanz der Summe bzw. der Differenz werden die beiden Zahlen gegensinnig bzw. gleichsinnig um den gleichen Wert (Achtung: der Wert kann auch größer als 1 sein, z. B. + 3/– 3) verändert. Es reicht jedoch nicht aus, exemplarisch ein Entdeckerpäckchen zu betrachten, vielmehr müssen mehrere Entdeckerpäckchen mit unterschiedlichen Veränderungen betrachtet werden, um zu der allgemeinen Erkenntnis zu gelangen, dass die Summe gleich bleibt, wenn sich die Summanden um einen beliebigen Wert gegensinnig verändern. Entdeckerpäckchen können in unterschiedlichen Zahlenräumen und sowohl mit Zahlen (Abb. 1) als auch mit Plättchen oder Zahlenbildern visualisiert (Abb. 2 und 3) dargestellt werden. Gelingt den Lernenden der Transfer der Konstanzeigenschaften von den Entdeckerpäckchen auf andere Aufgaben wie 16 + 29, können mit der Rechenstrategie ‚Vereinfachen‘, die auf den Konstanzeigenschaften beruht, Rechenaufgaben durch gegensinniges bzw. gleichsinniges Verändern, hier in 15 + 30, einfacher gelöst werden.

Vom Entdecken von Mustern zum Nutzen von Strukturen für geschicktes Rechnen

Im Folgenden wird aufgezeigt, wie ausgehend vom Entdecken von Mustern das Erkennen und Nutzen mathematischer Strukturen in einem Mathematikunterricht gezielt angeregt und unterstützt werden kann.

In dem Lehr-Lern-Arrangement *,Wir erforschen einen neuen Weg, wie wir geschickt rechnen können‘* wird ein mögliches Vorgehen exemplarisch für die Konstanzeigenschaften der Addition und Subtraktion vorgestellt, welches ausgehend vom Entdecken von Mustern in Entdeckerpäckchen über das Erkennen und Verstehen der Struktur der Konstanzeigenschaften das Nutzen der Konstanzeigenschaften bei der Rechenstrategie ‚Vereinfachen‘ thematisiert.

Der Aufbau orientiert sich dabei grundsätzlich an den Kernprozessen: 1. Anknüpfen – 2. Erkunden – 3. Ordnen – 4. Vertiefen (Leuders/Prediger 2012, 38). Darüber hinaus erweist sich eine Einrahmung des Lehr-Lern-Arrangements mit einer Eingangs- und Abschlussstandortbestimmung als sinnvoll.

Das Lehr-Lern-Arrangement ist eine fünfstündige Unterrichtsreihe für heterogene Lerngruppen und kann vom ersten bis dritten Schuljahr sowie im jahrgangsübergreifenden Anfangsunterricht eingesetzt werden.

1. Anknüpfen an Vorwissen mittels Eingangsstandortbestimmung

Um die Lernausgangslage der Lernenden festzustellen und den Lernenden eine Zielorientierung zu geben, bietet es sich auch für diesen Lerngegenstand an, eine *Eingangsstandortbestimmung* durchzuführen. Die Eingangsstandortbestimmung sollte erstens die Kompetenzen der Lernenden im Bereich *Muster und Strukturen* und zweitens die Lernstände zum konkreten Lerngegenstand der *Konstanzeigenschaften* erheben. Sinnvoll ist es, dazu erstens Aufgaben, die das Erkunden, Fortsetzen, Beschreiben und Erklären von Mustern und Strukturen in Entdeckerpäckchen anregen, und zweitens Aufgaben, die das Verständnis der Konstanzeigenschaften erfordern, auszuwählen.

Im Rahmen der Unterrichtsreihe können die in Abbildung 4 angegebenen Aufträge verwendet werden.

1. Aufgaben zu Mustern und Strukturen

a. Rechne das Entdeckerpäckchen aus. Setze fort.

b. Was fällt dir auf? Warum ist das so?

2. Aufgaben zum Verständnis der Konstanzeigenschaften

a. $10 + 70 = \_\_ + 60$ Wie findet man die passende Zahl? Erkläre.
(in Anlehnung an Steinweg 2013, 119)

b. „$4898 + 3 = 4897 + 4$ Ist das gleich?" (Steinweg 2013, 111)

c. Rechne geschickt und beschreibe, wie du gerechnet hast:
$76 + 19$, $63 - 29$.

Abb. 4: Aufgabenstellungen zur Eingangsstandortbestimmung

Zur Differenzierung (im zweiten Schuljahr bzw. im jahrgangsübergreifenden Unterricht) bietet es sich an, die Standortbestimmung in zwei strukturanalogen Versionen im Zahlenraum 20 und Zahlenraum 100 zu erstellen. Einzelne Aufgaben können den bekannten Zahlenraum der Lernenden überschreiten, um den Fokus auf die Argumentation statt auf das Ausrechnen zu legen.

2. Konstanzeigenschaften in Entdeckerpäckchen erkunden

Zunächst sollte das Ziel darin bestehen, an konkreten anschaulichen Beispielen Muster zu entdecken, die die Grundzüge der mathematischen Struktur repräsentieren.

So bietet es sich zum Beispiel an, die Konstanzeigenschaften in Entdeckerpäckchen zu entdecken und zu erkunden. Gleichzeitig ist es wesentlich, den Lernenden bereits zu Beginn das Ziel transparent zu vermitteln, dass es darum geht, ausgehend von besonderen Entdeckungen in den Entdeckerpäckchen Ideen für geschicktes Rechnen abzuleiten. Dazu werden die Lernenden in einer Erkundungsphase zunächst aufgefordert, die Muster in vorgegebenen Entdeckerpäckchen zu erkunden, fortzusetzen und Auffälligkeiten zu beschreiben (,*Vergleiche die Aufgaben. Was fällt dir auf?*', Abb. 5).

In der Arbeitsphase arbeiten alle Kinder an strukturgleichen Entdeckerpäckchen im Zahlenraum bis 20 bzw. bis 100 (Abb. 5), wobei sie durch den identischen Arbeitsauftrag die gleichen Entdeckungen machen können. Ein Teil der Lernenden bearbeitet die Entdeckerpäckchen der Addition (Abb. 5, links), der andere Teil die Entdeckerpäckchen der Subtraktion (Abb. 5, rechts).

Um die Besonderheiten der Konstanzeigenschaften entdecken zu können, ist es dabei notwendig, Gemeinsamkeiten und Unterschiede in verschiedenen Entdeckerpäckchen zu vergleichen. Durch die Fokussierung auf die Entdeckerpäckchen mit und ohne Konstanzeigenschaften (,*Was ist bei den letzten beiden Entdeckerpäckchen anders als bei den vorherigen Entdeckerpäckchen? Warum ist das so?*') wird der Fokus auf den intendierten Lerngegenstand gerichtet. Durch eine Anregung zur Veränderung (,*Wie könntest du die letzten beiden Entdeckerpäckchen verändern, damit diese so wie die oberen Entdeckerpäckchen sind?*') sollen die Erkenntnisse versprachlicht werden.

Eine wesentliche Erkenntnis bei der Addition ist, dass sich nicht nur ein Summand verändert, sondern beide Summanden gegensinnig um den gleichen Wert verändert werden müssen. Weiterhin sollten die Lernenden erkennen, dass dieser Wert variabel ist. Diese Erkenntnisse können nur gewonnen werden, wenn die Lernenden Erkundungen an mehreren Entdeckerpäckchen vornehmen und diese vergleichen.

An das Vorwissen anknüpfen, Bedeutsamkeit schaffen und Zieltransparenz geben

Das ist wichtig: Zu Beginn der Unterrichtsstunde sollte an die Eingangsstandortbestimmung und die Schwierigkeit bzw. das aufwendige Vorgehen beim Lösen von (zweistelligen) Additions- und Subtraktionsaufgaben (z. B. 76 + 19; 63 − 29; 17 − 9) angeknüpft werden. Um Aufgaben zukünftig einfacher lösen zu können, kann das Ziel formuliert werden, eine Regel zu entwickeln, mit

Aufgaben	Hinweis		Aufgaben	Hinweis
14 + 2 = 16 13 + 3 = 16 12 + 4 = 16 11 + 5 = 16 __ + __ = __ __ + __ = __	Vergleiche die Aufgaben. Was fällt dir auf?		48 − 19 = 29 47 − 18 = 29 46 − 17 = 29 45 − 16 = 29 __ − __ = __ __ − __ = __	Vergleiche die Aufgaben. Was fällt dir auf?
5 + 14 = 19 6 + 13 = 19 7 + 12 = 19 8 + 11 = 19 __ + __ = __ __ + __ = __	Vergleiche die Aufgaben. Was fällt dir auf?		57 − 38 = 19 58 − 39 = 19 59 − 40 = 19 60 − 41 = 19 __ − __ = __ __ − __ = __	Vergleiche die Aufgaben. Was fällt dir auf?
17 + 3 = 20 15 + 5 = 20 13 + 7 = 20 11 + 9 = 20 __ + __ = __ __ + __ = __	Vergleiche die Aufgaben. Was fällt dir auf?		61 − 46 = 15 59 − 44 = 15 57 − 42 = 15 55 − 40 = 15 __ − __ = __ __ − __ = __	Vergleiche die Aufgaben. Was fällt dir auf?
0 + 16 = 16 3 + 13 = 16 6 + 10 = 16 9 + 7 = 16 __ + __ = __ __ + __ = __	Vergleiche die Aufgaben. Was fällt dir auf?		53 − 28 = 25 56 − 31 = 25 59 − 34 = 25 62 − 37 = 25 __ − __ = __ __ − __ = __	Vergleiche die Aufgaben. Was fällt dir auf?
0 + 1 = __ 2 + 3 = __ 4 + 5 = __ 6 + 7 = __ __ + __ = __ __ + __ = __	Vergleiche die Aufgaben. Was fällt dir auf?		78 − 12 = __ 80 − 10 = __ 82 − 8 = __ 84 − 6 = __ __ − __ = __ __ − __ = __	Vergleiche die Aufgaben. Was fällt dir auf?
2 + 11 = __ 3 + 9 = __ 4 + 7 = __ 5 + 5 = __ __ + __ = __ __ + __ = __	Vergleiche die Aufgaben. Was fällt dir auf?		31 − 12 = __ 32 − 14 = __ 33 − 16 = __ 34 − 18 = __ __ − __ = __ __ − __ = __	Vergleiche die Aufgaben. Was fällt dir auf?

Abb. 5: Aufgaben zur Erkundung

der die Kinder Additions- und Subtraktionsaufgaben einfacher bzw. geschickter lösen können. Dieses Vorgehen schafft ein Problembewusstsein und eine Zieltransparenz für die Lernenden zum Verlauf der Unterrichtsreihe.

Das Ziel der Erkundungsphase ist, dass die Lernenden den Blick auf die mathematischen Strukturen richten, daher sind in diesem Fall die ersten vier Entdeckerpäckchen (Abb. 5) bereits ausgerechnet.

Um an die individuellen Voraussetzungen und Potenziale der Kinder anzuknüpfen und fehlende Vorerfahrungen auszugleichen, bietet es sich an, verschiedene bereits bekannte Forschermittel (Einkreisen, Pfeile, Farben) einzusetzen, die es den Lernenden ermöglichen, gewonnene Entdeckungen trotz ggf. fehlender oder eingeschränkter sprachlicher Mittel hervorzuheben. Eine Lupe als Forschermittel kann den Lernenden helfen, den Fokus – hier auf die Konstanzeigenschaften – zu richten und die zentralen Strukturen nacheinander zu betrachten. In der Arbeitsphase sollten die Lernenden zunächst alleine arbeiten, um sich mit dem Lerngegenstand auseinanderzusetzen und individuelle Entdeckungen machen zu können. Durch die Verwendung bekannter Zahlenräume und die bereits ausgerechneten Aufgaben ist eine Zugänglichkeit für alle Kinder gegeben, die es grundsätzlich allen ermöglicht, Entdeckungen zu machen.

Die folgende Abbildung 6 zeigt, dass die Entdeckerpäckchen in Kombination mit den dargebotenen Aufgaben und zusätzlichen Materialien ein gemeinsames Lernangebot für alle Kinder darstellen. Die Lernenden können die Entdeckerpäckchen nach ihren individuellen Möglichkeiten auf unterschiedlichen Niveaus bearbeiten. Der offene, natürlich differenzierende Arbeitsauftrag ermöglicht den Kindern, sowohl ihre Entdeckungen schriftlich zu beschreiben (Abb. 6, oben und rechts), als auch erkannte Strukturen zu markieren (Abb. 6, unten). Gleichzeitig ermöglicht die Offenheit, unterschiedlich viele Strukturen (1. Zahl, 2. Zahl, Ergebnis) in den Blick zu nehmen (Abb. 6).

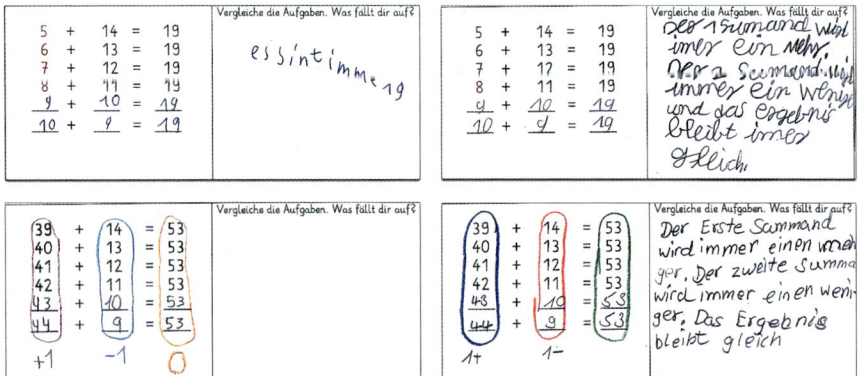

Abb. 6: unterschiedliche Entdeckungen der Lernenden aus der Erkundung

Verschiedene Entdeckerpäckchen bzgl. Gemeinsamkeiten und Unterschieden vergleichen

Damit die Kinder die Entdeckerpäckchen nicht isoliert nebeneinander betrachten, ist es wichtig, Gemeinsamkeiten und Unterschiede bei den Entdeckerpäckchen in den Blick zu nehmen.

Durch den Vergleich verschiedener Entdeckerpäckchen und unterschiedlicher Strukturen können die Lernenden die Besonderheiten der Konstanzeigenschaften erkennen. Dazu erhalten die Lernenden sechs Entdeckerpäckchen (Abb. 5), bei denen viermal die Strukturen der Konstanzeigenschaften vorliegen und zweimal nicht. Die Entdeckerpäckchen mit den Konstanzeigenschaften sind dabei um unterschiedliche Zahlen bei der Addition gegensinnig ($-$/$+$ 1, $+$/$-$ 1, $-$/$+$ 2, $+$/$-$ 3) bzw. bei der Subtraktion gleichsinnig ($-$/$-$ 1, $+$/$+$ 1, $-$/$-$ 2, $+$/$+$ 3) verändert worden.

Die Entdeckerpäckchen ohne Konstanzeigenschaften weisen verschiedene Besonderheiten auf:

- bei der Addition gibt es im 5. Päckchen eine gleichsinnige Veränderung und im 6. Päckchen eine gegensinnige Veränderung um verschiedene Werte;
- bei der Subtraktion gibt es im 5. Päckchen eine gegensinnige Veränderung und im 6. Päckchen eine gleichsinnige Veränderung um verschiedene Werte.

Dies ermöglicht es den Lernenden, die zentralen Eigenschaften der Konstanz der Summe bzw. der Differenz zu erkennen: Es muss gegensinnig (Addition) bzw. gleichsinnig (Subtraktion) verändert werden und es muss um den gleichen Wert verändert werden. Der jeweilige Wert kann beliebig gewählt werden, ebenso der Zahlenraum. Diese Kriterien sind bei den ersten vier Päckchen erfüllt, bei den letzten beiden wird jeweils gegen eine Eigenschaft verstoßen und das Ergebnis in den Päckchen verändert sich. Durch den Vergleich von Entdeckerpäckchen, bei denen die Konstanzeigenschaften erfüllt sind, und solchen, bei denen diese nicht erfüllt sind, können die Besonderheiten ausgemacht werden.

Auch wenn es bei dieser Aufgabe für viele Lernende im Anfangsunterricht noch schwierig ist, die Erkenntnisse zu verschriftlichen, können viele Kinder ihre Ideen schon mündlich beschreiben. So erklärt Ava zu den Entdeckerpäckchen mit der Addition (Abb. 7, links): „Dann, wenn die – Äh, wenn das Ergebnis gleich ist, dann ist ähm ein Summand ähm mehr und der andere weniger. […] Und wenn die nicht gleich sind, sind die beide entweder mehr oder weniger." Ava erkennt an dieser Stelle, dass bei der Addition die Summanden gegensinnig verändert werden müssen („ein Summand ähm mehr und der andere weniger"). Darüber hinaus beschreibt sie, dass der Wert der Veränderung gleich sein muss, da sich ansonsten das Ergebnis verändert („Und wenn die nicht gleich sind, sind die beide entweder mehr oder weniger").

Fokussierung wesentlicher mathematischer Entdeckungen und sprachliche Unterstützung für die Weiterarbeit

Die Heterogenität der Lerngruppe und die individuellen Potenziale der Lernenden zeigen sich darin, wie unterschiedlich die Lernenden die Entdeckerpäckchen erkundet und beschrieben haben (vgl. Abb. 6 bzw. 7). Ava (Abb. 7, links) hat bei allen Entdeckerpäckchen den ersten und zweiten Summanden sowie die Summe betrachtet und die jeweiligen Strukturen beschrieben. Mina hat in der Arbeitsphase die Strukturen von Minuend, Subtrahend und Differenz der ersten vier Entdeckerpäckchen beschrieben (Abb. 7, rechts). Um nicht nur die Erkenntnisse der Entdeckerpäckchen mit dem gleichen Ergebnis vergleichen zu können und Regeln aufzustellen, bedarf es einer Fokussierung der wesentlichen mathematischen Entdeckungen in allen Entdeckerpäckchen.

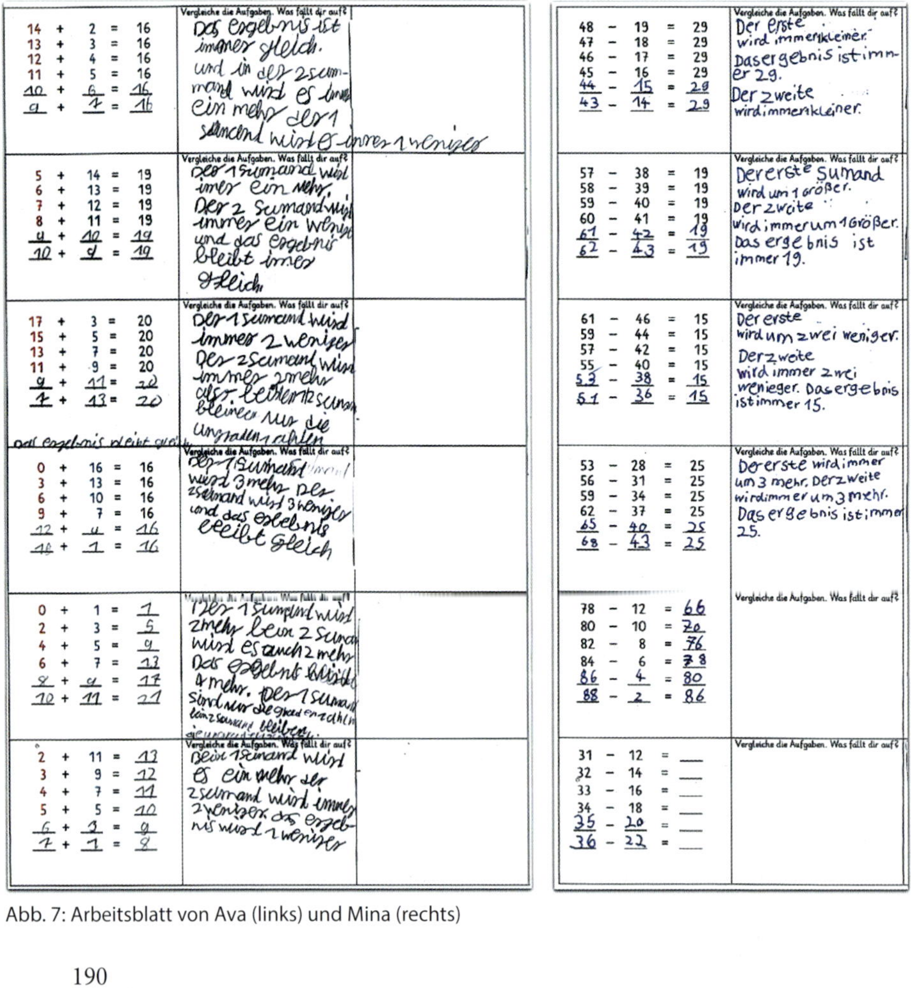

Abb. 7: Arbeitsblatt von Ava (links) und Mina (rechts)

In der folgenden Arbeitsphase arbeiten zwei Kinder mit einem Arbeitsblatt der Addition und einem Arbeitsblatt der Subtraktion zusammen. Der Austausch über die Entdeckungen wird durch die Zuordnung vorgegebener Beschreibungen (Tab. 1) angeregt, welche die wesentlichen mathematischen Strukturen in allen Entdeckerpäckchen in den Blick nehmen.

Addition	Subtraktion
Die 1. Zahl wird immer um __ kleiner. Die 2. Zahl wird immer um __ größer. Das Ergebnis bleibt immer gleich.	Die 1. Zahl wird immer um __ kleiner. Die 2. Zahl wird immer um __ kleiner. Das Ergebnis bleibt immer gleich.
Die 1. Zahl wird immer um __ größer. Die 2. Zahl wird immer um __ größer. Das Ergebnis ist verschieden.	Die 1. Zahl wird immer um __ größer. Die 2. Zahl wird immer um __ kleiner. Das Ergebnis ist verschieden.

Tab. 1: Beschreibungen zum 1. und 5. Entdeckerpäckchen

Die Satzmuster dienen als Sprachvorbild und regen an, unvollständige oder nicht erkannte bzw. beschriebene Strukturen aus der Erkundung zu berücksichtigen. Gleichzeitig erhalten alle Lernenden eine Strukturierung ihrer Entdeckungen, indem immer die erste und die zweite Zahl sowie das Ergebnis betrachtet werden. Durch die vorherige eigenständige Auseinandersetzung in der Erkundung haben alle Kinder einen Zugang zu der Aufgabe.

3. Wissen über Konstanzeigenschaften ordnen

Damit möglichst alle Lernenden in der Lage sind, Aufgabenbeziehungen – hier konkret die Konstanzeigenschaften – zum geschickten Rechnen zu nutzen, reicht das alleinige Entdecken und Beschreiben mathematischer Strukturen im Unterricht nicht aus: So zeigen Untersuchungen (bspw. Häsel-Weide 2016, 211; Tilke/Höveler 2020, 939), dass auch nach dem Entdecken von Mustern und Strukturen in Entdeckerpäckchen Lernende Aufgaben zum Teil isoliert ausrechnen. Daher sind explizite Aufgaben und Anregungen zum Ordnen der individuellen Erkenntnisse notwendig, bei denen die Lernenden ihre neu erworbenen Einsichten strukturieren und festhalten (Tilke/Höveler 2020, 940).

Regeln formulieren

Zum Ordnen der individuellen Erkenntnisse bietet es sich zunächst an, strukturelle Vergleiche vorzunehmen und Regeln zu formulieren.

Für die Konstanzeigenschaften ist die Aufgabe, die Entdeckerpäckchen der Addition und der Subtraktion zu vergleichen und anschließend (allgemeine) Regeln für die Konstanzeigenschaften zu formulieren (Abb. 8).

> a. Wie kann man bei den Entdeckerpäckchen mit gleichem Ergebnis schnell erkennen, ob die Beschreibung zu den Plusaufgaben oder zu den Minusaufgaben gehört? Erkläre.
> b. Wann haben Entdeckerpäckchen immer das gleiche Ergebnis? Schreibt gemeinsam eine Regel für Plusaufgaben und für Minusaufgaben auf, wann das Ergebnis bei den Entdeckerpäckchen gleich ist!

Abb. 8: Aufgabenstellung zum Regelformulieren

Die Beschreibungen machen den Unterschied zwischen
- der gegensinnigen („Die 1. Zahl wird immer um __ *größer*. Die 2. Zahl wird immer um __ *kleiner*. Das Ergebnis bleibt immer gleich') und
- der gleichsinnigen Veränderung („Die 1. Zahl wird immer um __ *kleiner*. Die 2. Zahl wird immer um __ *kleiner*. Das Ergebnis bleibt immer gleich')

bei den beiden Rechenarten deutlich und bereiten auf die zweite Teilaufgabe vor.

Mit dieser sind die Lernenden aufgefordert, eine (allgemeine) Regel für die Konstanzeigenschaften aufzustellen. Die Regel kann beispielgebunden (Abb. 9, oben), aber auch allgemein (Abb. 9, unten) formuliert werden.

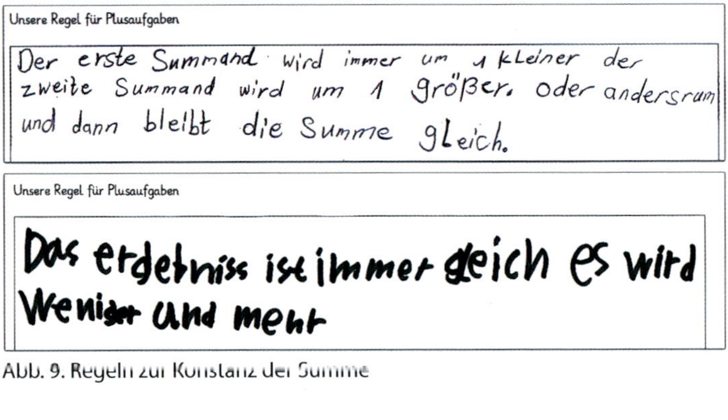

Unsere Regel für Plusaufgaben

Der erste Summand wird immer um 1 kleiner der zweite Summand wird um 1 größer. oder andersrum und dann bleibt die Summe gleich.

Unsere Regel für Plusaufgaben

Das erdebniss ist immer gleich es wird Weniger und mehr

Abb. 9. Regeln zur Konstanz der Summe

Erkenntnisse bewusst machen, vergleichen und verallgemeinern
Die Aufgabe zum Vergleich der Beschreibungen (Abb. 8, a)) dient der Reflexion, sich die gleichen Eigenschaften bei der Addition bzw. der Subtraktion aus der Erkundung bewusst zu machen, diese zu verbalisieren und gegenüberzustellen.

Bei der Formulierung der Regel (Abb. 8, b)) werden die Lernenden angehalten, sich die Erkenntnisse bewusst zu machen und die Einsichten über die Konstanzeigenschaften schriftlich festzuhalten. Alle Kinder haben aus der Erkundung das Wissen, um mindestens eine beispielgebundene Regel aufzustellen. Einigen Lernenden gelingt es darüber hinaus, diese auch allgemeiner zu formulieren. Durch das Wissen des einen Kindes zur Addition und des anderen zur Subtraktion wird die Zusammenarbeit der Lernenden gefördert.

Von individuellen Regeln zu gemeinsamen Regeln
Bei der Durchführung zeigte sich, dass viele Kinderpaare die individuellen Regeln vielfach noch beispielgebunden oder unvollständig formulieren (Abb. 9 unten, hier wird nur das gegensinnige Verändern in den Blick genommen, nicht der gleiche Wert), daher ist es von besonderer Bedeutung, auf dieser Basis eine gemeinsame Regel zu entwickeln.

Um von einer beispielgebundenen zur allgemeingültigen Regel zu gelangen, ist es notwendig, die Lernenden zur Überprüfung der Tragfähigkeit der aufgestellten Regeln und sofern nötig zur Anpassung der Regeln anzuregen. Die Arbeitsaufträge: ,Überprüft, gelten eure Regeln für das 1./2./3./4. Entdeckerpäckchen? Überprüft, gelten eure Regeln immer? Wenn nicht, ergänzt oder verändert eure Regel!' haben sich bei der Durchführung als sehr gewinnbringend erwiesen.

Im Anschluss ist es sinnvoll, die Regeln gemeinsam mit der gesamten Lerngruppe zu vergleichen und gemeinsame Regeln für die Addition und die Subtraktion zu formulieren. Die gemeinsam erarbeiteten, vollständigen Regeln sollten von jedem Kind festgehalten werden, damit die Lernenden die Möglichkeit haben, diese für die Weiterarbeit zu nutzen und später darauf zurückgreifen zu können.

Regeln verstehen durch Erklären bildlicher Darstellungen

Um zu vermeiden, dass die gemeinsam erarbeiteten Regeln unverstanden auswendig gelernt und angewendet werden, ist es wichtig, dass die Lernenden ein inhaltliches Verständnis für die Regeln (weiter-)entwickeln.

Ein möglicher Zugang, das Verständnis zu vertiefen, besteht darin, den Lernenden den Auftrag zu geben, die formulierten Regeln anhand bildlicher Darstellungen zu erklären. Anhand von Zahlenbildern in der Punkt-Strich-Darstellung können die Lernenden die Konstanz der Summe und der Differenz begründen und das Muster aus den Zahlenbildern fortsetzen:

---

a. Erklärt die Regel für die Plusaufgaben bzw. Minusaufgaben anhand der Zahlenbilder. Warum haben alle Bilder das gleiche Ergebnis? Besprecht euch.

b. Wie sieht das nächste Bild aus?

(Aufgabe in Anlehnung an Prediger et al. 2013, S. 131)

Abb. 10: Aufgabenstellung Erklären der bildlichen Darstellung

Wissen vernetzen

Die Darstellung mit Zahlenbildern ermöglicht es den Kindern, ihre Erkenntnisse bei den Zahlenmustern mit Mustern in der Punkt-Strich-Darstellung in Verbindung zu setzen und so das Wissen zu vernetzen. Um eine Zugänglichkeit für alle Lernenden zu schaffen, sollte für die ausgewählten Beispiele ein kleiner Zahlenraum und eine geringe Veränderung (um +/– 1 bzw. +/+ 2) gewählt werden. Die Vorgabe der Zahlenbilder – hier in der Form eines Entdeckerpäckchens – hilft den Lernenden dabei, den häufig noch ungewohnten Blick auf die Strukturen zu richten.

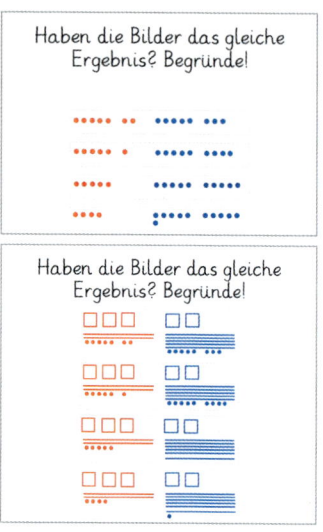

In der Reflexion mit der gesamten Lerngruppe beurteilen und begründen die Lernenden anhand von Zahlenbildern in verschiedenen Zahlenräumen (Abb. 11 oben: Zahlenraum 20, unten: Zahlenraum 1000), ob die Konstanzeigenschaften vorliegen. Im gemeinsamen Gespräch in der Lerngruppe werden die – wieder beispielgebundenen – Erkenntnisse der Lernenden ausgetauscht und erweitert. Durch die vorherige eigene Auseinandersetzung in der Arbeitsphase können sich alle Kinder in der Reflexion einbringen. Die größeren Zahlenräume schaffen die Erweiterung, zu erkennen, dass die Konstanzeigenschaften unabhängig vom Zahlenraum gültig sind.

Abb. 11: Anschauliches Begründen im Klassengespräch

Beispiele und Gegenbeispiele für die Regel erkennen

Nachdem die Regeln für die Konstanzeigenschaften aufgestellt und anschaulich begründet wurden, werden die Lernenden in der folgenden Aufgabe damit konfrontiert, die Regeln beim Sortieren von Entdeckerpäckchen anzuwenden. Die Lernenden sollen, ohne zu rechnen, entscheiden, ob ein präsentiertes Entdeckerpäckchen auf den Konstanzeigenschaften basiert ('Regel gilt') oder nicht ('Regel gilt nicht'). Dabei stellt die Begründung ein zentrales Merkmal dar.

> Wann gilt die Regel?
> Sortiert gemeinsam die Entdeckerpäckchen, ohne sie auszurechnen!
> Besprecht bei jedem Päckchen, warum die Regel gilt / nicht gilt!

Abb. 12: Aufgabenstellung Beispiele und Gegenbeispiele sortieren

Strukturen erkennen und abgrenzen, ohne zu rechnen

Auf diese Weise finden die Kinder Beispiele für ihre Regel und lernen kennen, dass es Entdeckerpäckchen gibt, bei denen die Regel nicht gilt.

Um den Fokus auf die mathematischen Strukturen der Konstanzeigenschaften zu legen, sind die Aufgaben ohne Ergebnis und Gleichheitszeichen dargestellt. Gleichzeitig erhalten die Kinder die Aufforderung, nicht zu rechnen. Die Entdeckerpäckchen sind im Zahlenraum 20 und 100 vorhanden, damit alle Lernenden einen Zugang finden. Das einmalig vorliegende Material und die Aufforderung zum Erklären der Zuordnung fördern die Zusammenarbeit der Lernenden.

Eigene Beispiele für die Regeln erstellen

Nach der Sicherung eines Verständnisses der Regel ist es wesentlich, mit den Lernenden über die Bedeutung der gewonnenen Erkenntnisse zu sprechen und diese zu nutzen.

Dazu bietet es sich an, eine Aufgabe wie beispielsweise: *‚Findet eigene Entdeckerpäckchen mit gleichem Ergebnis. Nutzt die Regeln!‘* zu stellen, die die Lernenden zunächst in einer individuellen Arbeitsphase bearbeiten, bevor einige der entwickelten Entdeckerpäckchen in der Reflexionsphase exemplarisch betrachtet werden.

Die Regeln anwenden

Während der Arbeitsphase sollen die Lernenden eigene Beispiele von Aufgabenserien durch die Anwendung der Konstanzeigenschaften produzieren. Die offene, selbstdifferenzierende Aufgabenstellung ermöglicht es den Lernenden, beliebig viele Entdeckerpäckchen zu erstellen und den Zahlenraum sowie die Anzahl der Aufgaben individuell zu wählen. Durch die vorherige Beschäftigung mit den Entdeckerpäckchen ist eine Zugänglichkeit für alle Lernenden gegeben.

Die Eigenproduktionen der Lernenden zeigen klassischerweise die große Heterogenität der Lerngruppe (Abb. 13). Diese kann für den reflektierenden Erkenntnisgewinn gezielt genutzt werden, indem in der Reflexionsphase insbesondere solche Entdeckerpäckchen vergleichend betrachtet werden, die

- a) in unterschiedlichen Zahlenräumen sind,
- b) verschiedene Werte der Veränderung der Summanden bzw. von Minuend und Subtrahend haben und/oder
- c) ggf. Fehler enthalten.

Dazu können die gewählten Eigenproduktionen an die Tafel gehängt werden. Die Lernenden erhalten den Auftrag, erstens zu überprüfen, ob die Konstanzeigenschaften erfüllt sind, und zweitens noch einmal die Gemeinsamkeiten und Unterschiede zwischen ausgewählten Eigenproduktionen (z. B. in verschiedenen Zahlenräumen oder bei verschiedenen Rechenarten) herauszustellen.

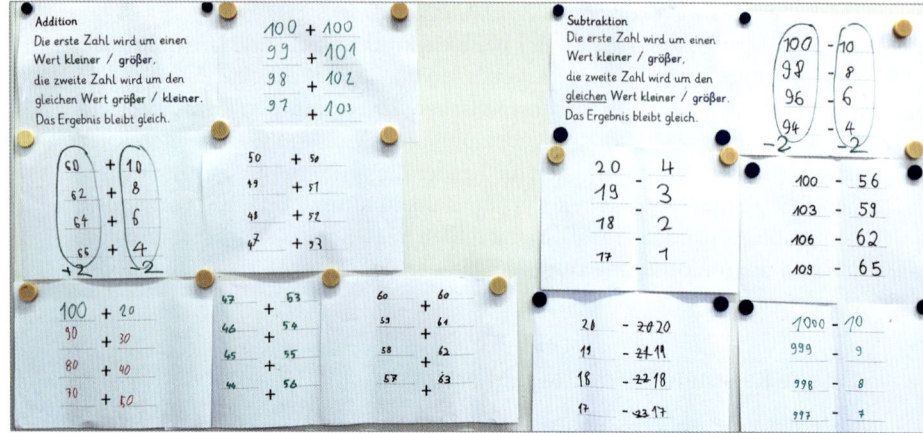

Abb. 13: Eigenproduktionen von Entdeckerpäckchen mit der Konstanz der Summe und der Differenz

Eine zentrale Erkenntnis der Reflexion sollte sein, dass die Regeln unabhängig vom Zahlenraum gelten: Die Konstanzeigenschaften können auf ein Entdeckerpäckchen im Zahlenraum 10 genauso wie im Zahlenraum 1000 angewendet werden. Darüber hinaus sollten noch einmal die besonderen Merkmale der Konstanzeigenschaften thematisiert werden.

4. Konstanzeigenschaften für geschicktes Rechnen nutzen
Im letzten zentralen Schritt stehen das Vertiefen und der Transfer der Erkenntnisse im Vordergrund.

In dem vorgestellten Lehr-Lern-Arrangement ist dies der Schritt von den Entdeckerpäckchen zum geschickten Rechnen mit den Konstanzeigenschaften. Ziel ist es, die gewonnenen Erkenntnisse vom Gegenstand der Entdeckerpäckchen zu lösen und die Lernenden dazu zu befähigen, die Konstanzeigenschaften zum geschickten Rechnen zu nutzen.

Dazu können folgende Aufgaben gestellt werden:

a. „Zwei Aufgaben, ein Ergebnis. Erkläre mit Pfeilen." (Nührenbörger et al. 2018, 4)
b. Kreuze die einfachere Aufgabe an. Rechne aus.
  (in Anlehnung an Nührenbörger et al. 2018, 4)
c. Rechne geschickt. Schreibe und rechne zuerst die einfachere Aufgabe.
d. 6738 + 1345 = 6736 + 1347 Ist das gleich? Woher weißt du das?
  (in Anlehnung an Steinweg, 2013, 111f.)
e. Finde mehrere Wege die Aufgaben 36 + 49 und 73 − 58 zu lösen. Welchen Weg findest du am besten?

Abb. 14: Aufgabenstellungen zum geschickten Rechnen

Vom Einfachen zum Komplexen und von geschlossenen zu offenen Aufgaben

In den Aufgaben zum Nutzen der Konstanzeigenschaften, die an dieser Stelle wieder als strukturanaloge Aufgaben im Zahlenraum 20 und 100 angeboten werden, sind die Lernenden zunächst gefordert, die Konstanzeigenschaften beispielgebunden anzuwenden (Abb. 14, a) und b)).

Während in diesen beiden Aufgaben die Veränderungen bereits vorgegeben sind, wird in der dritten Teilaufgabe (Abb. 14 c), 15) die selbstständige Veränderung der Aufgaben gefordert und somit die kognitive Aktivität erhöht.

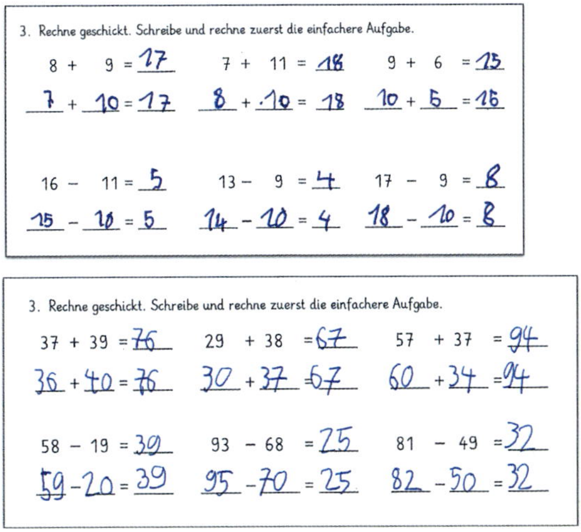

Abb. 15: Aufgaben vereinfachen mit den Konstanzeigenschaften

Als weiterführende Aufgabe wird ein Vergleich von zwei Aufgaben im unbekannten Zahlenraum angeführt. Die an eine Studie von Steinweg (2013) angelehnte Aufgabe (Abb. 14, d)) fordert die Kinder zum allgemeinen Begründen der Konstanzeigenschaften auf, sodass sie die Struktur in den Blick nehmen sollen und nicht die Aufgaben einzeln ausrechnen.

Anschließend werden die Lernenden mit offenen, selbstdifferenzierenden Aufgaben konfrontiert, um den Einsatz der Konstanzeigenschaften zu reflektieren. In der fünften Aufgabe (Abb. 14, e)) wird die Komplexität und kognitive Aktivierung erhöht, indem die Lernenden zur Reflexion der Konstanzeigenschaften in Bezug auf das geschickte Rechnen aufgefordert sind.

Im gemeinsamen Abschluss (Abb. 16) reflektieren die Lernenden darüber, bei welchen Aufgaben die Regeln der Konstanzeigenschaften helfen und bei welchen Aufgaben weniger oder nicht. Dafür sortieren die Lernenden Aufgaben im Zahlenraum 20 und 100 und begründen ihre Zuordnung.

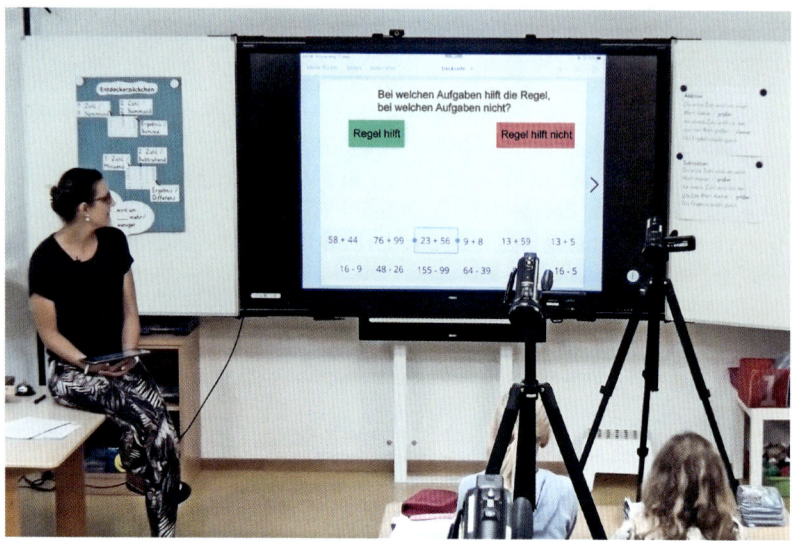

Abb. 16: Abschluss in der Klasse

Die *Abschlussstandortbestimmung* dient der Erhebung des Lernzuwachses und bietet den Lernenden Transparenz, wo weitere Übung notwendig ist. Die Abschlussstandortbestimmung ist analog zur Eingangsstandortbestimmung aufgebaut.

Zusammenschau

Lernende werden im Mathematikunterricht oftmals aufgefordert, Muster zu erkennen, zu beschreiben und zu begründen – implizit wird davon ausgegangen, dass die Lernenden die dahinterliegenden Strukturen, wie beispielsweise in diesem Beitrag dargestellt die Konstanzeigenschaften, anschließend erkennen und nutzen können. Um die Lernenden über das Erkennen von Mustern hinaus dazu zu befähigen die zugrunde liegenden mathematischen Strukturen zu verstehen, ist es notwendig, diese durch gezielte Aktivitäten in den Blick zu nehmen. Es kann keinesfalls angenommen werden, dass alle Lernenden ausgehend von entdeckten Mustern die dahinterliegenden Strukturen eigenständig erkennen und für den weiteren Lernprozess nutzen.

Ein zentraler Schritt bei der Arbeit mit Mustern und Strukturen ist, dass die Lernenden nicht nur Muster suchen, sondern auch angeleitet werden, die zugrunde liegenden mathematischen Strukturen zu verstehen und zielführend nutzen zu können. Dazu sollten Lernende nach einer Phase des offenen Erkundens gezielt aufgefordert werden, strukturelle Vergleiche vorzunehmen, diese zu verbalisieren und unter Berücksichtigung von Forschermitteln darzustellen. Darüber hinaus ist es notwendig, die gewonnenen strukturellen Erkenntnisse zu ordnen (Regeln formulieren, anschaulich begründen, sortieren, eigene Beispiele erstellen) und anschließend anzuwenden. Die hier vorgestellte Strukturierung vom Entdecken von Mustern zum Erkennen und Nutzen mathematischer Strukturen am Beispiel der Konstanzeigenschaften ist ein erprobter Vorschlag, der sich strukturell auch auf andere mathematische Strukturen wie das Distributivgesetz übertragen lässt.

Literatur

Häsel-Weide, U. (2016): Vom Zählen zum Rechnen: Struktur-fokussierende Deutungen in kooperativen Lernumgebungen. Wiesbaden: Springer Spektrum.

KMK (2005): Bildungsstandards im Fach Mathematik für den Primarbereich. Beschluss vom 15.10.2004. München: Wolters Kluwer.

Leuders, T./Prediger, S. (2012): „Differenziert Differenzieren". Mit Heterogenität in verschiedenen Phasen des Mathematikunterrichts umgehen. In: Lazarides, R./Ittel, A. (Hrsg.): Differenzierung im mathematisch-naturwissenschaftlichen Unterricht. Implikationen für Theorie und Praxis. Bad Heilbrunn: Klinkhardt, 35–65.

Lüken, M. M. (2012): Muster und Strukturen im mathematischen Anfangsunterricht: Grundlegung und empirische Forschung zum Struktursinn von Schulanfängern. Münster: Waxmann.

Nührenbörger, M. (2020): Zahlenfolgen und schöne Päckchen. Muster und Strukturen erkunden und erörtern. In: Hecker, U./Lassek, M./Ramseger, J. (Hrsg.): Kinder lernen Zukunft. Anforderungen und tragfähige Grundlagen. Frankfurt am Main: Grundschulverband e. V, 119–130.

Nührenbörger, M./Schwarzkopf, R./Bischoff, M./Götze, D./Heß, B./Hunscheidt, D. (2018): Das Zahlenbuch Arbeitsheft 3. Stuttgart: Klett.

Prediger, S./Barzel, B./Hußmann, S./Leuders, T. (2013): mathewerkstatt 6. Schulbuch. Berlin: Cornelsen.

Steinweg, A. S. (2013): Algebra in der Grundschule: Muster und Strukturen – Gleichungen – funktionale Beziehungen. Berlin: Springer Spektrum.

Steinweg, A. S. (2020): Zukunfts-Mathematik. Muster und mathematische Strukturen als Tür zu wesentlichen Fähigkeiten. In: Grundschulmagazin, 88(1), 7–11.

Tilke, F./Höveler, K. (2020): Konstanzeigenschaften erkunden: Schwierigkeiten beim Ordnen der individuellen Erkenntnisse. In Siller, H.-S., Weigel, W. & Wörler, J. F. (Hrsg.): Beiträge zum Mathematikunterricht 2020. Münster: WTM-Verlag, 937–940.

Wittmann, E. Ch. (2003): Was ist Mathematik und welche pädagogische Bedeutung hat das wohlverstandene Fach auch für den Mathematikunterricht der Grundschule? In: Baum, M./Wielpütz, H. (Hrsg.): Mathematik in der Grundschule – Ein Arbeitsbuch. Seelze: Kallmeyer, 18–46.

Wittmann, E. Ch./Müller, G. N. (2011): Muster und Strukturen als fachliches Grundkonzept. In: Walther, G./van den Heuvel-Panhuizen, M./Granzer, D./Köller, O. (Hrsg.): Bildungsstandards für die Grundschule: Mathematik konkret. Berlin: Cornelsen, 42–65.

Uta Häsel-Weide, Melina Wallner & Mathias Hattermann

Symmetrieverständnis von Anfang an

Kinder bringen in Bezug auf die Symmetrie oft umfangreiche, intuitive Erfahrungen mit in die Grundschule (vgl. Franke/Reinhold 2016, 258). Sie haben ein Gespür dafür, wann etwas „schön" ist und beziehen diese „Schönheit" häufig auf symmetrische Formen (vgl. Ruwisch 2016). Auch viele Kinderzeichnungen, z. B. Blumen, Bäume, menschliche Körper oder Häuser, weisen häufig Elemente von Symmetrie auf.

Abb. 1: Symmetrie im Alltag

Beim Übergang von der Grundschule zur Sekundarstufe I kann festgestellt werden, dass Lernende rein drehsymmetrische Figuren von achsensymmetrischen Figuren unterscheiden können (vgl. Götz/Gasteiger/Kühnhenrich 2020, 17 ff.), jedoch Schwierigkeiten bei der konkreten Umsetzung einer Drehung oder einer Achsenspiegelung haben. Die Lernenden wählen ein falsches Drehzentrum, führen eine Achsenspiegelung statt einer Drehung durch (vgl. Hartmann 2002, 48) oder verschieben Figuren, statt zu spiegeln (vgl. Küchemann 1980, 13). Achsensymmetrische Figuren identifizieren Lernende hauptsächlich dann als achsensymmetrisch, wenn die Figuren vertikale Achsen aufweisen. Figuren mit diagonalen Achsen werden seltener als achsensymmetrisch erkannt. Darüber hinaus werden beim Einzeichnen diagonale Achsen häufiger vergessen als vertikale oder horizontale Achsen (vgl. Götz/Gasteiger 2019; Götz u. a. 2020). Verhältnismäßig selten werden jedoch die diagonalen Symmetrieachsen bei prototypischen Figuren vergessen.

So stellt es für die Schülerin Paula im vierten Schuljahr keine Schwierigkeit dar, alle vier Symmetrieachsen des Quadrats korrekt einzuzeichnen (siehe Abb. 2). Diese Fähigkeit ist auch auf breiterer Datenbasis durch empirische Studien von Schmidt (1986) oder Götz u. a. (2020) bestätigt worden. Problematisch wird es für Lernende bei Figuren, die nicht so häufig im Unterricht thematisiert werden.

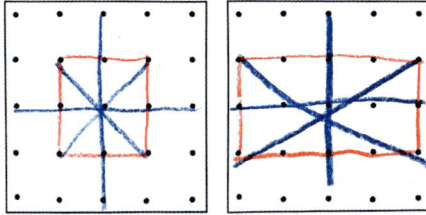

Abb. 2: Korrekt eingezeichnete Symmetrieachsen im Quadrat und nicht korrekt eingezeichnete Symmetrieachsen im Rechteck

In das Rechteck wurden von derselben Schülerin fälschlicherweise zusätzlich
diagonale Achsen eingezeichnet – ein typischer Fehler (vgl. Götz u. a. 2020,
20 ff.). Die Anordnung der Achsen des Quadrates wurde vermutlich unreflek-
tiert auf das Rechteck übertragen. Was sagt dieses Vorgehen über das Symmetrieverständnis des Kindes aus? Es ist unklar, ob Paula Eigenschaften von
symmetrischen Figuren kennt. Die ausschließliche Verwendung von prototypischen Figuren, z. B. des Quadrats oder von Figuren mit ausschließlich
vertikalen Achsen, hindert den Aufbau eines umfassenden Verständnisses
von Achsensymmetrie (vgl. Ho/Logan 2013) und begünstigt stattdessen den
Aufbau von Fehlvorstellungen. Um Eigenschaften der Achsensymmetrie zu
nutzen (vgl. KMK 2004) ist es wichtig, von Beginn an mit vielfältigen Figuren
zu arbeiten und sich nicht auf prototypische zu beschränken.

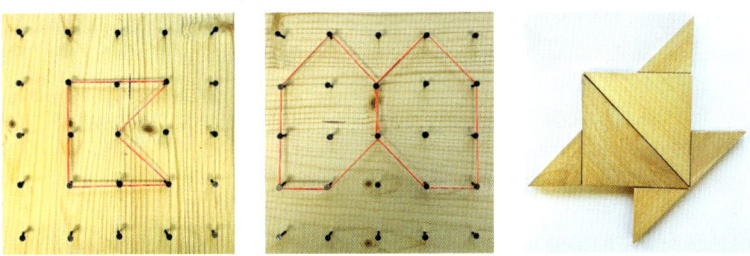

Abb. 3: Nicht prototypische achsensymmetrische Figuren auf dem 5×5-Geobrett und mit
Tangram-Material

Der Blick in Lehrpläne und die Bildungsstandards zeigt, dass die Achsensymmetrie in der Grundschule im Mittelpunkt steht. Ziel des Mathematikunterrichts ist es, ein umfassendes Begriffsverständnis von Symmetrie anzuregen,
welche z. B. im Lehrplan NRW als eigener Schwerpunkt gekennzeichnet ist.
Die Bedeutung der Symmetrie ist auch daran zu erkennen, dass sie als fundamentale Idee des Geometrieunterrichts bezeichnet wird (vgl. Winter 1976, 14).
    Die Kinder sollen sowohl Eigenschaften der Achsensymmetrie erkennen,
beschreiben und nutzen, als auch symmetrische Figuren und symmetrische

Muster fortsetzen und selbst entwickeln (vgl. KMK 2004). Am Ende der Schuleingangsphase soll die Kompetenz aufgebaut sein, bei einfachen ebenen Figuren Eigenschaften der Achsensymmetrie zu identifizieren, indem die Kinder u. a. die Figuren klappen oder mit dem Spiegel spiegeln (vgl. Lehrplan NRW 2021). Das Vorliegen der Symmetrieeigenschaft soll also durch verschiedene Herstellungs- und Überprüfungsverfahren erkannt werden. Die Achsenspiegelung wird genutzt, um symmetrische Muster und Figuren zu erzeugen und fortzusetzen.

Symmetrieverständnis

Fachliche Einordnung

Kongruenzabbildungen bilden Figuren auf dazu kongruente Figuren ab. Dies sind Drehungen (mit dem Spezialfall der Punktspiegelung als Drehung um 180° um den Drehpunkt), Verschiebungen, Achsenspiegelungen und Schubspiegelungen. Kongruenzabbildungen, die eine gegebene Figur auf sich abbilden, werden als Deckabbildung oder als Symmetrie einer Figur bezeichnet (vgl. Scheid/Schwarz 2017, 137).

Ebenso wird mit dem Begriff Symmetrie die Eigenschaft einer Figur bezeichnet. Die Art der Symmetrie wird dabei nach der jeweiligen Kongruenzabbildung benannt. So wird eine Figur als achsensymmetrisch, punktsymmetrisch oder drehsymmetrisch bezeichnet, wenn eine Achsenspiegelung, eine Punktspiegelung oder eine Drehung existiert, die die Figur auf sich selbst abbildet (vgl. Scheid/Schwarz 2017, 137). Man spricht auch von einer vorliegenden Achsen-, Punkt- oder Drehsymmetrie der Figur.

Symmetrische Figuren können aus zwei Perspektiven betrachtet werden: aus der Perspektive der Erzeugung und der Invarianz.

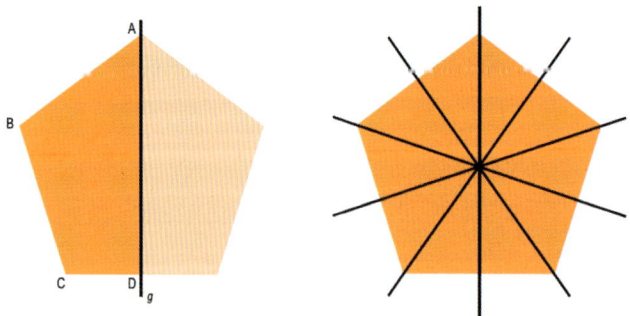

Abb. 4: Perspektive der Erzeugung (links) und Perspektive der Invarianz (rechts) (in Anlehnung an Leuders 2019, 20)

Blickt man aus der Perspektive der „Erzeugung" auf eine achsensymmetrische Figur, so kann die Gesamtfigur durch Spiegelung einer Teilfigur (in Abb. 4 das Viereck ABCD) an einer geeigneten Achse (in Abb. 4 die Achse g) erzeugt werden.

Bei der Perspektive der „Invarianz" steht die Eigenschaft im Mittelpunkt, dass achsensymmetrische Figuren invariant gegenüber bestimmten Achsenspiegelungen sind und durch diese auf sich selbst abgebildet werden.

In der Auseinandersetzung mit dem Symmetriebegriff im Unterricht sind von Beginn an beide Aspekte von Symmetrie, sowohl als Eigenschaft als auch als Abbildung, wesentlich. Dies zeigt auch der Blick in Lehrpläne und Bildungsstandards, die einerseits das Erkennen von der Eigenschaft der Achsensymmetrie (eher Perspektive der Invarianz), andererseits auch das Erzeugen achsensymmetrischer Figuren und Muster (Perspektive der Erzeugung) ansprechen. Beide Perspektiven sind also bereits in der Grundschule von den Lernenden einzunehmen. In der Sekundarstufe I erfolgt eine explizite Vertiefung der Betrachtungen durch die Thematisierung der entsprechenden Kongruenzabbildungen.

Begriffsverständnis – Stufenmodell

Die Entwicklung des Verständnisses von Symmetrie – genauer gesagt des Begriffs Symmetrie – beginnt bereits vor der Schule, dauert über die gesamte Schulzeit an und wird kontinuierlich weiterentwickelt. Schmidt-Thieme und Weigand (2018) geben in Form eines idealtypischen Stufenschemas einen Überblick über die Entwicklung des Symmetriebegriffs, der sich von einem intuitiven Begriffsverständnis vor bzw. in der Grundschule bis hin zu einem strukturellen Begriffsverständnis in der Hochschule erstreckt und erweitern lässt. Sie unterscheiden dabei grob fünf Stufen der Begriffsentwicklung (vgl. auch Schmid/Ruwisch 2016; Kirsche 1983).

In ihrem Modell ist die erste Stufe die intuitive Kenntnis des Begriffs. Die Begriffsentwicklung beruht in der Grundschulzeit und auch zu Beginn der Sekundarstufe I auf der Unterscheidung von Beispielen und Gegenbeispielen symmetrischer Figuren und auf der Grundlage von umweltlichen Erfahrungen aus der Umwelt, Kunst und Technik. Das heißt, die Kinder erkennen ganzheitlich, dass es sich um symmetrische bzw. nicht symmetrische Figuren handelt, ohne die genauen Eigenschaften (z. B. Längen- und Winkeltreue) zu explizieren. Symmetrische Figuren werden durch Spiegeln, Falten und Legen hergestellt. Der Fokus liegt dabei meist auf der Achsen- und Translationssymmetrie (Verschiebung).

In der nächsten Stufe, der inhaltlichen Kenntnis des Begriffs, gewinnen die Schülerinnen und Schüler das Wissen um mathematisch gemeinsame (Längen-, Winkeltreue) bzw. unterschiedliche Eigenschaften (Orientierung) von symmetrischen Figuren hinzu. Sie lernen auch Kongruenzabbildungen und

Verfahren zum Erzeugen symmetrischer Figuren bzw. zum Überprüfen vorhandener symmetrischer Figuren kennen.

Ein integriertes Begriffsverständnis unterscheidet sich insofern von dem inhaltlichen Begriffsverständnis, als dass auf dieser weiteren Stufe des Verständnisses die Lernenden Kenntnis über Beziehungen des Symmetriebegriffs zu anderen Begriffen haben, hier z. B. zu Kongruenz und Ähnlichkeit bzw. Kongruenzabbildungen und Ähnlichkeitsabbildungen. Sie lernen auch Figuren und Körper nach verschiedenen Arten von Symmetrien zu klassifizieren. Dabei ist eine Kenntnis von Eigenschaften und Beziehungen von Eigenschaften des Symmetriebegriffs erforderlich.

Danach folgt die Stufe der formalen Kenntnis des Begriffs, die eine exakte Kenntnis von Definitionen umfasst (z. B. Definitionen Symmetrie und Kongruenz). Symmetrien werden auf dieser Stufe auch zum Führen von Beweisen hinzugezogen.

Die fünfte Stufe, die strukturelle Kenntnis des Begriffs, geht über das hinaus, was üblicherweise im Mathematikunterricht der Sekundarstufen behandelt wird.

Es zeigt sich also, wie mathematische Begriffe schon früh intuitiv in den Blick genommen und dann schrittweise vertieft werden (vgl. Büchter 2014, 2). Dies gilt nicht nur für die Symmetrie, sondern für alle zentralen mathematischen Ideen, die im Sinne des Spiralprinzips (vgl. Bruner 1973, 61) weiterentwickelt werden. Damit dies gelingen kann, ist für alle Phasen die Anschlussfähigkeit der Aktivitäten an die vorherigen zentral, um die bereits entwickelten Einsichten fortsetzen zu können.

Begriffsentwicklung – zentrale Aspekte des Unterrichts der Grundschule

Das Lernen und Verstehen geometrischer Begriffe, hier des Symmetriebegriffs, umfasst den *Aufbau angemessener Vorstellungen*, den *Erwerb von Kenntnissen* und die *Aneignung von Fähigkeiten* (vgl. Weigand 2018, 91). In der Unterrichtspraxis treten diese Aktivitäten in Wechselbeziehung zueinander auf, sodass Schülerinnen und Schüler von Beginn an mit verschiedenen Aktivitäten konfrontiert sind.

Zum Aufbau von angemessenen Vorstellungen zum Symmetriebegriff können Handlungen wie z. B. das Herstellen achsensymmetrischer Figuren mit konkretem Material beitragen. Dabei ist die Variation der Ausrichtung der Achse entscheidend, damit an verschiedenen Seiten einer Figur gespiegelt wird und Figuren mit verschiedener Ausrichtung von Symmetrieachsen hergestellt werden. Dazu kann ein halbtransparenter Spiegel (siehe Abb. 5) eingesetzt werden.

 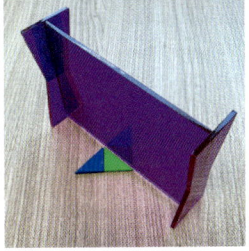 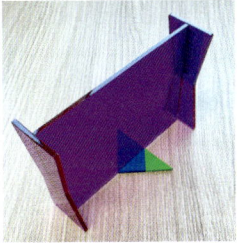

Abb. 5: Spiegelungen mit einem halbtransparenten Spiegel an verschiedenen Seiten einer Figur

Durch das Betrachten von Beispielen und Gegenbeispielen, z. B. von achsensymmetrischen und nicht achsensymmetrischen Figuren entwickeln Schülerinnen und Schüler ganzheitliche Vorstellungen, d. h. die Figuren werden nicht durch spezielle Eigenschaften wahrgenommen, sondern durch ihre Gesamtheit. Die Vorstellungen werden über das Verbalisieren und Erklären vertieft. Auf diese Weise können Eigenschaften, die den Symmetriebegriff charakterisieren, gemeinsam von Kindern erkundet und expliziert werden. Für die Auswahl der Beispiele und Gegenbeispiele ist ebenfalls darauf zu achten, dass diese unterschiedliche Ausrichtungen und auch Anzahlen von Symmetrieachsen sowie zur Abgrenzung unterschiedliche Symmetrien (asymmetrisch/punktsymmetrisch/drehsymmetrisch) aufweisen, damit Schülerinnen und Schüler umfänglich Eigenschaften von achsensymmetrischen Figuren identifizieren können.

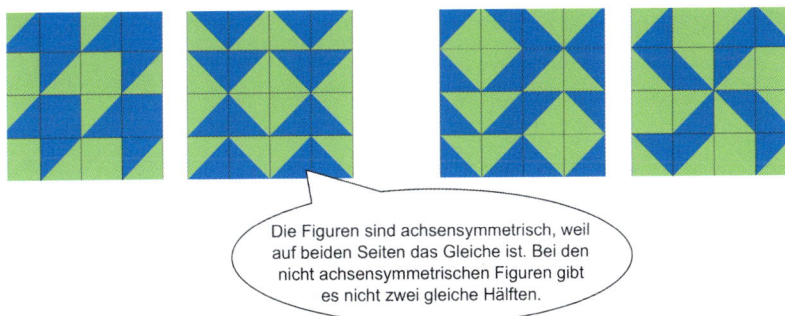

Die Figuren sind achsensymmetrisch, weil auf beiden Seiten das Gleiche ist. Bei den nicht achsensymmetrischen Figuren gibt es nicht zwei gleiche Hälften.

Abb. 6: Achsensymmetrische und nicht achsensymmetrische Figuren mit einer typischen Schülerformulierung zur Charakterisierung

Lernende können durch die Betrachtung von Beispielen (Abb. 6, links) und Gegenbeispielen (Abb. 6, rechts) zur Erkenntnis kommen, dass achsensymmetrische Figuren unterschiedlich viele Symmetrieachsen haben können (Figur 1: eine diagonale Symmetrieachse; Figur 2: eine horizontale und eine vertikale Symmetrieachse) und sie im Gegensatz zu nicht achsensymmetrischen Figuren aus zwei kongruenten Teilfiguren bestehen. Sie können aber auch Besonderheiten von nicht achsensymmetrischen Figuren entdecken, z. B., dass die drehsymmetrische Figur zwar durch Drehung auf sich selbst abgebildet wird, durch Spiegelung aber nicht.

Das Verstehen des Begriffs umfasst nicht nur die Kenntnis, sondern auch Fähigkeiten im Umgang mit dem Begriff. Dazu gehören:

- das Finden eigener Ideen für mögliche Vorgehensweisen zum Identifizieren von achsensymmetrischen Figuren, von Urbildern in achsensymmetrischen Figuren oder auch zum Erstellen von achsensymmetrischen Figuren (Problemlösen).
- das Erklären, warum die Figur achsensymmetrisch ist oder warum Symmetrie vorliegt, und auch die Fähigkeit Begründungen anderer Lernenden nachzuvollziehen, zu hinterfragen und auf Korrektheit zu prüfen (argumentieren) (s. Abb. 7).
- der inhaltsbezogene Austausch über Vorgehensweisen beim Herstellen symmetrischer Figuren und die eingenommenen Perspektiven auf Achsensymmetrie (Perspektive der Erzeugung oder Invarianz) und dabei die zunehmende Verwendung von fachspezifischen Begriffen, wie Symmetrieachse, Urbild, Spiegelbild, achsensymmetrische Figur (kommunizieren).
- die Darstellung von symmetrischen Formen, z. B. die Übertragung gelegter oder gespannter symmetrischer Figuren ins Heft, aber auch das Kennzeichnen der Symmetrieeigenschaften einer Figur oder eines Körpers (z. B. Symmetrieachse einzeichnen oder gleiche Färbung von Urbild und Spiegelbild) (darstellen).
- das Finden von symmetrischen Mustern in der Umwelt (z. B. Bandornament in einem Fliesenspiegel) und das Herausarbeiten der geometrisch relevanten Aspekte sowie die Rückübertragung auf den Entwurf eines neuen Bandornaments (modellieren).

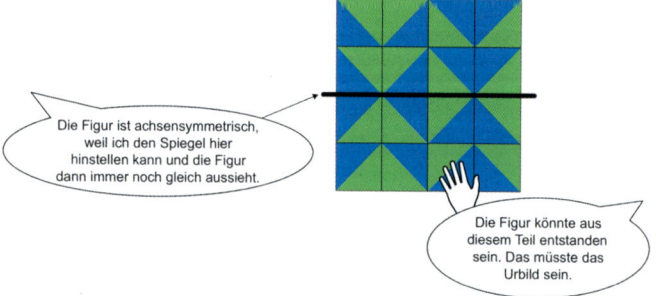

Abb. 7: Argumentieren und Kommunizieren an einer achsensymmetrischen Figur

Lernumgebungen für den Anfangsunterricht

Die oben genannten Kompetenzen werden umfänglich am Ende der Grundschulzeit erwartet, sollten aber von Beginn an in den Blick genommen werden. Eine Möglichkeit, das Verständnis von Achsensymmetrie im Anfangsunterricht anzuregen, wird exemplarisch an einer Lernumgebung vorgestellt. Diese teilt sich in zwei Etappen – dem Herstellen symmetrischer Figuren und der Untersuchung von symmetrischen Figuren.

Mit Dreiecken symmetrische Figuren herstellen

Beim Herstellen symmetrischer Figuren aus Dreiecken liegt der Fokus auf der Perspektive der Erzeugung. Es geht darum, Symmetrie als Eigenschaft einer Figur unter Einbezug der Achsenspiegelung zu erfahren, d. h., das Ziel besteht im Sinne einer konstruktiven Begriffsentwicklung darin, gezielte Handlungserfahrungen zur Konstruktion symmetrischer Figuren zu sammeln. Dabei werden die Handlungen durch die methodische Umsetzung mit dem Kommunizieren über die Vorgehensweisen und der Darstellung verknüpft.

Nach einer kurzen Einführung, in der im Plenum Beispiele von achsensymmetrischen Figuren aus Dreiecken betrachtet werden, bekommen die Kinder den Arbeitsauftrag, aus Dreiecken ebensolche achsensymmetrische Figuren herzustellen (vgl. Knapstein/Thöne/Spiegel 2003).

Dazu erhalten sie kleine grüne und blaue rechtwinklige Dreiecke aus Holz, einen Spiegel und Dreiecksaufkleber in gleicher Farbe, Form und Größe wie die Holzdreiecke sowie kleine Zettel, auf denen die entstandenen Figuren mit den Aufklebern aufgeklebt werden sollen. Der Arbeitsauftrag besteht darin, aus ein oder zwei Dreiecken, die vor den Spiegel gelegt werden, achsensymmetrische Figuren herzustellen und diese aufzukleben.

Abb. 8: Herstellen achsensymmetrischer Figuren mit Holzdreiecken und Aufklebern

Mit den Kindern wird vereinbart, dass sich die Dreiecke vollständig mit den Seiten berühren sollen (nicht Ecke an Ecke) und der Spiegel komplett an einer Seite eines Dreiecks angelegt werden soll (siehe Abb. 9). Auf diese Weise entstehen zusammenhängende achsensymmetrische Figuren. Würde ein Abstand zwischen den Dreiecken und dem Spiegel gelassen werden, würden zwei kongruente Figuren entstehen, die durch die Achsenspiegelung miteinander zur Deckung gebracht werden können. Da Eigenschaften der Achsensymmetrie erfahren werden sollen, also Symmetrie als Eigenschaft einer Figur im Fokus steht, wurden bewusst diese Vereinbarungen getroffen, unter denen zusammenhängende achsensymmetrische Figuren entstehen und an denen die Eigenschaften anschließend untersucht werden können.

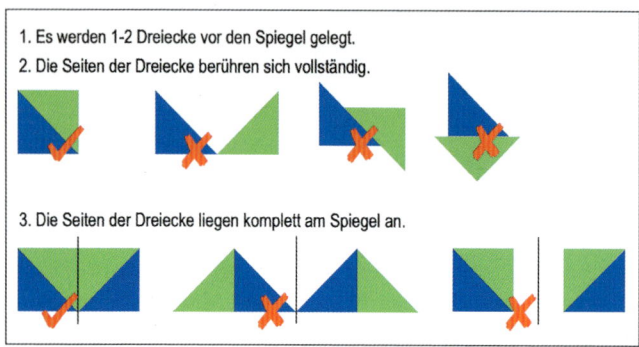

Abb. 9: Vereinbarte Regeln zum Herstellen von achsensymmetrischen Figuren

Der offen gestellte Arbeitsauftrag ist trotz seiner Schlichtheit inhaltlich reichhaltig. Die Kinder können ein Dreieck, zwei gleichfarbige oder zwei verschiedenfarbige Dreiecke wählen. Insgesamt gibt es 25 Möglichkeiten, aus maximal zwei Dreiecken achsensymmetrische Figuren zu erzeugen. Vier Figuren können aus einem Dreieck entstehen, zehn Figuren aus zwei gleichfarbigen Dreiecken und neun aus einem blauen und einem grünen Dreieck. Als weitere Möglichkeit der Differenzierung können auch Figuren mit drei Dreiecken vor dem Spiegel gelegt werden.

Zur Bearbeitung gibt es unterschiedliche Herangehensweisen. Einerseits können die Kinder ein Urbild aus den Holzdreiecken legen und den Spiegel anschließend an alle Seiten des gelegten Urbilds halten und entsprechend durch die Variation der Lage des Spiegels verschiedene achsensymmetrische Figuren herstellen (vgl. Abb. 10). Damit können sie aktiv die Erfahrung sammeln, dass an allen Seiten einer Figur gespiegelt werden kann und dass aus jeder Figur durch Achsenspiegelung eine achsensymmetrische Figur entsteht. Die Kinder nutzen den Spiegel als Hilfsmittel zur Durchführung der Achsenspiegelung und erfahren ihn flexibel einzusetzen. Andererseits kann der Spiegel auch stehen bleiben und durch unterschiedliche Positionen der Dreiecke vor dem Spiegel können verschiedene Urbilder generiert werden, sodass auf diese Weise verschiedene achsensymmetrische Figuren entstehen.

Abb. 10: Spiegel an das Urbild halten oder Urbild vor den Spiegel legen

Je nachdem wie der Spiegel positioniert wird, ob vertikal, horizontal oder diagonal zur Tischkante, entstehen beim Blick in den Spiegel Figuren mit unterschiedlich ausgerichteten Symmetrieachsen. Beide Vorgehensweisen können probierend oder systematisch genutzt werden, um möglichst viele verschiedene und alle möglichen Figuren zu erzeugen.

Die Dokumentation der Figuren durch Aufkleben auf kleine Zettel erweitert zusätzlich den flexiblen Umgang mit den achsensymmetrischen Figuren. Die Zettel können gedreht werden, sodass die Ausrichtungen der Symmetrieachsen der Figuren variieren und die Kinder die symmetrischen Figuren in unterschiedlichen Lagen wahrnehmen können. Das Aufkleben repräsentiert darüber hinaus den Darstellungswechsel von der enaktiven auf die ikonische Ebene. Die gleiche Größe der Holzdreiecke und der Dreiecke zum Aufkleben erleichtert diesen und erlaubt ein Auslegen der aufgeklebten Figuren mit den Holzdreiecken zur Überprüfung.

Des Weiteren lenkt die Darstellung der Figuren auf den kleinen Zetteln den Blick nach dem konstruktiven Prozess des Spiegelns explizit auf die achsensymmetrische Figur. Damit bleiben die entstandenen achsensymmetrischen Figuren nicht nur als beiläufiges Resultat der Spiegelung erhalten, sondern werden in einem zweiten Schritt geordnet und verglichen.

Abb. 11: Sortieren der achsensymmetrischen Figuren auf dem Plakat

Dazu vergleichen die Kinder nun zu zweit die gefundenen Figuren aus der Konstruktionsphase und legen eine gemeinsame Sammlung von nur verschiedenen achsensymmetrischen Figuren auf einem Plakat an. Dabei ist ihnen freigestellt, nach welchen Kriterien sie die Figuren als verschieden ansehen. Einige Kinder greifen auf ihre Erfahrungen und Vorgehensweisen aus dem Herstellungsprozess zurück und argumentieren über verschiedene Urbilder der Figuren oder Positionen des Spiegels, andere sehen die Figuren eher ganzheitlich. So formuliert Lea z. B.: „Die beiden Figuren sind verschieden, weil bei der einen Figur das grüne Dreieck und bei der anderen Figur das blaue Dreieck am Spiegel liegt", während Simon sagt, dass die äußere Form gleich sei, aber die Farben vertauscht seien.

Die Schülerinnen und Schüler kommen ins Gespräch über die Figuren und rekonstruieren ihre Vorgehensweisen. Dieser Teil verbindet besonders den vorherigen Konstruktionsprozess mit der Kommunikation und Darstellung. Dies ist entscheidend, um Eigenschaften der achsensymmetrischen Figuren zu erfahren, eigene Entdeckungen zu präzisieren und auszuschärfen und den Begriffsbildungsprozess nicht allein auf der Handlungsebene zu belassen.

Werden den Kindern – zum Beispiel in der Reflexionsphase – achsensymmetrische Figuren präsentiert, kann gemeinsam überlegt werden, wo der Spiegel gestanden haben muss, damit diese achsensymmetrische Figur entstanden ist. Dies stellt einen Übergang zum zweiten Teil der Lernumgebung dar.

Symmetrische Figuren untersuchen

Bei der Erkundung achsensymmetrischer Figuren steht die Eigenschaft, dass achsensymmetrische Figuren aus zwei kongruenten Teilfiguren bestehen und aus Spiegelung eines Teils der Figur entstehen, im Zentrum. Zentraler Arbeitsauftrag ist es, in achsensymmetrischen Figuren das Urbild zu identifizieren. Für die Schülerinnen und Schüler wird die Bezeichnung „Legefigur" statt Urbild für den zu identifizierenden Teil verwendet, da dieser nah an der Handlung anknüpft und deshalb im Anfangsunterricht leichter nachzuvollziehen ist.

Die Lernenden erhalten zu zweit achsensymmetrische Figuren auf Papierstreifen, die aus max. sechs Dreiecken bestehen und in ihrer Ausrichtung (vertikale, horizontale oder diagonale Symmetrieachsen) variieren. Die Besonderheit der ausgewählten achsensymmetrischen Figuren besteht darin, dass jeweils vier achsensymmetrische Figuren das gleiche Urbild besitzen (vgl. Knapstein/Thöne 2004) (s. Abb. 12).

In einem ersten Arbeitsschritt finden die Kinder die Figur, die vor den Spiegel gelegt werden muss, damit die achsensymmetrische Figur entsteht. Die gefundenen Legefiguren sollen neben der achsensymmetrischen Figur mit Aufklebern aufgeklebt werden. Das zur Verfügung stehende Material ist

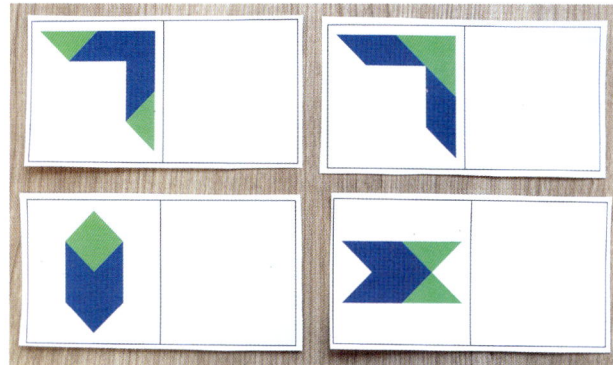

Abb. 12: Achsensymmetrische Figuren auf Papierstreifen, die aus dem gleichen Urbild herstellt werden können

das gleiche wie beim Herstellen der Figuren. Es gibt kleine blaue und grüne Holzdreiecke, Dreiecke zum Aufkleben sowie einen Spiegel. Für das Untersuchen achsensymmetrischer Figuren eignet sich besonders ein MIRA-Spiegel, da dieser halbtransparent ist, d. h., es ist sowohl das Spiegelbild als auch die achsensymmetrische Figur, auf die der Spiegel gesetzt wird, zu erkennen.

Es gibt unterschiedliche Vorgehensweisen, wie Kinder die Legefigur finden können. Eine Möglichkeit besteht darin, den Spiegel probierend über die Figur zu schieben, bis die Figur vor dem Spiegel und das Spiegelbild im Spiegel in Vereinigung die achsensymmetrische Gesamtfigur ergeben. Damit wird die Perspektive der Erzeugung besonders betont. Die Perspektive der Invarianz wird zusätzlich eingenommen, wenn die Lernenden mit dem MIRA-Spiegel arbeiten und schauen, wann das Spiegelbild mit der zugrunde liegenden achsensymmetrischen (Teil-)Figur hinter dem Spiegel zur Deckung kommt. Kommen die Figuren zur Deckung, ist die Symmetrieachse gefunden (siehe Abb. 13, Foto 2).

Abb. 13: Achsensymmetrische Figuren mit dem MIRA-Spiegel untersuchen

Als weitere Möglichkeit kann die achsensymmetrische Figur mit den Holzdreiecken ausgelegt oder als gesamte Figur nachgelegt werden. Dadurch werden die einzelnen Elemente und die Zusammensetzung der Teilelemente ersichtlich und die Kinder können die Figur durch Auseinanderschieben leicht in zwei kongruente Teilfiguren zerlegen.

Abb. 14: Auslegen der achsensymmetrischen Figur mit Holzdreiecken

Die gefundene Legefigur sollte auf ihre Korrektheit überprüft werden, bevor sie final dokumentiert wird. Arbeiten die Kinder in Partnerarbeit, so kann die gegenseitige Kontrolle (ein Kind findet die Legefigur, eines überprüft, dann Wechsel) die Kinder anregen, sowohl über die Legefigur als auch über die achsensymmetrische Figur zu sprechen.

Abb. 15: Gemeinsames Identifizieren und Überprüfen der Legefiguren

Beim Aufkleben ist darauf zu achten, dass die Legefigur in gleicher Ausrichtung wie die entsprechende Teilfigur in der achsensymmetrischen Figur aufgeklebt wird, um im Nachhinein bei einer Überprüfung mit dem Spiegel, der an die gelegte/aufgeklebte Legefigur gestellt wird, eine gleich ausgerichtete achsensymmetrische Figur zu erhalten.

Abb. 16: Aufkleben der Legefiguren in gleicher Ausrichtung

Durch die gewählten achsensymmetrischen Figuren, in die jeweils das gleiche Urbild hineingesehen werden kann, ergeben sich weitere Erkenntnismöglichkeiten für die Kinder. So können sie entdecken, dass unterschiedliche achsensymmetrische Figuren aus der gleichen Legefigur entstehen können. Damit vertieft sich ggf. die Erkenntnis, dass Figuren an allen Seiten gespiegelt werden können.

Das Aufkleben der Figuren auf Papierstreifen macht es darüber hinaus möglich, dass die Lernenden ihre Entdeckungen durch Nebeneinanderhalten oder Sortieren flexibel vergleichen und besprechen können. Um die Kommunikation der Lernenden über die Figuren und speziell über die Besonderheiten von achsensymmetrischen Figuren noch weiter anzuregen, kann eine nicht achsensymmetrische Figur den zu untersuchenden Figuren hinzugefügt werden. Dies bietet den Lernenden Raum zum Argumentieren und Begründen, warum es z. B. bei asymmetrischen Figuren keine Teilfigur gibt, die durch Spiegelung die asymmetrische Figur erzeugt, und lässt sie die Eigenschaft, dass achsensymmetrische Figuren aus zwei kongruenten Teilfiguren bestehen, nochmals reflektieren.

Zusammenschau

Die beschriebenen Aktivitäten zielen darauf ab, Symmetrie als Eigenschaft einer Figur unter Einbezug der Achsenspiegelung zu erfahren, und fokussieren das Erzeugen sowie das Untersuchen von achsensymmetrischen Figuren. Sie kombinieren diese inhaltsbezogenen Aspekte mit prozessbezogenen Aktivitäten wie dem Darstellen, Kommunizieren und Argumentieren. Durch das

Operieren mit den Dreiecken und dem Spiegel bauen die Lernenden nicht nur Kenntnisse im Bereich der Symmetrie auf, sondern können auch ihre Fähigkeiten des räumlichen Vorstellungsvermögens erweitern.

Die Lernaktivitäten sind für alle Kinder leicht zugänglich. Das Material hat einen hohen Aufforderungscharakter und lädt zum Erkunden und Probieren ein, sodass Kinder die wichtigen Handlungserfahrungen aufbauen können. Wichtig ist allerdings, dass die Kinder immer wieder zum Nachdenken über die Handlung und ihre Auswirkungen (vgl. Wittmann 1985) angeregt werden und Eigenschaften der Figuren beschreiben.

Dabei braucht es keine Vielzahl unterschiedlicher Materialien oder Figuren. Schon allein die geometrische Form des rechtwinkligen Dreiecks bietet reichhaltige Möglichkeiten, Handlungserfahrungen zur Konstruktion symmetrischer Figuren zu sammeln. Das Legen, Spiegeln und Kleben ermöglicht es, verschiedene Darstellungsebenen miteinander zu verknüpfen, wodurch der geometrische Begriffsbildungsprozess unterstützt wird. Die achsensymmetrischen Figuren, die durch die Variation von Farbe, Anzahl und Ausrichtung der Dreiecke entstehen können, sind gewiss nicht prototypisch und bieten den Lernenden im Anfangsunterricht eine gute Möglichkeit, ein inhaltliches Symmetrieverständnis aufzubauen.

Literatur

Bruner, J. S. (1973): Der Prozeß der Erziehung (3. Aufl.). Berlin: Berlin Verlag.

Büchter, A. (2014): Das Spiralprinzip. Begegnen – Wiederaufgreifen – Vertiefen. In: Mathematik lehren, H. 182, 2–9.

Franke, M./Reinhold, S. (2016): Didaktik der Geometrie in der Grundschule (3. Auflage). Springer Spektrum.

Götz, D./Gasteiger, H. (2019): Anforderungen bei der Achsenspiegelung – Ein empirisch gestütztes Kategorienschema. In: Journal für Mathematik-Didaktik, 40. Jg., H. 2, 289–322. https://doi.org/10.1007/s13138-019-00145-z.

Götz, D./Gasteiger, H./Kühnhenrich, M. (2020): Einfluss von Merkmalen ebener Figuren auf das Erkennen von Achsensymmetrie – Eine Analyse von Aufgabenlösungen. Journal für Mathematik-Didaktik, 41. Jg., H. 2, 523–544. https://doi.org/10.1007/s13138-020-00163-2.

Hartmann, J. (2002): Schülervorstellungen und Schülerfehler im Bereich Drehungen. Eine mehrperspektivische Betrachtung. In: Zentralblatt für Didaktik der Mathematik, 34. Jg., H. 2, 46–50.

Ho, S. Y./Logan, T. (2013): Students' Performance on a Symmetry Task. In: V. Steinle, L. Ball, & C. Bardini (Eds.), Proceedings of the 36th annual conference of the Mathematics Education Research Group of Australasia. Mathematics Education Research Group of Australasia, 747–750.

Kirsche, P. (1983): Symmetrien und Abbildungen im Geometrieunterricht der Primarstufe. In: Sachunterricht und Mathematik in der Primarstufe, 11. Jg., H. 1, 27–34.

KMK (2004): Bildungsstandards im Fach Mathematik für die Primarstufe. Beschluss vom 15. 10. 2004. München: Luchterhand.

Knapstein, K./Lübbert, S. (2004): Spiegel-Tangram – eine Herausforderung (nicht nur) für Lernanfänger. In: Grundschule Mathematik, H. 3, 14–17.

Knapstein, K./Thöne, B./Spiegel, H. (2003): Spiegel-Tangram. In: Theorie und Praxis der Sozialpädagogik, H. 10, 28–31.

Küchemann, D. (1980): Children's Difficulties with Single Reflections and Rotations. In: Mathematics in School, 9. Jg. H. 2, 12–13.

Lehrplan für die Primarstufe in Nordrhein-Westfalen (2021): Fach Mathematik.

Leuders, T. (2016): Erlebnis Algebra. Berlin Heidelberg: Springer. https://doi.org/10.1007/978-3-662-46297-3.

Ruwisch, S. (2016): Symmetrisch? – Das ist, wenn es richtig schön ist! In: Grundschule Mathematik, H. 49, 2–3.

Scheid, H./Schwarz, W. (2017): Elemente der Geometrie. Berlin Heidelberg: Springer. https://doi.org/10.1007/978-3-662-50323-2.

Schmidt, S./Ruwisch, S. (2016): Entwicklungsschritte bei der Achsensymmetrie. Grundschule Mathematik, H. 49, 4–6.

Schmidt-Thieme, B./Weigand, H.-G. (2018): Symmetrie und Kongruenz. In: H.-G. Weigand, A. Filler, R. Hölzl, S. Kuntze, M. Ludwig, J. Roth, B. Schmidt-Thieme & G. Wittmann (Hrsg.), Didaktik der Geometrie für die Sekundarstufe I. Berlin Heidelberg: Springer, 179–202. https://doi.org/10.1007/978-3-662-56217-8.

Weigand, H.-G. (2018): Begriffslehren und Begriffslernen. In: H.-G. Weigand, A. Filler, R. Hölzl, S. Kuntze, M. Ludwig, J. Roth, B. Schmidt-Thieme & G. Wittmann, Didaktik der Geometrie für die Sekundarstufe I. Berlin Heidelberg: Springer, 85–106. https://doi.org/10.1007/978-3-662-56217-8.

Winter, H. (1976): Was soll Geometrie in der Grundschule? In: Zentralblatt für Didaktik der Mathematik, H. 8, 12–18.

Wittmann, E. C. (1985): Objekte – Operationen – Wirkungen. In: Mathematik lehren, H. 11, 7–11.

Michael Gaidoschik

Frühe Lernstände zu Zahlen handlungsleitend erfassen

Wer Kinder in ihrem mathematischen Können, Denken und Verstehen dorthin begleiten möchte, wo sie noch nicht waren, muss sie erst einmal dort abholen, wo sie stehen. Das erfordert das möglichst individuelle Erfassen ihrer jeweils aktuellen Lernstände. Der folgende Beitrag möchte Möglichkeiten aufzeigen, sich diesem höchst anspruchsvollen Ziel in den ersten Wochen des ersten Schuljahres zumindest anzunähern: nicht als Zusatzaufgabe zum Unterrichten von Mathematik, sondern als ein Nebenprodukt von guten Mathematik-Aufgaben, die, sofern gut, immer auch differenzierte Einblicke in kindliche Denkweisen ermöglichen.

Vorweg: Plädoyer für den *fachdidaktischen* Blick auf Lernstände

Man kann das, worum es in diesem Beitrag geht, auch „diagnostischen Blick" nennen. Das Wort „Diagnose" könnte allerdings Assoziationen zu Ansätzen wecken, denen zufolge bei Kindern, denen der Einstieg in die Welt der Mathematik schwerfällt, das Vorliegen bzw. der Ausprägungsgrad einer „Störung" überprüft werden sollte. Für diesen Zweck wurden „Diagnoseverfahren" entwickelt, die bereits im Kindergartenalter zur Anwendung kommen, um „Risikokinder" ausfindig zu machen. Dabei werden, immer in der Sprache der Psychologie, „mathematische Vorläuferfertigkeiten" getestet, welche auf Grundlage entwicklungspsychologischer Studien wiederholt als „Prädiktoren" für späteren Lernerfolg in Mathematik identifiziert wurden (Krajewski/Schneider 2006).

Dieser Beitrag wirbt für einen deutlich anderen Zugang. Zwar wird der gezielte Blick auf frühe Lernstände immer wieder auch erkennen lassen, dass ein Kind bei Schuleintritt über wesentliche grundlegende Kompetenzen im Umgang mit Mengen und Zahlen *noch nicht verfügt* Kompetenzen, die üblicherweise im Kindergarten(alter) erworben werden und jedenfalls Voraussetzungen für weitere Lernschritte in der Arithmetik darstellen.

Es hilft aber weder dem Kind noch der Lehrkraft, wenn *von der Altersnorm abweichende* Lernstände als *Störung* eingeordnet werden. Um weiteres Lernen gezielt unterstützen zu können, braucht es dann auch entschieden anderes als das Festhalten dessen, was *noch nicht* gelernt wurde. Es braucht dafür möglichst genaue Kenntnis darüber, was bisher eben doch schon gelernt und *wie* es (wenn vielleicht auch falsch oder unvollständig) verstanden wurde.

Welche Bereiche in dieser Hinsicht für den frühen Arithmetikunterricht besondere Bedeutung haben, wird im Folgenden darzustellen versucht.

„Wer das Ziel kennt, kann entscheiden" (Konfuzius)

Klären wir zunächst ein wichtiges Ziel des arithmetischen Anfangsunterrichts. In fachdidaktischen Veröffentlichungen besteht Übereinstimmung darin, dass ein solches in der *Erarbeitung und Festigung des „Teile-Ganzes-Konzepts" von Zahlen* besteht: Kinder sollten (Natürliche) Zahlen als „Zusammensetzung aus anderen Zahlen" verstehen, zunächst zumindest bis zehn. Dieses Verständnis zeigen sie unter anderem darin, dass sie Zahlganze auch wieder in ihre Teile zerlegen und die gewussten Teile-Ganzes-Beziehungen in vielfältiger Weise für nicht-zählendes Addieren und Subtrahieren nutzen (Gaidoschik et al. 2017).

Die gezielte Arbeit an Zahlzerlegungen ist Gegenstand des Beitrags von Marcus Nührenbörger in diesem Band. Auf den folgenden Seiten geht es hingegen um *Voraussetzungen*, über die Kinder bereits verfügen sollten, um diesen nächsten, entscheidenden Lernschritt gut bewältigen zu können. Es sind dies Voraussetzungen im Wesentlichen in drei Bereichen, die aus fachdidaktischer Sicht deshalb in den ersten Schulwochen besonderer Aufmerksamkeit bedürfen: Es geht ums *Zählen*, um das *Vergleichen von Anzahlen* und darum, dass und auf welcher Basis wir *(kleine) Anzahlen nichtzählend* erfassen können.

Zahlen der Reihe nach aufsagen oder wirklich *zählen* können?

Um *Zahlen als Ganze* zu verstehen, die in Teile zerlegt werden können, müssen Kinder zuerst verstehen, dass mit Zahlen *Ganze* festgehalten werden, anders gesagt: dass Zahlwörter für *Anzahlen* stehen. Dieses Verständnis kann im Zuge des *Zählens* erworben werden, muss aber nicht: Auch bei Schuleintritt zählen manche Kinder noch ohne gesichertes Anzahlverständnis. Es bedarf gezielter Aufgaben und wissender Beobachtung, um das festzustellen und die möglicherweise noch nicht erfolgten Lernschritte in diesem Bereich in den ersten Schulwochen zu unterstützen.

Flexibilität in der Zahlwortreihe

Zählen ist eine komplexe mathematische Tätigkeit, die weit mehr umfasst als das korrekte Aufsagen der Zahlwortreihe. Dieses gehört aber schon auch dazu: *Ein* wichtiges Teilziel besteht also darin, dass Kinder die Zahlwörter bis mindestens zwölf[1] der Reihe nach flüssig aufsagen können. Während dieses Teilziel zumeist im Kindergarten(alter) erreicht wird, ist die für weitere

---

1) „Zwölf" bildet hier deshalb eine wichtige Etappe, weil ab „dreizehn" eine Systematik erkennbar wird, die, sofern erkannt, das weitere Lernen der Zahlwortreihe wesentlich erleichtert; aber eben nur, wenn die Abfolge der Zahlwörter bis dahin gesichert ist.

Lernschritte gleichfalls wichtige Sicherheit im Aufsagen der *Zahlwortreihe rückwärts* auch für viele Schulanfänger*innen noch zumindest schwierig (für einen Überblick über Studien zu Kenntnissen und Fähigkeiten bei Schuleintritt siehe Schipper et al. 2015, 58–63). Gleichfalls für weitere Schritte wichtig, und gleichfalls nicht bei allen Schulanfänger*innen schon gesichert, ist die Fähigkeit, *von einer beliebigen Zahl bis zehn ausgehend* spontan weiter oder auch rückwärts zählen zu können.

Eins-zu-eins-Zuordnung

Eine stabile Zahlwortreihe ist nur Voraussetzung für anzahlverständiges Zählen. Kinder lernen zumeist früh, beim Zählen die zu zählenden Objekte nacheinander anzutippen. Nicht immer zeigen sie aber auch das Verständnis, dass dabei eine *Eins-zu-eins-Zuordnung* eingehalten werden, also beim Aussprechen genau eines Zahlworts jeweils genau eines der Objekte angetippt werden muss. Zuweilen ist der Finger schneller als die Zunge oder die Zunge schneller als der Finger.

Verstöße gegen die Eins-zu-eins-Zuordnung von Zahlwort und Zählobjekt können einfach nur Zähl*fehler* sein. Solche passieren auch Erwachsenen, vor allem dann, wenn die Zählobjekte nicht säuberlich getrennt in einer Reihe nebeneinanderliegen. Dagegen hilft, dass man bereits gezählte Objekte zur Seite legt. Das ist (etwa beim Abzählen von Objekten in einem Bild oder in weiter Entfernung) nicht immer möglich. Dann hilft es, sich eine räumliche Ordnung und Abfolge zurechtzulegen, in der man vorgeht, etwa von links oben Reihe für Reihe nach rechts unten. Solche *Zählstrategien* sollten mit Kindern erarbeitet werden.

Um den Sinn eines solchen geordneten Vorgehens *verstehen* zu können, müssen Kinder freilich verstanden haben, dass und warum es beim Zählen überhaupt auf diese Eins-zu-eins-Zuordnung ankommt: weil man nur so die *Anzahl* der angetippten Objekte zählend korrekt ermittelt.

Zählen mit Anzahlverständnis

Benz et al. (2015, 117) bringen das Beispiel der fünfjährigen Lisa, die sieben Gummibärchen korrekt abzählt, unter Beachtung von Zahlwortreihe und Eins-zu-eins-Zuordnung. Lisa isst dann eines der Gummibärchen. Gefragt, wie viele sie nun habe, antwortet sie: „Sieben!", und beharrt darauf auch auf Nachfrage. Sie zeigt dabei auf das zuletzt gezählte Bärchen, um zu unterstreichen: „Es sind noch sieben da!" (s. Abb. 1).

Lisa macht ein mögliches Missverständnis deutlich, mit dem auch bei Schulanfänger*innen noch zu rechnen ist: Wenn mit Eins-zu-eins-Zuordnung gezählt wird, wird beim Aussprechen jedes einzelnen Zahlwortes auf *genau ein* Objekt getippt. Wenn beim letzten gezählten Objekt „sieben" gesagt wird – warum sollte mit sieben nicht eben auch genau *dieses eine* Objekt gemeint

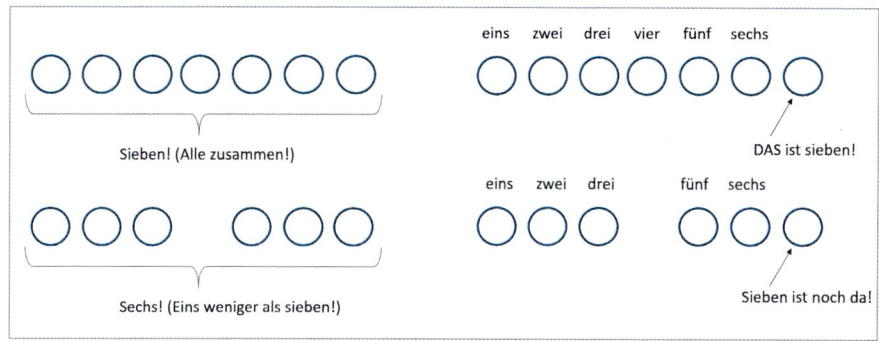

Abb. 1: Kardinale und ordinale Verwendung des Zahlworts „sieben"

sein? Gänzlich falsch ist dieses Verständnis ja auch nicht. Zahlen werden *auch* genau dafür verwendet: um *Positionen* innerhalb einer Reihe zu bezeichnen. Das Haus mit der *Nummer* 6 kommt in der Straße nach dem Haus mit der Nummer 4 (die Nummer 5 ist aber oft nicht zwischen 4 und 6, sondern auf der anderen Straßenseite …). Es gibt im Sport einen *ersten, zweiten, dritten, vierten … Platz.* Zahlwörter werden hier *ordinal* verwendet.

Das unterscheidet sich wesentlich von ihrer *kardinalen* Verwendung in Ausdrücken wie „Das sind sieben Gummibären". *Dabei* geht es um die *Anzahl*, um die *Gesamtheit aller* auf dem Tisch liegenden Gummibären. Das Verstehen und sichere Unterscheiden beider Verwendungen von Zahlwörtern ist eine der Hürden, die Kinder nehmen müssen, um in weiterer Folge mit Zahlen erfolgreich umgehen zu können.

Ein tragfähiges Verständnis umfasst dann auch die Einsicht, dass eine Anzahl nur dadurch geändert wird, dass etwas dazugegeben oder weggenommen wird. Auch diese Einsicht ist nicht bei allen Schulanfänger*innen gesichert. So werden manche Kinder zumindest unsicher, wenn man sie auffordert, eine von ihnen soeben zählend (korrekt!) ermittelte Menge durcheinanderzubringen – und dann zu sagen, wie viele es sind. Manche meinen, die Menge noch einmal abzählen zu müssen.

Die Verunsicherung mag zuweilen nur ein „Interview-Effekt" sein: „Wenn ich noch einmal gefragt werde, dann soll ich wohl noch einmal zählen." Für manche Schulanfänger*innen ist aber wirklich noch nicht klar, dass das korrekte Wiederzählen der neu geordneten Menge zum selben Zählergebnis führen *muss*. Kinder müssen diese Erfahrung erst (wiederholt) gemacht *und darüber nachgedacht* haben, um zu verstehen, was *Anzahlen* sind und wodurch eine einmal ermittelte Anzahl geändert werden kann – und wodurch nicht.

Zählaktivitäten, die Lernstände *erfassen* und *weiterentwickeln* helfen

Wie viele Kinder sind in der Klasse? Wie viele Buben, wie viele Mädchen? Wie viele Stühle, Tische, Fenster …? Wie viele Stufen und/oder Schritte vom Schultor bis zum Sitzplatz? … Es mangelt nicht an Zählanlässen in und außerhalb des Klassenzimmers! Sie vom ersten Schultag an zu nutzen, erlaubt der Lehrkraft auch, sich von Tag zu Tag einen besseren Überblick darüber zu verschaffen, wie weit die einzelnen Kinder bezüglich der oben genannten Teilziele im Bereich des Zählens schon gekommen sind.

Wichtige der oben genannten Teilkompetenzen werden aber nur deutlich, wenn über das Ab- und Auszählen[2] hinaus *gezielte* Aufgaben gestellt werden. Und es braucht in weiterer Folge vielleicht auch gezielte Maßnahmen zu ihrer Erarbeitung und Festigung. *Rückwärtszählen* etwa sollte im „Countdown" zu einem Ritual werden: Gleich beginnt die Pause, wir zählen sie ein: Zehn, neun, acht … Bei „null" geht es los![3]

Weiterzählen und Rückwärtszählen von einer beliebigen Startzahl aus kann auch spielerisch geübt werden, etwa: Kinder im Sitzkreis, ein Kind nennt eine Zahl bis zehn und ruft ein anderes auf. Dieses soll möglichst schnell die Zahl nennen, die „beim Zählen gleich nach" oder „gleich vor" der genannten kommt.

Eins-zu-eins-Zuordnung mit dem Ziel der korrekten *Anzahlbestimmung* kann gut zusammen mit einer weiteren wichtigen Kompetenz thematisiert werden, dem *Schätzen*. Eine mögliche Partnerarbeit: Ein Kind greift aus einem Korb eine nicht auf den ersten Blick überschaubare Menge von z. B. Kastanien, Würfeln, Plättchen … Das andere schätzt (ohne zu zählen), wie viele es sein könnten. Beide gemeinsam überprüfen durch Zählen, wie gut die Schätzung war. Die Lehrkraft geht von Tisch zu Tisch, beobachtet, fragt nach oder stellt in Frage (weil z. B. nicht mit Eins-zu-eins-Zuordnung gezählt wurde).

Im Anschluss an solche und ähnliche Aktivitäten sollte im Klassengespräch nicht nur einmal die Frage aufgeworfen werden: *Worauf muss beim Abzählen geachtet werden, damit das Ergebnis stimmt?* Kinder sollten die oben erläuterten Zählprinzipien nicht nur einhalten, sondern auch als solche begreifen und in eigenen Worten erklären können! Dazu gehört, dass *Verstöße gegen diese Prinzipien erkannt* werden. Deshalb sollte die Lehrkraft selbst – augenzwinkernd: „Passt auf, wie ich zähle!" – solche Verstöße begehen und die Kinder als „Fehlerdetektive" zur Kontrolle und Korrektur auffordern. Dabei können z. B. Magnetplättchen an der Tafel mit Auslassungen in der Zahlwortreihe und deshalb falsch gezählt werden, einzelne Plättchen beim Zählen ausgelassen

---

2) Abzählen: die Anzahl einer vorliegenden Menge zählend ermitteln. Auszählen: eine Menge von vorgegebener Anzahl zählend bilden.

3) Der Countdown ist einer der Kontexte, in dem die Null schon früh ins Spiel gebracht werden sollte.

oder doppelt gezählt werden. Oder die Lehrkraft verliert bei unübersichtlich angeordneten Plättchen den Überblick, welche sie schon gezählt hat – und lässt sich von den Kindern beraten, wie sie vorgehen soll, um sicher alle Plättchen, aber jedes nur genau einmal zu zählen.

Wichtig auch das Folgende: An der Tafel werden magnetische Plättchen zunächst in einer Reihe angeordnet. Wer möchte an die Tafel und zählen, wie viele es sind? Lisa hat links zu zählen begonnen, sie ist auf neun gekommen. *Was ist, wenn du, Leo, rechts zu zählen beginnst?* Oder: Ich fange hier in der Mitte an und zähle nach links bis ans Ende. Was muss ich tun, damit ich die Zahl der Plättchen richtig herausfinde? *Darf man* auch so zählen? *Ist es geschickt*, so zu zählen?

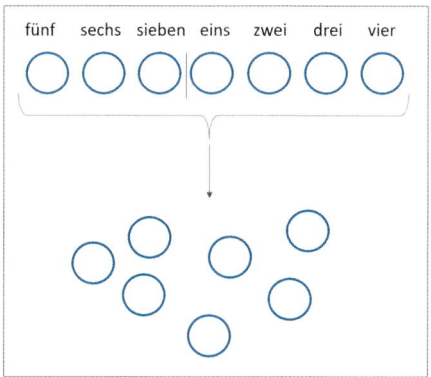

Abb. 2: Das Zählen infrage stellen: Darf ich auch in der Mitte anfangen? Ändert sich die Anzahl, wenn ich die Plättchen „durchmische"?

Dann auch: Acht oder sieben oder auch zwölf … Magnetplättchen kleben in einer Reihe an der Tafel. Die Anzahl wird geschätzt, dann gezählt. *Dann wird die Anordnung verändert* – die Plättchen werden beliebig über die Tafel verteilt. Wie viele sind es jetzt? Muss neu gezählt werden? Wenn auch nur ein Kind unsicher ist: Zählen wir neu! Die Anzahl hat sich nicht geändert. *Was müsste geschehen, damit sich die Anzahl ändert?*

Anzahlvergleiche: Unterschiedliche Wege, unterschiedlich tragfähig

Schulanfänger*innen verwenden die Begriffe „mehr", „weniger" und „gleich (viel)" in der Regel durchaus kompetent – jedenfalls in bestimmten Kontexten. Nicht immer ist ihnen schon klar, dass und wie diese Begriffe beim Vergleichen von *Anzahlen* eine sehr präzise Bedeutung haben, die zuweilen in Konflikt gerät mit dem Verständnis, welches die Kinder bisher gewonnen haben.

Sind mehr Jungen oder mehr Mädchen in der Klasse? Oder sind es gleich viele? Sind mehr Kinder oder mehr Stühle in der Klasse? Hast du mehr Bleistifte oder mehr Buntstifte in deiner Federschachtel? – Es gibt unzählige Möglichkeiten, Kinder zum Nachdenken über *mehr, weniger* und *gleich viel* anzuregen. Vermutlich werden einige Kinder vorschlagen, die Frage durch Abzählen zu entscheiden. Wenn sie dann zum Schluss kommen, dass es z. B. elf Jungen und vierzehn Mädchen und *deshalb* die Mädchen mehr seien, zeigen sie damit, dass sie wichtige Einsichten schon erlangt haben. Dennoch sollten wir diese Einsichten im Interesse des Weiterlernens und Vertiefens infrage stellen: *Woher weißt du, dass vierzehn mehr sind als elf?* – „Weil vierzehn *nach* elf kommt!" – „Aber beim Rückwärtszählen kommt vierzehn *vor* elf. Wie kann man wirklich *beweisen*, dass vierzehn mehr ist?"

Eine *tragfähige* Antwort eröffnet sich über die *Eins-zu-eins-Zuordnung*. Dabei können schon am ersten Schultag *alle* Kinder mitmachen – auch wer den Vergleich zählend noch nicht durchführen kann. Wir bilden dazu Paare: Je ein Junge und ein Mädchen fassen einander an den Händen. Wenn die Paar-Bildung aufgeht, sind es gleich viele. Wenn ein oder mehrere Jungen oder Mädchen ohne Partner bleiben, sind es mehr Jungen oder mehr Mädchen. Analog in anderen Vergleichen.

Es ist *dieses* Verständnis der Vergleichsbegriffe, das wir für weitere Schritte in der Mathematik brauchen: *Gleich viele* sind es, wenn die Eins-zu-eins-Zuordnung vollständig aufgeht. Andernfalls sind es vom einen mehr, vom anderen entsprechend weniger.

Bislang war für manche Kinder vielleicht immer das „mehr", was *mehr aussieht*: die *längere* Reihe, der *größere* Haufen. Das stimmt auch oft; man kann sich dabei aber auch täuschen. Mittels Eins-zu-eins-Zuordnung hingegen lässt sich auch begründen, *warum* z. B. acht mehr ist als fünf.

Dieser Vergleich lässt sich in weiterer Folge auch präzisieren: Acht ist (um) *genau drei mehr* als fünf. Es bleiben nämlich von den acht bei versuchter Eins-zu-eins-Zuordnung mit fünf *genau drei* „ohne Partner". Solche Sprech- und Denkweisen sind Schulanfänger*innen oft noch fremd. Sechs ist mehr als fünf, das ist zumeist klar. Aber *(um) wie viel* ist sechs mehr als fünf? Manche werden die Frage nicht verstehen. Sie antworten vielleicht mit „Sechs!", weil sie meinen, sie sollten sagen, *was* mehr ist.

Verständnis für „um eins mehr" setzt eben Verständnis von „gleich viel" auf Basis der Eins-zu-eins-Zuordnung voraus. Für die Festigung dieses Verständnisses eignen sich neben Alltagsvergleichen (s. o.) auch Spiele, etwa: Je zwei Kinder bekommen einen Haufen Wendeplättchen; ein Kind wählt blau, das andere rot. Spieler A wirft alle Plättchen so, dass sie hoffentlich alle auf dem Tisch landen. Mehr auf der roten oder mehr auf der blauen Seite? Überprüft wird durch Eins-zu-eins-Zuordnung. Sind es mehr rote, bekommt der „rote Spieler" die „überzähligen" Plättchen seiner Farbe, und umgekehrt. Das

Spiel geht mit den verbliebenen Plättchen weiter, bis alle Plättchen verteilt sind. Dann wird durch Eins-zu-eins-Zuordnung ermittelt, wer mehr Plättchen und damit gewonnen hat. In der Variante für Fortgeschrittene gilt die zusätzliche Regel, dass *vor dem Wegnehmen* der überzähligen Plättchen gesagt werden muss, (um) *wie viele es mehr* sind.

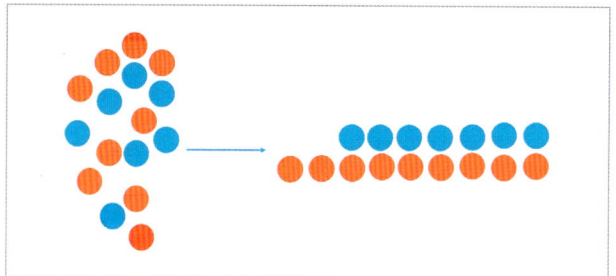

Abb. 3: Spielerisches Plättchenwerfen zum Üben des Anzahlvergleichs

Bei der Variante „Wer hat mehr?" (Nührenbörger/Tubach 2014) kommen zusätzlich ein oder zwei Punktewürfel und ein Spielplan zum Einsatz. Auf diesem legen beide Spieler die jeweils gewürfelte Anzahl von Plättchen ab. Dann erfolgt der Vergleich. Die Plättchen, die ein Spieler in der jeweiligen Runde mehr hat, legt er in seinen „Speicher" in Form eines Zehner- oder Zwanzigerfeldes. Über den Anzahlvergleich hinaus wird hier also noch ein weiterer Bereich angesprochen, auf den schon in den ersten Wochen Augenmerk gelegt werden sollte: das *nicht-zählende Erfassen von strukturierten Mengen*. Dazu im nächsten Abschnitt mehr.

Würfelbilder & Co: Gezählt, gemerkt oder als Struktur erfasst?

Im Zuge von Zählaktivitäten sollte auch gefragt werden, ob man denn *immer* zählen *müsse*, um zu wissen, *wie viele* es von etwas gibt. Kann man nicht z. B. fünf Kastanien so hinlegen, dass man auch ohne zu zählen erkennt, dass es fünf sind? Wie ist das mit sechs oder vier oder vielleicht sogar zehn?

Viele Kinder werden hier von sich aus die Punkte eines Spielwürfels ins Spiel bringen. Spielwürfel oder Würfelbildanordnungen von Magnetplättchen an der Tafel sind deshalb ein geeignetes Einstiegsmaterial in das Thema, um das es hier geht: *Zahlbeziehungen*, die in den Punkteanordnungen am Spielwürfel erkannt werden *können*, die von manchen Schulanfänger*innen aber bislang noch nicht erfasst *wurden*. Manche benennen zwar die Würfelvier spontan als „vier", aber ohne Bewusstsein, dass sich diese Vier aus „zwei und zwei" oder „drei und eins" zusammensetzt. Sie haben das Würfelbild bislang nur *ganzheitlich* in Verbindung mit dem passenden Zahlwort abgespeichert.

Manchen ist auch das bislang noch nicht gelungen, oder nur bis zur Drei oder Vier; die Fünf und Sechs werden noch gezählt.

Ab den ersten Schultagen sollten deshalb immer wieder auch Würfelbilder thematisiert werden: Kannst du in der Vier/Fünf/Sechs auch andere Zahlen entdecken? *Welche* – und *wie* schaust du dafür? Lege selbst eine Würfelfünf mit Plättchen in zwei Farben (Abb. 4). Wie viele verschiedene Arten findest du dafür?

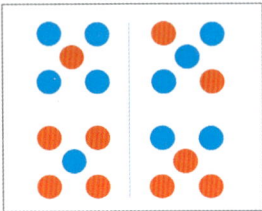

Abb. 4: Frühes Thematisieren von Teile-Ganzes-Beziehungen anhand von Würfelbildern: Fünf als vier und eins bzw. drei und zwei

Wie ist das mit der Würfelsechs? Lege fünf oder sechs Kastanien so vor dich, dass ich auf einen Blick sehen kann, wie viele es sind!

Aktivitäten wie diese[4] bilden einen schon in den ersten Schultagen sinnvollen *Einstieg* in die *umfassende* und *systematische* Erkundung von Teile-Ganzes-Beziehungen, die einen Schwerpunkt in den folgenden Schulmonaten bildet und auf die im Beitrag von Marcus Nührenbörger näher eingegangen wird. Sie bieten wichtige Lern*anlässe* und zugleich die Möglichkeit, diesbezügliche Lern*stände* zu erfassen und Unterschieden produktiv Raum zu geben. Denn natürlich können Kinder, die wollen und können, auch früh schon über die Sechs des Spielwürfels hinausgehen: Wie können sieben, acht, zehn Plättchen so gelegt werden, dass ich nicht zählen muss, um zu erkennen, wie viele es sind?

Ausblick: Qualitatives Erfassen von Lernständen als Daueraufgabe

Mit *Zählen, Vergleichen* und *nicht-zählendem Erfassen strukturierter Mengen* wurden in diesem Beitrag die drei in den ersten Schulwochen zentralen Bereiche der Arithmetik angesprochen. Die Arbeit daran kann und soll miteinander verzahnt werden; die inhaltlich engen Bezüge zwischen den Berei-

---

4) Ein weiterer, sehr lohnender und ausbaufähiger Zugang zu Teile-Ganzes-Beziehungen eröffnet sich über das Thematisieren von Fingerdarstellungen von Zahlen. Näheres dazu in Gaidoschik (2019, 40–60).

chen wurden hier nur teilweise angedeutet. Ein wichtiges Thema ist etwa die Verknüpfung des (Weiter-)Zählens mit dem Gedanken „immer eins mehr"; ebenso des Erkennens von Zahlstrukturen mit dem Vergleichen (z. B: „in der Fünf erkenne ich vier und eins, fünf ist also *um vier mehr* als eins").

Bei allen oben skizzierten Aktivitäten ergeben sich zahlreiche Gelegenheiten zur *qualitativen Erfassung von Lernständen*. Natürlich wird nicht in jeder Stunde jedes Kind in seinem Tun beobachtet und zur Erläuterung seiner Gedanken eingeladen werden können. Im Laufe der ersten Wochen sollte es aber möglich sein, zu einer differenzierten Einschätzung individueller Entwicklungsstände zu gelangen. Zuweilen wird es dann wünschenswert sein, in einem *qualitativen Einzelinterview* Hinweisen, die sich im Klassenverband ergeben haben, näher nachzugehen (vgl. Gaidoschik et al. 2021, 7 f.).

Grundlegend ist und bleibt aber auch in den folgenden Monaten und Jahren des Mathematikunterrichts die *Haltung*, die Hans Wilpütz (1998) im Titel eines schönen Aufsatzes wie folgt zusammenfasst: „Erst verstehen, dann verstanden werden". Freilich braucht es zu dieser Haltung, Kinder in ihrem mathematischen Tun und Denken verstehen zu wollen, immer auch *geeignete Aufgaben und Fragen*, die den aktuellen Lernstand zu erfassen helfen, und das *fachdidaktische Wissen*, um das Erfasste einordnen und in der weiteren Planung von Unterricht berücksichtigen zu können. Aber wer hätte je versprochen, dass es leicht sei, Mathematik zu unterrichten?

Literatur

Benz, Ch./Peter-Koop, A./Grüßing, M. (2014): Frühe mathematische Bildung. Mathematiklernen der Drei- bis Achtjährigen. Berlin, Heidelberg: Springer Spektrum.

Gaidoschik, M. (2019): Rechenschwäche verstehen – Kinder gezielt fördern. Ein Leitfaden für die Unterrichtspraxis. 11. Auflage. Buxtehude: Persen.

Gaidoschik, M./Fellmann, A./Guggenbichler, S./Thomas, A. (2017): Empirische Befunde zum Lehren und Lernen auf Basis einer Fortbildungsmaßnahme zur Förderung nichtzählenden Rechnens. Journal für Mathematik-Didaktik, 38 (1), 93–124.

Gaidoschik, M./Moser Opitz, E./Nührenbörger, M./Rathgeb-Schnierer, E. (2021): Besondere Schwierigkeiten beim Mathematiklernen. Mitteilungen der Gesellschaft für Didaktik der Mathematik (111S).

Krajewski, K./Schneider, W. (2006): Mathematische Vorläuferfertigkeiten im Vorschulalter und ihre Vorhersagekraft für die Mathematikleistungen bis zum Ende der Grundschulzeit. In: Psychologie in Erziehung und Unterricht, H. 4., 246–262.

Nührenbörger, M./Tubach, D. (2014): Verständnis mathematischer Zusammenhänge bei Kindern am Ende der Kita und zu Beginn der Grundschule. In: Zeitschrift für Grundschulforschung, H. 7, 48–61.

Schipper, W/Ebeling, A./Dröge, R. (2015): Handbuch für den Mathematikunterricht, 1. Schuljahr. Hannover: Schroedel.

Wilpütz, H. (1998). Erst verstehen, dann verstanden werden. In: Grundschule, H. 3., 9–11.

Oliver Thiel & Anne Hj. Nakken

Kindergartenkinder produzieren mathematische Videos

Erste Ergebnisse aus dem Projekt ViduKids[1]

Aufgrund der Erfahrungen aus ihrer Schulzeit meinen Erwachsene oft, dass es bei Mathematik hauptsächlich um Zahlen und das Lösen von Aufgaben mit vorgegebenen Methoden geht (Thiel 2010, 112 f.). Sowohl für jüngere Kinder als auch für professionelle Mathematiker ist das anders. Für sie steht im Vordergrund, Muster und Strukturen zu erforschen, Zusammenhänge zu entdecken und Probleme zu lösen (Krummeck/Richter-Gebert 2005, 1; Nakken/Thiel 2019, 24). Nicht-Mathematiker erleben Mathematik oft als schwierig, weil sie so abstrakt ist (Devlin 2012, vii). Piaget (1975, 361) nahm an, dass Kinder vor dem Erreichen des formal-operativen Stadiums im Alter von etwa 7 Jahren noch nicht zu abstrakt logischem Denken fähig seien. Neuere Forschung (Clements/Sarama 2009; Fuson 1992; Sarama/Clements 2009) zeigt, dass abstraktes Denken sehr viel früher beginnt. Beim Übergang vom konkreten zum abstrakten Denken spielt das Spielen eine entscheidende Rolle (Poland/van Oers 2007). Otsuka und Jay (2017, 998) fanden drei Eigenschaften von Spielsituationen, die den Übergang von konkretem zu abstraktem Denken befördern:

1. Die Kinder teilen ihre Gedanken mit anderen Kindern und Erwachsenen.
2. Die Kinder nehmen sich Zeit, über ihre Erfahrungen nachzudenken.
3. Die Kinder zeigen sich mit dem Ergebnis ihres selbst gesteuerten Spiels zufrieden.

Ziel des Projektes ViduKids ist es u. a., mit Hilfe von Video-Technologie Spielsituationen zu erschaffen, die diese Kriterien erfüllen. ViduKids ist ein Kindergarten-Projekt. Die Ergebnisse lassen sich jedoch auf den Anfangsunterricht der Grundschule übertragen.

---

1) Das Projekt *ViduKids* wird unterstützt mit Mitteln der Europäischen Union im Rahmen des Programmes Erasmus+ unter der Nummer 2020-1-NO01-KA201-076442. Dieser Beitrag gibt ausschließlich die Erkenntnisse und Ansichten der Autoren wieder. Die Europäische Kommission kann für Konsequenzen, die aus der Verwendung der in diesem Beitrag enthaltenen Informationen entstehen, nicht verantwortlich gemacht werden.

Theorie

Problemlösen

Das Lösen von Problemen ist als allgemeine mathematische Kompetenz (KMK 2004, 7) nicht nur ein wichtiges Ziel des Mathematikunterrichts, sondern auch eine der wichtigsten Methoden, Mathematik zu lernen (NCTM 2000, 52). Schon im Kindergarten ist Problemlösen untrennbar sowohl mit forschendem Lernen (Stahmann 2012, 11) als auch mit Phantasie und Kreativität im Spiel verbunden (Stahmann 2012, 18). Schon Kleinkinder erfahren im Kindergarten, dass Mathematik dabei hilft, Probleme verschiedenster Art zu lösen (Björklund 2012, 158). Ob eine Situation als Problem oder als (Routine-)Aufgabe wahrgenommen wird, hängt von den individuellen Vorerfahrungen des Lernenden ab. Zum Lösen einer Aufgabe muss der Lernende nur ein bereits bekanntes Verfahren korrekt anwenden. Problemlösen ist dagegen das, was man tut, wenn man nicht weiß, was man tun soll (Wheatley/Wheatley 1984, 22). Für die meisten Viertklässler ist 20 : 4 eine leicht zu lösende Aufgabe. Für ein Vorschulkind kann es ein schwierig zu lösendes Problem sein.

Mathematische Probleme für Kindergartenkinder sollten die folgenden sechs Eigenschaften aufweisen (Ramírez-Uclés u. a. 2018, 577):

(1) **Argumentation.** Das Problem muss ermöglichen, mathematische Ideen durch Argumentation und den Einsatz heuristischer Strategien zu erforschen.

(2) **Kontext.** Das Problem muss sich auf Situationen beziehen, die dem Kind vertraut sind. Das bedeutet nicht, dass es sich ausschließlich um reale Situationen handeln muss.

(3) **Herausforderung.** Das Problem muss das Kind motivieren, eine Lösung zu suchen. Dabei hilft es, das Problem nicht nur sprachlich zu präsentieren, sondern Material bereitzustellen, das die Kinder manipulieren können.

(4) **Mehrere Lösungen.** Das Problem muss verschiedene Lösungen auf unterschiedlichen Ebenen zulassen.

(5) **Erweiterbarkeit.** Die mathematische Struktur muss sich auf andere Situationen übertragen lassen. Das erlaubt den Kindern, ihre Lösung zu verallgemeinern.

(6) **Verständlichkeit.** Das Problem muss für alle Kinder verständlich formuliert sein. Die Kinder müssen überzeugt sein, dass sie das Problem lösen können, und sie müssen erkennen können, wann sie die Lösung gefunden haben.

Teilen als Problem im Kindergarten

Zur Division gibt es zwei unterschiedliche Grundvorstellungen: das Aufteilen und Verteilen.

- Beim **Aufteilen** wird der Dividend in gleich große Bündel zerlegt. Der Divisor gibt an, wie groß die Bündel sind. Das Ergebnis ist die Anzahl der Bündel. Das Aufteilen ist ein Messen, wobei der Divisor die Einheit und das Ergebnis die Maßzahl ist. Enaktiv kann das Aufteilen durch ein wiederholtes Wegnehmen des Divisors vom Dividenden realisiert werden – so lange, bis nichts oder nur noch ein Rest übrig ist.
- Beim **Verteilen** wird der Dividend gleichmäßig auf eine vorgegebene Anzahl von Teilmengen verteilt. Der Divisor gibt an, wie viele Teilmengen es sind. Das Ergebnis ist die Anzahl der Elemente in jeder Teilmenge. Enaktiv kann das Verteilen durch eine wiederholte Eins-zu-eins-Zuordnung realisiert werden – so lange, bis nichts oder nur noch ein Rest übrig ist. Ist der Dividend hinreichend groß, können auch Zweier- oder Dreierbündel ausgeteilt werden.

Bei lebensweltlichen Problemen ist die Grundvorstellung durch den situativen Kontext festgelegt. Bei dem am besten erforschten mathematischen Problem für Kindergartenkinder handelt es sich um eine Verteilsituation, die leicht variiert werden kann. Die Kinder helfen zwei oder drei Puppen, sechs oder zwölf Kekse zu teilen (Davis/Pepper 1992, 400), drei oder vier Piraten, zwölf Goldmünzen zu teilen (Ramírez-Uclés u. a. 2018, 578) oder vier oder fünf Räuberratten, zwanzig Münzen zu teilen (Justnes 2018, 9).

Wenn es darum geht, abzählbare Objekte gerecht zu teilen, wenden viele Vier- und Fünfjährige, ja sogar einige Dreijährige das Verteilen erfolgreich an (Davis/Pepper 1992, 398), vielleicht jedoch, ohne sich bewusst zu sein, dass diese Strategie nicht nur praktisch ist, sondern auch sicherstellt, dass die Verteilung gerecht ist. Sogar viele Zweitklässler zählen am Ende zur Sicherheit noch einmal nach (Davis/Pitkethly 1990, 153). Das Verteilen von 12 Keksen an zwei Puppen ist für die meisten Vorschulkinder kein Problem, sondern wird mechanisch ohne weiteres Nachdenken durch Verteilen gelöst. Kommt jedoch eine dritte Puppe hinzu, sodass umverteilt werden muss, entsteht für die meisten Kinder ein echtes Problem (Davis/Pepper 1992, 401), das in der Studie von Davis und Pepper (1992, 404) von nur 61 % der Kinder gelöst werden konnte. Die 45 Kinder, die das Problem lösten, nutzten 26 unterschiedliche Strategien, von denen die meisten keine Zählfertigkeiten erforderten. Die häufigste Strategie war zugleich die effektivste und wurde von 20 % der Kinder eingesetzt: Nimm zwei Kekse von der ersten Puppe und gib sie der dritten und nimm zwei Kekse von der zweiten Puppe und gib sie der dritten (Davis/Pepper 1992, 410).

Videoproduktion im Mathematikunterricht

Die Nutzung digitaler Medien in der frühen Kindheit wird in Deutschland kontrovers diskutiert. In allen Familien mit zwei- bis fünfjährigen Kindern gibt es ein breites Medienangebot und Internetzugang und in fast jedem Haushalt ein Handy oder Smartphone sowie ein Fernsehgerät (Kieninger u. a. 2021, 5). In vielen Haushalten überschreiten die Kinder die empfohlenen Nutzungszeiten für elektronische Medien (Büsching/Riedel 2018, 6). Es wurden statistische Zusammenhänge zwischen erhöhtem elektronischen Medienkonsum und Entwicklungsauffälligkeiten wie Sprachentwicklungsstörungen, Hyperaktivität und Konzentrationsstörungen gefunden, wobei jedoch nicht sicher ist, ob es einen ursächlichen Zusammenhang gibt (Büsching/Riedel 2018, 7). Dies kann hier nicht weiter vertieft werden. Stattdessen möchten wir als Alternative zum konsumierenden Umgang mit digitalen Medien einen produktiven und kreativen Umgang vorschlagen.

Schon im Vorgängerprojekt vidumath ließen wir Schülerinnen und Schüler selbst Videos zu mathematischen Themen und Problemen im Unterricht produzieren (Thiel u. a. 2017b). Dort zeigte sich, dass dies in mehrfacher Weise den Unterricht bereichert und zum Lernerfolg beiträgt. Bei den Filmaufnahmen mussten die Kinder die mathematischen Zusammenhänge erneut durchdenken, um eine angemessene Veranschaulichung des mathematischen Problems und seiner Lösung zu gestalten, die ihre Mitschülerinnen und Mitschüler nachvollziehen können. Anschließend beschäftigten sich alle ein drittes Mal mit dem Inhalt, als die Videos in der Klasse angeschaut wurden. Hier erfuhren die Kinder, dass ein Problem verschiedene Lösungen haben kann, die auf unterschiedliche Weise dargestellt werden können. Jede Phase erforderte eine erneute Reflexion und führte zu einer tieferen Durchdringung des mathematischen Inhalts. Zudem hatte die Videoproduktion auch einen positiven Einfluss auf die Motivation und die Lernfreude der Kinder.

Das Projekt ViduKids

Bei ViduKids handelt es sich um ein mathematikdidaktisches und medienpädagogisches Entwicklungsprojekt. Der Name des Projektes ist ein Akronym für „*Video education for Kindergarten mathematics*". Unsere Forschungsfrage ist dabei:

In welcher Weise trägt Videoproduktion im Kindergarten dazu bei, dass Vorschulkinder variierte mathematische Erfahrungen machen, mathematische Zusammenhänge entdecken und verstehen und eine positive Haltung zur Mathematik entwickeln?

ViduKids ist eine Weiterführung des Vorgängerprojektes vidumath (Thiel u. a. 2017b). Wie bei vidumath geht es darum, dass Kinder selbst aktiv Videos produzieren. Nun stehen jedoch jüngere Kinder im Kindergarten und

Anfangsunterricht der Grundschule im Fokus. Videos helfen den Kindern, abstrakte Strukturen zu illustrieren, indem sie sie mit konkreten Strukturen der realen Welt verknüpfen. Um ein Video zu produzieren, müssen die Kinder den mathematischen Inhalt durch kreatives Denken neugestalten und visualisieren. Zudem erleichtern die fertigen Filme im Nachhinein, dass die Kinder ihre Erfahrungen teilen und reflektieren.

Inhaltlich können alle Bereiche der Mathematik genutzt werden, zum Beispiel Mengen bilden, zählen, ergänzen, teilen, orientieren im Raum und geometrische Formen erkennen und herstellen. Näheres dazu, wie der Vidu-Kids-Ansatz in der Praxis funktioniert und wie Sie ihn in Ihren Unterricht integrieren können, finden Sie auf der Homepage des Projektes https://vidu-kids.eu. Dieser Beitrag präsentiert erste Ergebnisse aus der Erprobungsphase von ViduKids. Bei der ausgewählten Aktivität handelt es sich um eine klassische Problemaufgabe zum Teilen (Davis/Pepper 1992, 400).

Methodischer Zugang

Im Rahmen des Projektes ViduKids wurde ein didaktischer Ansatz entwickelt, der im Frühjahr an zwei Kindergärten in Norwegen und Slowenien erprobt wurde. Dieser Beitrag analysiert eine ausgewählte Aktivität aus der Pilotstudie in Norwegen. Die Aktivität wurde am 4. Mai 2021 durchgeführt, zuerst mit einer Kleingruppe von drei Kinder im Alter von vier bis sechs Jahren und dann noch einmal mit zwei Kindern im Alter von vier und fünf Jahren. Die Aktivität hatte vier Phasen.

1. Die Erzieherin präsentiert spielerisch ein mathematisches Problem, das die Kinder lösen.
2. Die Kinder produzieren mit Unterstützung der Erzieherin einen Stop-Motion-Film, der die Lösung des Problems zeigt.
3. Die Kinder sehen sich den fertigen Film an und vertonen ihn.
4. Die ganze Kindergarten-Gruppe sieht sich den Film gemeinsam an und spricht über ihn.

Die Phasen 1 bis 3 zusammen dauerten in der ersten Kleingruppe 60 Minuten, in der zweiten 30 Minuten. Phase 4 wurde in der folgenden Woche im Morgenkreis durchgeführt. Im Rahmen des Forschungsprojektes wurde mit den Kindern vor Phase 1 ein Gespräch über ihre Vorerfahrungen mit digitaler Technologie und Mathematik geführt. Nach Phase 3 wurden sie zu ihrer Meinung über die Aktivität befragt. Alle Kinder nahmen freiwillig und mit Erlaubnis ihrer Eltern an der Aktivität teil. Die Beobachtungen wurden per Video aufgezeichnet.

Als Problem wurde die oben beschriebene Verteilsituation 20 : 4 und 20 : 5 gewählt (Justnes 2018, 8), allerdings mit Gummienten anstatt Plüschratten, da Anne, die beteiligte Erzieherin, über eine große Sammlung unterschiedlicher Badeenten verfügt.

Beobachtung und Analyse

Im einleitenden Interview erzählten alle Kinder, dass sie schon mal ein Smartphone in der Hand hatten, zum Beispiel um Videos oder Bilder anzusehen. Drei Kinder hatten schon einmal Bilder mit einem Smartphone aufgenommen, zwei auch schon Videos. Auf die Frage, was sie über das Teilen wissen, antworten sie wie folgt: Alina (6): „Du musst nett fragen und auf die Antwort warten. Hinterher musst du dich bedanken." Robert (5): „Du kannst in Viertel teilen." Nora (4): „Du musst so teilen, dass jeder etwas bekommt." Matheo (4): „Du musst Stühle teilen. Dinge zusammenlegen." Emilian (5): „Erst kriegt jeder zwei und wenn noch mehr da ist, kriegst du noch mal zwei. Wenn es nicht genug ist, dass jeder zwei bekommt, musst du mehr kaufen." Das zeigt, dass die Kinder sehr unterschiedliche Erfahrungen mit Teilen im Alltag hatten.

1. Die Kinder lösen das Problem

Nach dem Interview sagte die Erzieherin Anne den Kindern, dass sie ein Video über das folgende Problem machen wollen. Sie saß mit drei Kindern auf dem Boden und stellte eine Königin-Ente in die Mitte. Dann begann sie laut Münzen abzuzählen. Bei 13 fragte sie die Kinder, was als nächstes komme. Nora (4) sagte: „20" und Alina (6) antwortete: „14". Dann zählten alle gemeinsam bis 20. „Die Königin hat 20 Münzen", sagte Anne und holte noch drei Enten, eine blaue, eine grüne und eine rote, aus ihrer Tasche – eine für jedes Kind.

Abb. 1: Die Kinder haben 20 Münzen an vier Enten verteilt

Sie spielte, dass die Enten zur Königin gehen und sagen, dass sie das Geld mit ihnen teilen müsse. Zuerst wollte die Königin das Geld alleine behalten, aber die anderen Enten drängten so, dass sie schließlich einwilligte, dass alle vier Enten das Geld teilen. Da forderte Anne die Kinder auf zu helfen.

Nora begann die Münzen einzeln an die Enten auszuteilen, doch dann sagte Robert (5): „Ich will das selbst machen." So nahmen sich alle Kinder Münzen, jedes für seine Ente. Anne sagte, dass sie die Königin nicht vergessen sollen. Da schoben sie auch Münzen zur Königin. Robert (5) sagte: „Ich habe fünf." Daraufhin zählten auch die Mädchen. Sie hatten auch jede fünf Münzen. Anne fragte, wie viel die Königin habe. Die Kinder zählten und es waren auch fünf. Robert sagte: „Alle haben fünf" (siehe Abb. 1). Anne fragte überrascht: „Waren es gleich viele für jeden?" Als die Kinder bejahen, fragte Anne: „Wie habt ihr das herausgefunden?" Alina antwortete: „Wir haben gezählt." Robert sagte: „Ich habe fünf bekommen, weil ich 5 bin."

Die Beobachtung bestätigt die Theorie, dass Vorschulkinder verteilen können, aber sich nicht bewusst sind, dass Eins-zu-eins-Zuordnung eine effektive Strategie ist (Davis/Pepper 1992, 398). Sie meinen, dass man zählen muss, um sicherzustellen, dass gerecht geteilt wurde (Davis/Pitkethly 1990, 153).

Anne erweiterte das Problem, indem sie eine weitere Ente vorstellte, die ihren Anteil haben möchte. Jetzt waren es die Kinder, die nicht abgeben wollten. Die neue Ente sagte, das sei ungerecht. Da gab Alina der neuen Ente eine Münze. Traurig sah die neue Ente ihre Münze und die der Königin an und sagte: „Du hast fünf. Ich habe nur eine. Das ist ungerecht." Nach kurzem Nachdenken (siehe Abb. 7) gab Nora der neuen Ente auch eine Münze ab. Robert wollte aber noch immer nicht abgeben. Anne ließ die Königin befehlen, dass alle gleich viel bekommen sollen und bat die Kinder um Hilfe. Die Kinder dachten nach. Dann schob Nora (4) eine Münze von der Königin zur neuen Ente und sagte, dass auch Robert eine Münze abgeben müsse. Das machte er dann auch. Die Kinder zählten nach und waren sich einig, dass jetzt jeder vier Münzen hatte.

Im Gegensatz zu den Ergebnissen von Davis und Pepper (1992, 404) war das Umverteilen nicht so schwierig für die Kinder. Sogar das jüngste Kind konnte die Lösung finden. Allerdings ist der Übergang von 20:4 nach 20:5 einfacher als von 12:2 nach 12:3, weil jeder nur eine und nicht zwei Münzen abgeben muss.

Robert schlug vor, dass noch mehr Enten kommen könnten. Anne ließ eine Clown-Ente erscheinen, die auch ihren Anteil haben wollte. Keines der Kinder wollte Münzen abgeben. Schließlich fragte Anne hypothetisch: „Was passiert, wenn jeder dem Clown eine Münze gibt?" Robert sagte: „Dann haben wir drei." Anne fragte: „Haben dann alle drei?" Die Kinder antworteten nicht, sondern spielten mit den Enten. Dann forderte Anne auf, es auszuprobieren. Alle außer Nora und Robert gaben eine Münze an den Clown. Jetzt hatten vier Enten jeweils drei Münzen, aber Nora und Robert noch vier. Anne fragte, ob alle gleich viele bekommen könnten. Alina (6) erklärte: „Nein. Die dort haben jeder drei und die hier vier." Anne fragte Robert und er erklärte: „Wenn wir eine Münze abgeben, habt ihr vier und wir nur noch drei." Anne sagte: „Das ist seltsam" und beendet die Aktivität, als die Kinder nur noch darüber reden, was sie von dem Geld kaufen wollten.

Die Kinder konnten die Lösungsstrategie des ersten Umverteilungsproblems auf die neue Situation übertragen und erkannten, dass sie hier nicht zum Erfolg führte. Sie schienen zu akzeptieren, dass das Problem nicht lösbar ist und verloren das Interesse. Es könnte auch eine Rolle spielen, dass der Gerechtigkeitsaspekt beim Verteilen nicht so wichtig ist, wenn man selbst derjenige ist, der mehr als die anderen bekommen hat.

In der zweiten Kleingruppe, die aus zwei Jungen bestand, wurde das Problem genauso präsentiert. Die Kinder reagierten aber ganz anders. Matheo (4) wusste gar nicht, was er machen sollte. Emilian (5) verteilte zuerst zwei, dann noch mal zwei an jede der vier Enten. Als Matheo das sah, begann er auch zu verteilen (siehe Abb. 2). Plötzlich hatte jede Ente fünf Münzen. Als Anne fragte, wie viele Münzen jede Ente hat, begann Matheo zu zählen. Er zählte jedoch einige Münzen doppelt. Als er bei acht war, unterbrach ihn Anne und zeigte ihm, dass er die Münzen beim Zählen antippen und zur Seite schieben soll. So fanden die Kinder heraus, dass jede Ente fünf Münzen hatte. Anne entschied, das Umverteilungsproblem wegzulassen.

Abb. 2: Matheo und Emilian verteilen Münzen

2. Die Kinder filmen

Als Bühne für den Film diente ein Tisch, auf dem zwei weiße DIN-A2-Blätter lagen. Als Hintergrund verwendeten wir eine Flanelltafel. Als Kamera dient Annes iPhone, das von einem kleinen Handy-Stativ gehalten wird.

Anne erklärte den Kindern, was auf dem ersten Bild sein müsse, und bat Robert (5), es zu arrangieren: die Königin und 20 Münzen. Die Kinder mussten zählen. Robert versuchte zuerst die Münzen zu zählen, die auf einem Haufen lagen. Als das misslang, entschied er, jede Münze beim Zählen zur Seite zu schieben. Es waren 13. Die anderen Kinder holten mehr Münzen und alle zählten zusammen weiter bis 20. Dann zeigte Anne ihnen, wie sie ein Bild aufnehmen konnten, und fragte, was auf dem nächsten Bild sein solle. Die Kinder spielten mit ihren Enten, die die Königin um Geld bitten. Als Alina (6) begann das Geld zu verteilen, stoppte sie Anne und erklärte, dass es langsamer gehen müsse. Robert durfte seine Ente auf den Tisch stellen und ein Bild machen, dann Alina und schließlich Nora. Dann sagte Anne: „Jetzt müssen wir das Geld teilen." Die Kinder begannen wieder zu spielen und verteilten die Münzen. Anne musste sie aufhalten, indem sie sagte: „Nicht so schnell! Wir müssen Bilder machen." Alina fragte nach einer Funktion der Stop-Motion-App und Anne erklärte sie. Dann forderte sie Robert auf, der blauen Ente eine Münze zu geben und ein Bild zu machen. Robert tat es (siehe Abb. 3) und Anne fragte, wie es weitergeht. Die Kinder entschieden, dass erst die blaue Ente fünf Münzen bekommen solle, dann die rote und zuletzt die grüne. Schließlich verblieben die letzten fünf Münzen bei der Königin.

Es ist interessant, dass die Kinder auch beim Filmen die Münzen nicht eins-zu-eins austeilten, sondern sich an die Lösung erinnerten, dass jede Ente fünf Münzen bekommt.

Anne fragte, ob noch eine Ente kommen solle. Die Kinder antworteten, ja, und Nora holte eine weitere rote Ente. Anne fragte Nora: „Erinnerst du dich, wie wir es gemacht haben?" Nora antwortet: „Wir haben der Königin alles Geld zurückgegeben." Anne fragte: „Und es dann neu verteilt? Haben wir es

Abb. 3: Die Kinder machen Aufnahmen

so gemacht?" Robert antwortete, indem er auf die neue Ente zeigte: „Nein, wir haben ihm etwas Geld gegeben." Anne fragte: „Erinnerst du dich, Nora, wie viele wir ihm gegeben haben?" Nora antwortete, indem sie eine Münze von ihrer Ente zu der neuen schob. Anne ließ sie ein Bild machen und fragte, wie es weiterging. Nora erklärte den ganzen Vorgang, während sie die Münzen verteilte und Anne Bilder machte. Als alles fertig war, beschloss Anne, den letzten Teil mit der sechsten Ente wegzulassen.

Obwohl sich Nora auf Nachfrage an die ursprüngliche Strategie erinnern konnte, schlug sie zuerst eine neue Strategie vor. Das ist eine in der Mathematik beliebte Problemlösestrategie, ein Problem auf einen analogen Fall zurückzuführen, für den bereits eine Lösung vorhanden ist. Bei Davis und Pepper (1992, 401) war diese Strategie relativ selten. Nur 5 % aller Kinder nutzten sie. Bei den guten Zählern war es jedoch die am häufigsten angewandte Strategie (Davis/Pepper 1992, 408).

Der Film der ersten Kleingruppe bestand aus 36 Bildern und ist 18 Sekunden lang, wenn er mit zwei Bildern pro Sekunde abgespielt wird. Um fließende Stop-Motion-Bewegungen zu erhalten, sind eigentlich mindestens zehn Bilder pro Sekunde nötig (Thiel u. a. 2017a, 31). Die Vorschulkinder hatten nicht genug Geduld, um so viele Bilder zu machen. 36 Bilder waren ausreichend, um die Lösung des Problems darzustellen, und die Kinder waren sehr zufrieden mit dem Resultat.

In der zweiten Kleingruppe lief das Filmen anders als in der ersten. Emilian (5) begann wie zuvor, die Münzen paarweise an die Enten auszuteilen. Die Jungen wechselten sich beim Austeilen ab. Als jede Ente vier Münzen hatte, blieben vier Münzen übrig. Anne fragte, was sie mit diesen machen können. Anstatt sie einzeln an die vier Enten auszuteilen, schlug Emilian vor,

Abb. 4: Gespannt sehen die Kinder den fertigen Film an

eine weitere Ente zu holen. Es zeugt von Kreativität, dass er das Problem veränderte, anstatt es zu lösen. An die ursprüngliche Lösung, die durch das Eingreifen von Matheo (4) zustande kam, konnte sich Emilian anscheinend nicht mehr erinnern. Wir wissen nicht, woher seine Überzeugung kam, dass man nur paarweise austeilen kann. Schließlich wurden die restlichen vier Münzen paarweise der neuen Ente gegeben (Abb. 5).

Abb. 5: Matheo gibt der fünften Ente zwei Münzen

Der Film der zweiten Kleingruppe war elf Sekunden lang. Er enthielt 22 Bilder, von denen jedoch einige wiederholte Aufnahmen derselben Situation sind. Nur 14 Bilder sind unterschiedlich und entsprechen etwa den 11 Schritten der Problemlösung.

3. Die Kinder vertonen den Film

Bei der Stop-Motion-Technik entsteht zunächst ein Stummfilm, der anschließend vertont werden muss. Die entstandenen Filme waren zu kurz, um Dialoge zwischen den Enten einzufügen. Anne entschied, dass die Kinder die Problemlösung erklären bzw. beschreiben sollten. So mussten sie nochmals darüber nachdenken, wie sie das Problem gelöst hatten. Zunächst musste ihnen Anne jedoch zeigen, wie man eine Tonaufnahme macht. In der ersten Kleingruppe machte sie das, indem sie es den Kindern beispielhaft vorführte. Das hatte zur Folge, dass die Kinder teilweise wiederholten, was sie gesagt hatte. Alina (6) sagte: „Es war einmal eine Königin. Dann kamen eine blaue, eine grüne und eine rosa Ente. Und dann teilten sie und teilten. Und dann kam noch eine rosa Ente. Und sie teilten viel." Robert (5) sagte: „Es war einmal eine Königin. Sie hatte 20 Münzen. Die teilte sie mit dem Blauen und mit dem Grünen und mit dem Rosa. Sie wollte eigentlich nicht teilen und

sagte: ‚Nein, nein, nein, benutzt das Geld nicht!' Aber es wurde nicht zurückgegeben. Und dann teilten sie und teilten und teilten" (Abb. 6). Beide Kinder
erzählten die Geschichte, anstatt zu erklären, wie sie das Problem gelöst hatten. Wir vermuten, dass die Kinder die Aktivität gar nicht als mathematisches
Problem erlebt hatten. Alina erwähnte das Hinzukommen der fünften Ente,
durch die das Umverteilungsproblem entstand. Robert kam in seiner Erzählung nicht so weit. Ihn beschäftigte hauptsächlich – wie bereits in Phase 1 –
das Nicht-teilen-Wollen.

Abb. 6: Robert vertont
den Film

In der zweiten Kleingruppe vermied Anne, den Kindern eine Beispielerklä-
rung vorzugeben. Matheo fasste nur kurz das Wichtigste zusammen: „Jeder
vier." Emilian (5) sagte: „Das sind viele für jeden, vier für jeden. Und da sind
Enten." Er erzählte weder die Geschichte, noch erklärte er den Lösungspro-
zess. Er beschrieb die Lösung. Beide Kinder waren ausschließlich auf die
Lösung fixiert. In der Mathematikdidaktik der Grundschule wird dies kritisiert und hervorgehoben, dass es vielmehr darum gehen sollte, „allen Kindern
eine *Grundlegung des Operationsverständnisses zu ermöglichen*" (Krauthausen
2018, 63, Hervorhebung im Original). Von Vorschulkindern wird noch kein
Operationsverständnis der Division erwartet. Eins-zu-eins-Zuordnen, Verteilen und Abzählen sind aber Operationen, mit denen schon Vorschulkinder
Erfahrungen sammeln sollten (Preissing 2014, 71). Während der ViduKids-
Aktivität wurde deutlich, dass Matheo zu allen drei Operationen ein ange-
messenes Operationsverständnis fehlte. Das gab Anne wichtige Hinweise,
woran sie in den folgenden Wochen mit ihm arbeiten sollte.

4. Die Kindergarten-Gruppe sieht sich den Film an

In der folgenden Woche zeigte Anne die Filme den anderen Kindern derselben Kindergartenabteilung. Um die Filme zu sehen, mussten die Kinder

in einen Raum mit Fernseher wechseln, was zu erhöhter Konzentration und Aufmerksamkeit beitrug. Anne entschied sich, keine Fragen zu stellen oder zu kommentieren, bevor die Filme gezeigt wurden. Sie wollte die Aufmerksamkeit der Kinder nicht von der Filmvorführung ablenken. Die Filme allein sollten Ausgangspunkt für das anschließende Gespräch sein. Als der erste Film anlief, rief einer der Vierjährigen: „Das ist Emilians!" Er hatte es an der Stimme erkannt. Die anderen Kinder hörten aufmerksam zu und waren sich schnell einig, dass sie im Film Emilian hörten. Emilian zeigte mit seiner Körpersprache Verlegenheit und Stolz zugleich. Er wurde leicht rot im Gesicht und rollte sich auf dem Stuhl zusammen, während er mit einem Lächeln zustimmend nickte. Anne spielte den Film mehrmals hintereinander ab und hielt dann inne, um sich die mathematischen Kommentare der Kinder anzuhören. Sofie (4) wiederholte Emilians Aussage aus dem Film: „Vier für jeden." Gleichzeitig zeigte sie vier Finger mit ihrer Hand. Anne ermutigte Sofie, das Gesagte zu wiederholen, damit alle Kinder es hörten, und gleichzeitig den anderen Kindern die Anzahl der Finger zu zeigen. Mehrere Kinder hielten dann auch vier Finger hoch. „Sie tauschen Geld, damit es gerecht ist", sagte Tuva. Die anderen Kinder stimmten ihr zu. Um dies im Film überprüfen zu können, spulte Anne den Film zurück und stoppte bei dem Bild, wo alle Münzen verteilt waren. Die Kinder begannen sofort, auf den Bildschirm zu tippen und die Münzen zu zählen. Anne hörte, dass Sofie bei der Zählung auf vier kam, Tuva auf fünf, Viktoria auf acht. Die anderen Kinder waren für Anne schwer zu hören. Anne ermutigte Sofie zu zeigen, wie sie gezählt hatte. Sie zählte: „1, 2, 3, 4", indem sie die Münzen vor der grünen Ente antippte. Anne forderte Tuva auf, ihre Zählweise vorzuführen, wurde jedoch von Olivia (4) unterbrochen. Olivia wollte, dass alle zusammen die Anzahl der Münzen vor allen Enten zählten. Zusammen zählten Anne und die Kinder fünfmal (einmal für jede Ente): „1, 2, 3, 4". Dann konnte endlich auch Tuva zeigen, wie sie gezählt hatte. Sie zählte: „1, 2, 3, 4, 5", wobei sie die Enten antippte. Anne und die Kinder waren sich einig, dass es fünf Enten waren, die jeweils vier Münzen erhielten. Anne wollte die Aufmerksamkeit auf die Verteilstrategien lenken und fragte deshalb: „Wie haben die Ente geteilt?" Da wiederholte Tuva ihre frühere Aussage: „Sie tauschen Geld, damit es gerecht ist." Die anderen Kinder stimmten zu und gaben zu erkennen, dass sie den nächsten Film sehen wollten. Diese Beobachtungen zeigen, dass Kinder im Kindergartenalter ihre Aufmerksamkeit spontan auf Anzahlen richten (spontaneous focusing on numerosity – SFON) und zählen, dass sich das spontane Interesse an Zahlbeziehungen (spontaneous focusing on quantitative relations – SFOR) und multiplikativen Strukturen jedoch erst später entwickelt (Hannula-Sormunen u. a. 2019, 29 und 34).

Anne startete den nächsten Film und sofort sagte Robert: „Das ist meiner." Die anderen Kinder stimmten zu und sagten „Es ist Robert, ja" und „Ich höre

Roberts Stimme". Anne entschied sich, auch diesen Film mehrmals zu zeigen. Die Kinder fanden es lustig, dass Robert im Film seine Stimme als Königin verstellte und rief: „Nein, nein, nein." Einige der Kinder lachten und ahmten dies nach. Anne fragte wieder, wie die Enten das Geld verteilt hatten. Die Kinder erkannten schnell, dass auch hier die Enten jeweils vier Münzen erhielten. Sie wollten zum nächsten Film übergehen, aber Anne spulte den Film zurück und stoppte bei dem Bild, wo die Münzen verteilt waren. Anne fragte die Kinder, ob sie die Münzen zählen wollten. Tuva antwortete schnell: „Nein, das ist nicht notwendig. Ich sehe doch, dass es das Gleiche ist. Können wir uns den nächsten Film ansehen?" Vielleicht hat Tuva hier durch Simultanerfassung der Anzahlen erkannt, dass es jeweils vier sind (Hannula-Sormunen u. a. 2019, 26).

Anne zeigte schließlich den Film, in dem Matheos Stimme zu hören ist. Da Matheo im Film nur „Jeder vier" sagt, war es schwieriger zu hören, wessen Stimme das war. Anne musste den Film dreimal spielen, bevor eines der Kinder erkannte, dass es Matheo war. Matheo saß während der Vorführung völlig still da und lächelte. Die Kinder wussten bereits, dass als Ergebnis der Verteilung jede Ente jeweils vier Münzen bekam. Daher fanden sie diesen Film nicht so interessant. Anne fragte, worum es in allen drei Filmen ging. Tuva antwortete schnell: „Es ging um Enten und Geld. Es gab hundert Geld, und sie tauschten so, dass jede vier bekam." Olivia fügte hinzu: „Das war gerecht." Tuva verwendete „hundert" hier als Synonym für „viele" und nicht als exaktes Zahlwort (Nakken/Thiel 2019, 175). Warum sie „tauschten" anstatt „teilten" sagte, wissen wir nicht.

Anne hatte vor, ein Gespräch über das Teilen im Kindergarten zu beginnen, doch Tuva kam ihr zuvor, indem sie sagte: „Wir müssen einen Erwachsenen im Kindergarten fragen, wenn jemand nicht teilen möchte." „Was müsst ihr denn im Kindergarten teilen?" fragte Anne. „Ponys", sagte Tuva, „und Brotscheiben und Aufschnitt." „Und wir müssen uns Eimer und Schaufeln teilen", sagte Matheo. „Und den Teppich", sagte Sofie, „wenn wir Morgenkreis haben und auf einem Teppich sitzen, müssen wir den Platz teilen. Es ist nicht erlaubt, sich gegenseitig zu treten." „Das hast du gut erklärt", antwortete Anne. Tuva fuhr dann mit einer noch größeren Perspektive fort: „Wir müssen alle Hunde der Welt teilen. Damit es gerecht ist, dann hat jeder einen Hund und keiner hat zwei und keiner hat drei." „Aber es geht gut, wenn man allergisch ist", warf Sofie ein, „dann kannst du keinen Hund haben." Danach fingen die Kinder an, über Hunde und Haustiere zu reden, und taten so, als seien sie Polizeiwelpen. Anne erkannte, dass sie sich nicht mehr auf die Filme und das Teilen konzentrieren würden. Später am selben Tag gab es einen Streit zwischen einigen Mädchen, die mit Barbie-Puppen spielten. Sie konnten sich nicht über die Verteilung der Puppen und Kleider einigen, da zwei der Mädchen das gleiche Kleid haben wollten. Da sagte Olivia mit strenger

Stimme: „Denkt daran, dass wir teilen müssen. Das mussten die Enten auch, und dann war es gerecht." Obwohl Olivia noch nicht alle mathematischen Aspekte des Teilens durchdrungen hat, hat sie durch Beschäftigung mit den Filmen Wichtiges gelernt über die sozialen und ethischen Aspekte des Teilens. Das entspricht dem ganzheitlichen Lernen, wie es dem Kindergarten zu eigen ist (Stahmann 2012, 10).

Diskussion

Durch die Beobachtungen wurden sowohl Stärken als auch Schwächen des ViduKids-Ansatzes deutlich. Den Kindern war das Spielen wichtiger als das Problemlösen. Das ist jedoch kein Nachteil, sondern ein wichtiges Element der Frühpädagogik. Im Kindergarten ist Spiel die Hauptaneignungstätigkeit der Kinder (Preissing 2014, 38 f.). Das sollte es auch im Anfangsunterricht der Grundschule sein. In der Schule erleben Kinder spielerische Unterrichtsaktivitäten oft als Arbeit (Sundsdal/Øksnes 2021). Das war hier anders. Im abschließenden Interview nach Phase 3 sagten alle Kinder, dass die Aktivität Spaß gemacht hatte und dass sie sowas ein anderes Mal gerne wieder machen wollten. Ihre Begründungen gingen in zwei unterschiedliche Richtungen. Zwei Kinder antworteten: „weil wir mit Geld spielen konnten" und „weil wir mit den Enten spielen konnten". Die drei anderen Kinder antworteten: „weil wir auf das Handy klicken konnten", „weil wir das Handy bedienen durften" und „es war spannend zu sehen, wie der Film sein würde". Das Spielen und die Technik waren für die Kinder am wichtigsten. Die Frage, was sie gelernt haben, konnte keines der Kinder beantworten. Bedeutet das, dass sie nichts gelernt haben? Das glauben wir nicht. Im Kindergarten wird selten über Lernen gesprochen. Deshalb ist es für die Kinder schwierig, ihre Lernprozesse zu reflektieren. Zudem ist Mathematiklernen ein kumulativer Prozess. Die Kinder sammeln Erfahrungen, die langsam zu einem immer tieferen Verständnis der mathematischen Zusammenhänge führen.

Die Aktivität weist alle sechs Eigenschaften auf, die mathematische Probleme für Kindergartenkinder haben sollten (Ramírez-Uclés u. a. 2018, 577):

(1) **Argumentation.** Teile der Aufgabe konnten die Kinder mechanisch lösen. Manchmal mussten sie jedoch auch innehalten, nachdenken und Verschiedenes ausprobieren. Sie argumentierten sehr wenig verbal, aber drückten ihre Gedanken durch ihre Handlungen aus.

(2) **Kontext.** Verteilsituationen waren den Kindern vertraut.

(3) **Herausforderung.** Das Problem war motivierend, sonst hätten die Kinder es nicht mit so großem Eifer gelöst. Die bereitgestellten Münzen erlaubten ihnen, die Lösung enaktiv zu finden.

(4) **Mehrere Lösungen.** Dass das Problem tatsächlich verschiedene Lösungen zuließ, wurde deutlich. Die beiden Kleingruppen lösten das Problem unterschiedlich und auch innerhalb der Kleingruppen wurden beim Fil-

men andere Lösungen vorgeschlagen, als in der ersten Phase gefunden wurden.

(5) **Erweiterbarkeit.** In der Verteilsituation griffen die Kinder auf ihnen bekannte Lösungsmethoden zurück. Beim Umverteilen machten sie neue Erfahrungen, die ihnen nützlich sein werden, wenn sie mit ähnlichen Problemen konfrontiert werden. Sie erweiterten dabei nicht nur ihre mathematischen, sondern auch sozialen Kompetenzen, da sie sich mit Gerechtigkeit und Abgeben beschäftigten.

(6) **Verständlichkeit.** Außer Matheo verstanden alle Kinder die verbale Beschreibung des Problems. Matheo verstand das Problem erst, als er Emilians Lösungsansatz beobachtete. Beim Filmen wurde deutlich, dass Matheo in Phase 1 einen entscheidenden Beitrag zur Lösung des Problems geleistet hatte. Alle Kinder außer Matheo konnten erkennen und durch Zählen überprüfen, ob das Problem gelöst war. Matheo gelang es mithilfe der Erzieherin.

Die Aktivität erfüllte bis zu einem gewissen Grad auch die drei Eigenschaften von Spielsituationen, die den Übergang von konkretem zu abstraktem Denken befördern (Otsuka/Jay 2017, 998):

1. Die Kinder teilten ihre Gedanken mit anderen Kindern und der Erzieherin. Auch bei Otsuka und Jay (2017, 998) muss dies nicht verbal erfolgen. Wir haben mehrmals beobachtet, dass die Kinder ihre Gedanken durch ihre Handlungen teilten, zum Beispiel als Emilian zeigte, dass es ums Verteilen geht und als Nora Annes Frage mit dem Verschieben der Münzen beantwortete. Auch später im Morgenkreis teilten die Kinder ihre Gedanken sowohl verbal als auch durch ihre Gesten, zum Beispiel das Tippen auf den Bildschirm. Ermuntert zum Teilen ihrer Gedanken wurden die Kinder durch Annes offene Fragen (Nakken/Justnes 2018, 45).

2. Die Kinder nahmen sich Zeit, über ihre Erfahrungen nachzudenken. Otsuka und Jay (2017, 998) beobachteten Kinder beim Freispiel mit Holzklötzen. Wenn Kinder ihr Spiel für einige Sekunden unterbrachen, deuteten sie dies als Nachdenken. Bei unseren Beobachtungen gab es keine Pausen, in denen nicht geredet wurde. Dennoch meinen wir, dass die Kinder deutliche Zeichen von Nachdenken zeigten, während die anderen redeten. Ein Beispiel ist Nora zu Beginn des Umverteilproblems. Nachdem Alina eine Münze an die neue Ente abgegeben hatte, sah Nora für 18 Sekunden das Geld und die Enten an, ohne etwas zu sagen. Dann stellt Anne ihr die Frage: „Nora, was sollen wir machen?" Danach dauerte es nochmals 5 Sekunden, bevor sie schließlich eine ihrer Münzen zu der neuen Ente schob. Auch anschließend zeigten Robert und Nora mit ihrer Körpersprache für 20 Sekunden, dass sie nachdachten, bevor Nora auch eine Münze von der Königin zu der neuen Ente schob (siehe Abb. 7). Im Morgenkreis war es Anne wichtig, den Kindern genügend Zeit zum

Nachdenken zu geben. Leider müssen sowohl im Kindergarten als auch in der Schule die Fachkräfte oft daran erinnert werden, wie wichtig dies ist. In der Schule warten viele Lehrkräfte weniger als zwei Sekunden, bis nach dem Stellen einer Frage eine Hilfestellung oder Anschlussfrage kommt. Pädagogische Fachkräfte sollten sich zurückhalten. Das bedeutet, die Kinder durch Schweigen oder Äußerungen wie „hmm …", „lass mal sehen …" oder „Was meinst du?" zum Nachdenken zu ermuntern. Um zu verhindern, dass man durch zu frühes Eingreifen das eigene Denken der Kinder stört, kann es hilfreich sein, die Kinder zuerst frei miteinander sprechen zu lassen. Anschließend kann man die Ideen der Kinder aufgreifen und Hinweise und Anhaltspunkte geben, die dazu beitragen, dass das Denken der Kinder wertgeschätzt, vertieft und erweitert wird (Nakken/Justnes 2018, 46).

3. Die Kinder zeigten sich mit den Ergebnissen zufrieden, und zwar sowohl wenn sie ein Problem gelöst hatten (siehe Roberts Geschichtsausdruck in Abb. 1) als auch mit den fertigen Filmen. Bennett u. a. (1997, 13) beobachteten, dass Kinder ihr eigenes Lernen effektiv steuern, wenn sie ihre Aktivitäten selbst steuern können und dabei von einem Erwachsenen unterstützt werden. Bei unserer Aktivität war zwar die Autonomie der Kinder eingeschränkt, weil das Problem vom Erwachsenen vorgegeben wurde. Die Kinder hatten aber große Freiheit bei der Lösung des Problems – bis hin zu so unkonventionellen Lösungen wie die von Emilian. Dies hat zur Zufriedenheit der Kinder beigetragen. Die Kinder haben nicht unbedingt das gelernt, was Anne beabsichtigt hatte, aber sie haben die Erfahrungen gemacht, die für sie angemessen waren. Das wurde besonders deutlich bei der Vertonung des Films. Die Kinder, denen die mathematische Lösung leichtfiel, fokussierten auf die Erzählung, während die Kinder, für die es ein echtes mathematisches Problem war, die mathematische Lösung beschrieben.

Abb. 7: Die Kinder denken über das Problem nach

Schlussfolgerungen

ViduKids ist ein Entwicklungsprojekt in Rahmen der **Erasmus+ Leitaktion 2: Zusammenarbeit zur Förderung von Innovation**. Unsere Möglichkeiten zur wissenschaftlichen Evaluation des Projektes sind begrenzt. In diesem Beitrag konnten wir nur wenige erste Beobachtungen analysieren und diskutieren. Diese erlauben uns, erste vorläufige Antworten auf unsere Forschungsfrage zu geben: In welcher Weise trägt Videoproduktion im Kindergarten dazu bei, dass Vorschulkinder variierte mathematische Erfahrungen machen, mathematische Zusammenhänge entdecken und verstehen und eine positive Haltung zur Mathematik entwickeln?

Als Erstes können wir hier festhalten, dass vier- bis sechsjährige Kinder in der Lage sind, mithilfe eines Erwachsenen Stop-Motion-Videos zu produzieren. Ihre Ausdauer begrenzt, wie lang die Filme werden können. Wichtiger ist jedoch, dass sie verstehen, dass ein Film aus vielen einzelnen Bildern besteht, die erst wenn man sie in schneller Folge abspielt, den Eindruck von Bewegung entstehen lassen.

Als Zweites zeigen unsere Beobachtungen deutlich, dass die Methode den Kindern erlaubt, sich auf natürliche und spielerische Weise viermal mit demselben Problem zu beschäftigen: beim ersten Lösen des Problems, beim Filmen, beim Vertonen und bei der Vorführung des Films. In jeder Phase können die Kinder neue Erfahrungen machen, andere Lösungsmöglichkeiten erkennen und tiefere Einsichten gewinnen. In welchem Maße dies geschieht, ist jedoch individuell sehr unterschiedlich.

Da die Aktivität allen Kindern Spaß machte, trägt sie zur Ausbildung einer positiven Haltung zum kreativen Umgang mit digitalen Medien bei. Inwiefern dies auch eine positive Haltung zur Mathematik hervorruft, hängt davon ab, wie bewusst den Kindern ist, dass sie Mathematik betreiben. Von vielen Erzieherinnen und Erziehern wird vermieden, im Kindergarten von Mathematik zu sprechen. Es gibt sogar Bildungspläne, in denen es keinen Bildungsbereich Mathematik gibt, zum Beispiel in Bremen (Stahmann 2012). Und Jenßen (2021, 90) fand einen Zusammenhang zwischen Mathematikangst und der Berufswahl, pädagogische Fachkraft im Kindergarten zu werden. Insofern hoffen wir, dass ViduKids nicht nur den Kindern, sondern auch Erzieherinnen und Erziehern zu einer positiven Haltung zur Mathematik verhilft. Die Filme wurden übrigens nicht nur den Kindern gezeigt, sondern auch den Eltern auf einem Elternabend und den anderen Mitarbeiterinnen und Mitarbeitern auf einer Personalversammlung.

Zum Schluss möchten wir noch erwähnen, dass das hier vorgestellte Problem nur eines von vielen möglichen Themen für Filme ist. Jüngere Kinder ließen wir nach Dingen suchen, die klein sind oder groß oder eine spezielle Form haben (rund, dreieckig, viereckig), und dann Bilder oder Filme machen von dem, was sie gefunden hatten. Andere produzierten Filme, die zeigen, wie mathematische Muster entstehen, zum Beispiel Mandalas (rotationssymmetrische Muster). In unserem slowenischen Partnerkindergarten erfanden die vier- und fünfjährigen Kinder ein Märchen mit Zwergen. Für den Film mussten sie die Zwerge und die Zwergenstadt basteln. Dabei lernten sie viel über geometrische Formen und Zahlen.

Literatur

Bennett, N./Wood, E./Rogers, S. (1997): Teaching Through Play: Teachers' Thinking and Classroom Practice. Buckingham: Open University Press.

Björklund, C. (2012): Blant baller og klosser : matematikk for de yngste i barnehagen. Oslo: Cappelen Damm akademisk.

Büsching, U./Riedel, R. (2018): BLIKK-Medien: Kinder und Jugendliche im Umgang mit elektronischen Medien. Abschlussbericht. Köln: Berufsverband der Kinder- und Jugendärzte Deutschland (BVKJ). Erhältlich unter www.bundesgesundheitsministerium.de/fileadmin/Dateien/5_Publikationen/Praevention/Berichte/Abschlussbericht_BLIKK_Medien.pdf.

Clements, D. h./Sarama, J. (2009): Learning and Teaching Early Math. The Learning Trajectories Approach. New York: Routledge.

Davis, G. E./Pepper, K. (1992): Mathematical problem solving by pre-school children. In: Educational Studies in Mathematics, 23. Jg., H. 4, 397–415.

Davis, G. E./Pitkethly, A. (1990): Cognitive Aspects of Sharing. In: Journal for Research in Mathematics Education, 21. Jg., H. 2, 145–153.

Devlin, K. J. (2012): Introduction to Mathematical Thinking. Palo Alto: Keith Devlin.

Fuson, K. (1992): Research on whole number addition and subtraction. In: Grouws, D. A. (Hrsg.), Handbook of research on mathematics teaching and learning: A project of the National Council of Teachers of Mathematics. New York: Macmillan Publishing Co., 243–275.

Hannula-Sormunen, M. M./McMullen, J./Lehtinen, E. (2019): Everyday Context and Mathematical Learning: On the Role of Spontaneous Mathematical Focusing Tendencies in the Development of Numeracy. In: Fritz, A. u. a. (Hrsg.), International Handbook of Mathematical Learning Difficulties: From the Laboratory to the Classroom. Cham: Springer International Publishing, 25–42.

Jenßen, L. (2021): A math-avoidant profession? Review of the current research about early childhood teachers' mathematics anxiety and empirical evidence. In: Dunekacke, S. u. a. (Hrsg.), Early Childhood Teachers' Professional Competence in Mathematics. London: Routledge, 79–96.

Justnes, C. N. (2018): Historien om røverrotta. In: Ressurshefte til modulen Problemløsing, 8–11. Erhältlich auf der Website Realfagsløyper unter: https://realfagsloyper.no/sites/default/files/2018-06/Ressurshefte%20til%20modulen%20Probleml%c3%b8sing.pdf.

Kieninger, J./Feierabend, S./Rathgeb, T./Kheredmand, H./Glöckler, S. (2021): miniKIM-Studie 2020. Kleinkinder und Medien. Basisuntersuchung zum Medienumgang 2- bis 5-Jähriger in Deutschland. Stuttgart: Medienpädagogischer Forschungsverbund Südwest (mpfs). Erhältlich unter www.mpfs.de/fileadmin/files/Studien/miniKIM/2020/lfk_miniKIM_2020_211020_WEB_barrierefrei.pdf.

KMK (2004): Beschlüsse der Kultusministerkonferenz. Bildungsstandards im Fach Mathematik für den Primarbereich. München, Neuwied: Wolters Kluwer.

Krauthausen, G. (2018): Einführung in die Mathematikdidaktik – Grundschule. Berlin, Heidelberg: Springer Berlin Heidelberg.

Krummeck, V./Richter-Gebert, J. (2005): Mathematik begreifen. In: Welt des Kindes, H. 4. www-m10.ma.tum.de/foswiki/pub/Lehrstuhl/VanessaKrummeck/WdKFinal.pdf.

Nakken, A. H./Justnes, C. N. (2018): Å være på og bakpå – om matematiske samtaler i barnehagen. In: Barnehagefolk, H. 2, 43–46.

Nakken, A. H./Thiel, O. (2019): Matemarikkens kjerne (2. Aufl.). Bergen: Fagbokforlaget.

NCTM (2000): Principles and standards for school mathematics. Reston, VA: National Council of Teachers of Mathematics.

Otsuka, K./Jay, T. (2017): Understanding and supporting block play: Video observation research on preschoolers' block play to identify features associated with the development of abstract thinking. In: Early Child Development and Care, 187. Jg., H. 5–6, 990–1003.

Piaget, J. (1975): Der Aufbau der Wirklichkeit beim Kinde. Stuttgart: Ernst KLett.

Poland, M./van Oers, B. (2007): Effects of schematising on mathematical development. In: European Early Childhood Education Research Journal, 15. Jg., H. 2, 269–293.

Preissing, C. (2014): Berliner Bildungsprogramm für Kitas und Kindertagespflege Senatsverwaltung für Bildung, Jugend und Wissenschaft (Hrsg.). Berlin: Verlag das Netz. Erhältlich unter www.berlin.de/sen/jugend/familie-und-kinder/kindertagesbetreuung/berliner_bildungsprogramm_2014.pdf.

Ramírez-Uclés, R./Castro-Rodríguez, E./Piñeiro, J. L./Ruiz-Hidalgo, J. F. (2018): What makes a task a problem in early childhood education? In: European Early Childhood Education Research Journal, 26. Jg., H. 4, 574–588.

Sarama, J./Clements, D. h. (2009): Early Childhood Mathematics Education Research. Learning Trajectories for Young Children. New York: Routledge.

Stahmann, A. (2012): Rahmenplan für Bildung und Erziehung im Elementarbereich. Frühkindliche Bildung in Bremen. Bremen: Die Senatorin für Soziales,, Kinder, Jugend und Frauen Freie Hansestadt Bremen. Erhältlich unter http://www.soziales.bremen.de/sixcms/media.php/13/Jugendsenatorin_Rahmenplan_2012_web.pdf.

Sundsdal, E./Øksnes, M. (2021): Hva mener vi med lek i skolen? Gelesen am 23.12. 2021 unter www.midtnorskdebatt.no/meninger/ordetfritt/2021/09/06/Hva-mener-vi-med-lek-i-skolen-24512321.ece.

Thiel, O. (2010): Teachers' attitudes towards mathematics in early childhood education. In: European Early Childhood Education Research Journal, 18. Jg., H. 1, 105–115.

Thiel, O./Josephson, J./Loviscach, J./Kostova, N./Vaz Rebelo, P./Jessat, M./Hottmann, A. (2017a): vidumath – Videos im Mathematikunterricht. Kinder veranschaulichen Mathematik durch eigene Stop-Motion-Videos. In: Mathematik differenziert, 8. Jg., H. 1, 28–31.

Thiel, O./Vaz-Rebelo, P./Loviscach, J./Josephson, J./Kostova, N./Jessat, M./Hottmann, A. (2017b): Videoproduktion im Mathematikunterricht. Ergebnisse aus dem Projekt »vidumath« Forschung für die Praxis. Frankfurt a.M.: Grundschulverband, 44–55.

Wheatley, C. L./Wheatley, G. H. (1984): Problem Solving in the Primary Grades. In: The Arithmetic Teacher, 31. Jg., H. 8, 22–25.

Anfangsunterricht
Sachunterricht

Marie Fischer, Christian Kunz, Mark Liebig,
Anke Weber & Markus Peschel

(Lebens-)Welt als Ausgangspunkt und Zieldimension des Sachunterrichts und des Anfangsunterrichts

In Ergänzung zum „Faktencheck Grundschule – Populäre Vorurteile und ihre Widerlegung", der im Mai 2018 im Grundschulverband erschienen ist,[1] möchten wir in diesem Beitrag einigen Vorurteilen gegenüber dem Sachunterricht im Anfangsunterricht begegnen und die Wichtigkeit und Notwendigkeit einer sachunterrichtlichen Grundlegung des Anfangsunterrichts mit theoretischen wie praktischen Beispielen darlegen.

> **Vorurteil 1: Der Anfangsunterricht im Sachunterricht wird auch in der Didaktik des Sachunterrichts wenig thematisiert (vgl. Gläser 2007), weil das fachliche Lernen erst später beginnt.**

Dass Vorurteile gegen Hausaufgaben, Noten oder Rechtschreibansätze weit verbreitet sind und in der Öffentlichkeit wahrgenommen werden, zeigt eine Literaturrecherche. In der Fachcommunity wird dem Thema *Sachunterricht im Anfangsunterricht* wenig Aufmerksamkeit bzw. Raum in Publikationen geschenkt (vgl. Gläser 2007), obwohl gleichzeitig der (allgemeine, nicht fachspezifische) Übergang vom Kindergarten zur Grundschule zunehmend beforscht wird (vgl. Eckerth & Hanke 2015; Neuß et al. 2014). Trotzdem scheinen Meinungen oder Vorurteile bei Lehrkräften und anderen Entscheidungsträger*innen zu bestehen, die dem Sachunterricht am Schulanfang eine untergeordnete Rolle neben Fächern wie Deutsch und Mathematik zuschreiben (s. Vorurteil 3), was auch ein Blick in die Stundentafel bestätigt (vgl. MBK 2005). Dabei bleibt unwiderlegt, dass dieses Vorurteil auch in höheren Jahrgangsstufen bestehen bleibt.

> **Vorurteil 2: Der Sachunterricht hat eine fachpropädeutische Funktion im Hinblick auf die Bezugsdisziplinen und -fächer der Sekundarstufe und sollte daher vor allem Fehlvorstellungen abbauen und tragfähige fachwissen-**

---

1) Bestellt werden kann die 26-seitige Broschüre für 5 Euro pro Einzelheft und für 12 Euro bei 10 Heften unter: https://grundschulverband.de/produkt/broschuere-faktencheck [25.01.2022].

schaftliche Konzepte und Vorstellungen bei den Lernenden entwickeln (vgl. dazu Heran-Dörr 2011).

Dabei besteht hingegen die *doppelte Anschlussaufgabe* des Sachunterrichts ganz bewusst darin, „an die vor- bzw. außerschulisch erlangten Wissensbestände und Kompetenzen sowie an die Fragen, Interessen und Lernbedürfnisse der Schülerinnen und Schüler [anzuknüpfen]. Andererseits muss er Anschluss suchen *an das in Fachkulturen erarbeitete, gepflegte und weiter zu entwickelnde Wissen*" (GDSU 2013, 10, Herv. der Verf.).

Diese doppelte Anschlussfähigkeit impliziert die wichtige Stellung, die der Sachunterricht als durchgehende Auseinandersetzung mit der Lebenswelt der Kinder innehat und erfordert die weitere – auch fachliche – Vertiefung im Laufe der Schulzeit. Lange Zeit nahm man an, „dass der Schulanfang den Beginn institutionalisierter grundlegender Bildung markiere" (Gläser 2007, 7). Diese Annahme gilt jedoch inzwischen als überholt, da mittlerweile eine Reihe von institutionellen, curricularen Bildungsvorgaben für den Elementarbereich bzw. die Vorschule existieren. Die Begegnung und systemische Auseinandersetzung mit Sachen (des Sachunterrichts) setzt schon im vorschulischen und elementaren pädagogischen Bereich an und ermöglicht u. a. die Entwicklung weiterer schulischer Kompetenzen „an den Sachen". Im Folgenden vergleichen wir beispielhaft den Bildungsplan für saarländische Krippen und Kindergärten (MBK 2018) mit dem Perspektivrahmen Sachunterricht (GDSU 2013) und stellen dabei Gemeinsamkeiten fest, die für den Sachunterricht im Anfangsunterricht bedeutsam sind.

Vorurteil 3: Ohne grundlegende Kompetenzen im Lesen und Schreiben kann Sachunterricht nicht stattfinden. Sachunterricht im Anfangsunterricht nimmt daher eine untergeordnete Rolle – insbesondere im Vergleich zum Erwerb der Kulturtechniken Lesen, Schreiben und Rechnen, also den Fächern Deutsch und Mathematik – ein.

„Arbeitsblätter können nur die von ihnen zu fordernde Funktion des Lernmittels einnehmen, wenn Kinder sie als (kulturelles) Werkzeug im Rahmen ihrer Lerntätigkeit nutzen. Das Arbeitsblatt ist in jedem Fall der Lerntätigkeit der Schülerin/des Schülers nachgeordnet: Der Lernende bestimmt, entscheidet, vollzieht, kontrolliert und bewertet die Nutzung des Arbeitsblattes und nicht umgekehrt. Denn erst dann können Kinder mit ihnen tatsächlich sinnvoll und möglichst eigenreguliert arbeiten und lernen. Arbeitsblätter sind keine Lernrezepte!" (Giest & Koch 2010, 32)

Dies scheint oben genanntes Vorurteil zunächst zu bestätigen. Geht man jedoch von einem an der Lebenswelt und an den Bildungsprozessen der Kinder orientierten Sachlernen – auch schon im Elementarbereich – aus, wird deutlich, dass auch ohne den vollständigen Erwerb der grundlegenden

Kulturtechniken die Beschäftigung und das Lernen an Phänomenen (siehe Exkurs: Phänomene) möglich ist. Über die Herangehensweise, die im Folgenden dargelegt wird, werden Kinder im späteren Verlauf ihrer Bildungsbiografie dann zu einem kompetenzorientierten Umgang mit Arbeitsmitteln im oben genannten Sinne herangeführt.

Exkurs: Phänomene

„Als Phänomen kann alles das konzipiert werden, was in der Welt der Fall ist und von uns nach Maßgabe unseres Zugriffs wahrgenommen wird. In didaktischer Hinsicht ist ein Phänomen ein Ereignis, dessen Ursache in Frage steht und das einer Erklärung bedarf" (Köhnlein 2012, 21).
Wir verstehen unter Phänomenen neben physikalischen Ereignissen (z. B. Regenbogen oder Wassertropfen) auch sozialwissenschaftliche Zusammenhänge und Begebenheiten (z. B. gemeinsames Spielen, Streit und Freundschaft), die sich beobachten lassen und als Ausgangspunkt für die Sachauseinandersetzung der Kinder genutzt werden können.

Kindliche Annäherungsweisen an die (Lebens-)Welt – vorschulisches und schulisches Lernen

„Frühe Bildungsprozesse werden als besonders wirksam angesehen" (Gläser 2007, 7), beginnen schon vor Schuleintritt und beziehen sich nicht nur auf fachliches Lernen (s. Vorurteil 1). Ohne die fachpropädeutische Funktion für den Sachunterricht zu negieren, ist eine durchgängige Sachauseinandersetzung aus „pädagogischer und aus didaktischer Sicht [essentiell, denn] der Sachunterricht [hat] die anspruchsvolle Aufgabe, Schülerinnen und Schüler dabei zu unterstützen, [...] anknüpfend an vorschulische Lernvoraussetzungen und Erfahrungen eine belastbare Grundlage für weiterführendes Lernen aufzubauen" (GDSU 2013, 9). Der Blick aus Sicht der Elementarpädagogik (vgl. Schäfer 2016) ist für den Übergang der Kinder in die Schulzeit wichtig, denn der Schulunterricht hält die fortführende Auseinandersetzung mit weiter zu entwickelnden Kompetenzen bereit. Daher ist eine stärkere, inhaltliche und konzeptionelle Zusammenarbeit – insbesondere, aber nicht nur für den Sachunterricht – zentral.[2]

---

2) An dieser Stelle seien die *Bildungsgrundsätze für Kinder von 0–10 Jahren in Kindertagesbetreuung und Schulen im Primarbereich in Nordrhein-Westfalen* (Ministerium für Kinder, Familie, Flüchtlinge und Integration des Landes Nordthein-Westfalen 2018) beispielhaft zu nennen, die genau diesen Ansatz der konzeptionellen Gestaltung von Übergängen verfolgen und beschreiben.

Diese Aufgabe, Anschlussfähigkeit herzustellen, ist für Sachunterrichtslehrkräfte nicht nur anspruchsvoll, weil sie neben vielen anderen pädagogischen Anforderungen auch fachliche Anschlussfähigkeit beinhaltet, sondern erfordert auch das Anknüpfen an Lernvoraussetzungen der Schüler*innen, die Kenntnis der Herangehensweisen und Methoden in der Elementarpädagogik sowie die Frage nach der sinnvollen Gestaltung von Übergängen. Konkret also die Frage: Was „passiert" *vor* dem Anfangsunterricht in der Schule in der Sachauseinandersetzung im Elementarbereich?

Schon von Geburt an setzen sich Kinder handelnd, wahrnehmend und erfahrend in aktiver – und vor allem explorativer (vgl. Schneider 2017) – Weise mit ihrer Umgebung, ihrer Lebenswelt, auseinander. Die Kinder benötigen dafür keine Instruktionen von Erwachsenen, sondern sind intrinsisch motiviert, sich die Welt, in der sie leben, zumeist über Vorbilder, aber auch durch Experimentieren, Erkennen, Ausprobieren usw. anzueignen.

Sachbezogener Wissenserwerb beginnt somit nicht erst mit dem Eintritt in die Grundschule.

Exkurs: Lebensweltbezug

„Schulische Lehr- und Lernprozesse sollten an die Lebenswelt der Kinder anknüpfen!"

So oder so ähnlich wird diese Aussage Ihnen vermutlich bereits begegnet sein, wenn sie nicht sogar von Ihnen selbst geäußert wurde. Diese kollektive und gar inflationäre Verwendung des Terminus – auch über die Grenzen des Sachunterrichts und seiner Didaktik hinaus hinzu den weiteren Fachdidaktiken der Primarstufe – resultiert darin, dass sich einerseits jeder „irgendwie irgendetwas" darunter vorstellt und dabei nur selten geklärt wird bzw. überhaupt geklärt werden kann, was genau darunter zu verstehen ist (Pech 2009, 5). Hinzu kommt der Fakt, dass sowohl im alltäglichen Sprachgebrauch von Lehrkräften, Studierenden und Dozierenden als auch in curricularen Vorgaben und Rahmenprogrammen sowie in fachdidaktischen Publikationen eine undurchsichtige Vielfalt an ähnlichen Begriffen vorherrscht. Dabei bleibt zumeist unklar, ob die Begrifflichkeiten eine Akzentuierung oder gar Differenzierung im Vergleich zum Terminus „Lebenswelt" darstellen oder lediglich synonym zu verstehen sind.

Folgende Beispiele sollen dies veranschaulichen:
In einem kurzen historischen Abriss stellt Detlef Pech (2009) dar, wie sich von den 1980er- bis hin zu den 2000er-Jahren eine Trendwende vom bis dato populären Begriff der „Lebenswirklichkeit" hin zum Terminus „Lebenswelt" vollzog, wobei beide Begrifflichkeiten im Kern dasselbe Konzept beschreiben. Wirft man einen Blick in aktuellere Publikationen (z.B. Köhnlein 2012;

GDSU 2013; Nießeler 2020; Pech 2020), fällt auf, dass neben der „Lebenswelt" vermehrt auch die Termini „Alltagswelt", „Umwelt", „Welt" und „(subjektive) Erfahrungswelt" mehr oder weniger synonyme Verwendung finden.

Die folgenden Abschnitte setzen sich daher zum Ziel, ein wenig Licht ins Dunkel dieses terminologischen Wirrwarrs zu bringen und gleichermaßen anknüpfend an die sonstigen Ausführungen dieses Artikels aufzuzeigen, warum die Lebenswelt als zentraler Ausgangspunkt und als zentrale Zieldimension im Anfangsunterricht des Sachunterrichts anzusehen ist.

Menschliche Individuen setzen sich ab Beginn ihres Lebens gleichsam vielfältig, aber auch unterschiedlich in aktiver und erfahrender Weise mit der Welt, in der sie leben, auseinander (vgl. Nießeler 2020). Spätestens seit der konstruktivistischen Wende herrscht ein gewisser Konsens darüber, dass die Welt als Summe von all jenem, was einen Menschen umgibt, niemals auf die gleiche Weise erfahren werden wird, selbst wenn sie allen Individuen gleichermaßen „präsentiert" werden könnte. Die Gesamtheit solcher subjektiver (kindlicher) Erfahrungen, Vorstellungen, Konzepte und Einstellungen, die aus der Welt, in der ein Kind lebt, herrühren, lässt sich daher als Lebenswelt bezeichnen (vgl. Köhnlein 2012; Pech 2020). Die Begriffe „Alltagswelt" und „subjektive Erfahrungswelt" sind dabei als Synonyme zu verstehen, da aus konstruktivistischer Perspektive davon auszugehen ist, dass Menschen immer dann Erfahrungen sammeln, wenn sie sich aktiv mit ihrer alltäglichen Lebenswelt auseinandersetzen. Der Terminus „Umwelt" lässt sich unter kollektiven Aspekten vom stark subjektbezogenen Begriff der „Lebenswelt" abgrenzen (vgl. Richter 2002; Pech 2009). Über die individuellen Lebenswelten der einzelnen Kinder hinweg gibt es Schnittmengen gesellschaftlicher, politischer, geographischer, kultureller, sozialer etc. Art, die für alle Kinder „gleich" sind. Diese kollektive Schnittmenge der individuellen Lebenswelten lässt sich als „die" Umwelt einer Gruppe – beispielsweise einer Schulklasse – bezeichnen.

Lebensweltbezug bedeutet also, einen schulischen bzw. unterrichtlichen Bezug zu den erfahrungsbasierten Konzepten, Einstellungen, Motiven und Interessen eines Kindes herzustellen, um ausgehend von diesen Präkonzepten einen zunehmend wissenschaftsbezogenen Konzeptwechsel anzustreben und gleichermaßen positive wissenschaftsbezogene Einstellungen und Motive für einen weiteren erfolgreichen Bildungsweg im Sinne der Klafkischen (vgl. u.a. 2005) Allgemeinbildung aufzubauen. Denn ein fachlicher oder – besser gesagt – wissenschaftsbezogener Konzeptwechsel (= conceptual change) kann nur vollzogen werden, wenn solche subjektorientierten bzw. erfahrungsbasierten Zugänge von Kindern mit ihrer Lebenswelt aufgegriffen oder – falls nicht vorhanden – im o.g. Sinne („Ein Konzeptwechsel setzt ein Konzept voraus") ermöglicht werden (vgl. Köhnlein 2012; Nießeler 2020; Pech 2020). Dass und inwiefern diese Erkenntnis eine besondere Rolle für den Sachunterricht im schulischen Anfangsunterricht spielt, in dem Kinder mit einer Reihe an le-

bensweltlich-herrührenden Präkonzepten, Einstellungen etc. und vergleichs-
weise geringen wissenschaftsbezogenen Konzepten erstmals mit schulischen
Lernprozessen konfrontiert werden, scheint einleuchtend. Letztlich soll durch
einen Lernprozess, der an die Lebenswelten der Kinder anknüpft und ausgehend von den lebensweltlichen Präkonzepten fachliche Wissensbestände
sowie Einstellungen aufbaut, eine Erschließung der „natürlichen, kulturellen,
sozialen und technischen Umwelt" (GDSU 2013, 9) aller Kinder einer Lerngruppe gewährleistet werden.

Durch die sorgsame Etablierung eines Verständnisses für die (schwierigen)
Übergänge kann der historisch begründeten, institutionellen und curricularen Abgrenzung von Kindergarten und Grundschule entgegengewirkt werden
und eine stärkere (didaktisch auf sachbezogene Lernprozesse ausgerichtete)
Verzahnung der Lerninhalte angestrebt und somit Brüche im Bildungsgang
von Kindern, die sich beispielsweise in Unsicherheit und Überforderung zeigen (vgl. Hartinger 2013), vermieden werden (vgl. Kiper 2007). Letztendlich
kann diese Auseinandersetzung und Berücksichtigung der vorschulischen
und schulischen Arbeit einen Beitrag zur gegenseitigen wertschätzenden und
kritisch-reflexiven Haltung der handelnden Akteur*innen leisten. Daher soll
im folgenden Abschnitt der Status quo der elementarpädagogischen, sachbezogenen Bildungs- und Lernprozesse analysiert werden.

Sachbezogene Bildungsziele zur Erschließung der kindlichen Lebenswelt existieren nicht nur für den Primarbereich (vgl. GDSU 2013), sondern
werden im deutschen Bildungssystem von den Bildungsministerien der
einzelnen Bundesländer auch für den Elementarbereich formuliert (z. B.
MBK 2018). Bei (exemplarischer) Betrachtung des saarländischen Bildungs-
programms für Kindergärten finden sich zahlreiche Gemeinsamkeiten und
Analogien bezüglich des Bildungsverständnisses und der sachbezogenen Bildungsziele im Vergleich zu den Ausführungen des Perspektivrahmens Sachunterricht (GDSU 2013). Besonders im natur- und sozialwissenschaftlichen
Bereich ist ein hoher Konsens festzustellen, was die Gegenüberstellung auf
der folgenden Seite verdeutlichen soll.

Dabei stellt die Exploration die „entscheidende Form von Wissenserwerb
und Gestaltung in der frühesten Kindheit" (Schneider 2017, 9) dar. Dieses
Prinzip wird im Kindergarten aufgegriffen, indem Kinder sich spielerisch,
eigenständig und damit explorativ mit ihrer Lebenswelt und dort zu entdeckenden Phänomenen auseinandersetzen können.

Kindliches Denken ist „erwachendes, erwachsendes und erwartendes Denken" (Wagenschein 1971, 60), weshalb es „weniger darum geht, Phänomene
aus der Erwachsenenperspektive zu erklären, sondern vor allem darum, die
Kinder dabei zu unterstützen, zunächst einmal selbst Vorstellungen und

Bildungsprogramm für saarländische Krippen und Kindergärten (MBK 2018, 142)	Perspektivrahmen Sachunterricht (GDSU 2013, 39)
„Mit all seinen Sinnen erschließt sich das Kind erste naturwissenschaftliche Erfahrungen und baut weiterführende Fragestellungen darauf auf. Ausgehend von den Erfahrungen **mit konkreten Dingen und deren beobachtbaren Eigenschaften** erkundet es die Beschaffenheit von Oberflächen, stellt **Betrachtungen zu Unterschieden und Gemeinsamkeiten an,** stellt sich und anderen Menschen Fragen zu tausend Wundern seiner Welt" (Herv. der Verf.).	„Eine zentrale Rolle beim naturwissenschaftlichen Lernen spielt das Beantworten von Fragen an die Natur (Problemlösen), wobei zunehmend bewusst und intentional explizite Fragestellungen durch Anwendung naturwissenschaftlicher Methoden beantwortet und die gefundenen Ergebnisse im Hinblick auf die Problem- bzw. Fragestellung bewertet werden."

Ausdrucksformen für ihre Ideen zu finden" (Bree et al. 2015, 5). Diese Ausdrucksformen sind keinesfalls nur sprachlich und noch weniger schriftlich gemeint. Antworten der Kinder auf Impulse zu Beobachtungen (s. Kap. 3 für konkrete Beispiele) können auch durch Zeichnungen oder Fotos bzw. Ton-/Videoaufnahmen durch die Lernenden selbst aufgezeichnet werden. Ergebnisse solcher Beobachtungsaufträge können auch schon ohne Kenntnis von Schrift, Tabellen etc. von den Kindern untereinander verglichen oder sortiert werden („Bringe die Bilder in die richtige Reihenfolge. Was ist gleichzeitig, was ist nacheinander passiert?"). Umso wichtiger ist es, dass sich Fachkräfte stufenübergreifend untereinander austauschen, welche Kompetenzen die Kinder in die Schule mitbringen und welche Inhalte mit welchen Methoden im vorschulischen Bereich bearbeitet werden (können). Strukturelle Brüche bzw. Disjunktivität im Bildungssystem können so minimiert werden, insbesondere weil es gerade im Sachunterricht große konzeptionelle und inhaltliche Überschneidungen in den Bildungsvorhaben beider Institutionen gibt (vgl. Abb. 1).

So steht im Bildungsprogramm für saarländische Krippen und Kindergärten (MBK 2018), dass es zu den pädagogischen Aufgaben der Fachkräfte gehört, die Kinder zur Beschreibung ihres explorativen Verhaltens zu ermutigen, die daraus entstehenden Erfahrungen zu berichten und dadurch eigene Fragen zu formulieren. Die Kinder in der KiTa sollen dazu bereits eigene Versuche zu verschiedenen naturwissenschaftlichen Erscheinungen bzw. Phänomenen durchführen, die sich thematisch auch in den Kerncurricula für den Primarbereich wiederfinden lassen (vgl. MBK 2018; MBK 2010), z. B.

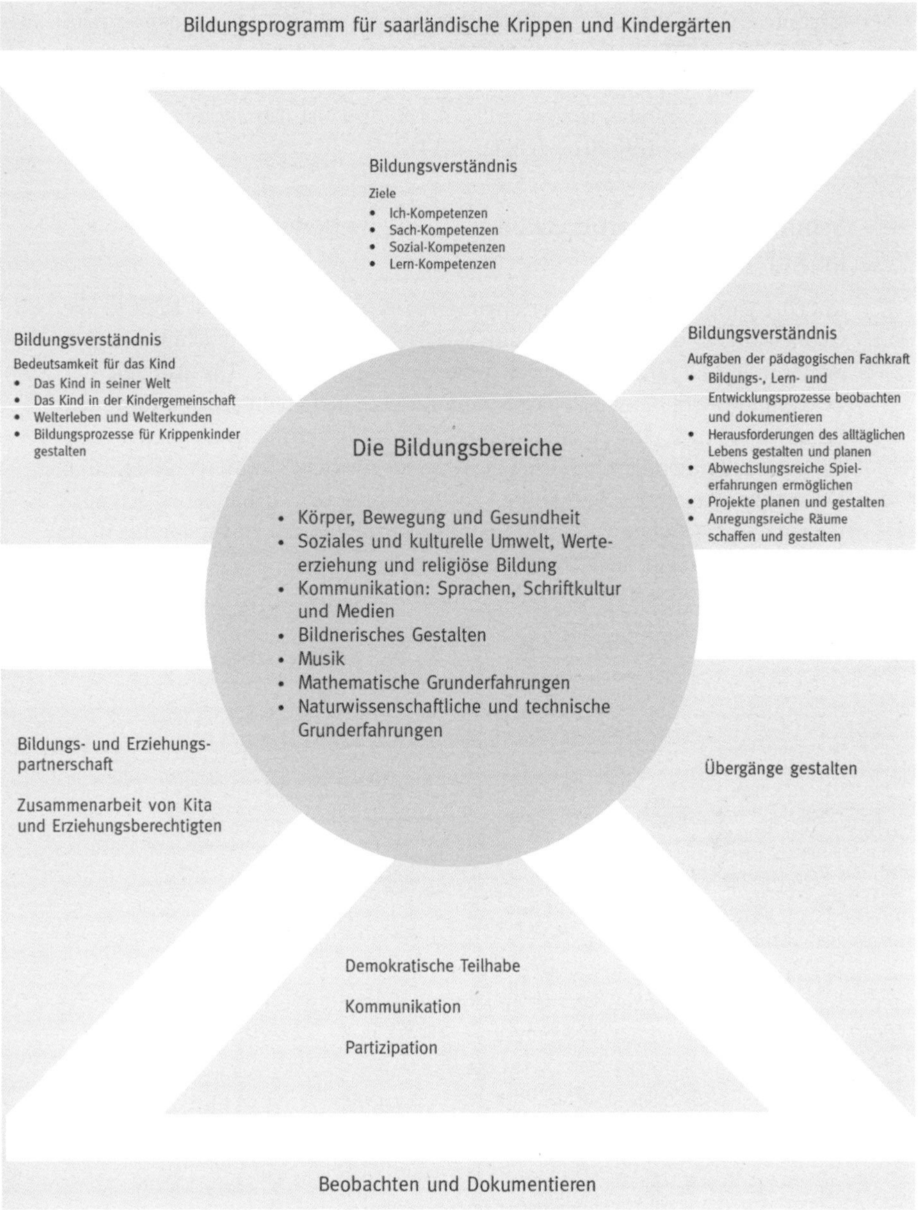
Bildungsprogramm für saarländische Krippen und Kindergärten
Bildungsverständnis
Ziele
• Ich-Kompetenzen
• Sach-Kompetenzen
• Sozial-Kompetenzen
• Lern-Kompetenzen
Bildungsverständnis
Bedeutsamkeit für das Kind
• Das Kind in seiner Welt
• Das Kind in der Kindergemeinschaft
• Welterleben und Welterkunden
• Bildungsprozesse für Krippenkinder gestalten
Bildungsverständnis
Aufgaben der pädagogischen Fachkraft
• Bildungs-, Lern- und Entwicklungsprozesse beobachten und dokumentieren
• Herausforderungen des alltäglichen Lebens gestalten und planen
• Abwechslungsreiche Spielerfahrungen ermöglichen
• Projekte planen und gestalten
• Anregungsreiche Räume schaffen und gestalten
Die Bildungsbereiche
• Körper, Bewegung und Gesundheit
• Soziales und kulturelle Umwelt, Werteerziehung und religiöse Bildung
• Kommunikation: Sprachen, Schriftkultur und Medien
• Bildnerisches Gestalten
• Musik
• Mathematische Grunderfahrungen
• Naturwissenschaftliche und technische Grunderfahrungen
Bildungs- und Erziehungspartnerschaft
Zusammenarbeit von Kita und Erziehungsberechtigten
Übergänge gestalten
Demokratische Teilhabe
Kommunikation
Partizipation
Beobachten und Dokumentieren

Abb. 1: Schaubild aus dem saarländischen Bildungsprogramm für saarländische Krippen und Kindergärten (Ministerium für Bildung und Kultur Saarland 2018, 15)

Wasserexperimente, Licht und Schatten, Lebenszyklen). Ebenso wird ihnen bereits in der KiTa Raum und Zeit zum eigenen Experimentieren gegeben. Dazu sollen u. a. die Außengelände erfahrungsanregend gestaltet sein, damit Kinder ungestört – aber sicher – mit Alltags- und Naturmaterialien explorieren können (vgl. MBK 2018; Schäfer 2014).

Schulische Annäherungsweisen an die (Lebens-)Welt im Anfangsunterricht

Im Übergang von der eher erfahrungsbasierten Arbeit in der KiTa in die Grundschule müssen die Kinder im Wechsel der Rolle zur/m Schüler*in ihre explorativen Herangehensweisen weiterverfolgen dürfen. Die Aufgabe der Lehrkraft besteht dann u. a. darin „dem Kind zu helfen, die Bedingungen der Schule allmählich zu verkraften und zugleich seine Lernfähigkeit auf der Basis der zu erhaltenden Lernbereitschaft weiter zu entwickeln" (Meiers 2004, 167). Dazu gehört auch die Aufnahme bzw. Annahme der vorhandenen Kompetenzen, Dinge/Sachen zu beschreiben, zu sortieren, sich zu verständigen, zu besprechen und ggf. auch (regelgeleitet) zu streiten.

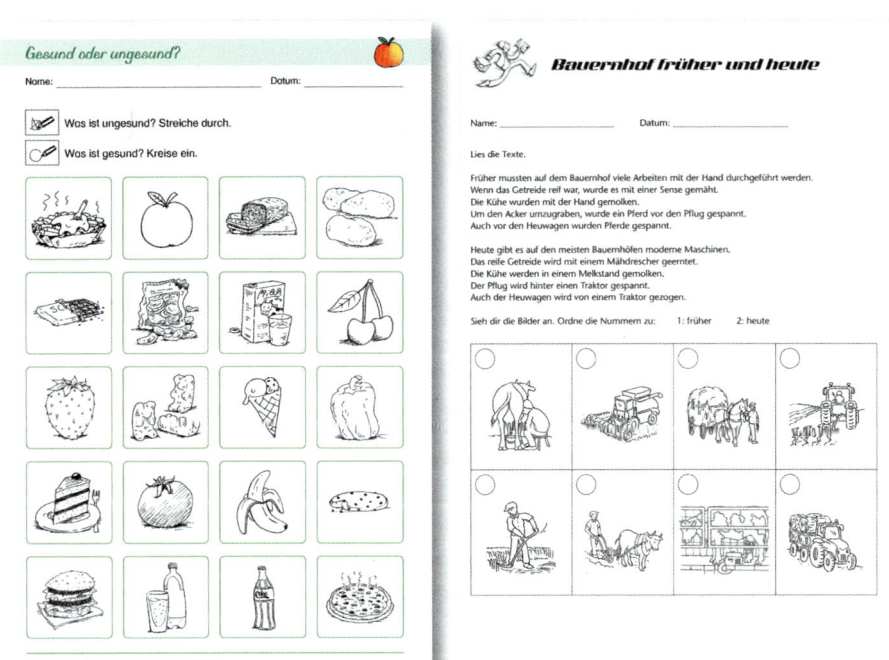

Abb. 2: Beispielhafte Materialien von den Plattformen lehrerbuero.de (links) und meinunterricht.de (rechts)

Stattdessen werden im Sachunterricht im Anfangsunterricht häufig Materialien eingesetzt, die sich thematisch auch höheren Klassenstufen zuordnen ließen. Im Unterschied zur Auseinandersetzung in den Jahrgangsstufen 3 und 4 werden in den Jahrgangsstufen 1 und 2 aber z. B. mehr Lösungen für die Lückentexte vorgegeben oder Sachtexte sind einfacher strukturiert. Wissen wird in Form einfacher Zuordnungsaufgaben abgefragt, die keinen Lern*zuwachs* darstellen, weder eine handelnde noch denkende Auseinandersetzung erfordern und zumeist auf das Arbeitsblatt (und das Ausfüllen, Abarbeiten und Anmalen des Arbeitsblattes) beschränkt sind (vgl. Giest & Koch 2010). Kihm et al. (2020) haben diesen Fokus auf das Ausfüllen/Abarbeiten eines Arbeitsblattes als „Modus des schnellen Abarbeitens" kritisiert.

Bei einem solchen rezeptiven oder auch reglementierten Arbeitsblattunterricht, der durch diverse Lehrerhandreichungen und im Handel erwerbbare „Lernwerkstätten" (s. Abb. 2) unterstützt wird, werden die Kinder „um den eigentlichen Zugang zur (Natur-)Wissenschaft gebracht, um den eigenaktiven, explorativen Umgang mit Phänomenen; vorgegebene Fragen und Themen sind oft weit von ihrer Erfahrungswelt und ihren Erfahrungsmöglichkeiten entfernt (vgl. Wagenschein 1977; Ansari 2010)" (Kihm et al. 2018, 67).

Es stellt sich nun die Frage, warum der sachunterrichtliche Anfangsunterricht meist auf Arbeitsblätter und inhaltlich eng gefasste Themen (z. B. der Igel, Frühblüher) beschränkt wird, wenn doch bereits vielfältige naturwissenschaftliche Grunderfahrungen (Experimentiererfahrungen) in Umwelt und Lebenswelt gesammelt und in der Elementarpädagogik angebahnt wurden. Und dies obwohl zum Ausfüllen solcher Arbeitsblätter zumeist Kompetenzen nötig sind, die in der Schule erst nach mehreren Monaten bis Jahren erworben sind (Schrift, Analyse, Tabellenausfüllen etc.). Aber auch bei dem Einsatz von Experimenten wird häufig entgegen den vorhandenen methodischen Kenntnissen der Kinder gearbeitet: Wird im naturwissenschaftlich-orientierten Sachunterricht experimentiert, werden oftmals zu früh bereits Kompetenzen zur Hypothesenbildung vorausgesetzt; es wird erwartet, dass Kinder

> **Beispiel**
>
> Über ein brennendes Teelicht wird ein Glas mit der Öffnung nach unten gestülpt. Beobachtet werden kann, dass die Flamme nach und nach schwächer wird, bis sie erlischt. Rauch steigt auf und sinkt am inneren Glasrand wieder herab. Nicht beobachtet werden kann hingegen – wie es aber oft thematisiert und beschrieben werden soll –, dass die Kerze zum Brennen Sauerstoff braucht und erlischt, wenn dieser „verbraucht" ist. Weder der Sauerstoff noch das „Verbrauchen" wird durch das Experiment nachgewiesen und erzeugt teilweise Fehlkonzepte!

eine Vorahnung haben, was im Experiment passieren wird oder warum dies dann so sein könnte. Dabei müssen Konzepte zu Sachverhalten zunächst durch Phänomenbegegnung und Beobachtungen entstehen, bevor es um Hypothesen, Variation, Variablenmodifikation und Erklärungen gehen darf. Darüber hinaus werden durch die Suche nach passenden Vermutungen häufig schon Beobachtungen und Erfahrungen vorweggenommen. Ähnlich verhält es sich, wenn zu früh Erklärungen von den Kindern gefordert werden, die zum Großteil nicht aus Beobachtungen, sondern nur aus Vorwissen heraus erfolgen können. Ein *Konzept*wechsel setzt ein bestehendes *Konzept* voraus. Wenn kein Konzept vorhanden ist, muss es erst (aus-)gebildet werden.

Solch ein Sachunterricht, der zu früh einseitige hypothesenprüfende Verfahren und nicht zu Beobachtungen passende Fixierung auf (vermeintliche) Erkenntnisse einfordert, wird weder dem Anschluss an den Kindergarten gerecht, da er explorative Zugänge völlig vernachlässigt und stattdessen Text- und Lesearbeit fokussiert, noch wird darin fachliches Lernen grundgelegt, wenn die Phänomenbegegnung nur in der Textarbeit besteht.

> **Eine (eigene, aktive und zieloffene, gestützte, kreative) Auseinandersetzung mit Sachen im Sachunterricht ist also einer Bearbeitung von (ungeklärten) Wissensbeständen vorzuziehen.**

„Sachunterricht braucht einen festen Platz im Anfangsunterricht. Das sachbezogene Lernen, die fachlichen Zugänge zum komplexen Feld der Gesellschafts- und Naturwissenschaften, die Möglichkeiten der Welterkundung und Erschließung der Umwelt dürfen auch in der Anfangsphase nicht dem Erwerb der **traditionellen Kulturtechniken untergeordnet werden** *und lassen sich auch nicht mit einer Beschränkung auf Fragen des sozialen Lernens beschränken."* (Pech 2020, 165; Herv. der Verf.)

Konzeption eines Sachunterrichts im Anfangsunterricht

„Steht man als Lehrkraft im Anfangsunterricht vor der Aufgabe, Sachunterricht vorzubereiten, fällt es häufig schwer, einen Anfang zu finden. Zum einen lernt man die Kinder, ihre Interessen und Vorerfahrungen gerade erst kennen, zum anderen kann man noch nicht unbegrenzt auf die Kulturtechniken des Lesens und Schreibens zurückgreifen. Das Lernen an und mit Phänomenen ist dabei eine Möglichkeit, beides in Einklang zu bringen." (Weber et al. 2021, 22)

„Genau an dieser Stelle setzt nun der notwendige Fokus auf den Sachunterricht an, denn er bietet sehr günstige Voraussetzungen für einen gelungenen Umgang mit Heterogenität, weil sich die Inhaltsauswahl wie in keinem anderen Fach an den Lebenswelten der konkreten Kinder orientiert und die Kinder einer Lerngruppe an einem gemeinsamen Lerngegenstand arbeiten können und gleichzeitig alle Differenzierungsmöglichkeiten offen stehen." (Miller 2007, 195)

Beispiele für den Anfangsunterricht

- **Beobachtung und Dokumentation des Tageslichts auf dem Schulweg:** Kann man die Sonne sehen? Wo steht die Sonne? Wie hell ist es? Wie verändert sich das Tageslicht / der Sonnenaufgang im Laufe des Herbstes / der Jahreszeiten? Kann man den Mond sehen? Welche Form hat die Mondscheibe?

- **Sehen in der Dunkelheit – u. a. in Verbindung mit dem Schulweg:** Was kannst du (alles) sehen? Was kannst du nicht sehen? Welche Farben kannst du (noch) erkennen? Was sieht man besonders deutlich? Welche Hilfsmittel gibt es, um gesehen zu werden? Wo/Wie fühlst du dich sicher?

- **Gefühle/Stimmung:** Wie fühlst du dich gerade? Wie sieht dein Gesicht dabei aus? Wie fühlt sich dein Tischnachbar? Wer fühlt sich genauso? Warum fühlst du dich so? Kannst Du das Gefühl beschreiben? Was hilft dir? Was fällt dir schwer?

- **Materialien:** Wie fühlen sich Gegenstände an? Wie kannst du sie sortieren? Warum hast du sie so sortiert? Worin unterscheiden sie sich? Was haben sie gemeinsam? Was kann man damit machen? Was kann man damit nicht gut machen?

- **Vögel im Herbst:** Wo entdeckst du Vögel? Wo hörst du sie? Wann hörst du sie? Hören sich Vögel unterschiedlich an? Wo fliegen sie? Wie fliegen sie? Wie verhalten sie sich? Wie sehen sie aus?

- **Bäume im Herbst:** Beobachte die Blätter von Bäumen. Welche Bäume / Blätter verfärben sich (zuerst)? Wo verfärben sie sich zuerst? Welche Farben sind zu sehen? Unterscheiden sich die Farben der Blätter verschiedener Bäume? Wie lange dauert es, bis alle Blätter verfärbt sind/vom Baum fallen?

- **Geräusche in der Schule:** Hör genau hin. Was hörst du? Welche Geräusche könnten es sein? Aus welcher Richtung kommen die Geräusche? Wo entstehen die Geräusche? Sind die Geräusche weiter entfernt von dir oder ganz nah? Welchem Geräusch möchtest du auf den Grund gehen? Hörst du jeden Morgen dieselben Geräusche? Hörst du am Schulmorgen dieselben Geräusche wie zum Schulschluss? Was sind besonders laute/leise Geräusche? Erzeuge ein besonders leises Geräusch.

- **Keimung verschiedener Samen:** Welche Beobachtungen kannst du machen? Was siehst du als Erstes? Wie verändert sich der Keim? Mache jeden Tag ein Foto. Vergleiche die Keime, schau sie dir genau an. Suche auf dem Schulhof/ im Garten: Findest du weitere Samen/Keimlinge? Was braucht ein Samen zum Keimen/ein Keimling zum Wachsen?

- **Spiele auf dem Schulhof:** Beobachte, was spielen die Kinder auf dem Schulhof? Wie spielen sie miteinander? Welche Spiele sehen nach Spaß aus, welche nicht? Welche Regeln gibt es, die die Kinder beim Spielen einhalten? Welche Spiele würdest du gerne spielen? Welche Spiele würdest du empfehlen? Kann man Spiele noch verändern? Was ist dein Lieblingsspiel und warum?

- **Wassertropfen in der Umgebung:** Wo findest du Wassertropfen? Wie sehen sie aus? Zeichne die Tropfen ab. Stelle selbst Wassertropfen her. Finde einen möglichst großen Wassertropfen: Was siehst du, wenn du durch den Wassertropfen durchschaust?

Der Sachunterricht im Anfangsunterricht bietet über Phänomenbegegnungen vielfältige Möglichkeiten zur Sensibilisierung von der Wahrnehmung zur Beobachtung. Dabei beschränken sich diese Möglichkeiten nicht auf den naturwissenschaftlichen Teil des Sachunterrichts, vielmehr können in diesem Sinne alle Aspekte der Lebenswelt der Kinder zum Lerngegenstand werden. „Die Phänomene werden damit zu ‚ihren‘ Sachen: Mit dem Kinde von der Sache aus, die für das Kind die Sache ist" (Köhnlein 2012, 134). Dabei sind Arbeitsaufträge als Beobachtungsaufträge zu verstehen, wie sie auf der vorhergehenden Seite beispielhaft aufgelistet sind. Nach und nach kommen die Kinder dann zu zunehmend genauen Beschreibungen der Phänomene – zunächst rein mündlich oder zeichnerisch und zunehmend schriftlich, ausgehend vom Stand des Kindes, in Auseinandersetzung mit anderen Kindern und den Impulsen der Lehrkraft. Schreib- und Sprechanlässe lassen sich in zahlreicher Form entsprechend im Sachunterricht verorten (vgl. Peschel 2006). Es wird zu den Sachen gesprochen, geschrieben, überarbeitet und diskutiert. Ebenso können Beobachtungen und Erfahrungen der Kinder außerhalb des Unterrichts Anlass für eine gemeinsame Beschäftigung und einen gemeinsamen Beobachtungsauftrag sein. Das Bilden von Hypothesen oder das Erklären von Phänomenzusammenhängen auf fachlicher Ebene – egal, ob durch Schüler*in oder Lehrkraft – sollte dabei nicht den Beobachtungsanlässen und deren Wiederholung vorgeschaltet sein – oder gar diesen widersprechen. Stattdessen werden beim Beobachten (natur-)wissenschaftliche Methoden, wie Sammeln (mehr dazu bei Blaseio 2019), Skizzieren, Vergleichen oder Wiederholen genutzt.

Fazit

Zusammenfassend lässt sich festhalten, dass der Sachunterricht im Lernen des Anfangsunterrichts eine wichtigere Position einnehmen sollte, da er, wie dargelegt, eine Brücke schlagen kann, zwischen dem Sachlernprozess im Elementarbereich und den von der GDSU formulierten Ansprüchen eines zeitgemäßen Sachunterrichtes in der Grundschule. Dabei stellt die Orientierung an der Lebenswelt der Kinder nicht nur den Ausgangspunkt, sondern auch die Zieldimension des Unterrichts dar.

> *„Nicht einzelne Fachwissenschaften stellen den Fundus der Sachen und Sachverhalte für den Unterricht bereit, sondern die Welt, in der sie leben. Während die Fachdidaktiker*innen nach fachgeeigneten, also fachgemäßen und fachlich repräsentierbaren Gegenständen für den Unterricht suchen, prüfen Sachunterrichtsdidaktiker*innen die in der Welt vorhandenen Sachen daraufhin, ob sie sich von Kindern welt- und selbstbildend erschließen lassen und sich eignen, gegenwärtige und zukünftige Probleme zu bewältigen."* (Lauterbach 2020, 67)

„Fachliches Denken hat also bereits im Anfangsunterricht seinen Platz. Aber der Anfang muss im Leben des Kindes gemacht werden. Nur das kann zunächst aufgeschlossen werden, was dem Kind nahe liegt. Insofern muss der Anfangsunterricht nahe am Leben des Kindes liegen." (Fischer 2000, 86)

Für den konkreten Sach-Anfangs-Unterricht bedeutet dies, Interessen, Beobachtungen und Fragen der Kinder aufzugreifen und sie unter Zuhilfenahme (natur-)wissenschaftlicher Methoden an die systematische Entdeckung ihrer Lebenswelt heranzuführen. Erkenntnisse werden versprachlicht, verglichen, aufgezeichnet, fotografiert und notiert. Beobachtungsimpulse durch die Lehrkraft oder auch durch die Kinder lenken den Blick auf bisher nicht Wahrgenommenes. Genaues Hinsehen, Innehalten und eine fragend-entdeckende Lernhaltung werden gefördert. Die gemeinschaftliche Auseinandersetzung mit den Sachen des Sachunterrichts fördert die vorschulische und schulische Übergangzeit und liefert Anknüpfungspunkte für die (zunehmende) Systematisierung der Lebenswelt.

Literatur

Ansari, Salman (2010): Was heißt Frühförderung und naturwissenschaftliche Bildung im Kindergarten? Online verfügbar unter: https://salmanansari.info/2010/06/fruehfoerderung_kindergarten/. [14.03.22]

Blaseio, Beate (2019): Sammeln. Bern: Hep-Verlag.

Bree, Stefan; Schomaker, Claudia; Krankenhagen, Julia & Mohr, Katrin (2015): Gemeinsam von und mit den Dingen lernen. nifbe-Themenheft Nr. 27.

Eckerth, Melanie & Hanke, Petra (2015): Übergänge ressourcenorientiert gestalten: Von der KiTa in die Grundschule. Stuttgart: Kohlhammer.

Fischer, Hans-Joachim (2000): Das Denken disziplinieren. Lebens- und Fachbezug im Anfangsunterricht. In: G. Löffler, V. Möhle, D. van Reeken & V. Schwier (Hrsg.): Sachunterricht – Zwischen Fachbezug und Integration (Probleme und Perspektiven des Sachunterrichts, Band 10). Bad Heilbrunn: Julius Klinkhardt, 80–90.

Giest, Hartmut & Koch, Helvi (2010): „Und immer schön die Lücken ausfüllen!" – Das Arbeitsblatt als Unterrichtsmittel. In: Grundschulunterricht Sachunterricht 4/2010, 31–35.

Gläser, Eva (2007): Einführung. In: E. Gläser (Hrsg.): Sachunterricht im Anfangsunterricht. Lernen im Anschluss an den Kindergarten. Baltmannsweiler: Schneider Verlag Hohengehren, 7–10.

Hartinger, Andreas (2013): Naturwissenschaftliches Lernen im Übergang Kindertagesstätte und Grundschule. In: E. Gläser & G. Schönknecht (Hrsg.): Sachunterricht in der Grundschule. Entwickeln – gestalten – reflektieren. Frankfurt a.M.: Grundschulverband, 126–132.

Heran-Dörr, Eva (2011): Von Schülervorstellungen zu anschlussfähigem Wissen im Sachunterricht. Online verfügbar unter: www.sinus-an-grundschulen.de/fileadmin/uploads/Material_aus_SGS/Handreichung_Heran-Doerr.pdf [14.03.22].

Kihm, Pascal; Diener, Jenny & Peschel, Markus (2018): Kinder forschen – Wege zur (gemeinsamen) Erkenntnis. In: M. Peschel & M. Kelkel (Hrsg.): Fachlichkeit in Lernwerkstätten. Bad Heilbrunn: Julius Klinkhardt, 66–84.

Kihm, Pascal; Diener, Jenny & Peschel, Markus (2020): Qualifizierungsprozesse und Qualifikationsarbeiten in Hochschullernwerkstätten – Forschende Entwicklung einer innovativen Didaktik. In: K. Kramer, D. Rumpf, M. Schöps & S. Winter (Hrsg.). Hochschullernwerkstätten – Elemente von Hochschulentwicklung? Ein Rückblick auf 15 Jahre Hochschullernwerkstatt in Halle und andernorts. Bad Heilbrunn: Julius Klinkhardt, 321–335.

Kiper, Hanna (2007): Vom Kindergarten zur Grundschule: Sachunterricht im Anfangsunterricht. In: E. Gläser (Hrsg.): Sachunterricht im Anfangsunterricht. Lernen im Anschluss an den Kindergarten. Baltmannsweiler: Schneider Verlag Hohengehren, 12–30.

Klafki, Wolfgang (2005): Allgemeinbildung in der Grundschule und der Bildungsauftrag des Sachunterrichts. In: www.widerstreit-sachunterricht.de, Nr. 4, Oktober 2005.

Köhnlein, Walter (2012): Sachunterricht und Bildung. Bad Heilbrunn: Klinkhardt.

Lauterbach, Roland (2020): Der fachliche, fachdidaktische und historische Kontext sachunterrichtlicher Bildung. In: S. Tänzer, R. Lauterbach, E. Blumberg, F. Grittner, J. Lange & C. Schomaker (Hrsg.): Sachunterricht begründet planen. Bad Heilbrunn: Julius Klinkhardt, 15–29.

Meiers, Kurt (2004): Sachunterricht für den Schulanfang. In: A. Kaiser & D. Pech (Hrsg.): Basiswissen Sachunterricht. Lernvoraussetzungen und Lernen im Sachunterricht. Baltmannsweiler: Schneider Verlag Hohengehren, 167–172.

Miller, Susanne (2007): Unterrichtskonzeptionen zwischen Offenheit und Strukturiertheit. Orientierungen für den Sachunterricht im Anfangsunterricht. In: E. Gläser (Hrsg.): Sachunterricht im Anfangsunterricht. Lernen im Anschluss an den Kindergarten. Baltmannsweiler: Schneider Verlag Hohengehren, 194–205.

Ministerium für Bildung und Kultur Saarland (2005): Verordnung – Schulordnung – über die Grundschule der Zukunft. Online verfügbar unter: www.saarland.de/mbk/DE/portale/bildungsserver/themen/unterricht-und-bildungsthemen/stundentafeln/grundschule/grundschule_node.html [16.03.22]

Ministerium für Bildung und Kultur Saarland (2018): Bildungsprogramm mit Handreichungen für saarländische Krippen und Kindergärten. Online verfügbar unter: www.saarland.de/mbk/DE/portale/bildungsserver/themen/fruehkindliche-bildung-und-betreuung/bildungsprogramm/bildungsprogramm_node.html [17.3.22]

Ministerium für Kinder, Familie, Flüchtlinge und Integration des Landes Nordthein-Westfalen (2018): Bildungsgrundsätze für Kinder von 0–10 Jahren in Kindertagesbetreuung und Schulen im Primarbereich in Nordrhein-Westfalen. Online verfügbar unter: www.mkffi.nrw/sites/default/files/asset/document/bildungsgrundsaetze_161219.pdf [26.01.2022].

Neuß, Norbert; Henkel, Jennifer; Pradel, Julia & Westerholt, Friederike (2014): Übergang Kita-Grundschule auf dem Prüfstand: Bestandsaufnahme der Qualifikation pädagogischer Fachkräfte in Deutschland. Berlin: Springer VS.

Nießeler, Andreas (2020): Kulturen des Sachunterrichts. Bildungstheoretische Grundlagen und Perspektiven der Didaktik (Kinder.Sachen.Welten. Dimensionen des Sachunterrichts – Band 12.). Baltmannsweiler: Schneider Verlag Hohengehren.

Pech, Detlef (2009): Sachunterricht – Didaktik und Disziplin. Annäherung an ein Sachlernverständnis im Kontext der Fachentwicklung des Sachunterrichts und seiner Didaktik. In: www.widerstreit-sachunterricht.de, Nr. 13, Oktober 2009.

Pech, Detlef (2020): Tragfähige Grundlagen: Sachunterricht. In: U. Hecker, M. Lassek & J. Ramseger (Hrsg.): Kinder lernen Zukunft – Anforderungen und tragfähige Grundlagen (Beiträge zur Reform der Grundschule – Band 150). Frankfurt am Main: Grundschulverband, 158–167.

Peschel, Markus (2006): Sachunterricht und Lautorientierter Schriftspracherwerb. In: R. Hinz & B. Schumacher (Hrsg.): Auf den Anfang kommt es an: Kompetenzen entwickeln – Kompetenzen stärken. Wiesbaden: VS Verlag für Sozialwissenschaften, 67–76.

Richter, Dagmar (2002): Sachunterricht – Ziele und Inhalte. Baltmannsweiler: Schneider Verlag Hohengehren.

Schäfer, Gerd E. (2014): Partizipatorische Didaktik in der Lernwerkstatt Natur. In: H. Hagstedt & I. M. Krauth (Hrsg.): Lernwerkstätten. Potenziale für Schulen von morgen (Beiträge zur Reform der Grundschule – Band 137). Frankfurt am Main: Grundschulverband, 122–138.

Schäfer, Gerd E. (2016): Bildungsprozesse im Kindesalter. Selbstbildung, Erfahrung und Lernen in der frühen Kindheit. Weinheim/Basel: Beltz Verlag.

Schneider, Kornelia (2017): Forschendes Handeln von Babys und Kleinkindern entdecken. In: KiTa-Fachtexte. Online verfügbar unter: www.kita-fachtexte.de/uploads/media/ KiTaFT_Schneider_II_2017-ForschendesHandeln.pdf [14.03.22].

Wagenschein, Martin (1971): Die pädagogische Dimension der Physik. Braunschweig: Westermann.

Wagenschein, Martin (1977): Rettet die Phänomene! MNU, 30. Jg., H. 3, 129–137.

Weber, Anke; Peschel, Markus; Kihm, Pascal; Fischer, Marie & Dahm, Theresa (2021): Phänomene am Schulanfang. „Mit offenen Augen durch die Welt und in die Schule gehen". In: Grundschule aktuell, H. 155. Frankfurt am Main: Grundschulverband, 22–23.

Claudia Schomaker

Das Umgehen mit Welt systematisieren

Sachunterricht von Anfang an?

„In der Schule lernt man was und im Kindergarten nicht" – „In der Schule in der Schule lernt man lernt man Rechnen und Mathe und sowas alles und im Kindergarten lernt man das noch nicht" (Seddig 2019, 183). Die hier befragten Kindergartenkinder im Alter von 5 und 6 Jahren verdeutlichen, worin für sie Unterschiede zwischen den Bildungsinstitutionen Kindergarten und Schule bestehen: Im Kindergarten kann selbstbestimmt gespielt und mit Sachen umgegangen werden, in der Schule gibt es einen – von Lehrkräften – festgesetzten Rahmen, in dem die Auseinandersetzung mit Gegenständen, Sachen lernend erfolgt. Der Eintritt in die Schule wird damit von Kindern als Zäsur erlebt: Die Erwartungen an sie sind andere, die Zielsetzungen und Inhalte verändern sich, sie wechseln von der Rolle des Kindergartenkindes in die des, der Schulanfänger*in. Dabei haben Kinder bis zum Eintritt in die Grundschule bereits außerordentlich viel ohne eine formelle Anbindung ans Bildungssystem gelernt, denn sie können mindestens eine Sprache sprechen, vielfältige Bewegungsformen ausführen und mit ihrer Umwelt kommunizieren. Die Auseinandersetzung mit der Welt und die stetige Erfahrung, neue Fähigkeiten zu erwerben und Einsichten zu gewinnen charakterisieren ihren Lebensraum als Lernraum seit der Geburt (vgl. u. a. Dornes 2004).

Dieser Lernraum ist für Kinder bis zum 6. Lebensjahr durch unterschiedliche Settings gekennzeichnet wie die Familie und das weitere Umfeld, institutionelle Bildungseinrichtungen wie die Krippe und den Kindergarten und schließlich die Schule als erste verpflichtend zu besuchende Bildungsinstitution. Dabei ist insbesondere der Übergang in die Schule ein deutlicher Einschnitt, der historisch und gesellschaftlich als solcher auch von Kindern erlebt wird: Eltern und Großeltern berichten von ihrem ersten Schultag, in vielen Generationen sind Fotos von diesem Tag vorhanden, die Einschulung selbst wird sowohl von der Schule als auch in der Familie als Festtag gestaltet. Elschenbroich (2001) zeichnet nach, dass weltweit kulturübergreifend Kinder im Alter von sechs bzw. sieben Jahren diesen Schritt gehen, um sich dann systematisch mit den Kulturgütern einer Gesellschaft bildend auseinanderzusetzen.

Wenngleich diese Bedeutung des Schulanfangs pädagogisch u. a. von der Grundschulpädagogik und didaktisch von Unterrichtsfächern wie Deutsch und Mathematik aufgegriffen wird, indem u. a. der Erwerb der Kulturtechniken systematisch erforscht und didaktisch ausdifferenziert ist, steht eine derartige Fokussierung für das Fach Sachunterricht bzw. für das Sachlernen weitestgehend aus.

Für den kontinuierlichen Aufbau kumulativer Wissensbestände und eine insgesamt konstruktive Gestaltung des Sachlernens im Übergang vom Elementar- in den Primarbereich sind die hier skizzierten Bedingungen und Leerstellen zu klären, damit auch aktuelle Herausforderungen wie die Berücksichtigung von Inklusion in einem weiten Verständnis, der Umgang mit Ungewissheiten, Risiken und Komplexität in Bezug auf das Sachlernen im Übergang sowie den Sachunterricht im Anfangsunterricht reflektiert werden können.

Mit welchem Wissen und Können kommen Kinder in den Sachunterricht?

Im Elementarbereich werden Gelegenheiten geschaffen, dass Kinder in unterschiedlichen Bereichen wie dem des Umgangs mit Natur, mit Sprache, Musik und Bewegung Grunderfahrungen machen können, auf denen in der Schule dann systematische Lernerfahrungen aufgebaut werden können. Ein Kind, das sich im Kindergarten zu seiner Welt in Beziehung setzt, indem es von sich aus Fragen stellt und Dingen auf den Grund geht, solle in seiner Auseinandersetzung mit Welt durch die Frage unterstützt werden ,Was willst du können?' (vgl. Scholz 2006, 26), um in seinem Lernprozess begleitet und unterstützt zu werden.

Um die Auseinandersetzung mit Themen und Inhalten im Sachunterricht des Anfangsunterrichts planen zu können, ist die Berücksichtigung der kindlichen Lernvoraussetzungen in Bezug auf ihre kognitive Entwicklung, ihre Erfahrungen mit Phänomenen ihrer Lebenswelt und ihr individuelles Wissen über phänomenbezogene Zusammenhänge sowie ihre methodischen Fähigkeiten im Umgang mit diesen, ihre Interessen und Motivationen für einen schülerorientierten Unterricht zentral (vgl. u. a. Koerber/Sodian 2007).

> **Was kannst du besonders gut? –**
> **Kinder sind Experten, schon zu Beginn der Schulzeit**
>
> Schon zu Beginn der Schulzeit haben Kinder vielfältige Erfahrungen im Umgang mit ihrer Umwelt, mit verschiedenen kulturellen, natürlichen und technischen Phänomenen gemacht. Sie haben eigene Vorstellungen entwickelt, warum etwas so ist, wie es funktioniert und mit anderen Dingen in Zusammenhang steht. Oftmals haben sie auch schon spezifische Interessen ausgebildet und dazu ein umfangreiches Wissen und Können erworben. In einer umfangreichen Studie zu den Interessen von Kindern im Übergang vom Elementar- in den Primarbereich hat Michael Lichtblau herausgefunden, dass diese sehr vielfältig sind: Sie liegen im künstlerisch-kreativen Bereich, beziehen sich

auf naturwissenschaftlich-technische Dinge, zeigen sich als motorische oder soziale Interessen (vgl. Lichtblau/Werning 2012). Manche Kinder haben sich beispielsweise umfangreiches Wissen erarbeitet, indem sie bestimmte Dinge sammeln (vgl. Duncker 2013). Durch das Ordnen und Kategorisieren dieser Dinge erwerben sie vielfältige Kenntnisse über die gesammelten Objekte und entwickeln übergeordnete Schemata, um diese zu strukturieren.

Eine Befragung der Lehrkräfte zu den Interessen der Kinder am Beginn von deren Schulzeit machte jedoch deutlich, dass diese kaum etwas von den Interessen und dem damit verbundenen Wissen und Können der Kinder wussten (vgl. Lichtblau/Werning 2012). Eine Auseinandersetzung mit diesen Interessen bzw. dem spezifischen Expertenwissen von Kindern verweist jedoch auf viele Anknüpfungspunkte für die Erarbeitung sachunterrichtlicher Themenbereiche. Die Berücksichtigung dieser spezifischen Lernvoraussetzungen bei der Planung von Sachunterricht ermöglicht es, dass Sachunterrichtsinhalte vielperspektivisch erschlossen werden. Mit der Frage ‚Was kannst du besonders gut?' können Kinder aufgefordert werden, im Anfangsunterricht Sachunterricht ihre Interessen und spezifischen Kenntnisse in der Klasse vorzustellen. So lernen sich die Schülerinnen und Schüler auch einmal von einer anderen Seite kennen, respektieren und wertschätzen sich gegenseitig in ihrem jeweiligen Expert*in-Sein.

Zielsetzungen und didaktische Prämissen für den Sachunterricht im Anfangsunterricht

„Unterricht mit Sachen, wo man auch Experimente macht", „Im Sachunterricht spielen wir oft. Das eine Mal haben wir mit verschlossenen Augen Gegenstände angefasst und mussten diese erraten. Das war gar nicht so einfach", „Da lernt man was über die Schule vor 100 Jahren, Blumen, Rathaus, über die Feuerwehr. Da schreibt man nicht so viel und man geht da meistens hin", „Sachunterricht ist toll. Unsere Lehrerin bringt immer tolle Sachen mit in den Unterricht. Wir sind auch schon mal raus in den Wald gegangen. Dort hat sie was über Bäume erzählt" (Kaiser 2006, 1 f.). Die Vorstellungen der von Astrid Kaiser zitierten 7- bis 8-jährigen Grundschulkinder zum Unterrichtsfach Sachunterricht sind vielfältig und beziehen sich sowohl auf Handlungsmöglichkeiten im Sachunterricht und Inhalte als auch auf subjektive Erlebnisse. Im Vergleich zu den Unterrichtsfächern Deutsch und Mathematik benennen die Kinder hier nicht konkrete Ziele wie z. B. den Erwerb der Kulturtechniken lesen, schreiben und rechnen. Worum geht es im Sachunterricht? Was sollen Kinder hier insbesondere zu Beginn ihrer Schulzeit an Kompetenzen und Wissen erwerben?

Für die konkrete Umsetzung sowie Benennung von Zielen und Inhalten besteht für den Anfangsunterricht im Sachunterricht weiterhin Handlungsbedarf: Denn „es kann von keiner Forschungslage gesprochen werden, zudem ist unklar, was in den Schulen vermittelt wird bzw. welche Konzeptionen dahinterstehen. Auch die Fragen, was Lehrer in den ersten beiden Schuljahren mit dem Begriff fächerübergreifend verbinden und welchen Stellenwert sie dem Sachunterricht bzw. vielmehr der Sache zuschreiben, sind noch offen" (Gläser 2007, 60). Mit Blick auf die hier eingangs benannten Zielsetzungen für das Fach Sachunterricht im Allgemeinen sowie insbesondere für den sachunterrichtlichen Anfangsunterricht hat Susanne Miller anhand der Ergebnisse verschiedener Studien aus dem Kontext der Fachdidaktik Sachunterricht Merkmale zusammengeführt, die sich als konstruktiv erwiesen haben, um diese Ziele umzusetzen. Damit im Sachunterricht des Anfangsunterrichts „das Verstehen fachlicher Inhalte und Verfahrensweisen angebahnt" (Miller 2007, 197) werden könne, das es Schülerinnen und Schülern ermögliche, Interessen zu entwickeln, sowie durch „Kompetenz- und Selbstständigkeitserfahrungen […] auch das Selbstbewusstsein und die Identität" (ebd.) gestärkt werden können und alle Schülerinnen und Schüler in Bezug auf die Förderung von Kompetenzen, Interessen und Motivationen im Blick behalten werden, seien folgende Prinzipien zu berücksichtigen:

- Handlungsorientierter Unterricht, der in Bezug auf die individuellen Bedürfnisse und Fähigkeiten der Schülerinnen und Schüler strukturiert ist (ebd., 201),
- Offene Unterrichtsstrukturen von Anfang an, die sich an den individuellen Fähigkeiten der Kinder orientieren und mit einer adaptiven, strukturierten Lernbegleitung einhergehen sowie
- ein Lernklima, in dem sich Schülerinnen und Schüler als kompetent, selbstbestimmt und sozial zugehörig erfahren (ebd., 203).

Die hier benannten Anforderungen und Ansätze zur Gestaltung von Lernumgebungen sowie der Förderung des individuellen und gemeinsamen Lernens im Anfangsunterricht des Sachunterrichts rücken insbesondere Prinzipien der Auseinandersetzung mit Sachverhalten wie dem altersübergreifenden Lernen, die dem frühen Lernen in vorschulischen Einrichtungen durch die jeweiligen institutionellen Rahmenbedingungen zu eigen sind, in den Fokus des Erkenntnisinteresses. Das für den Elementarbereich strukturell dominierende Prinzip des Lernens in einer altersheterogenen Gruppe wird in der sich anschließenden Primarstufe lediglich in spezifischen Konzepten der jahrgangsübergreifenden Eingangsstufe bzw. des jahrgangsübergreifenden Lernens aufgegriffen, jedoch nicht als generelles Strukturprinzip über die gesamte Grundschulzeit weitergeführt (vgl. u. a. Sievers 2013). In weiten Teilen gilt immer noch das Jahrgangsprinzip für die Zusammensetzung von Klassen, das „unterstellt, dass Kinder gleichen Alters einigermaßen vergleichbare Voraussetzungen in den Unterricht mitbringen und gleiche Niveaus erreichen. In empirischen Studien der letzten Jahre hat sich diese Annahme als Illusion erwiesen" (Brügelmann 2005, 168 f.). Nationale und internationale Forschungsergebnisse der vergangenen Jahre verdeutlichen hingegen (vgl. u. a. Kucharz/Wagener 2007, Wagener 2022), dass jahrgangsübergreifendes Lernen viele Chancen ermöglicht, den heterogenen Lernausgangslagen der Schülerinnen und Schüler konstruktiv zu begegnen (vgl. zusammenfassend u. a. Carle/Metzen 2014). Die Ergebnisse zeigen, dass insbesondere „die sozial-emotionalen Entwicklungen in den Bereichen Selbstkonzept, soziale Anpassungsfähigkeit, Lernfreude und Anstrengungsbereitschaft [...] in jahrgangsgemischten Gruppen durchgängig positiv ausfallen" (Grittner 2013, 119). Lehrkräfte, die mit hohem Engagement jahrgangsübergreifenden Unterricht durchführen und diesem positiv gegenüberstehen, setzen überwiegend differenzierende Lerngelegenheiten um und begleiten die Lernprozesse der Schülerinnen und Schüler adaptiv (vgl. ebd., 120, Gläser 2010). Auch das Lernen im tutoriellen Tandem kann sich hier in fachlicher Hinsicht als unterstützend und wirksam erweisen, wenn diese Form mit den Kindern erarbeitet wurde (vgl. Wagener 2014, Adl-Amini 2018, Schomaker 2009, Kaiser/Lüschen 2014, Kordulla 2017). So zeigen erste Studien zur Analyse von Sachgesprächen in jahrgangsgemischten Lernteams (vgl. Grittner/Wagener 2018, de Boer et al. 2020), dass sich hier vielfältige Lernchancen für die fachliche Auseinandersetzung mit Sachen ergeben können. In einem ko-konstruktiven Austausch verhandeln die Kinder, was auf der fachlichen Ebene zum Sachgegenstand wird, wie sie ihre je individuellen Deutungen in den Aushandlungsprozess einbringen und gemeinsam eine Lösung erarbeiten. Auf diese Weise können Anlässe zum kollektiven Lernen geschaffen werden, die es den Schülerinnen und Schülern ermöglichen, „möglichst unterschiedliche Ideen [zu verbalisieren und zu diskutieren], um so diskursiv zu neuen kollektiv erzeugten Ansätzen zu gelangen" (Wagener/Jähn 2019, 415).

Lernanlässe und -aufgaben für den Anfangsunterricht im Sachunterricht

Um Kinder mit unterschiedlichen Lernvoraussetzungen u. a. in Bezug auf Fähigkeiten im Lesen und Schreiben in einen kommunikativen Austausch zu einem Sachgegenstand zu bringen, eignen sich Aufgaben und Anlässe, die aufgrund der Darstellung und des Anspruchs natürliche Differenzierungsebenen aufweisen. In einem Konzeptdialog wird in Anlehnung an das Format der Concept Cartoons ausgehend von einer Alltagssituation ein Phänomen visuell dargestellt. In den Äußerungen der abgebildeten Kinder werden Vorstellungen von Kindern zu diesem Phänomen dargestellt, wie sie u. a. durch empirische Studien erhoben wurden. Es zeigen sich in diesen Äußerungen daher bereits Ansätze für fachliches Verstehen, aber auch Verstehensweisen, die auf ein alltagsbezogenes Umgehen mit dem Phänomen verweisen. Zudem äußern sich zwei Kinder in

Anlehnung an das Modell des dialogischen Lernens (vgl. Ruf 2008) auf folgende Weise: ‚Ich mache es so! Wie machst du es?' So werden die Schülerinnen und Schüler direkt angesprochen und angeregt, ihre eigenen Sichtweisen auf das Phänomen zu äußern und im Austausch mit anderen zu reflektieren (Lüschen/ Schomaker 2012). Das Aufgabenformat in dieser Form wurde in einem Projekt zum gemeinsamen Sachlernen von Kindern des Elementar- und Primarbereichs entwickelt (vgl. u. a. Schomaker 2009) und ist gegenwärtig auch Anknüpfungspunkt für die Gestaltung von Aufgabenformaten im inklusiven Sachunterricht.

Abb.1: Konzeptdialoge aus dem Themenbereich ‚Hören'

Dieses Aufgabenformat kann auch zu Beginn einer Unterrichtseinheit eingesetzt werden, indem es im gemeinsamen Klassengespräch gezeigt wird und so alle Schülerinnen und Schüler die Möglichkeit haben, ihre Vorstellungen zum gezeigten Phänomen zu verbalisieren. Auf diese Weise gewinnen Lehrkräfte einen Einblick in die Lernvoraussetzungen der Kinder, auf deren Basis sie dann anschlussfähige Lernumgebungen entwickeln können.

Das Prinzip des jahrgangsübergreifenden Lernens im Anfangsunterricht des Sachunterrichts gilt es demzufolge aus fachdidaktischer Perspektive weiter zu vertiefen, um Fragen in Bezug auf die adaptive Begleitung individueller Lernprozesse, die Gestaltung von Lernumgebungen und Aufgaben sowie das gemeinsame Aushandeln unterschiedlicher, fachlicher Deutungen von Gegenständen in einer jahrgangsübergreifenden Lerngemeinschaft nachzugehen. Nicht zuletzt sind für die Planung und Gestaltung eines derartigen sachunterrichtlichen Anfangsunterrichts Kenntnisse über einen systematischen Wissensaufbau zu Inhalten sachunterrichtlichen Lernens notwendig (vgl. u. a. Schomaker/Hormann 2021, Hormann/Quittkat/Schomaker 2021a, b).

Was macht eine Brücke stabil? – Kumulativer Wissensaufbau in einem Inhaltsbereich des Sachlernens

Um Kinder im Übergang vom Elementar- in den Primarbereich und insbesondere im Anfangsunterricht des Sachunterrichts in ihrer individuellen Auseinandersetzung mit Sachen adaptiv unterstützen zu können, sind Kenntnisse darüber, wie Kinder sich einen Sachverhalt aneignen, welche Perspektiven sie nach und nach in ihr Verständnis über die Sache einbeziehen, zentral (vgl. u. a. Kiper 2007, 27). Anhand der Ergebnisse zweier Forschungsprojekte, die sich mit der Frage auseinandersetzen, welche Vorstellungen und Ideen Kinder zum Gegenstand Stabilität am Beispiel von Brücken haben, wird ein solch systematischer Wissensaufbau skizziert. Denn so wurden in der einen Studie Kinder im Alter von 4–6 Jahren befragt (vgl. Hormann/Quittkat/Schomaker 2021a, b), in der zweiten Studie nahmen Kinder aus dritten Grundschulklassen teil (vgl. Schröder 2017, 2019). In beiden Studien wurden die Kinder im Rahmen von Interviews befragt, in denen u. a. Materialien eingesetzt wurden, die die Vorstellungen und Ideen der Kinder anregten und sie dazu herausforderten, sich mit diesen auseinanderzusetzen.

Es stellte sich in beiden Studien heraus, dass die Kinder sich Gedanken machen über die Bedeutsamkeit verschiedener Bauelemente für die Stabilität einer Brücke (u. a. die Widerlager/seitlichen Auflager), die Solidität der Materialien als Stabilitätsfaktor und die Verteilung der Kräfte in dem Bauwerk. Ein Großteil der befragten Kinder (105 von 306) der KOAKIK-Studie äußert, dass die Art und Beschaffenheit des Materials für die Tragfähigkeit der Brücke bedeutsam sind. Über die Verwendung von Alternativmaterial (bspw. Holz oder Steine) sprechen 63 Kinder, und 29 Kinder ziehen ein Umformen des Papiers in Betracht, um die Tragfähigkeit der Brücke zu erhöhen. Die meisten Kinder (nämlich 123 von 306 Kindern) nehmen wahr, dass Kräfte auf die Brücke einwirken, wenn der Elefant die Brücke betritt, und verbalisieren die möglichen Konsequenzen dieser Krafteinwirkung. Darüber hinaus verbalisieren 19 Kinder bereits Ideen, was getan werden kann, um dieser Krafteinwirkung entgegenzuwirken. Sie äußern, dass mehr Papier notwendig ist. Neun von 306 Kindern denken über das Einfügen weiterer Bauteile (bspw. Stützbalken) oder das Verringern des Abstandes zwischen den Widerlagern nach (vgl. Hormann/Quittkat/Schomaker 2021a). Die Analyse der Daten macht deutlich, dass im Sinne der Ausdifferenzierung eines fachlichen Verständnisses die Kinder zunächst Perspektiven in den Blick nehmen, die wenig Anknüpfungspunkte zu einer fachlichen Auseinandersetzung aufweisen; in einem differenzierten Verständnis werden Aspekte wie die Bauelemente der Brücke, die Solidität der Materialien und die Kräftewirkungen berücksichtigt.

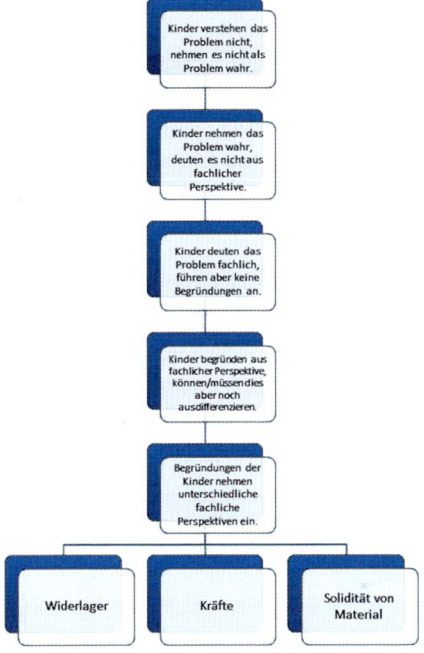

Abb. 2: Unterschiedliche Lernvoraussetzungen

Diese Ergebnisse spiegeln sich in der zweiten Studie (vgl. Schroeder 2017, 2019, Schroeder/Miller 2017) wider. Auch hier konnte gezeigt werden, dass die befragten Kinder ihr Verständnis zur Stabilität von Brücken zunächst über die Bedeutung der jeweiligen Bauelemente und die Faktoren zur Stabilität von Brücken ausdifferenzieren, um schließlich in einem weiteren Schritt die Kraftverteilung in der eigenen Argumentation mit zu berücksichtigen.

Die Ergebnisse der Studien machen deutlich, in welcher Weise Kinder sich systematisch einen Gegenstand wie die Stabilität von Brücken erschließen. Anhand der Kenntnisse über die hier aufgezeichneten Schritte zur Aneignung des Gegenstandes können Lehrkräfte die individuell bei ihren Schülerinnen und Schülern erhobenen Vorstellungen einordnen, um Lerngelegenheiten zu entwickeln, die es den Kindern ermöglichen, diese Verstehensweisen systematisch auszudifferenzieren.

Fazit

Wenngleich dem Anfangsunterricht im Sachunterricht im Vergleich zu den Fächern Deutsch und Mathematik eine untergeordnete Rolle zugewiesen wird, ermöglicht es dieses Unterrichtsfach in besonderer Weise, Kinder in ihren spezifischen Interessen, ihren Vorstellungen über die Welt und ihrem je individuellen Umgang damit zu begegnen, diese anzuerkennen und sie explizit zur Grundlage für die Planung des Unterrichts zu machen. Indem Lehrkräfte sich zu Beginn zunächst einen Überblick über diese je individuellen Lernvoraussetzungen verschaffen, können sie Lernumgebungen entwickeln und Lernanlässe schaffen, die die Interessen und Vorstellungen dieser Schülerinnen und Schüler aufgreifen und die sie mit Blick auf ein fachliches Verstehen adaptiv begleitend auszudifferenzieren vermögen.

Literatur

Adl-Amini, K. (2018): Tutorielles Lernen im naturwissenschaftlichen Sachunterricht der Grundschule. Umsetzung und Wirkung. Münster/New York: Waxmann.

Brügelmann, H. (2005): Schule verstehen und gestalten. Perspektiven der Forschung auf Probleme von Erziehung und Unterricht. Ein erziehungswissenschaftliches Lesebuch für LehrerInnen und Laien. Regensburg: Libelle.

Carle, U./Metzen, H. (2014): Wie wirkt Jahrgangsübergreifendes Lernen? Internationale Literaturübersicht zum Stand der Forschung, der praktischen Expertise und der pädagogischen Theorie. Eine wissenschaftliche Expertise des Grundschulverbands. Kurzfassung. Frankfurt/M.: Grundschulverband – Arbeitskreis Grundschule e. V. 2014, 10 Seiten, unter: https://www.pedocs.de/volltexte/2019/17676/pdf/GSV_2014_Carle_Metzen_Wie_wirkt_Jahrgangsuebergreifendes_Lernen_Wissenschaftliche_Expertise_Kurzfassung.pdf.

deBoer, H./Bonanati, M./Breuning, M./Jähn, D./Last, S./Wagener, M. (2020): Schüler*innen mit unterschiedlichen (Lern-)Voraussetzungen im ‚Fachgespräch‘ – Mikroperspektiven auf videografierte Unterrichtsszenen. In: Skorsetz, N. et al. (Hrsg.): Diversität und soziale Ungleichheit. Jahrbuch Grundschulforschung 24, Wiesbaden: Springer VS, 222–233.

Dornes, M. (2004): Der kompetente Säugling. Die präverbale Entwicklung des Menschen. Frankfurt/M.: Fischer.

Duncker, L. (2013): Wenn Kinder sammeln. Begegnungen in der Welt der Dinge, Seelze: Friedrich-Verlag.

Elschenbroich, D. (2001): Weltwissen der Siebenjährigen. Wie Kinder die Welt entdecken können. München: Verlag Antje Kunstmann.

Gläser, E. (2007): Vernachlässigt oder im Mittelpunkt? Konzeptionelle Ansichten und Ausblicke zum Sachunterricht im Anfangsunterricht. In: dies. (Hrsg.): Sachunterricht im Anfangsunterricht. Lernen im Anschluss an den Kindergarten. Baltmannsweiler: Schneider, 47–62.

Gläser, E. (2010): Gemeinsam die Welt erkunden – Altersgemischte Lerngruppen im Sachunterricht. In: Berthold, B. (Hrsg.): Altersmischung als Lernressource. Impulse aus Fachdidaktik und Grundschulpädagogik – Entwicklungslinien und Forschungsbefunde. Baltmannsweiler: Schneider, 258–267.

Grittner, F. (2013): Sachunterricht in jahrgangsgemischten Lerngruppen. In: Gläser, E./ Schönknecht, G. (Hrsg.): Sachunterricht in der Grundschule entwickeln – gestalten – reflektieren. Frankfurt/M.: Grundschulverband, 115–125.

Grittner, F./Wagener, M. (2018): Gemeinsam lernen im jahrgangsübergreifenden Sachunterricht. In: Miller, S./Holler-Nowitzki, B./Kottmann, B./Lesemann, S./Letmathe-Henkel, B./Meyer, N./Schroeder, R. & Velten, K. (Hrsg.): Profession und Disziplin. Jahrbuch Grundschulforschung 22, Wiesbaden: Springer VS, 185–190.

Hormann, K./Quittkat, L. M./Schomaker, C. (2021a): Konzeptdialoge als Instrument zur Erfassung kindlicher Präkonzepte und Vorstellungen zu Naturphänomenen. Am Beispiel der Stabilität von Brücken. In: Elementarpädagogische Forschungsbeiträge, Jg. 3, H. 1, 32–49, unter: https://unipub.uni-graz.at/download/pdf/6229815?name=1%20 2021.

Hormann, K./Quittkat, L. M./Schomaker, C. (2021b): Konzeptdialoge als Instrument inklusiver Diagnostik? Erfassung kindlicher Präkonzepte, Vorstellungen und Begründungen im Problemlöseprozess – am Beispiel zum Phänomen Stabilität von Brücken. QfI - Qualifizierung für Inklusion 3 (2), https://www.qfi-oz.de/index.php/inklusion/ article/view/73/110.

Kaiser, A. (2006): Neue Einführung in die Didaktik des Sachunterrichts. Baltmannsweiler: Schneider.

Kaiser, A./Lüschen, I. (2014): Das Miteinander lernen. Frühe politisch-soziale Bildungsprozesse. Eine empirische Untersuchung zum Sachlernen im Rahmen von Peer-Education zwischen Grundschule und Kindergarten. Baltmannsweiler: Schneider.

Kiper, H. (2007): Vom Kindergarten zur Grundschule: Sachunterricht im Anfangsunterricht. In: Gläser, E. (Hrsg.): Sachunterricht im Anfangsunterricht. Lernen im Anschluss an den Kindergarten. Baltmannsweiler: Schneider, 12–30.

Koerber, S./Sodian, B. (2007): Kognitive Entwicklung und Anfangsunterricht. In: Gläser, E. (Hrsg.): Sachunterricht im Anfangsunterricht. Lernen im Anschluss an den Kindergarten. Baltmannsweiler: Schneider, 63–78.

Kordulla, A. (2017): Peer-Learning im Übergang von der Kita in die Grundschule. Unter besonderer Berücksichtigung der Kinderperspektiven. Bad Heilbrunn: Klinkhardt.

Kucharz, D. & Wagener, M. (2007): Jahrgangsübergreifendes Lernen. Eine empirische Studie zu Lernen, Leistung und Interaktion von Kindern in der Schuleingangsphase. Baltmannsweiler: Schneider.

Lichtblau, M./Werning, R. (2012): Interessenentwicklung von Kindern aus soziokulturell benachteiligten Familien im Übergang vom Kindergarten zur Schule. In: Fröhlich-Gildhoff, K./Nentwig-Gesemann, I./Wedeking, H. (Hrsg.): Forschung in der Frühpädagogik. Band 5. Freiburg: FEL, 211–244.

Lüschen, I./Schomaker, C. (2012): Kinder erkunden die Welt. Zur Rolle von Lernaufgaben in altersübergreifenden Sachlernprozessen im Übergang vom Elementar- in den Primarbereich. In: Kosinar, J./Carle, U. (Hrsg.): Aufgabenqualität in Kindergarten und Grundschule. Grundlagen und Praxisbeispiele. Baltmannsweiler: Schneider, 185–195.

Miller, S. (2007): Unterrichtskonzeptionen zwischen Offenheit und Strukturiertheit. Orientierungen für den Sachunterricht im Anfangsunterricht. In: Gläser, E. (Hrsg.): Sachunterricht im Anfangsunterricht. Lernen im Anschluss an den Kindergarten. Baltmannsweiler: Schneider, 194–207.

Ruf, U. (2008): Das Dialogische Lernmodell. In: Ruf, U. u.a. (Hrsg.): Besser lernen im Dialog. Dialogisches Lernen in der Unterrichtspraxis. 1. Aufl. Seelze-Velber: Kallmeyer u. a., 13–23.

Scholz, G. (Hrsg.) (2006): Bildungsarbeit mit Kindern: Lernen ja – Verschulung nein! Mülheim/Ruhr: Verlag an der Ruhr.

Schomaker, C. (2009): ‚Miteinander die Welt erkunden'. Altersübergreifendes Sachlernen im Übergang vom Elementar- in den Primarbereich. In: Röhner, C./Henrichwark, C./Hopf, M. (Hrsg.): Europäisierung der Bildung. Konsequenzen und Herausforderungen für die Grundschulpädagogik. Wiesbaden: VS, 209–213.

Schomaker, C./Hormann, K. (2021): Gemeinsam die Welt erkunden und befragen – Domänenspezifische Interaktionsgestaltung am Beispiel des naturwissenschaftsbezogenen Lernens im Kita-Alltag. In: Mackowiak, K./Wadepohl, H./Beckerle, C. (Hrsg.): Interaktionsgestaltung in Kitas. Stuttgart: Kohlhammer, 108–129.

Schroeder, R. (2017): Brücken – und was sie stabil macht. Technisches Lernen im Sachunterricht. In: Peschel, M./Carle, U. (Hrsg.): Forschung für die Praxis. Frankfurt/M.: Grundschulverband, 81–93.

Schroeder, R. (2019): Brücke(n) zwischen Praxis und Forschung – Eine explorative Sachunterrichtsstudie zu Schüler(innen)vorstellungen zum Thema ‚Brücken – und was sie stabil macht'. In: Donie, C. et al. (Hrsg.): Grundschulpädagogik zwischen Wissenschaft und Transfer. Jahrbuch Grundschulforschung 23, Wiesbaden: Springer, 421–426.

Schroeder, R./Miller, S. (2017): Schülerfragen im Sachunterricht am Beispielthema ‚Brücken – und was sie stabil macht'. In. Giest, H./Hartinger, A./Tänzer, S. (Hrsg.). Vielperspektivität im Sachunterricht. Bad Heilbrunn: Klinkhardt, 185–192.

Sievers, I. (Hrsg.) (2013): Lern- und Bildungsprozesse in Kindertagesstätte und Grundschule gemeinsam gestalten. Das Beispiel Bildungshaus Emmerthal. Frankfurt/M.: Brandes & Apsel.

Seddig, N. (2019): Die subjektive Perspektive von Kindern im Übergang von der Kindertageseinrichtung in die Grundschule. Eine qualitative Studie über das subjektive Erleben, die Vorstellungen und die Einschätzungen von Kindern in institutionellen Bildungssettings. Frankfurt/M., unter: https://d-nb.info/1212113470/34 [letzter Zugriff: 25.01.2022].

Wagener, M. (2014): Gegenseitiges Helfen. Soziales Lernen im jahrgangsgemischten Unterricht. Wiesbaden: Springer VS.

Wagener, M. (2022): Jahrgangsübergreifender Unterricht: Didaktische Grundlagen und Konzepte. Stuttgart: Kohlhammer.

Wagener, M./Jähn, D. (2019): Sachgespräche in jahrgangsgemischten Lerntandems – Erkenntnisse und Überlegungen für die Unterrichtspraxis. In: Donie, C. et al. (Hrsg.): Grundschulpädagogik zwischen Wissenschaft und Transfer. Jahrbuch Grundschulforschung 23, Wiesbaden: Springer VS, 415–420.

Eva-Maria Osterhues-Bruns

Lust auf Meer

Das Watt – ein außerschulischer Lernort ermöglicht durchgängige Bildung

Übergänge in neue Systeme sind für uns Menschen, insbesondere aber für die Kinder, stets mit Unsicherheiten verbunden, so auch der Übergang vom Kindergarten in die Schule. Daher stellt sich die Frage, wie Kindergarten und Grundschule die Übergänge so gestalten und begleiten können, dass es zu keinem Bruch in der Bildungsbiografie der Kinder kommt.

Dieser Beitrag zeigt exemplarisch auf, welche Bedeutung eine gute Zusammenarbeit zwischen den Institutionen und gemeinsame Leitbilder, außerschulische Lernorte sowie das interessengeleitete Lernen für einen gelingenden Übergang und einen guten Start in die Schule haben können.

Das Wattenmeer – ein einzigartiger Lebensraum

Das Wattenmeer als Ökosystem vor der Haustür ist von zentraler Bedeutung für das Leben der Menschen an der Nordseeküste. Es gehört seit 2009 zum UNESCO-Weltkulturerbe, bereits vorher, im Jahr 1986, wurde es Nationalpark, im Jahr 1993 Biosphärenreservat und 2006 wurde es in die Liste der 77 ausgezeichneten Nationalen Geotope aufgenommen. In seiner Gesamtheit erstreckt sich das Wattenmeer von Dänemark über Deutschland hin bis zu den Niederlanden in einer Gesamtlänge von ca. 450 Kilometern und einer Breite von ca. 40 Kilometern sowie einer Fläche von ca. 9000 km2. Es umfasst in Deutschland die schleswig-holsteinische, hamburgische und niedersächsische Nordseeküste und steht fast in seiner Gesamtheit unter Naturschutz.

Mehr als 10.000 Tier- und Pflanzenarten wurden bislang im Wattenmeer entdeckt – große und bekannte Tiere sind unter anderem Kegelrobben oder Schweinswale, sogar Seeadler kann man mit ein wenig Glück sehen, aber auch die großen Vogelzüge, die besonders im Frühjahr und Herbst das Wattenmeer als Raststätte nutzen, sind deutschlandweit bekannt. Im Wattenmeer leben jedoch insbesondere unzählige kleine Lebewesen, die im Nahrungsnetz eine große Rolle spielen und wichtig für den Erhalt des Naturreservates sind – ein wunderbares Gebiet zum Forschen und Entdecken, für Große und Kleine.

Unsere Schule

Die Grundschule Nordholz ist eine drei- bis vierzügige Grundschule in der Gemeinde Wurster Nordseeküste, in der Nähe von Cuxhaven. Seit dem Jahr 2004 arbeiten Kinder und Lehrkräfte in der Jahrgangsgemischten Eingangsstufe, das gemeinsame Arbeiten und Voneinander-Lernen versuchen wir seit fünf Jahren durch das Arbeiten in Lernhäusern der Jahrgänge 1–4 zu vertiefen. Das „Nordholzer Brückenjahr" ermöglicht einen guten Austausch mit den drei Kindertagesstätten der Gemeinde, der Begabungsverbund eine Vernetzung mit dem weiterführenden Gymnasium. Durch die Lage der Gemeinde am Niedersächsischen Wattenmeer erfährt das Thema Watt eine große Bedeutung in der Schule. Die jährliche Deichreinigung, Besuche des Deichmuseums, des Nationalpark-Hauses oder Wattwanderungen zur kleinen Insel Neuwerk sind ebenso wie eine thematisch-inhaltliche Aufbereitung des Ökosystems Wattenmeer seit vielen Jahren im schuleigenen Arbeitsplan implementiert.

Modellprojekt „Kita und Grundschule unter einem Dach"

Eine fachlich-didaktische, curriculare Aufbereitung des Themas begannen wir im Jahr 2012/2013 durch das in Niedersachsen startende Modellprojekt „Kita und Grundschule unter einem Dach". Ziel dieses Modellprojektes war es, in einem zeitlich befristeten Rahmen von drei Jahren „praxistaugliche Ansätze für eine gemeinsame Förderung von Kindern im Übergang vom Kindergarten in die Grundschule" zu entwickeln und zu erproben.[1] Im Vordergrund stand dabei die Frage, wie auf der Grundlage der vorgegebenen gesetzlichen Vorgaben (u. a. Orientierungsrahmen für die Kindertagesstätten, Erlass zur Arbeit in der Grundschule oder Sprachfördererlass) ein gelingender Übergang zwischen Kindertagesstätten und Grundschule und – dieses war der zentrale Aspekt – Rahmenbedingungen für durchgängige, gelingende Bildungsbiografien geschaffen werden können. Sehr bald wurde deutlich, dass wir unsere bisherige Zusammenarbeit, die durch das Brückenjahr bereits gewachsen war, noch einmal reflektieren und an einzelnen Schnittpunkten überdenken und verändern werden müssen.

Während des dreijährigen Modellprojektes stellten sich für uns dabei drei „Blick-Wechsel" (Tremel, Heide 2015, 4) als entscheidend dar:
- Ein „Blick-Wechsel" auf das **Kind**
  - Wie lernen Kinder? Was sind „gute Lernaufgaben"? Welche Lernchancen bieten sie?

---

1) www.mk.niedersachsen.de/startseite/aktuelles/presseinformationen/modellvorhaben-kita-und-grundschule-unter-einem-dach-beginnt-107685.html

- Wie müssen wir Lernumgebungen gestalten, damit Kinder (eigen-)aktiv lernen können?
- Welche Rahmenbedingungen müssen wir schaffen, damit sich Kinder in den verschiedenen Einrichtungen sicher fühlen, Vertrauen in das eigene Können gewinnen und Freude am Lernen entwickeln?
- Wie können wir das Lernen dokumentieren? Wie gelingt es uns, die Stärken zu erkennen und zu fördern?

- Ein „Blick-Wechsel" auf die Arbeit der **verschiedenen Professionen** untereinander
  - Welches gemeinsames Bildungsverständnis verbindet uns miteinander?
  - Welche pädagogischen Prinzipien vereinen unsere gemeinsame Arbeit?
  - Welche Schnittstellen gibt es in unseren ministeriellen Vorgaben? Wie können diese miteinander verbunden werden?
  - Wie wollen wir miteinander arbeiten?
- Ein „Blick-Wechsel" auf die **Elternarbeit**
  - Wie gelingt es uns, durchgängige Erziehungspartnerschaften aufzubauen?
  - Wie müssen wir Eltern informieren und beteiligen, damit sie zu einer vertrauensvollen Zusammenarbeit bereit sind?

Durch die Begleitung des Modellprojektes durch das Niedersächsische Kultusministerium, die regelmäßige Arbeit in der Steuergruppe (bestehend aus Erzieher*innen der Kindertagesstätten und Lehrkräften der Grundschule) sowie gemeinsame Fortbildungen aller Kolleg*innen gelang es uns immer besser, unsere „Blicke zu wechseln". Insbesondere unser Blick auf das Kind wurde ein anderer. Zunehmend entwickelten wir ein neues Verständnis vom Lernen des Kindes. Nießeler fasst unser neues Verständnis treffend zusammen: „Lernende konstruieren ihr Wissen, indem sie Erfahrungen interpretieren. Lernende sind keine passiven Rezipienten vorgegebener Inhalte, sondern selbstgesteuerte Subjekte, die sich aktiv-entdeckend mit Wirklichkeit auseinandersetzen" (Nießeler, Andreas 2021, 33).

Doch welches Lern- und Erfahrungsfeld genügte all diesen Ansprüchen?

Lernen von 0–10 – Das Watt als exemplarischer Lerngegenstand

Gemeinsam mit den drei zur Schule gehörenden Kindertagesstätten entschieden wir uns, im Rahmen des Modellprojektes einen naturwissenschaftlichen Schwerpunkt zu setzen und das Thema „Watt" in den Vordergrund unserer Arbeit zu stellen. Das Wattenmeer als ökologischer Lebensraum bietet zahlreiche Lernchancen für die unterschiedlichen Altersstufen und Interessen der Kinder. Zugleich wurde das Watt bereits vor Beginn des Modellprojektes von allen Bildungseinrichtungen auf unterschiedliche Art und Weise thematisiert, ein Besuch des Wattenmeeres an den Stränden von Spieka-Neufeld oder Cappel-Neufeld stand stets auf der Agenda. Unsere Aufgabe war es nun, die bereits vorhandenen Aktivitäten zu strukturieren und unter den oben aufgeführten „Blick-Wechseln" neu auszurichten, um gelingende Übergänge und durchgängige Bildungsbiographien zu ermöglichen. Zudem ermöglicht das Wattenmeer für alle Altersstufen Realbegegnungen vor Ort.

Auf der Grundlage eines gemeinsam von Erzieher*innen der Kindertagesstätten und den Lehrkräften der Grundschule Nordholz erarbeiteten Bildungsverständnisses[2] begannen wir damit, das Thema Watt für die unter-

Didaktische Prinzipien	Methoden	Materialien	Sozialformen
Lernen in realen Situationen	Aktiv handelnd	„Arbeitskiste"	Kind in eigenständiger Auseinandersetzung
Umweltbildung über Projekte	Lernen in allen Wahrnehmungsbereichen	„Forscherkiste"	
		„Kreativkiste"	Lernen in sozialen Bezügen
Fachleute in ihrer Lebenssituation	Lernen über Spielfiguren	„Bücherkiste"	
			Lerngemeinschaften
Spiel als Form kindlichen Ausdrucks	Experimentieren		
			Gesprächskreise
Nutzen von außerschulischen Experten	Vorerfahrungen aufgreifen und nutzen		
Nachhaltiges Lernen	Wertschätzung und Duldung individueller Lernwege		
	Entdeckendes Lernen (kombiniert mit angeleitetem Lernen)		
	Originalbegegnung		

Tab. 1: Natur und Umwelt – Das Wattenmeer als Projekt mit Kindern von 0–10 Jahren

2) Vgl. https://grundschule-nordholz.de/so-lernen-wir/gemeinsames-bildungsverstaendnis/

schiedlichen Altersstufen curricular aufzubereiten. Dabei sollten nicht nur unterschiedliche Aktivitäten rund um das Wattenmeer aufgeführt, sondern auch konkrete Materialien, didaktische Prinzipien oder sprachliche Anforderungsprofile ausformuliert werden.

Auf dieser Grundlage konkretisierten wir unsere Vorhaben. In einem Leporello hielten wir die unterschiedlichen Bausteine fest und füllten sie inhaltlich. Am Beispiel des Bausteines „Lernbegleitung" soll diese Konkretisierung exemplarisch dargestellt werden (siehe nächste Seite).

Lernumgebung	Lernbegleitung	Gezielte Sprachförderung, Fachbegriffe, themenbezogenes Vokabular
Natur am Watt	Emotionale Sicherheit	Allgemeine Begrifflichkeiten
Exkursionen	Gespräche im direkten Dialog	
Kitas und Schule		Spezifische Tiere und Pflanzen
	Gezielte Beschäftigungsangebote	
Zelt als neue Lernumgebung		Ausstellung der Arbeitsergebnisse
	Vorbereitete Materialien, Arbeitsblätter	
Deiche		Dokumentation
	Freie Spielangebote	
Spielplatz		Lieder, Reime, Klatschverse
	Portfolio	
	Lerntagebuch	
	Konkretisierung dieses Bausteins s. nächste Seite	

Krippe	Eltern und Erzieher*innen begleiten das Kind bei seiner Entwicklung und geben dadurch die **emotionale Sicherheit**, die Voraussetzung für das Vertrauen bildet. Füreinander da sein und Hilfe anbieten, wenn diese notwendig ist, schafft Vertrauen und Geborgenheit.
Kindertagesstätte	Durch das **direkte Gespräch** und die Beantwortung von Fragen können wir den Kindern neue Wissensbereiche näherbringen. **Unterstützende Gegenfragen** sollen die Motivation zur eigenen Lösungsfindung wecken und die natürliche Wissbegierde der Kinder fördern.
Eingangsstufe	Durch die Aufarbeitung der Exkursion in das Watt im Unterricht durch **vorbereitetes Material** vertiefen die Kinder ihre Kenntnisse. Das Schreiben von Berichten für die Homepage, das Untertiteln von Bildern sowie das Übertragen von Lernwörtern in das Rechtschreibheft tragen dazu bei, das vor Ort erworbene Wissen zu reflektieren und zu festigen. Auszug aus dem Leporello – Thema Lernbegleitung
Profilklasse (Jahrgänge 3 und 4)	Die Auseinandersetzung der Kinder mit dem Thema Wattenmeer wird in Form eines **Portfolios** begleitet und dokumentiert. Neben den verbindlichen Pflichtaufgaben sammeln die Kinder hier ihre individuellen Ergebnisse, in denen sich ihre eigenen Interessen widerspiegeln. Eine weitere Form der Lernbegleitung ist das **Lerntagebuch**, in dem die Kinder für sie bedeutungsvolle Erlebnisse, Erkenntnisse und Lernfortschritte festhalten.

Tab. 2: Konkretisierung des Bausteins „Lernbegleitung"

Zur praktischen Umsetzung konzipierten wir thematische Materialkisten, die unterschiedlichen Anforderungen und Interessen gerecht werden, gleichzeitig auch die Angebots- und Unterrichtsvorbereitung entlasten sollten:

- „Forscherkiste" (Ferngläser, Lupen und Becherlupen, Fotoapparat, Pinzetten, verschiedene Behältnisse zum Sammeln …)
- „Kreativkiste" (Malpapiere, Stifte, Scheren, Klebstoff, Bänder, Rollenspielsachen, Schminke, Decken …)
- „Arbeitskiste" (Schaufeln, Siebe, Eimer, Gießkannen, Sandspielsachen, Grabegabeln, Spaten, Kescher …)
- „Bücherkiste" (thematische Faltkarten, Sach- und Bestimmungsbücher, Bilderbücher und Geschichten)

Abb. 1: Bücherkiste zum Thema Watt

Diese Kisten stellen bis heute die Grundlage für unsere Wattwochen an den Stränden des Wattenmeeres. Da die Kisten, mit kleinen Variationen, in allen Einrichtungen zur Verfügung stehen, können die Kinder der Eingangsstufe so an ihr vorhandenes Wissen anknüpfen und gleichzeitig neue Erfahrungen sammeln und Erkenntnisse gewinnen.

Lust auf Meer – Praxistage im Watt

Herzstück unseres Wattprojektes sind die Watttage vor Ort. Jeweils für eine Woche entdecken, erkunden und erforschen die Kinder der einzelnen Einrichtungen das Watt – das Wetter spielt dabei keine Rolle. Durch diesen langen Zeitraum haben die Kinder viel Zeit, sich auf den Erfahrungsraum Watt einzulassen, nach anfänglichem Herantasten immer neue Entdeckungen zu machen und Fragestellungen zu finden.

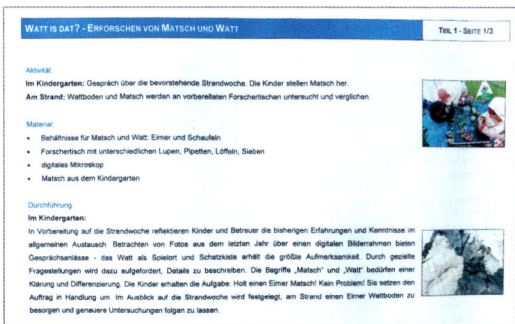

Abb. 2: Ideenkarte zum Thema „Watt is dat" (selbstentwickelt im Rahmen des Modellprojektes)

Eine häufige Forscheraufgabe, die sich bereits in den Kindertagesstätten stellt, ist: Watt is dat – Was ist eigentlich Watt? Gibt es einen Unterschied zwischen „Matsch" und „Watt"? Erfahrungen, die die Kinder dabei sammeln, sind: Watt riecht/stinkt; Watt schmeckt salzig, modrig, erden …, im Watt kann man laufen, aber auch stecken bleiben; es gibt unterschiedliches Watt. Erste Hypothesen werden aufgestellt, Fragen beantwortet. Auch entdecken die Kinder erste Lebewesen im Watt: Muscheln, Strandkrabben oder Wattwürmer.

Spannend zu beobachten ist, dass es in den Kindertagesstätten einige Kinder gibt, denen das Watt (noch) nicht vertraut ist, das Betreten des glitschigen Wattbodens eine echte Herausforderung scheint.

Kinder der Eingangsstufe hingegen nehmen das Wattenmeer wie selbstverständlich als Lernort wahr. Auch sonst können die Kinder auf ihren im Kindergarten gemachten Erfahrungen aufbauen und neue Erkenntnisse sammeln. Neben dem ebenfalls interessengeleiteten und experimentellen Lernen findet hier aber zeitgleich eine Vertiefung des vorhandenen Wissens statt. Unter anderem mit Hilfe der Expertise der Wattführer*innen des Nationalparkhauses Wattenmeer lernen die Kinder zum Beispiel, männliche und weibliche Strandkrabben zu unterscheiden, Muschelarten zu bestimmen oder auch, wie die Watthaufen entstehen. Auch zeigen ihnen die Wattführer*innen, wie es den Wattvögeln durch permanentes Auf-der-Stelle-Treten gelingt, im Watt versteckt lebende Muscheln zwecks Nahrungsaufnahme an die Oberfläche zu befördern. Sie lernen im Nationalparkhaus, welche Fische im Wattenmeer leben, welche Nahrung die Vögel zu sich nehmen und wie sie sich ernähren. Natürlich bleibt auch noch viel Zeit zum eigenständigen Entdecken und Erforschen.

In der dritten Jahrgangsstufe steht dann die Wattwanderung zur Insel Neuwerk auf dem Programm. Alle Kinder der dritten Klassen machen sich gemeinsam auf den ungefähr zweieinhalbstündigen Weg durch

Abb. 3: Josephine versinkt im Wattboden

das Watt. Dabei lernen sie die Gezeiten kennen, aber auch die Gefahren des Wattes, unter anderem der Strömung, die die Nordsee bzw. Elbe mit sich bringt. Diese Wattwanderung brachte einige Kinder durchaus an ihre physischen Grenzen, nicht nur der lange Weg, sondern auch der schwere Boden oder der Gang durch die Priele stellt große Herausforderungen an die Kinder – manch eine/r versuchte aufzugeben –, auch stieg manchmal das Wasser schon verdächtig hoch an. Dennoch kamen alle Kinder erschöpft, aber glücklich auf Neuwerk an. Nach einer Übernachtung im Heuhotel fuhren die Kinder mit den Wattwagen wieder zurück zur Schule. Die Wattwanderung stellte stets einen Höhepunkt unseres Schullebens dar. Seit einigen Jahren ist eine Wattwanderung nur noch mit ausgebildeten Wattführer*innen durchzuführen, da die Strömungen zu stark und die Priele zu tief geworden sind. Mittlerweile können wir leider nicht mehr zur Insel Neuwerk, nicht nur die Corona-Pandemie, sondern auch die Gefahren, die die Wanderung durch das Wattenmeer mit sich bringen, sind zu groß geworden.

Im letzten Schulbesuchsjahr findet die Deichreinigung statt. Jedes Jahr im Frühjahr sammeln alle Viertklässler*innen an einem bestimmten Deichabschnitt den Müll, der von den Wintersturmfluten angespült wurde. Immer wieder sind die Kinder überrascht, wie viel Müll sich an diesem kurzen Deichabschnitt ansammelt. Inhaltlich stehen in den vierten Klassen die Themen „Deichschutz" und „Schutz des Wattenmeeres" im Vordergrund.

Ein großer „Schatz" dieser Watttage ist die Begegnung der Kindergartenkinder und der Schulkinder. Während der gemeinsamen Watttage lernen die Kinder sich gegenseitig kennen, nutzen aber auch gemeinsam die Lerngelegenheiten, die das Watt ihnen bietet. Auch können die Schulkinder ihr vorhandenes Wissen weitergeben. Dies stärkt ihr Selbstbewusstsein und das Vertrauen in ihre eigenen Fähigkeiten. Manchmal stellen aber auch die Fragen der Kindergartenkinder sie vor eigene Herausforderungen – wie können Lösungen gefunden werden? Da helfen unsere Forschermaterialien und die Bücherkiste.

Durchgängige Bildungsbiografien – Auswirkungen auf den Schulstart?

Gerade im Anfangsunterricht der Eingangsstufe wirken sich die enge Zusammenarbeit und das gemeinsame pädagogische Verständnis von Kindertagesstätten und Schule positiv aus. Zum einen sind den Kindern Räumlichkeiten, andere Kinder und Lehrkräfte vertraut. Zum anderen kommen viele Kinder neugierig in die Schule, mit einem forschenden Blick – sie sind es gewohnt, Fragen zu stellen, sich zu unterstützen und auszutauschen. Mutig stellen sie sich den Herausforderungen, die die Schule an sie stellt. Diese Kompetenzen übertragen viele Kinder selbstverständlich auch auf andere Fächer.

Im Anfangsunterricht des Faches Sachunterricht bietet diese neugierige Haltung eine gute Voraussetzung für das „Forschende Lernen". Auf der Grundlage des didaktischen Konzeptes des „Freien Explorierens und Experimentierens" beginnen wir, den Sachunterricht an unserer Schule neu auszurichten (vgl. Osterhues-Bruns u. a. 2021, 276 ff.). Zentral sind nicht die vorgegebenen *Lehr*inhalte, sondern echte Forscherfragen der Kinder stehen im Mittelpunkt des Unterrichtes. Wir Lehrkräfte werden zu Lernbegleiter*innen oder Zuhörer*innen. Unsere Aufgabe ist es, Lernumgebungen bereitzustellen, die das interessengeleitete Lernen ermöglichen, und Materialien zu organisieren, mit denen die Kinder experimentieren können. Dabei sollten sie so ausgerichtet und angelegt sein, dass die Kinder selbstständig damit arbeiten können.

Abb. 4: Materialien im Forscherschrank: Backpulver, Strohhalme, Lebensmittelfarbe u. v. m.

Immer wieder sind wir Lehrkräfte erstaunt, welch tiefgründige Fragestellungen die Kinder entwickeln und mit wie viel Engagement sie versuchen, ihre Fragen zu beantworten. Aktuell bestand eine Frage eines Eingangsstufenkindes darin, herauszufinden, wie ein Corona-Test funktioniert. Sich daraus ableitende Fragestellungen waren:

- Was sind das für Kugeln? Wie funktionieren diese Trockenperlen?
- Können sie öfter benutzt werden?
  Oder mit einem anderen thematischen Schwerpunkt:
- Aus welcher Flüssigkeit besteht ein Test?
- Warum färbt er sich?
  Aus sachunterrichtlicher Perspektive wird bei diesen Fragestellungen die Veränderung der Aggregatzustände thematisiert.
  In der dritten Klasse forschten einzelne Kinder zum Thema Düfte:
- Wie kann man eigene Düfte herstellen?
- Wie kann man sie konservieren?
  Aber auch Fragestellungen wie:
- Warum sind die Piraten ausgestorben?
- Wie sieht das Zukunftsauto aus? Welche Antriebsenergien könnte es geben?

sind von den Kindern entwickelte Fragen, die aufzeigen, welche Bandbreite der sachunterrichtlichen Perspektiven das freie Forschen bieten kann.

Vielfach entwickeln die Kinder eine große Eigeninitiative und recherchieren zu Hause eigenständig weiter oder bringen Bücher bzw. Materialien von zu Hause mit. Häufig „sorgen" sich die Kinder auch umeinander und stellen anderen Kindern mitgebrachte Substanzen oder Materialien zur Verfügung. Zudem benutzen die Kinder der Eingangsstufe durch den regelmäßigen Umgang mit denselben Wörtern wie selbstverständlich Fachbegriffe wie „Binokular", „Pipette" oder „Petrischale". Somit trägt das Forschende Lernen auch zur Sprachbildung bei.

Durch das gemeinsam entwickelte Bildungsverständnis sowie die gemeinsame Arbeit in den Wattprojekten, aktuell ergänzt durch das Forschende Lernen, entwickelt sich unser Unterricht weiter und versucht, den durch den Grundschulverband im Zuge des Bundesgrundschulkongresses im Jahr 2019 postulierten „Anforderungen an eine zukunftsfähige Grundschule" einer allseitigen Bildung gerecht zu werden und die vier Aspekte in der Unterrichtsgestaltung zu berücksichtigen:

- Lernen als Selbstaneignung der Welt
- Offenheit für und Neugier auf die Begegnung mit der Welt
- Reichhaltige und nachhaltige Lernerfahrungen
- Lernen an bedeutsamen Inhalten (vgl. Hecker u. a. 2020, 16 ff.)

Dennoch stellt sich auch uns die gleiche Frage, die auch Markus Peschel in seinem Vorwort zum Buch „Didaktik der Lernkulturen" formuliert: „Wäre es nicht an der Zeit, vor allem in Bezug auf eine Didaktik der Lernkulturen, über grundlegende Begriffe von Unterricht und Schule nachzudenken und z. B. von ‚Lehr-Lern-Situationen' oder generell von ‚Lernen' zu sprechen?" (Peschel 2021, 7 ff.). Denn dass die Kinder gern lernen, eigenaktiv und eigenständig, intrinsisch motiviert und interessengeleitet, selbstvergessen, selbstständig und gemeinsam im Dialog, das zeigen unsere Wattwochen und das Forschende Lernen uns immer wieder. Werden wir mutig, gehen wir auch weiter neue Wege und entwickeln eine neue Lernkultur, nicht nur im Sachunterricht, sondern in allen Fächern – die Kinder zeigen uns, dass es geht!

Literatur

Hecker, Ulrich / Lassek, Maresi / Ramseger, Jörg (Hrsg.) (2020): Kinder lernen Zukunft. Anforderungen und tragfähige Grundlagen. Frankfurt a. M.: Grundschulverband.

Nießeler, Andreas (2021): Kulturelles Lernen in der Grundschule. In: Peschel, Markus (Hrsg.) (2021): Kinder lernen Zukunft. Didaktik der Lernkulturen. Frankfurt a. M.: Grundschulverband, 30 ff.

Osterhues-Bruns, Eva-Maria / Schillmöller, Georg (2021): Jedes Kind lernt gern. Bildung an einer Schule in Bewegung. In: Carle, Ursula / Kauder, Stefan / Osterhues-Bruns, Eva-Maria (Hrsg.) (2021): Schulkulturen in Entwicklung. Frankfurt a. M.: Grundschulverband, 276 ff.

Peschel, Markus (2021): Lernkulturen und Didaktik. Etablierung einer Lern-orientierten Didaktik über den Lern- und Kulturbericht. In: Peschel, Markus (Hrsg.) (2021): Kinder lernen Zukunft. Didaktik der Lernkulturen. Frankfurt a. M.:Grundschulverband, 7 ff.

Tremel, Heide (2015): Projektbericht zum Modellvorhaben des Niedersächsischen Kultusministeriums „Kita und Grundschule unter einem Dach" 2012 – 2015, abgerufen unter: 2016_06_17_Final_Projektbericht_zum_Modellprojekt_Kita_GS_unter_einem_ Dach_2016.pdf v. 03.01.2022

https://grundschule-nordholz.de/so-lernen-wir/gemeinsames-bildungsverstaendnis/ v. 03.01.2022

www.mk.niedersachsen.de/startseite/aktuelles/presseinformationen/modellvorhaben-kita-und-grundschule-unter-einem-dach-beginnt-107685.html v. 03.01.2022

https://de.wikipedia.org/wiki/Wattenmeer_%28Nordsee%29 v. 03.01.2022

Beate Blaseio

Anfangsunterricht Sachunterricht – Draußen!

Außerschulische Lernorte im Sachunterricht

Außerschulische Lernorte aufsuchen hat im Sachunterricht eine lange didaktische Tradition (Bade & Dühlmeier 2015, 435 f.); vor allem für naturwissenschaftliche Themen (Jäckel 2021, 332). Beispielsweise hat der Didaktiker Christian Gotthilf Salzmann (1744–1811) Draußen-Aufenthalte ins Zentrum seiner naturbezogenen Sachbildung gerückt (Schweitzer 2004, 63). Auch Rudolf Karnick (1901–1994) hat in der Nachkriegszeit großen Wert auf „Unterrichtsgänge" im Sachunterricht gelegt, beschränkt sich dabei aber nicht nur auf naturbezogene Lernorte (Karnick 1963, 10 f.). Seine Unterrichtsgänge berücksichtigen auch historische, geographische und sozialwissenschaftliche Aspekte im Rahmen des Sachunterrichts.

Außerschulische Lernorte gehören zu einem guten Sachunterricht dazu (Blaseio 2016, 262 ff.). Der Einbezug außerschulischer Lernorte in den Unterrichtsalltag im Sachunterricht ist deshalb etablierte Praxis und didaktisch wenig umstritten. Die Stärke außerschulischer Lernorte wird von Brade/Dühlmeier (2015, 440) durch die „Verknüpfung von Alltags- und Schulwissen" gesehen. Baar & Schönknecht (2018, 61 f.) äußern, dass das Prinzip der Vielperspektivität im Sachunterricht an außerschulischen Lernorten besser umsetzbar ist als im Klassenzimmer. Was „für" das Aufsuchen außerschulischer Lernorte im Sachunterricht spricht, ist u. a. bei Blaseio 2008 (211 f.) zusammengefasst.

Im Perspektivrahmen Sachunterricht (GDSU 2013, 155) werden explizit außerschulische Lernorte genannt und die Sachunterrichtslehrpläne der Bundesländer greifen durchgängig außerschulische Lernorte auf (Blaseio 2016, 265 f.). In den *Fachanforderungen Sachunterricht Schleswig-Holstein* (Ministerium 2019, 10) findet sich zum Beispiel der Hinweis: „Im Sachunterricht ist die Begegnung mit konkreten Dingen und Sachverhalten … an außerschulischen Lernorten stets zu berücksichtigen." Zudem erfolgt an dieser Stelle der Hinweis: „Die regionale Infrastruktur ist für die Zielsetzungen des Sachunterrichts heranzuziehen." Damit werden die Sachunterrichtslehrkräfte aufgefordert, die Chancen regionaler, nahräumlicher Lerngelegenheiten aufzugreifen. Dieses ist aber nicht im Sinne einer heimatkundlichen Tradition zu verstehen, Regionales zu lernen. Stattdessen gilt das Prinzip, bei außerschulischen Lernorten „am Regionalen lernen" (Blaseio 2016, 267).

Draußen Lernen oder Outdoor Education – ein neues Unterrichtskonzept auch für den Sachunterricht

Neben der klassischen Berücksichtigung außerschulischer Lernorte im Schulunterricht gibt es seit einigen Jahren ein erweitertes Konzept, das als „Draußen Lernen", „Draußenunterricht" oder auch als „Outdoor Education" bezeichnet wird. Inspiriert ist es aus skandinavischen Konzepten von „Friluftsliv" und „Udeskole" sowie aus der Entwicklung von Waldkindergärten, die es ab dem letzten Drittel des 20. Jahrhunderts gibt (Barras u. a. 2019). Der Ansatz „Draußen unterrichten" wird aktuell in der (Grundschul-)Pädagogik vielfältig bearbeitet; er ist Tagungsthema und einige Publikationen sind in letzter Zeit dazu entstanden (z. B.: Armbrüster u. a. 2021; Barras u. a. 2019; von Au u. a. 2016).

Draußen unterrichten versteht sich als fächerübergreifendes Konzept von (Grund-)Schulunterricht und ist nicht auf das Fach Sachunterricht begrenzt. Es geht um mehr als naturwissenschaftliches oder geografisches Lernen im Sachunterricht an einem Originallernort in der Natur. *Draußen unterrichten* ist vielmehr ein konzeptioneller Ansatz, bei dem fächerübergreifendes Lernen in der (Grund-)Schule an einem Naturort stattfindet (Wald, Wiese oder Gewässerbereiche wie Strand oder Flussufer).

Es gibt *Draußenschulen*, vergleichbar wie Waldkindergärten, die die ganze Unterrichtszeit eines Schuljahres in der Natur verbringen und draußen in allen schulischen Fächern aktiv lernen. Andere Grundschulen bieten z. B. einen Draußentag in der Woche an (Schüler 2003) oder planen einen Tag im Monat oder Draußen-Zeitblöcke ein. Hier gibt es zahlreiche unterschiedliche Konzeptionen: Gemeinsam ist diesen Schulen, dass sie den lehrplangerechten Unterricht mit seinen geplanten Kompetenzerweiterungen an einen Draußenort verlegen und dabei die natürlich vorhandene Umgebung für ihre inhaltlichen und methodischen Vorhaben nutzen.

Draußen Lernen ist eingebettet in ein Öffnungskonzept von Schule: Es ist nicht lediglich eine räumliche Veränderung, sondern schließt vor allem einen anderen Lernstil ein (Jäckel 2021, 335). Jäckel weist auch darauf hin, dass der Draußen-Unterricht eine besondere Herausforderung für Lehrende darstellt, weil es mehr „Unbekannte" als im Klassenraum gibt, sodass Spontanität gefordert ist – welche aber mit spannenderem Unterricht belohnt wird (Jäckel 2021, 335–337). Die Lehrkraft muss bei Bedarf – zum Beispiel, wenn eine Kröte über die Wiese läuft oder gerade frisch geschlagene Bäume im Wald liegen – spontan das von den Kindern gezeigte Interesse sowie ihre Fragen aufgreifen und unterrichtlich einbinden. Jäckel (2021, 337) spricht respektvoll von der „Kunst des Draußen-Unterrichtens", bei der Anstrengungsbereitschaft und Misserfolge dazugehören, und fordert, dass diese auch in der Lehrerbildung berücksichtigt werden müsse, um Outdoor-Kompetenzen bei den angehenden Lehrkräften zu entwickeln.

Außerschulische Lernorte versus Draußenunterricht

Gemeinsam ist den beiden Ansätzen von Außerschulischen Lernorten und Draußenunterricht, dass unterrichtliche Aktivitäten nicht im Klassenraum des Schulgebäudes stattfinden. Während beim *Draußenunterrichten* dauerhaft oder in regelmäßigen Zyklen die Räumlichkeiten verlassen werden, wird bei Außerschulischen Lernorten aus Anlass einer konkreten ausgewählten Lernaktivität ein anderer Ort für einen Tag oder einige Stunden aufgesucht, weil dort beispielsweise eine originale Begegnung stattfinden kann, die fachlich oft im Sachunterricht verortet ist (z. B. Tiere am Teich bestimmen). Im Draußenunterricht werden hingegen allgemeine Unterrichtsziele aller Grundschulfächer im Rahmen eines geöffneten Unterrichtskonzeptes berücksichtigt: zum Beispiel das Zählen von Dingen im ersten Schuljahr oder künstlerische Aktivitäten im Wald; aber auch sachunterrichtliche Themen finden Platz in diesem Konzept.

Für die Planung von Unterricht ist eine grundlegende Unterscheidung wichtig; bei der konkreten Ausführung sind jedoch vergleichbare Aktivitäten möglich. Zum Beispiel kann das Sortieren und Bestimmen von Baumfrüchten sowohl im Rahmen des Draußenunterrichts als auch beim Besuch des Außerschulischen Lernortes Wald durchgeführt werden.

Anfangsunterricht Sachunterricht

Gläser (2007a, 7) stellte vor 15 Jahren fest, dass die Sachunterrichtsdidaktik sich nur wenig mit Fragen des Anfangsunterrichts beschäftigt. Ihr Buch hat damals eine wichtige Lücke geschlossen; seitdem ist es aber wieder still um den Schulstart im Fach Sachunterricht geworden, sodass ihr Buch auch heute noch zentral für Fragen zum Anfangsunterricht Sachunterricht ist. Auch wird weiterhin Forschungsbedarf für den Anfangsunterricht im Sachunterricht gesehen (Baumgardt/Kaiser 2015, 80).

Kinder, die in die Grundschule kommen, sind keine Sachlernanfänger. Sie haben in ihren ersten Lebensjahren bereits sehr viele Dinge erlebt, erfahren und gelernt. Das Familienleben sowie der Besuch der 3K (Krippe, Kita, Kindergarten) haben den Kindern zahlreiche, wenn auch unterschiedliche Möglichkeiten geboten, sich mit der „Sachenwelt" aktiv und kognitiv auseinanderzusetzen. Die Bildungspläne der frühkindlichen Erziehung in den verschiedenen Bundesländern dokumentieren den Bildungsansatz des Elementarbereichs und weisen sachunterrichtliche Themenfelder auf (Fischer 2015, 60 ff.; Blaseio 2009). Zwar findet das Sachlernen hier stärker spielerisch statt und bietet zuvorderst Erfahrungen (Fischer 2015, 63), aber gerade durch diese Zugangsweisen erwerben die Kinder altersgemäßes Sachwissen. Schulanfänger und Schulanfängerinnen bringen diese Erfahrungen mit ihrem aufgebauten Sachwissen beim Übergang von der Kita mit in die Eingangs-stufe der Grundschule. Der Sachunterricht im Anfangsunterricht muss daran anschließen und *die Kinder lediglich als schulische Sachlernanfänger* und nicht als Sachbildungsanfänger perspektivieren. Daraus ergeben sich zahlreiche Aufgaben für den Sachunterricht im Anfangsunterricht, damit die Anschluss-fähigkeit zwischen Kita und Grundschule (GDSU 2013, 10) gelingen kann.

Die wichtigste Forderung formuliert Gläser (2007b, 47), indem sie dar-auf hinweist, dass der Sachunterricht zuverlässig im vorgegebenen Stunden-plan stattfinden muss. Die meist zwei Unterrichtsstunden pro Woche dür-fen nicht zugunsten beispielsweise des Deutsch- und Mathematikunterrichts unterschritten werden. Für den Aufbau des Sachwissens der Kinder ist eine kontinuierliche Thematisierung von Sachthemen auch in den ersten beiden Schuljahren wichtig und muss eine Fortsetzung des elementarpädagogischen Sachlernens auf nun grundschulpädagogischem Niveau darstellen. Es soll kein Bruch zwischen dem Elementarbereich und dem Sachunterricht entste-hen (Gläser 2007b, 50 ff.).

Sie (Gläser 2007b, 51) weist ebenfalls darauf hin, dass keine Unterforde-rung im Anfangsunterricht Sachunterricht stattfinden darf. Der Unterricht muss für jedes Kind kognitiv herausfordernd sein, somit differenzierte Ange-bote enthalten und die verschiedenen Interessen der Kinder berücksichtigen. Der Sachunterricht darf nicht „bloße Reproduktion des Alltagswissens der Kinder" (GDSU 2013, 11) sein.

Die Einführung fachspezifischer Methoden des Sachunterrichts wie Sam-meln/Ordnen, Experimentieren oder Beobachten muss im beginnenden Sachunterricht besonders ins Zentrum rücken (Meiers 2004, 170), da diese von den Kindern erst gelernt, geübt und unterrichtlich reflektiert werden müssen (Blaseio 2015, 8).

Der Sachunterricht im Anfangsunterricht muss Differenzierung im Bereich Leistung und Interessen berücksichtigen und jedes Kind dort abholen, wo es steht. In der Praxis des Sachunterrichts ist es wichtig, dass an einem gemein-samen Thema in einer Klasse gearbeitet wird, aber die Aufgaben und Niveaus durchaus unterschiedlich sein können.

Beispielhaft seien die *Fachanforderungen Sachunterricht* Schleswig-Hol-steins (Ministerium 2019) hier erwähnt, die einen einseitigen Abschnitt zum Thema „Das Fach Sachunterricht in der Eingangsphase" (ebd., 16) bieten: Hier wird betont, dass der Anfangsunterricht von der Alltagssprache aus-geht und eine Entwicklung hin zur Bildungssprache anbietet. Zudem wird darauf hingewiesen, dass der Sachunterricht unabhängig von den Lese- und Schreibfähigkeiten der Kinder zu gestalten ist, Originalbegegnungen ermög-licht sowie außerschulische Lernorte aufgesucht werden sollen.

Anfangsunterricht Sachunterricht – draußen!

Je nach Konzept der Schule kann Sachunterricht außerhalb des Schulgebäudes stattfinden: entweder in Form des Besuchs eines außerschulischen Lernortes oder im Rahmen des Draußenunterrichts.

Die konkrete Planung von Sachunterrichtsstunden außerhalb des Klassenzimmers ist vergleichbar bei beiden Konzepten: Es muss überlegt werden, welche Kompetenzen die Kinder im Sachunterricht erwerben sollen und wie der Unterrichtsablauf strukturiert, akzentuiert und umgesetzt werden soll. Die klassischen Fragen der Unterrichtsplanung sind also in gleicher Weise zu beachten wie im Unterricht indoor. Hinzu kommt beim Lernen außerhalb des Klassenraums jedoch die Frage nach dem konkreten Ort sowie möglicherweise erweiterte organisatorische Fragen (Aufsichtspflicht, Sicherheit, Materialbereitstellung).

Für das Unterrichten in der Natur muss immer ein geeigneter Draußenplatz gefunden werden: Er sollte für die Kinder vor allem sicher sein, für die Lehrkraft gut einsehbar und die geplanten Aktivitäten ermöglichen. Das kann eine Waldlichtung sein, eine geschützte Stelle einer Wiese, am Strand oder an einem Fluss- oder Teichufer.

Alternativ können auch ein Spaziergang durch die Natur gewählt werden und an verschiedenen Stationen Aktivitäten durchgeführt werden.

Schulkinder im Anfangsunterricht sind zwischen 6 und 9 Jahre alt, sodass hier eine erhöhte Aufsichtspflicht erforderlich ist, wenn das Klassenzimmer verlassen wird und sich die Klasse in der Natur aufhält. Gerade an uneinsichtigen Stellen ist eine erhöhte Aufmerksamkeit notwendig. Mindestens zwei Erwachsene sollten die Klasse begleiten; besser wären drei erwachsene Personen. Mobiltelefone und Erste-Hilfe-Taschen gehören dabei stets zur Ausstattung der Lehrkräfte.

Beispiele: Anfangsunterricht Sachunterricht „Draußen"

Die Beispiele können eingebunden werden in Konzepte von *Draußen Unterrichten*, aber auch im Rahmen außerschulischer Lernorte im Sachunterricht durchgeführt werden. Aus mehreren der fachlichen Perspektiven des Sachunterrichts (GDSU 2013) werden hier konkrete Beispiele vorgestellt.

Eine sehr umfangreiche Sammlung von unterrichtlichen Aktivitäten draußen in allen Grundschulfächern (inkl. Sachunterricht) ist im Praxishandbuch *Draußen unterrichten* (Barras u. a. 2019) zu finden.

Naturwissenschaftliches Lernen (1)
Belebte Natur: Blätter bestimmen

Dieses klassische Sachunterrichtsthema kann in den Herbstmonaten in der ersten oder zweiten Jahrgangsstufe durchgeführt werden, wenn der Laubfall eingesetzt hat. Die Kinder sammeln Blätter in der Draußenumgebung. In einer ersten Gesprächsrunde werden die Blätter direkt miteinander verglichen und gemeinsam sortiert. Danach werden die Blätter von den Kindern arbeitsteilig anhand einer Bestimmungshilfe namentlich bestimmt und die Haufen gleicher Blätter einer Baumart mit Namen beschriftet. So lernen sie das Bestimmen mit Bestimmungsmaterial (Blaseio 2015, 18 ff.), eine wichtige fachspezifische Methode der naturwissenschaftlichen Perspektive.

Danach gehen die Kinder erneut auf Blättersuche und ergänzen die Blättersammlung. Dabei werden die Namen und das Aussehen der Blätter wiederholt und somit auch geübt. Unbekannte Blätter werden bestimmt. Die Klasse kann eine Gesamtliste führen und sehen, wie viele unterschiedliche Baumarten sie durch das Sammeln der Blätter bestimmen können. Weiterführend können auch die Früchte und die Bäume in die Bestimmung einbezogen werden.

Es gibt zahlreiche Baum-Bestimmungsbücher für Kinder. Alternativ können Apps zur Baumbestimmung genutzt werden; hier stehen zahlreiche Apps zur Verfügung, sodass auch digitales Lernen in den Draußenunterricht mit einbezogen werden kann. Originale und digitale Zugangsweisen sollen sich beim *Unterricht draußen* nicht ausschließen, sondern gegenseitig befruchten (Jäckel 2021, 338).

Im Rahmen der Differenzierung können die Kinder sich mit einem Baum intensiv beschäftigen und einen kleinen Vortrag vor dem ausgewählten Baum halten und so lernen, Sachinhalte anderen Personen zu präsentieren (Blaseio 2015, 97 ff.). Die Blätter können getrocknet und für die Anlage eines Herba-

Abb. 1: Blätter werden von den Kindern gesammelt, sortiert und bestimmt

riums genutzt werden. Auch künstlerische Arbeiten wie die Herstellung von Blattfrottagen oder das Drucken von Blättern ergänzen das sachunterrichtliche Arbeiten.

Naturwissenschaftliches Lernen (2)
Unbelebte Natur: Wasserexperimente

Kinder bringen vielfältige, wenn auch sehr unterschiedliche Erfahrungen zum Thema Wasser aus der Familienerziehung und der Kindergartenzeit mit in die Grundschule. An Draußenlernorten können die Kinder (weitere) Experimentiererfahrungen mit Wasser machen, über die sie (gemeinsam) nachdenken können und so Phänomene und Eigenschaften des Wassers kennenlernen.

Günstig ist ein Draußenlernort mit Wasserzugang. So steht Wasser zur Verfügung und muss nicht mit an den Lernort gebracht werden. Aus Sicherheitsgründen muss auf Gefahren hingewiesen und der Wasserzugang beaufsichtigt werden. Eimer, Schüsseln, Thermometer und weitere Materialien müssen mitgebracht werden. Die Eigenschaften des Wassers können durch verschiedene Versuchsreihen erfahren werden:

- *Aggregatzustände*
    - Ein Eimer mit Wasser kann über Nacht im Winter stehen gelassen werden, sodass die Kinder am nächsten Tag sehen können, dass das Wasser zu Eis gefroren ist (fest).
    - Ein Wasserglas mit Eichstrich wird für einige Tage im Sommer draußen stehen gelassen und der Füllbestand des Glases dann regelmäßig abgelesen. Hier kann die Verdunstung von Wasser (gasförmig) beobachtet und im Gespräch ausgewertet werden.
    - Es kann auch Schnee oder Eis im Winter (mit der Hand wärmen, Glas mit Eis in die Sonne stellen) geschmolzen werden (flüssig).

iStock.com/Elena Kurkutova

Abb. 2: Gefrorenes Wasser kann gefühlt und beobachtet werden

- *Schwimmen-Sinken-Schweben:*
Die Kinder können eine Wanne mit Wasser füllen und Gegenstände in der Umgebung suchen, die getestet werden, ob sie schwimmen, sinken oder schweben. Das Archimedische Prinzip ist für Grundschulkinder nicht vollumfänglich verständlich, sodass hier die Erfahrungen im Zentrum stehen und erste Ideen zum „Warum?" im Gespräch ausgetauscht werden können. Zum Beispiel kann überlegt (und ausprobiert) werden, was man mit den Gegenständen machen kann, damit sich der Auftrieb verändert (z. B. Stein auf eine Rinde legen).

- *Wassertemperatur messen:*
Im Rahmen einer Langzeitbeobachtung kann die Wassertemperatur eines Teiches regelmäßig gemessen werden. Parallel kann die Lufttemperatur ermittelt werden. Die Daten werden dokumentiert und ggf. grafisch ausgewertet. So üben die Kinder auch den sachgerechten Einsatz von technischen Geräten (Thermometer).

Historisches Lernen
Zeit: Jahreskreis
Mit Naturmaterialien (Steine, Zapfen, Früchte) kann nach und nach ein Jahreskreis entstehen. Der Kreis kann ähnlich gestaltet werden wie der Jahreskreis von Montessori (Schaub 2012); allerdings werden nur Naturmaterialien verwendet.

Die Erstellung eines Jahreskreises ist eine gemeinsame Aktivität, die ein ganzes Jahr kontinuierlich erfolgen sollte. Am besten beginnt man im Januar zum Jahresauftakt damit und führt ihn bis zum Jahresende. Bei jedem Besuch am Draußenlernort werden die neuen Tage seit dem letzten Besuch mit einem Naturmaterial pro Tag ergänzt. Die Monate könnten immer mit einem

Abb. 3: Für den Jahreskreis können z. B. Zapfen gesammelt werden, die dann jeweils einen Tag darstellen

gleichen Naturmaterial gelegt werden. So wird bei jedem Besuch der Stand im zyklischen Jahreskreis thematisiert und betrachtet. Der Jahreskreis kann mit wetterfesten Naturgegenständen, die passend zu den Monaten oder Jahreszeiten sind, thematisch ergänzt werden. So kann – wie in einer Art Zeitleiste – die Zeit (Tag, Monat, Jahr) für die Kinder räumlich dargestellt werden. Auf diese Weise ist es für sie leichter, sich zyklische Zeit vorzustellen und zu verstehen (Blaseio 2015, 101 ff.).

Es können auch kontinuierlich Fotos von einzelnen Bäumen oder Landschaften gemacht werden. So kann dokumentiert werden, wie sich die Natur im Verlauf der Jahreszeiten verändert.

Geografisches Lernen

Orientieren: Himmelsrichtungen und Kompass

Mit kleinen Kompassen bestimmen die Kinder in Gruppen die Himmelsrichtungen. Ein Kompass kann auch selbst gebaut werden (Barras u. a. 2019, 160 f.). Die Kinder bestimmen die Himmelsrichtungen, wo die Sonne steht, wo sich der Eingang des Ameisenhaufens befindet, wo Moose und Flechten bei Bäumen zu sehen sind oder in welcher Himmelsrichtung markante Punkte wie Kirchtürme, Schornsteine, Gewässer, Wege, das Schulgebäude oder ihr Zuhause liegen.

In der Mitte des Platzes kann eine große Windrose mit den vier Haupthimmelsrichtungen und ggf. Nebenhimmelsrichtungen mit Naturmaterialien gelegt werden. So kann bei weiteren Draußenaufenthalten der Kompass wiederholend thematisiert werden.

Zentral ist hier auch der Austausch über die Frage, warum es notwendig oder hilfreich sein kann, die Himmelsrichtung zu kennen. Die Kinder lernen mit der Nutzung des Kompasses den Umgang mit technischen Geräten, um damit Sachwissen aufzubauen.

Abb. 4: Mit dem Kompass können die Kinder Himmelsrichtungen bestimmen

Technisches Lernen
Brücken bauen aus Naturmaterialien

Mit Naturmaterialien (z. B. Äste, Steine, Früchte) können in Gruppen draußen Brücken gebaut werden. Als Vorbereitung kann ein keiner künstlicher Gewässerlauf von den Kindern hergestellt werden. Die konkrete Aufgabe lautet, dass die Kinder für ein kleines Spielzeugauto eine stabile Brücke über diesen Wasserlauf bauen sollen. Nach dem Bau der Brücken werden diese getestet und den anderen Kindern vorgestellt. Aspekte von Stabilität und Material sollten im Zentrum der Brückentestungen und der Gesprächsauswertung stehen.

Abb. 5: Viele Kinder lieben Abenteuer draußen – vielleicht muss eine Brücke gebaut werden, damit die Kinder den Bach überqueren können?

Literatur

Armbrüster, C. u. a.: Draußenschule. Schneider Verlag Hohengehren 2. Aufl. 2021.

Baar, R. & Schönknecht, G.: Außerschulische Lernorte: didaktische und methodische Grundlagen. Beltz 2018.

Barras, N.; Henzi, M.; Wauquiez, S. & Blaseio, B. (Adaption für Deutschland): Draußen unterrichten. Hrsg. von der Stiftung Silviva. Das Praxishandbuch für die Grundschule. hep Verlag: Bern 2019.

Baumgardt, I. & Kaiser, A.: Lehrer- und Lehrerinnenbildung. In: Handbuch Didaktik des Sachunterrichts. Hrsg. von J. Kahlert u. a. UTB/Klinkhardt 2015, 73–82.

Blaseio, B.: Außerschulische Lernorte im Sachunterricht. Vielperspektivisches Sachlernen vor Ort. In: Pädagogik außerschulische Lernorte. Hrsg. von J. Erhorn & J. Schwier. transcript Verlag 2016, 261–282.

Blaseio, B.: Das schnelle Methoden 1×1 – Sachunterricht. Cornelsen 2015.

Blaseio, B.: Natur in den Bildungsplänen des Elementarbereichs. In: Lernen und kindliche Entwicklung. Hrsg. von R. Lauterbach u. a. Klinkhardt 2009, 85–92.

Blaseio, B.: Lehren und Lernen in der Natur. In: Schule außerhalb der Schule. Lehren und Lernen an außerschulischen Orten. Hrsg. von K. Burk u. a. Grundschulverband 2008, 211–225.

Brade, J. & Dühlmeier, B.: Lehren und Lernen in außerschulischen Lernorten. In: Handbuch Didaktik des Sachunterrichts. Hrsg. von J. Kahlert u. a. UTB/Klinkhardt 2015, 434–441.

Fischer, H.: Sachunterrichtsbezogene Bildung in frühkindlichen Bildungsprozessen. In: Handbuch Didaktik des Sachunterrichts. Hrsg. von J. Kahlert u. a. UTB/Klinkhardt 2015, 59–64.

GDSU (Hrsg.): Perspektivrahmen Sachunterricht. Klinkhardt 2. Auflage 2013.

Gläser, E.: Einführung. In: Sachunterricht im Anfangsunterricht. Hrsg. von E. Gläser. Schneider Verlag Hohengehren 2007a, 7–10.

Gläser, E.: Vernachlässigt oder im Mittelpunkt. In: Sachunterricht im Anfangsunterricht. Hrsg. von E. Gläser. Schneider Verlag Hohengehren 2007b, 47–62.

Jäckel, L.: Faszination der Vielfalt des Lebendigen. Didaktik des Draußen-Lernens. Springer 2021.

Karnick, R.: Redet um Sachen! Beltz 10./12 Aufl. 1963.

Meiers, K.: Sachunterricht für den Schulanfang. In: Basiswissen Sachunterricht. Band 4. Hrsg. von A. Kaiser & D. Pech. Schneider Verlag Hohengehren: 2004, 167–171.

Ministerium für Bildung, Wissenschaft und Kultur des Landes Schleswig-Holstein (Hrsg.): Fachanforderungen Sachunterricht. Kiel 2019.

Schaub, H.: Der Tages- und Jahreslauf von Sonne und Erde. In: Weltwissen Sachunterricht H. 3, 2012, 8–14.

Schüler, H.: Draußen sein, damit es drinnen besser klappt. In: Die Grundschulzeitschrift H. 162, 2003, 6–9.

Schweizer, I.: Christian Gotthilf Salzmann (1744–1811): Die Natur und die Dinge selbst als Ausgangspunkt des Unterrichts. In: Basiswissen Sachunterricht. Hrsg. von A. Kaiser & D. Pech. Band 1. Schneider Verlag Hohengehren: 2004, 62–64.

von Au, J. & Gade, U. (Hrsg.): Raus aus dem Klassenzimmer. Outdoor Education als Unterrichtskonzept. Beltz Juventa 2016.

Autorinnen und Autoren

Dr. Beate Blaseio ist Professorin für die Didaktik des Sachunterrichts an der Europa-Universität Flensburg. Einer ihrer Lehr- und Forschungsschwerpunkte ist die Beschäftigung mit Außerschulischen Lernorten im Sachunterricht. www.uni-flensburg.de/sachunterricht/wer-wir-sind/personen/prof-dr-beate-blaseio. blaseio@uni-flensburg.de

Albrecht Bohnenkamp ist Sonderpädagoge, Förderlehrer in der inklusiven Grundschule und zzt. tätig als Lektor an der Universität Bremen im Bereich der Deutschdidaktik für den Elementar- und Primarbereich (Lehramtsausbildung). Seine Arbeitsschwerpunkte in der Universität sind inklusive Deutschdidaktik, Schriftspracherwerb und digitale Medien im Deutschunterricht. Er ist Mitglied im Vorstand der GSV-Landesgruppe Bremen.

Dr. Angela Bolland ist Lektorin für Lehramt und Elementarbildung an der Universität Bremen. Ihre Forschungsschwerpunkte sind forschendes und biografisches Lernen. Sie ist Freinet-Pädagogin, Gestaltberaterin, Lernwerkstättlerin, seit 2011 engagiert im Werkstattprojekt Draußen lernen in Zusammenarbeit mit der Wildnisschule Wildeshausen und der Schule am See (OSS Bremen). Weitere hochschuldidaktische Schwerpunkte sind pädagogische Ateliers nach J. Beck und internationale pädagogische Lernreisen mit Studierenden.

Dr. Erika Brinkmann war von 2000 bis 2017 Professorin für das Fachgebiet „Deutsche Sprache, Literatur und ihre Didaktik" an der Pädagogischen Hochschule Schwäbisch Gmünd. Sie war stellvertretende Bundesvorsitzende des Grundschulverbands und ist Herausgeberin des Lehrwerks „ABC-Lernlandschaft".

Dr. Hans Brügelmann hatte bis 2012 eine Professur für Grundschulpädagogik und -didaktik an der Universität Siegen inne und war von 2000 bis 2017 im Grundschulverband für das Fachreferat Qualitätsentwicklung verantwortlich. Zurzeit ist er Mitglied im Vorstand des Landesgruppe Bremen.

Dr. Ursula Carle ist Professorin i. R. für Grundschulpädagogik an der Universität Bremen. Ihre Forschungsschwerpunkte sind Schulentwicklung, jahrgangsübergreifendes Lernen und Übergänge. Sie war Fachreferentin für Grundschulforschung und ist seit 2020 Stellvertretende Bundesvorsitzende des Grundschulverbands. www.grundschulpaedagogik.uni-bremen.de/personen/carle.html

Dr. Daniel Mark Eberhard ist Professor für Musikpädagogik und Musikdidaktik an der Katholischen Universität Eichstätt-Ingolstadt. Er ist u. a. Mitglied im Bundesfachausschuss Bildung des Deutschen Musikrates und Vorsitzender des Arbeitskreises der Musikdidaktiker an bayerischen Musikhochschulen und Universitäten. Zu den wissenschaftlichen Arbeitsschwerpunkten zählen die Musikdidaktik sowie die Inklusion. Daniel Eberhard ist Autor von über 200 Fachpublikationen sowie Mitwirkender auf über 40 CDs/DVDs. Weitere Informationen: www.musikpädagogik.info.

Marie Fischer ist wissenschaftliche Mitarbeiterin am Lehrstuhl für Didaktik des Sachunterrichts an der Universität des Saarlandes. Sie arbeitet im Projekt „Sprachlichkeiten – Fachlichkeiten" und begleitet Klassenbesuche in der Lernwerkstatt GOFEX. Ihr Forschungsinteresse liegt in der kindlichen Konzeptentwicklung im naturwissenschaftlich-orientierten Sachunterricht.

Dr. Michael Gaidoschik ist Professor für Didaktik der Mathematik im Kindergarten und in der Grundschule an der Fakultät für Bildungswissenschaften der Freien Universität Bozen (Südtirol, Italien). Seine Forschungsschwerpunkte sind Arithmetik, inklusiver Mathematikunterricht, Prävention von besonderen Schwierigkeiten im Lernen von Mathematik.

Marion Gutzmann war langjährig als Grundschullehrerin im Land Brandenburg tätig und ist seit 2008 Referentin für Deutsch/Grundschule und Sprachbildung/Deutsch als Zweitsprache am Landesinstitut für Schule und Medien Berlin-Brandenburg, seit 2020 ist sie stellvertretende Bundesvorsitzende des Grundschulverbands e. V.

Dr. Uta Häsel-Weide forscht und lehrt als Professorin an der Universität Paderborn. Ihre Interessen liegen in der Entwicklung und Erforschung von Lernumgebungen sowie der Professionalisierung für den inklusiven Mathematikunterricht.

Dr. Mathias Hattermann ist Professor am Institut für Didaktik der Mathematik und Elementarmathematik an der Technischen Universität Braunschweig. Seine Forschungen konzentrieren sich auf den Bereich der Geometrie und den Übergang Schule/Hochschule unter dem Einbezug der Verwendung digitaler Medien.

Dr. Heike Hegemann-Fonger ist Lektorin an der Universität Bremen im Bereich Inklusive Pädagogik (Lehramtsausbildung). Ihre Arbeitsschwerpunkte sind inklusive Didaktik, multiprofessionelle Teams und außerschulische Lernorte. Sie ist Vorstandssprecherin der GSV-Landesgruppe Bremen.

Irene Hoppe ist nach langjähriger Tätigkeit als Lehrerin an einer Berliner Grundschule seit 2011 Referentin für die Schulanfangsphase am Landesinstitut für Schule und Medien Berlin-Brandenburg.

Dr. Karina Höveler ist Professorin für Mathematikdidaktik mit dem Schwerpunkt Primarstufe am Institut für grundlegende und inklusive mathematische Bildung an der Westfälischen Wilhelms-Universität Münster. hoeveler@uni-muenster.de

Dr. Ulrich von Knebel ist Professor für Pädagogik bei Beeinträchtigung der Sprache und des Sprechens in der Fakultät für Erziehungswissenschaft (Arbeitsbereich Pädagogik bei Behinderung und Benachteiligung) an der Universität Hamburg. Seine Schwerpunkte liegen in der didaktischen Strukturierung unterrichtsimmanenter Sprachförderung und der pädagogischen Diagnostik bei sprachlichen Beeinträchtigungen. Ulrich.von.Knebel@uni-hamburg.de

Christian Kunz studiert Lehramt für Primarstufe an der Universität des Saarlandes und arbeitet als studentische Hilfskraft am Lehrstuhl Didaktik des Sachunterrichts. Er unterstützt das Projekt GOFEX, indem er Klassenbesuche in der Lernwerkstatt begleitet sowie in der Lehre Seminare zur Einführung in die Didaktik des Sachunterrichts betreut.

Maresi Lassek ist Grundschulleiterin i. R. Von 2010 bis 2020 war sie Bundesvorsitzende des Grundschulverbandes e. V. Zu ihren Arbeitsschwerpunkten gehören: Kinder und Schulen in prekären Lagen, Schulentwicklung und Teamarbeit, Ganztagsschule, Jahrgangsübergreifendes Lernen, Übergänge, Inklusive Entwicklung, Eltern und Schule.

Dr. Katrin Liebers ist Professorin für Schulpädagogik des Primarbereichs an der Universität Leipzig. Sie ist ausgebildete Grund- und Sonderschullehrerin. Zu den Arbeitsschwerpunkten zählen: Umgang mit Heterogenität im Unterricht, veränderter Schulanfang, Schuleingangsdiagnostik und historische Grundschulforschung. katrin.liebers@uni-leipzig.de

Mark Liebig hat während seines Studiums für das Lehramt der Primarstufe an der Universität des Saarlandes als studentische Hilfskraft im Bereich Didaktik des Sachunterrichts zur Kinder-Sachen-Welten-Frage gearbeitet. Zudem unterstützte er das Projekt „SelfPro", in dem die Professionalisierungsprozesse von Studierenden im Rahmen des besagten Studiengangs untersucht werden. Aktuell arbeitet er als Lehramtsanwärter und ist Mitglied der Landesgruppe Saarland des Grundschulverbands.

Anne Hj. Nakken ist Hochschullektorin für Frühe Mathematische Bildung an der Dronning Mauds Minne Hochschule für Kindergartenlehrerausbildung (DMMH) in Trondheim und arbeitet zudem in Teilzeit als Pädagogin in einem Kindergarten in Molde. Zusammen mit Oliver Thiel hat sie ein Lehrbuch zur frühen mathematischen Bildung verfasst. ahn@dmmh.no

Dr. Sven Nickel ist Professor für Erstlesen und Erstschreiben (Schrifterwerb & Literalität) an der Freien Universität Bozen in Südtirol/Italien. Zu seinen Arbeitsschwerpunkten zählen neben dem Schriftspracherwerb im Anfangsunterricht der Orthographieerwerb, die Leseförderung, die Alphabetisierung Erwachsener, Literacy in der Kita, das Dialogische Lesen, die Lesesozialisation in der Familie sowie Family Literacy-Programme.

Dr. Marcus Nührenbörger ist Professor an der Westfälischen Wilhelms-Universität Münster am Institut für grundlegende und inklusive mathematische Bildung. In seiner Forschung beschäftigt er sich mit Fragen der Gestaltung inklusiver Unterrichtsprozesse im Fach Mathematik und der Entwicklung mathematischer Lehr- und Lernprozesse. nuehrenboerger@uni-muenster.de

Dr. Claudia Osburg ist Professorin für Grundschulpädagogik in der Fakultät für Erziehungswissenschaft (FB Schulpädagogik, Sozialpädagogik und Pädagogik bei Behinderung und Benachteiligung) an der Universität Hamburg. Ihre Arbeitsschwerpunkte liegen in der didaktischen Strukturierung inklusiver

Lernsettings insbesondere für Kinder mit Auffälligkeiten in der gesprochenen und geschriebenen Sprache. claudia.osburg@uni-hamburg.de

Eva-Maria Osterhues-Bruns ist stellvertretende Schulleiterin an der Grundschule Nordholz. Im Grundschulverband ist sie als Fachreferentin für Pädagogische Praxis tätig.

Dr. Markus Peschel ist Professor für Didaktik der Primarstufe – Schwerpunkt Sachunterricht und leitet die Arbeitsgruppe Didaktik des Sachunterrichts an der Universität des Saarlandes. Seine Forschungsschwerpunkte sind Offenes Experimentieren, Didaktik der Lernwerkstätten, Sprachlichkeiten – Fachlichkeiten und Mediales Lernen. Er ist Vorsitzender der AG Medien & Digitalisierung der Gesellschaft für Didaktik des Sachunterrichts (GDSU) und Fachreferent für Lernkulturen & Sachunterricht im Grundschulverband.

Viola Petersson unterrichtet als Grundschullehrerin in der flexiblen Schuleingangsphase an der Rosa-Luxemburg-Schule Potsdam. Sie ist am Landesinstitut für Schule und Medien Berlin-Brandenburg in der Unterrichtsentwicklung und Lehrerfortbildung tätig.

Regina Pols hat 30 Jahre Kunst an Berliner Brennpunktschulen unterrichtet. Sie war Lehrbeauftragte an der Universität der Künste Berlin, Fachseminarleiterin für das Fach Kunst und ist seit 2003 am Landesinstitut für Schule und Medien Berlin-Brandenburg in der Unterrichtsentwicklung und Lehrerfortbildung tätig.

Carolin Schmidmeier unterrichtet als Grundschullehrerin sowie im Fachbereich Musikpädagogik und -didaktik an der Katholischen Universität Eichstätt-Ingolstadt. Außerdem ist sie Autorin musikpädagogischer Publikationen und in der Lehrerfortbildung tätig.

Dr. Claudia Schomaker ist Professorin für Sachunterricht und Inklusive Didaktik an der Leibniz Universität Hannover. Ihre Forschungs- und Arbeitsschwerpunkte sind: heterogene Lernvoraussetzungen von Kindern, Lernumgebungen im inklusiven Sachunterricht, Sachlernen im Übergang vom Elementar- in den Primarbereich.

Dr. Oliver Thiel ist a. o. Professor für Frühe Mathematische Bildung an der Dronning Mauds Minne Hochschule für Kindergartenlehrerausbildung (DMMH) in Trondheim und Leiter der Special Interest Group „Mathematik Geburt bis acht Jahre" der European Early Childhood Education Research Association (EECERA). Zusammen mit Anne Hj. Nakken hat er ein Lehrbuch zur frühen mathematischen Bildung verfasst. Er leitet das europäische ERASMUS+-Projekt ViduKids. www.oliver-thiel.info, oth@dmmh.no

Franziska Tilke ist wissenschaftliche Mitarbeiterin am Institut für grundlegende und inklusive mathematische Bildung an der Westfälische Wilhelms-Universität Münster. f.tilke@uni-muenster.de.

Melina Wallner ist wissenschaftliche Mitarbeiterin am Institut für Mathematik der Universität Paderborn. Ihr Arbeitsschwerpunkt liegt auf der Entwicklung und Erforschung von geometrischen Lernumgebungen für den inklusiven Mathematikunterricht der Grundschule.

Anke Weber ist als Grundschullehrerin seit 2011 im Schuldienst im Saarland. Seit 2016 arbeitet sie außerdem als abgeordnete Lehrkraft am Lehrstuhl für Didaktik des Sachunterrichts an der Universität des Saarlandes und betreut Studierende im Praktikum und in der Lernwerkstatt GOFEX. Sie ist Vorsitzende der Landesgruppe Saarland des Grundschulverbandes.

Dr. André Frank Zimpel ist Professor für Pädagogik bei Beeinträchtigung der geistigen Entwicklung und Autismus in der Fakultät für Erziehungswissenschaft (Arbeitsbereich Pädagogik bei Behinderung und Benachteiligung) an der Universität Hamburg. Seine Schwerpunkte liegen in der didaktischen Strukturierung unterrichtsimmanenter Förderung der kognitiven Entwicklung und der pädagogischen Diagnostik bei Neurodiversität. Andre.Zimpel@uni-hamburg.de

Lieferbare Bücher des Grundschulverbandes

Herausgeber: Der Vorstand des Grundschulverbandes e.V.

Eine Welt in der Schule

Sammelband (grün): Eine Welt in der Schule

Aminatas Entdeckung (Kinderbuch)

Material-CD zu Aminatas Entdeckung

Wissenschaftliche Expertisen

Zu viele Aufgaben, zu wenig Zeit:
Überlastung von Lehrkräften in der Grundschule

Jahrgangsübergreifendes Lernen

Sind Noten nützlich und nötig?

Inklusive Bildung in der Primarstufe

Extras

Förderkartei zur Schreibmotorik.
25 Impulskarten und 1 Heft mit Praxishilfen

Grundschrift-Kartei zum Lernen und Üben.
Teil I und II

Faktencheck Grundschule.
Populäre Vorurteile und ihre Widerlegung

Werde Mitglied!

Sie können sich per Post an
Grundschulverband e. V.,
Frankfurter Straße 74–76, 63263 Neu-Isenburg
oder Fax (06102 8821664) anmelden oder auch
auf unserer Homepage www.grundschulverband.de

Ich bin dabei!

● Für meine **Ausbildung** finde ich zu vielen Themen nachhaltig Informationen, Ideen und Praxisbeispiele.

● Als **Ausbildner/in** bekomme ich Materialien und Informationen die mir helfen, die Inhalte der Aus- und Weiterbildung zukunft orientiert zu gestalten.

Ich beantrage die Mitgliedschaft im Grundschulverband e. V.

Als Mitglied erhalte ich jährlich zwei neue Mitgliedsbände aus der Reihe „Beiträge zur Reform der Grundschule" sowie viermal im Jahr die Zeitschrift „Grundschule aktuell" jeweils nach Fertigstellung kostenfrei zugesandt.

Den angekreuzten Jahresbeitrag

☐ **Mitgliedsbeitrag Einzelmitglied** 75,– €
(ab 2023: 89,- €)

☐ **Ermäßigter Beitrag** 39,– €
(während Studium oder Referendariat / bitte belegen)

☐ **Probemitgliedschaft für 1 Kalenderjahr** 25,– €
(während Studium oder Referendariat / bitte belegen)

☐ **Mitgliedsbeitrag Schulen** 75,– €

☐ **Förderbeitrag** **mindestens 39,– €**
(z. B. für Pensionäre, die weiterhin aktuell informiert werden wollen und andere Förderer, die die Arbeit des Grundschulverbandes unterstützen möchten)

☐ zahle ich nach Erhalt der Jahresrechnung
☐ zahle ich per Einzug im SEPA-Lastschriftverfahren:

Kreditinstitut (Name und BIC) _____

IBAN _____

_____
Vor- und Nachname

_____
Straße und Hausnummer

_____
PLZ und Ort

_____
E-Mail   Tel.

☐ Ja, ich möchte den kostenlosen Newsletter erhalten.

_____
Datum und Unterschrift

Als neues Mitglied im Grundschulverband e. V. erhalten Sie kostenfrei einen Band aus der Reihe „Beiträge zur Reform der Grundschule" als Aufnahmegeschenk *(gilt nicht für Probemitgliedschaft)*:

☐ Als neues Mitglied im Grundschulverband wünsche ich mir den Band _____ als Aufnahmegeschenk.

● Für meine **tägliche Arbeit** un für fachliche Diskussionen erhal ich durch die Veröffentlichunge des Grundschulverbands praxiserprobte Unterrichtsvorschläge und Praxishilfen.

● Meine Schule findet für ihre **Schulentwicklung** Impulse, Bestärkung, Austauschforen und Bündnispartner.

● Für das **Gespräch mit Eltern** bekomme ich fundierte Argumentationshilfen zu Schulpraxis und Bildungspolitik, die meine Wirksamkeit in der Zusammenarbeit mit Eltern stärken.

● Ich erhalte **Argumente** zu bildungspolitischen, schulprakti schen und forschungsbezogene Entwicklungen und bin stets gu informiert für fachliche Diskussionen.

● In der **Landesgruppe** meines Bundeslandes komme ich mit Gleichgesinnten, mit Experten a Wissenschaft und Praxis in einer **anregenden Austausch**.

● Über einen **mitgliederstarke Verband** kann ich meine Ideen weitergeben und meine Anliege finden mehr Gehör.

● Durch **meine Mitgliedschaft** kann ich dazu beitragen, dass d Bildungsansprüche ALLER Kinde in der politischen Diskussion üb parteilich und bundesweit meh Gewicht bekommen.

Machen auch Sie mit!